19449

TROIS ANS

DE

PROMENADES EN EUROPE

ET EN ASIE.

Imprimerie de madame veuve BOUCHARD-HUZARD, rue de l'Éperon, 7

TROIS ANS

DE PROMENADES

EN EUROPE

ET EN ASIE

PAR STANISLAS BELLANGER.

TOME PREMIER.

PARIS
ARTHUS BERTRAND, LIBRAIRE-ÉDITEUR
LIBRAIRE DE LA SOCIÉTÉ DE GÉOGRAPHIE
23, RUE HAUTEFEUILLE.

1842

LA CAUSE ET L'EFFET.

—

Il faut en convenir, la vie humaine est un composé de problèmes à la solution desquels nous nous épuiserions la plupart du temps bien en vain! Ainsi, par exemple, qui pourrait nous dire de quelle essence sont formés nos *sportsmen*, ces protées de la civilisation parisienne? ce qu'ils font, ce qu'ils veulent, vers quel but ils tendent? Autant vaudrait être chargé de résoudre, sur-le-champ, toutes les propositions d'Euclide, nous dit quelqu'un à qui nous fîmes cette question.— Prise à leur point de vue, la vie n'a qu'une forme et point de fond : c'est un rêve! ils se laissent caresser par elle, comme une fleur par un beau soleil, et s'endorment mollement dans ses bras : aussi quel doit être leur réveil! Nous concevons fort bien que l'on soit jeune, riche, beau, c'est le propre des élus; que l'on ait de l'esprit, un certain atticisme, une *lorette* pour maîtresse, *un pur sang* pour monture, et pour visage une barbe romaine; que l'on soit membre du Jockey-Club, fumant le manille et dînant au café de Paris; que l'on fasse partie de la loge infernale comme baromètre de la réputation artistique des Essler et des Stolz; en un mot que l'on jouisse de tous les bonheurs possibles. Ce sont de petits priviléges que la mode fait surgir, que l'usage consacre et que le temps abolit. Nous aurions donc mauvaise grâce à nous ériger en aristarque à l'encontre des règles du *sport*. Mais ce que nous improuvons, mais ce que nous ne pouvons concevoir, c'est qu'il y ait encore à Paris des gens qui fassent exclusivement de cette grande ville l'alpha et l'oméga de leur existence, de ces gens dont la vie physique et morale peut se résumer ainsi : promener son ennui sur l'asphalte des boulevards, manger des rentes qu'on n'a souvent pas, ou, si l'on se hasarde jusqu'à la Croix-de-Berny, se casser, de temps à autre, le cou dans un *steeple-chase*, cette invention sortie un matin de Bedlam. Quel gaspillage de la vie! quel temps précieux perdu! quel avenir imprudemment escompté au bénéfice douteux du présent! — Que ne sortent-ils donc de la voie trompeuse et déplorable dans laquelle ils marchent, ces blasés de notre époque, ces lions saturés de faux plaisirs et de fausses joies? que ne prennent-ils un jour la poste au lieu de croupir indolemment sur eux-mêmes? que ne voyagent-ils en un mot? On nous répondra peut-être que le tourisme est à l'ordre du jour, et que le cosmopolitisme n'a jamais compté tant d'adeptes. A cela nous objecterons que, par ceci, prendre la poste, nous n'entendons pas seulement leur dire d'aller à Vichy, à Bade ou à Ems; à Londres, à Gênes ou à Berne. Qu'est-ce aujourd'hui qu'une pareille promenade? Autant vaudrait ne pas quitter le coin de son feu. Mais bien, suivant la route tracée par les Rochet d'Héricourt, les

Tamisier, les Combes, les de Guiche, les Boré, les Labourdonnais, *e tutti quanti*, d'aller visiter les contrées lointaines, les pays inconnus ou trop peu connus ; de revenir ensuite chargés *d'impressions*, de souvenirs, de faits instructifs, afin que, plus tard, ils puissent, et amuser leurs amis, et, comme le vétéran de nos armées, bercer leurs enfants avec le récit de leurs curieuses pérégrinations. Ce tableau est-il donc dépourvu de tout attrait ? D'ailleurs, quel plus noble emploi de leur temps pourraient-ils faire ?

« Voyager, a dit un écrivain connaisseur et
« à juste titre aimé du public *, c'est vivre dans
« toute la plénitude du mot ; c'est oublier le
« passé et l'avenir pour le présent, c'est respirer
« à pleine poitrine, jouir de tout, s'emparer de
« la création comme d'une chose qui est sienne ;
« c'est chercher dans la terre des mines d'or
« que nul n'a fouillées, dans l'air des merveilles
« que personne n'a vues ; c'est passer après la

---

* Alexandre Dumas.

« foule, et ramasser sous l'herbe les perles et
« les diamants qu'elle a pris, ignorante et insou-
« cieuse qu'elle est, pour des flocons de neige ou
« des gouttes de rosée. » Pourquoi ne copient-
ils qu'à demi? Qui les empêche, eux, les impor-
tateurs de l'anglomanie, d'imiter de point en
point nos chers voisins d'outre-mer? que ne
courent-ils le monde comme eux? N'ont-ils pas
les mêmes ressources? ne sont-ils pas dans des
conditions aussi favorables? leurs santés sont-
elles plus débiles, leurs fortunes plus modiques,
et leur esprit est-il moins aventureux? Mon
Dieu, non!

Qui donc alors les arrête? L'insouciance et la
légèreté. Ils ne veulent saisir que le côté *miro-
bolant* des choses ; quant à ce qu'elles peuvent
avoir de sérieux, ils n'en font aucun cas C'est
déplorable à dire, mais cependant, comme cela
est, et que nous voulons dire ce qui est, nous
en parlons sans détour.

Les indignes! Que ne suis-je à leur place? me
disais-je souvent dans mon enthousiasme, alors
que, tout petit citadin, je trottais menu par les

rues de Paris, cherchant cette pierre philosophale aussi difficile à trouver que la quadrature du cercle ou le mouvement perpétuel. Sont-ils à la fois heureux et à plaindre! Oh! si je possédais ce qu'ils possèdent! s'il n'avait fallu que se donner la peine de naître pour, comme eux, avoir le droit de se croiser les bras, que ne ferais-je pas de ma fortune!

Cinq ans s'écoulèrent ainsi.

Loin d'altérer mes principes, le temps, au contraire, les avait plus largement développés. J'ambitionnais l'air, si je puis me servir de cette expression. L'espace et ses coudées franches, les grandes routes, les ravins, les rivières avaient pour moi des attraits *à nuls autres pareils*. Je les dévorais en pensée, ne pouvant faire mieux. Tous les matins, régulièrement, j'allais à pied, les deux mains dans les poches, du onzième arrondissement dans le troisième, c'est-à-dire de la rue de Savoie, où je perchais, à la place des Victoires, où m'appelaient mes occupations, et le soir, de la place des Victoires à la rue de Savoie. C'était à cette infiniment peu fatigante et peu récréative excursion que s'étaient bornés, jusqu'alors, mes voyages particuliers. Cependant, comme il y a commencement à tout, je me félicitais de mes débuts, quand, un soir que, la lune éclairant, je m'étais arrêté, debout, sur le Pont-Neuf, aux pieds de Henri IV, regardant dans le ciel ce que regardaient comme moi d'autres badauds, flâneurs de profession, je sentis une main s'abattre sur mon épaule. Surpris de cette familiarité insigne, je me retournai en poussant une exclamation de plaisir : j'avais M. A*** de Brioude, l'un de mes meilleurs amis, devant les yeux. En ce temps-là, cet ami était un jeune médecin plein de talent et d'avenir; aujourd'hui il est encore jeune, et de plus il est distingué. Je le connaissais depuis un an et l'avais perdu de vue depuis un mois. Les poignées de main d'usage de part et d'autre échangées, nous entrâmes quelque part. Là, le docteur m'apprit la cause de sa disparition.

— Il y a un mois, jour pour jour, me dit-il, un valet de pied, galonné et brodé sur toutes les coutures, entra dans mon cabinet. Il m'apportait un billet signé baron de H***. On me priait de me rendre rue Saint-Lazare. Je courus à l'adresse indiquée. C'était un somptueux hôtel. Instruit de mon arrivée, le baron vint au-devant de moi. Je vis un homme d'une taille élevée et d'un visage remarquable. Il pouvait avoir quarante ans. Sans me dire un mot, il m'entraîna par une enfilade de pièces luxueusement meublées. Nous touchions à celle où je devais sans doute trouver l'explication de cette espèce d'énigme, lorsque, s'arrêtant brusquement :

— Monsieur, me dit-il, comme par réflexion, vous êtes médecin?

Je trouvai la demande singulière, mais néanmoins je m'inclinai.

— Vous vous occupez d'une spécialité : les maladies des femmes?

Je m'inclinai de nouveau.

Il tourna le bouton, la porte s'ouvrit, et nous entrâmes dans un boudoir des plus coquettement meublés. Au milieu se trouvait un lit, dans ce lit une femme, et de chaque côté de cette femme se tenaient, inclinés, deux enfants. Il me semble encore y être...... cette femme, qu'elle était jeune et belle! Je ne crois pas, mon ami, avoir jamais vu un visage dont les lignes fussent d'une aussi parfaite harmonie, dont le galbe fût plus ravissant. On eût dit une tête de l'Albane. C'était à se mettre à genoux devant. Quoique (je le vis du premier coup d'œil) la mort planât au-dessus d'elle, elle fit, en nous voyant, un effort, et sur ses lèvres pâles parut un sourire. Mais que ce sourire faisait de mal à voir! Ses deux enfants, chacun l'une de ses mains dans leurs petites mains jointes, pleuraient en silence. J'eus bien de la peine, mon ami, à contenir l'émotion qui s'empara de moi. Tout bronzés que nous paraissons, voyez-vous, nous autres enfants d'Esculape, nous ne sommes pas invulnérables; il nous arrive quelquefois de tomber en face d'événements contre lesquels nous ne pouvons être en garde, et alors nous subissons la loi commune, nous ployons. — Le baron me fit de la main un signe dont je compris la triste et douloureuse intention; puis il parut vouloir s'éloigner. Oh! si j'en juge au tressaillement qu'il éprouva alors, à l'expression vague et tourmentée de ses yeux, et à la voix tremblante avec laquelle il fit retirer ses enfants, il devait bien souffrir!... Oui, il devait bien souffrir, car il ne versa pas une larme, car il ne laissa pas échapper le plus petit sanglot! et vous savez, mon ami, combien les douleurs muettes sont terribles! — Les pauvres enfants se penchèrent en même temps sur le front glacé de leur mère, y déposèrent un baiser, et se retirèrent en me disant d'une voix mouillée par les pleurs :

—Oh! monsieur.... soignez-la bien!....

Vingt minutes après, je sortais du boudoir.

Je trouvai le baron dans la pièce voisine, seul, assis devant une table, la tête dans ses mains. Au bruit de la porte, il avait tourné la tête. Je fus effrayé de sa pâleur et du coup d'œil hagard qu'il m'adressa en se levant.

— Eh bien, monsieur, me dit-il, vous l'avez vue?.... Avez-vous quelque espoir?

J'étais fort embarrassé. La pauvre malade était atteinte de l'une de ces maladies qui ne frappent que les femmes, et sont la plupart du temps incurables. Et pourtant, quelque peu certain que je fusse de lui être utile, surtout après ce qu'avaient fait pour elle d'habiles praticiens aux soins desquels, je le sus, on l'avait confiée avant de m'appeler, je ne pouvais laisser entrevoir mes doutes au baron ; c'eût été lui donner la mort.

— J'essayerai, lui dis-je, comme pour esquiver la difficulté.

— Oh! monsieur, balbutia-t-il en me pressant les mains, ne la quittez pas, sauvez-la !..... sauvez-la, mon Dieu ! et jamais, jamais je n'oublierai ce que vous aurez fait pour moi !

Je retournai au chevet de la baronne, j'étudiai attentivement le mal qui la dévorait, je m'y dévouai corps et âme, j'y passai les jours et les nuits. Mes efforts furent couronnés de succès. Au bout d'une quinzaine, elle était, sinon sauvée, beaucoup moins souffrante; au bout de trois semaines, elle se portait mieux; aujourd'hui elle est tout à fait guérie. Quand je lui annonçai, ce matin même, cette nouvelle, le baron fut pris d'un accès de joie si violent, que je crus qu'il allait en devenir fou. Il ne savait comment me témoigner sa reconnaissance. Ses deux enfants me baisaient les mains en sautant autour de moi et en m'appelant naïvement leur bon ami. Jamais je n'avais vu de famille plus heureuse. Je pris vivement part à son bonheur. Rentré chez moi, je trouvai un portefeuille et une lettre. Le portefeuille contenait... ce qu'il contenait, mon ami, vous le verrez; quant à la lettre, elle renfermait une invitation des plus pressantes à venir passer un mois chez le baron. M. de H*** possède 200,000 florins *müntze*... de rente; il est conseiller aulique, et habite, à Vienne, le Léopoldstadt.

Cette confidence (si c'en était une) faite, le docteur m'annonça qu'il était décidé à répondre à la tout aimable invitation du baron. La majeure partie de ses malades étaient encore en vacances; beaucoup ne reviendraient pas avant qu'il fût de retour; il jouissait enfin d'un peu de liberté, et voulait mettre ce temps à profit. — Je lui demandai quel jour il comptait partir. — Il me répondit que, ne connaissant pas l'Allemagne et ayant intention de visiter, ne serait-ce qu'à vol d'oiseau, les villes qu'il aurait à traverser, il avait retenu sa place pour le lendemain au soir. M. de H*** donnait quelques jours à la convalescence de sa femme. Il ne devait quitter Paris que dans une huitaine, et il avait été convenu que le docteur s'arrangerait de manière à arriver peu de temps après lui. Une chose, toutefois, contrarierait M. A***, c'était de partir seul. Il parlait passablement allemand, mais il redoutait la monotonie d'un tête-à-tête avec lui-même, et il avait bien raison. Rien n'est triste comme de voyager ainsi. Le plaisir du touriste est d'avoir un compagnon de route, un Pylade, un *fidus Achates* avec lequel il puisse s'entretenir, qui soit le confident de ses pensées et de ses impressions.

Pendant que le docteur s'exprimait de la sorte, se félicitant et se lamentant à la fois, une réflexion m'était venue. Il cherchait quelqu'un........; que n'étais-je ce quelqu'un? Qui m'empêchait de partir avec lui, de faire cette petite excursion? Depuis si longtemps je cherchais moi-même une occasion favorable! Nous étions à la mi-octobre, rien de bien sérieux ne me retenait à Paris, et puis, d'ailleurs, je pouvais, sans que cela nuisît à mes travaux, disposer de deux ou trois mois. — Par exemple, j'étais loin alors de penser que ces trois mois se changeraient en trois ans. — Je fis mes offres. Inutile de dire la joie du docteur. Il fut d'autant plus heureux de ma proposition, qu'il n'eût pas osé m'en parler, dans la crainte que cela ne m'obligeât à un dérangement inopportun. D'un mot je venais de combler tous ses désirs.

Je réclamai quelques heures pour faire mes préparatifs. Le plus long, sinon le plus difficile, était d'obtenir, aussi promptement qu'il le fallait, mon passe-port. Grâce aux bonnes jambes d'un cabriolet de régie, et aux bons offices de quelques amis, j'arrivai à temps. Le lendemain, à l'heure dite, le docteur et moi nous montions en voiture, et trois jours après nous arrivions à Strasbourg.

DE PARIS A BUCHAREST.

CHAPITRE PREMIER.

Strasbourg. — M. Hammer. — Manière de voyager en Allemagne.—M. Chules.—Le Münster.—Le dîner du congrès. — Les carpes du Rhin. — Les hirondelles de l'église. — Le chef-d'œuvre de Pigalle.—La Robertseau.—L'arbre vert.— Le musée — Les écoles. — Les lottes de Hongrie. — Le nouveau Philoxène. — Départ pour Kehl.

Notre premier soin, en arrivant, fut de souper ; et nous soupâmes comme on ne soupe qu'à Strasbourg, hôtel de la *Maison-Rouge*. Ce devoir accompli, onze heures sonnaient à une grosse pendule de cuivre guilloché. C'était l'heure de se retirer, et c'est aussi ce que nous allions faire, quand M. Hammer, notre hôte, s'étant approché, nous lui fîmes, je ne sais pourquoi, cette question banale : « Et les affaires, comment les menez-vous? » M. Hammer avait à se plaindre de la petite clientèle (c'est ainsi que, dans son optimisme, il appelait les voyageurs de passage), mais par contre il avait beaucoup à se féliciter de ses habitués. Jamais il n'en avait tant hébergé que depuis deux ans. Comme il était fort content, nous crûmes devoir l'en féliciter, et ceci accrut son bonheur. C'est un si excellent homme que ce brave M. Hammer! si bon, si complaisant, si dévoué! Il y a des gens avec lesquels il ne faut pas rester plus d'une heure pour les connaître de la plante des pieds à la pointe des cheveux. M. Hammer était du nombre. Il portait sur sa bonne grosse physionomie son passeport. Aussi ne serais-je pas étonné que les voyageurs se cotisassent un jour pour lui élever une colonne rostrale sur le milieu de la place d'Armes, immédiatement en face de sa *Maison-Rouge*.

Le cas échéant, le docteur et moi nous nous inscrivons.

Encouragé par notre accueil, M. Hammer s'informa de nos projets ultérieurs. — Presque tous les hôteliers sont bavards et curieux comme des barbiers, mais tous ne le sont pas dans l'intérêt de leurs clients. Le nôtre faisait exception. En nous interrogeant, il n'avait qu'un but : nous rendre, s'il y avait lieu, un service.—Ayant appris que nous allions en Allemagne, il voulut savoir si c'était à pied ou en voiture, en artistes ou en négociants. Nous lui répondîmes que c'était en artistes. Alors il nous conseilla de prendre la voiture. Comme nous ne comprenions pas comment il se pouvait faire qu'en Allemagne les artistes voyageassent en voiture, tandis que partout ailleurs ils vont à pied, le bourdon à la main et le sac sur le dos :

— Les voitures publiques de la Confédération, nous dit-il, marchent généralement moins vite que les piétons. A quoi faut-il attribuer cette lenteur? Est-ce une mesure de prudence? est-ce une mesure de police? je l'ignore; toujours est-il que cela est ainsi. Il en résulte qu'un artiste et un négociant ont plus d'avantage à aller, l'un en voiture, l'autre à pied. Le négociant fera plus promptement ses affaires à pied, l'artiste plus convenablement les siennes en voiture. Placé dans l'intérieur d'un berlingot, il a tout le temps nécessaire, non-seulement de croquer, en passant, un point de vue, un village, un château, mais encore de recueillir la chronique, la légende ou la tradition locales, et de les consigner sur son album. Le véhicule a des habitudes si paisibles! et les rossinantes qui le traînent s'en vont si paisiblement, broutant les chardons de la route, qu'au lieu de faire, comme les piétons, trois milles en une heure, ils font un mille en trois heures, et qu'enfin, n'étaient les ressorts qui ne valent guère mieux que ceux d'un coucou dionysien, on se demanderait si l'on marche, ou bien si l'on est au repos. Aucun peuple, en effet, n'est plus que l'allemand, sévère observateur du précepte italien : *Que' va piano, va sano.....*

Le renseignement était précieux; nous en

remerciâmes M. Hammer, qui voulut bien y joindre quelques recommandations particulières, après quoi nous prîmes le flambeau qu'il nous tendait obligeamment.

Le lendemain, nous dormions profondément encore, quoique la matinée fût déjà avancée, quand, ayant entendu gratter à la porte, nous nous levâmes. C'était un jeune homme à la mine rose d'une cerise, et à l'accent tudesque d'un Bavarois. Il nous dit que M. Hammer l'envoyait savoir si nous désirions déjeuner, puis, le déjeuner fait, visiter la ville. Dans ce dernier cas, le jeune homme, que nous nommerons, comme il se nomma lui-même, M. *Chules* (prononcez Jules), nous offrait ses services. C'était son emploi à l'hôtel. Nous répondîmes à M. Chules que nous étions fort sensibles aux bonnes intentions de M. Hammer; que nous acceptions d'autant plus volontiers son déjeuner, qu'il ne nous restait plus qu'un souvenir fort confus du souper de la veille, et que, quant à lui, M. Chules, nous ne demandions pas mieux qu'il nous servît de *cicerone*. Il n'entrait point dans notre plan de visiter Strasbourg, comme une maison, de fond en comble, mais pourtant nous ne pouvions nous en éloigner sans avoir salué ses principaux monuments.

M. Hammer nous attendait un plat magnifique à la main. C'était une de ces belles carpes du Rhin, si vantées et si justement appréciées. — Pour déjeuner, n'était-ce pas dommage! Le docteur me prouva médicalement que non. — J'avoue que je n'avais jamais vu de poisson pareil, même à Baudry, en Touraine, où les carpes ont acquis un tel développement qu'elles ne sont pas moins longues, pas moins grosses et pas moins pesantes qu'un enfant de trois ans. — Celle-ci, si l'on en jugeait par la couleur brune et dorée de ses écailles, par la largeur de ses nageoires et par la force de ses branchies, devait avoir au moins un demi-siècle. Elle exhalait un tel parfum et avait une apparence si grasse et si séduisante, que, voulant nous assurer par nous-mêmes si, quant au goût, elle tiendrait ce qu'elle semblait promettre, nous nous attablâmes aussitôt devant elle. — Elle n'en avait point imposé. —

Ce qui le prouva, c'est qu'au bout d'une heure d'épreuve que lui avaient fait impitoyablement subir six personnes, de cette noble fille du grand fleuve, il ne restait plus que les os.

Nous achevions le café, quand M. Chules s'étant présenté, nous nous levâmes et le suivimes, un guide à la main.

Strasbourg, que Ptolémée appelle *Argentoratum*, nom dont la racine est celtique, existait avant la conquête de César. Qui posa ses premiers fondements? Aucun historien ne nous l'apprend. Drusus, beau-fils de l'empereur Auguste, en fit, dit-on, une forteresse, qui fut détruite par Attila, et rebâtie par les fils de Clovis. A l'époque où Julien battit sous ses murs les Allemands et fit prisonnier leur roi Chrodomaire, elle devint le jalon principal de ceux qui allaient de la Gaule en Germanie. De là, le nom composé qu'elle reçut au cinquième siècle, et qu'elle porte encore aujourd'hui : *Strata-Burgus*. Son premier évêque fut Arbogaste, non pas celui qui a paru dernièrement comme une éclipse aux Français, mais bien celui qui, sous

Dagobert, s'était acquis des droits à la canonisation du pontife. Au sixième siècle, cette ville tomba au pouvoir des Allemands, et devint par la suite libre et impériale. Les Français s'en emparèrent en 1681, et depuis lors elle leur a toujours appartenu.

Nous nous rendîmes au Münster. Cette belle et imposante basilique, dont Pepin et Charlemagne firent le chœur, ce qui n'est pas merveilleux; dont l'évêque Werner créa la nef en 1015, et, en agissant ainsi, dota le monde d'un chef-d'œuvre; et dont enfin Erwein de Steinbach, en 1275, dessina le portail et la tour, qui furent l'un et l'autre achevés par Hilz de Cologne, en 1339, coûta deux cent soixante ans de travaux. Nous montâmes les six cent cinquante-quatre marches de la tour. Elles nous menèrent immédiatement au-dessous du globe de fer et de la croix dont cette tour fut couronnée en 1439. Arrivés là, nous étions à 6 pieds plus haut que le dôme de Saint-Pierre, à 11 pieds plus haut que la tour de la cathédrale de Vienne, et à 13 pieds plus haut que la plus haute pyramide d'Égypte : or, comme il est mathématiquement prouvé que le dôme de Saint-Pierre, avec ses 430 pieds, la tour de Vienne avec ses 425 et la pyramide avec ses 422, représentent les plus hauts monuments qui existent, il en résulte naturellement que nous nous trouvions en pied sur l'une des merveilles du monde, ce qui ne laissa pas que de flatter notre amour-propre. — N'a pas qui veut un aussi beau piédestal.— La coupole était couverte de noms. Nous eussions bien pu, défiant la malignité du proverbe, y joindre les nôtres; ils se seraient trouvés en fort bonne compagnie : malheureusement la place était tellement encombrée, qu'il ne nous fut pas possible de trouver le coin même le plus obscur. Il fallut donc renoncer à passer à la postérité par cette voie.

Monter au sommet de la tour dans des spirales tellement grêles et tellement à jour, que, vues du parvis, elles semblent grosses comme des fuseaux et travaillées comme une dentelle, ce n'est déjà pas si rassurant ; mais ce n'est rien comparativement à ce que l'on éprouve alors qu'il s'agit de descendre. D'abord on s'aperçoit que les marches sont minces comme des planches et étroites comme un travers de main ; ensuite qu'elles sont si usées, que l'on peut à peine se tenir dessus, ce qui est loin de vous donner de l'aplomb. Au moment où le docteur posait le pied sur la première marche, il fut pris d'un vertige tel qu'il dut s'arrêter. Voulant alors lui montrer le chemin, je passai bravement devant lui, mais je ne fus pas plus heureux. Il me prit un étourdissement. Je crus que la tour vacillait comme un peuplier dans une plaine, et que les marches ployaient et allaient se briser. Je regardai en bas, les passants me parurent des pygmées, les voitures des chariots d'enfants et les chevaux de gros rats. Je ne pus y tenir. Le cœur me manquait, mes jambes flageolaient, mon front brûlait comme le feu, mes dents claquaient à se briser; j'aurais donné cent mille francs, si je les avais eus dans ma poche, à celui qui m'eût enlevé et déposé sain et sauf sur le parvis. — Une fois là, je les lui aurais redemandés.—Sans le gardien de la tour, je ne sais, ma foi, ce que nous serions devenus. Plus nous hésitions, plus la frayeur augmentait. Un vent furieux soufflait dans les colonnades en mugissant avec rage, les girouettes oxydées grinçaient, les pierres craquaient comme du bois, la tour elle-même se dandinait avec autant d'imprudence que si nous n'eussions pas été dans ses flancs. Nous fermâmes les yeux : c'était à en devenir fou ; puis, sur le conseil du gardien, nous descendîmes à reculons.

Qu'il soit béni, cet homme, car il nous sauva !

Au bout de dix minutes nous étions arrivés sur une plate-forme qui servit, dit-on, de salle à manger à je ne sais plus quel congrès scientifique. Les convives étaient au nombre de cent vingt-trois. L'un d'eux, homme fort habile, avait imaginé une manivelle à l'aide de laquelle les plats franchissaient trois cents pieds perpendiculaires (c'est la distance qu'il y a de la plate-forme au parvis) avec tant de rapidité, qu'ils arrivaient sur la table aussi chauds que s'ils sortaient instantanément de dessus le feu. C'était merveilleux : aussi les savants jugèrent-ils, *unâ voce*, que l'inventeur méritait la présidence du congrès.... à table. On avait, dit-on encore, choisi pour office une tourelle angulaire, appelée *das munster schwalbe* *. C'était assez peu canonique, mais le congrès n'y regardait pas de si près, pourvu que la *bibliothèque* fût aussi bien choisie que les plats montés étaient chauds. Or rien n'avait été négligé pour cela.

Voici l'origine du nom de cette tourelle :

En 1460, il y avait, à Strasbourg, tant de femmes *sans nom*, que, ne sachant plus où se retirer pour gagner sa misérable vie, l'une d'elles imagina d'aller se nicher dans la tour de la cathédrale. L'idée était merveilleuse.—La chronique ne nous a pas conservé le nom du prélat à la sollicitude apostolique duquel elle *arracha* l'autorisation nécessaire. — Quoi qu'il en soit, la place, mauvaise au premier abord, prouva bientôt que celle qui l'avait choisie n'avait pas si mal calculé son plan. A cette époque, la tour d'Erwein était fréquemment visitée, et les visiteurs, auxquels le grand air rendait probablement le cœur

* La tour des hirondelles de l'église.

tendre et disposé au plaisir, étaient généreux. La recluse dut bientôt appeler à son aide une compagne à laquelle, par suite, elle céda son établissement. Il y avait plus de cent trente ans que durait cette industrie cythéréenne, et rien n'en avait troublé la tranquillité, quand un évêque, Érasme de Limbourg, pris d'un scrupule de conscience, lui donna congé, sacrifiant ainsi l'un de ses casuels les plus gras. Les *hirondelles* payaient une redevance d'environ mille francs.

Nous admirâmes dans l'église les débris de cette célèbre horloge qui indiquait les heures, les minutes, les secondes, les mois, les jours, les phases de la lune, le mouvement des planètes et des principales constellations, les fêtes, les éclipses, et bien d'autres choses que nous omettons. — Nous ne pûmes qu'exprimer nos regrets. — De là nous allâmes nous incliner, dans le temple de Saint-Thomas, devant le beau mausolée du maréchal de Saxe. On a vivement reproché à Pigalle de sentir et d'aimer plus le vrai que le beau : que d'hommes célèbres voudraient qu'au même prix on en pût dire un jour autant d'eux ! Le maréchal, pris au moment suprême de sa mort, semble expirer avec tant de calme et tant de majesté, sa pose est si noble et si naturelle, la couverture de marbre étendue sur lui si blanche et si habilement drapée, qu'un visiteur, trompé par les apparences et s'imaginant qu'elle n'était là que pour préserver le mausolée, demanda qu'on l'enlevât afin qu'il pût mieux contempler le héros. Quel plus bel éloge pourrait-on faire du chef-d'œuvre de celui à qui Bouchardon légua sa belle succession? Certes, si Pigalle eût pu entendre ce curieux, il n'eût pas été moins transporté de joie que ne le furent ces deux peintres qui, ayant parié à qui reproduirait le mieux la nature, avaient peint : celui-ci un simple rideau, que son adversaire, croyant qu'il cachait son œuvre, le pria de vouloir bien tirer; celui-là une bouillée de chardons qu'un âne, qui passait, vint avidement pour brouter.

En 1793, le temple de Saint-Thomas fut métamorphosé en magasin à fourrages, et le mausolée resta plusieurs années enfoui sous des bottes

de foin. En 1809, il reprit sa destination première.
Ce fut alors que, rendant un éclatant témoignage
d'amour et de respect à l'illustre ami du chevalier
Folard, deux mille grenadiers français vinrent,
avant de marcher au combat, aiguiser leurs sabres sur sa tombe et invoquer son grand nom.

Saint-Thomas, qui est bien plus vieux que le
Münster, puisque sa fondation remonte au
sixième siècle, Saint-Thomas renferme encore
trois monuments plus modestes, mais non moins
intéressants que le premier. L'un fut élevé à la mémoire d'Oberlin, savant antiquaire et philologue,
que Strasbourg est fière de compter au nombre
de ses enfants; l'autre, à celle de Daniel Schœpflin, son maître et son ami, comme il fut celui
des Fontenelle, des Hardouin, des Vertot; le dernier enfin, à celle de Christophe de Koch, qui, né
en Alsace, devint l'un des plus grands publicistes
de son siècle. De Koch était d'un désintéressement
rare. N'ayant laissé aucune fortune en mourant,
ses collègues, les professeurs de Strasbourg, en
tête desquels il faut placer M. Schweighœuser,
lui firent élever un monument à leurs frais, et

voulurent que ce monument fût sculpté par Onhmacht, l'un des plus habiles artistes d'alors.

De Saint-Thomas, et comme le temps était magnifique, nous nous dirigeâmes vers la Robertseau. La Robertseau ou Ruprechtseau (suivant qu'on trouvera plus d'agrément à prononcer ce nom) est une délicieuse petite île entourée d'un autre *Ill*, qui, pour être aussi étroit que l'Indre, n'en a pas moins, comme ce petit fleuve, quelque quinze ou vingt pieds de profondeur. — Les amateurs de tir sont nombreux à Strasbourg. — Jugeant l'endroit aussi favorable à l'exploitation de cette industrie que convenable, la nuit venue, aux mélancoliques rêveries de ceux qui aiment les feuilles de saule et le gazon, un Strasbourgeois ingénieux fit une balançoire sur le fleuve. C'était une manière de pont qui devait abréger de beaucoup la course de ceux qui viendraient lui rendre visite. — J'ai dit balançoire, et ce n'a pas été sans raison. — Que l'on veuille bien se représenter une passerelle de seize pieds de long, deux pieds de large, assise sur des fils de fer de la grosseur d'une corde à toupie, ces fils de fer accrochés eux-mêmes à des poteaux soi-disant plantés solidement en terre, et l'on aura une idée d'un mode de communication qui convient assez aux partisans de l'escarpolette, mais ne va nullement au pied peu sûr des gens rassis et prudents. Aussi puis-je avouer que, sans cependant que nos cheveux fussent bien blancs, nous eussions autant aimé passer par tout autre endroit : celui-ci nous causait des éblouissements. Mais, comme le chef du tir, ne s'attendant pas à l'honneur de notre visite, n'avait pu aller au-devant de nos désirs en nous faisant construire un pont plus commode, et qu'enfin, pour passer ailleurs, il eût fallu faire un trop long détour, nous fûmes obligés de nous contenter de la voie habituelle. Nous traversâmes, en regardant les cieux et en nous disant, pour nous raffermir, que, depuis six mois qu'il existait, ce pont n'avait encore fléchi sous personne.

Deux ou trois tours de promenade dans la Robertseau nous convainquirent que M. Chules n'en avait point trop vanté les beautés. Des fleurs omniformes et omnicolores, des feuilles, des mousses, du gazon vert, jaune, gris, blanc, moussu, frisé, pointu, des villas, des cottages, des fabriques, des moulins, des bastides, voire même un coquet village, son vide-bouteille, son garde et son maréchal : rien ne manquait au programme. En passant devant le tir, le docteur voulut casser une poupée, ce qu'il fit au vingt-huitième coup. Ce bel exploit fait, nous nous retirâmes, poursuivis par les compliments du maître chargeur, qui trouva que sa nouvelle pratique avait d'effrayantes dispositions. — L'homme est naturellement sensible à la louange : le docteur ne se possédait pas.

De la Robertseau à la plaine de Contades, il n'y a que deux pas. Tout en cheminant, je demandai à notre *cicerone* s'il se rappelait l'emplacement du fameux arbre vert. Il me répondit un *nein* si naturel, que je jugeai que l'histoire de cet arbre, la stupéfaction de l'Europe, lui était aussi parfaitement inconnue qu'à moi. — Si l'on en croit le chirurgien voyageur la Martinière, il était si gros du tronc et portait des branches si épaisses, qu'un moderne sardanapale aurait un jour fait dresser, sur celles qu'il jugea les plus fortes, vingt tables de cinq couverts chaque, et y aurait ainsi traité à la fois cent convives, au bruit d'un nombreux orchestre juché dans le bouquet. C'était un dîner du genre de celui du congrès; seulement, comme le dîner scientifique est postérieur au dîner babylonien, il faut présumer que les hommes éminents qui faisaient partie du premier auront choisi pour salle à manger la plate-forme de la tour, et se seront ainsi élevés à quelques centaines de pieds au-dessus de l'arbre vert, afin de montrer par là que le génie doit toujours planer au-dessus de la médiocrité. Il est vrai qu'aucun concert séraphique ne vint égayer leur festin, mais il n'eût dépendu que d'eux de se faire rendre les mêmes honneurs. Il ne s'agissait que de placer des musiciens dans le clocher; ne l'ayant pas fait, ils s'en consolèrent, disant, avec leur philosophisme habituel, que le cliquetis argentin des assiettes et le joyeux glouglou des flacons remplissaient tout aussi harmonieusement leur but.

Nous visitâmes, en rentrant, les fortifications : cornes, lunes, glacis, bastions, courtines, poivrières, nous n'oubliâmes rien. Nous entrâmes ensuite à l'arsenal, qui est l'un des plus importants de la frontière. Il était tellement encombré de bouches à feu, d'armes de toutes sortes et de boulets, que cela me rappela le mot d'un homme de beaucoup d'esprit qui disait en 1815 : « La France possède plus de cuivre en canons que le monde entier en casseroles. »

Strasbourg, comme toutes les villes de l'Alsace, allemande au physique, française au moral, est une place éminemment active et industrieuse. Elle sert d'entrepôt général au commerce de la France avec l'Allemagne, la Suisse et même l'Italie. Elle fabrique de tout, vend de tout, reçoit de tout, et encaisse d'énormes richesses, dans d'énormes *capharnaums*, pompeusement appelés magasins. Les ressources de cette cité populeuse et remuante sont immenses. Tout le monde, ou à peu près, y est négociant, ce qui pourtant n'en exclut point la science et les arts. Son académie protestante est l'une des plus célé-

bres de France, et l'on pourra se faire une idée
de l'ardeur avec laquelle ses habitants tendent
à s'instruire, quand l'on saura que, non compris le collége royal, le collége communal, le
séminaire, l'école normale primaire, et les six
écoles supérieures, elle compte encore 816 écoles
élémentaires, dont 96 pour les filles et 722 pour
les garçons!.... Aussi Strasbourg est-elle la
ville natale d'une foule d'hommes des plus
distingués, parmi lesquels on peut citer : dans
la théologie, Martin Bucer, l'un des ardents
serviteurs du protestantisme. Martin Bucer se
nommait originairement Kuhhorn, c'est-à-dire,
en allemand, *corne de vache.* Trouvant que
ce nom sonnait mal pour un érudit, il l'échan-
gea contre celui de *Bucer*, qui a la même signi-
fication en grec. Il fut l'ami dévoué de Luther et
il surpassait tellement les scolastiques les plus
déliés en souplesse d'esprit et en déductions
choisies, que Bossuet le surnomma *le grand
architecte des subtilités.* — Dans les sciences
physiques, le studieux et patient Ramond ; —
dans la jurisprudence, Pierre Denaisius, qui fut

assesseur de la chambre impériale de Spire, et ambassadeur auprès de trois souverains; — dans la médecine, le célèbre docteur Christophe Wurtz; — dans les arts, Weyler et Manlich, l'un peintre sur émail, l'autre peintre de genre distingué; - dans les belles-lettres, Koch et le vertueux Oberlin ; — dans les armes enfin, Kléber et le duc de Valmy.

A propos de Kléber, nous visitâmes le musée, où l'on nous montra l'épée que portait ce grand capitaine à Alexandrie et à Saint-Jean-d'Acre, et le poignard encore maculé de sang avec lequel le fanatique Soléiman l'assassina, au Caire, le 14 juin 1800. Nous parcourûmes ensuite les vastes salles qui renferment l'un des cabinets d'histoire naturelle les plus riches de France en coquilles, en reptiles, en insectes, en fossiles, en oiseaux et en mammifères; la bibliothèque publique composée de 60,000 volumes, et celle de l'observatoire qui en contient à peu près autant.

Restaient à voir le palais royal, résidence actuelle de l'évêque, le palais de justice, l'hôtel

A BUCHAREST. 37

de ville et la préfecture, bâtiments fort beaux,
nous dit-on, la salle de spectacle, bâtie sur les
plans de la bourse, vaste, élégante et aussi bien
distribuée que peu remplie, les jours surtout où
jouent des acteurs français, ce qui ne fait pas
honneur à l'esprit national et au goût tudesque
des Strasbourgeois. Mais il nous tardait d'entrer
en Allemagne. L'impatience du voyageur nous
gagnait. Or, comme malgré notre paresse du
matin, nous avions si utilement employé notre
journée qu'il nous restait encore assez de temps
pour dîner, fermer nos malles et profiter du départ du soir, nous remimes cette exploration à
une autre fois.

Un nouveau sujet d'étonnement nous attendait
à l'hôtel. M. Hammer, qui tenait à justifier de
point en point sa réputation culinaire, nous avait
servi des lottes de Hongrie.—La lotte de Hongrie
est un poisson délicieux et fort rare. Nous avions
déjà sur son compte une opinion des plus favorables, mais cette opinion pâlissait devant l'estime que semblait avoir pour elle un personnage
qui, si j'en juge à sa chevelure et à ses dents,

devait être Anglais de naissance, et mangeur de profession. Chez lui c'était de l'enthousiasme, et quoiqu'il fût déjà monté sur un diapason fort honnête, cet enthousiasme allait toujours *crescendo*. A peine le docteur et moi avions-nous entamé chacun une lotte, tant le chef les avait servies brûlantes, que déjà il avait englouti la moitié du plat. C'était un gouffre effrayant! Il fallait que, marchant sur les pas du philosophe Philoxène, que son maître Agésyle avait si bizarrement surnommé *la Fourmi*, il eût, comme ce célèbre gourmand, demandé aux dieux un gosier de trois coudées, et, de même que lui, contracté l'habitude de se passer la bouche à l'eau bouillante, chaque fois qu'il allait dîner en ville. Autrement, ce serait un prodige. — Je renonce à faire l'énumération de ce qu'il absorba. L'empereur Maximin en eût frissonné de jalousie.

M. Hammer avait remarqué notre étonnement mêlé d'une espèce de frayeur.

— Ah! nous dit-il en sortant de table, il faudrait avoir terriblement de convives de cette sorte pour se rattraper sur la quantité. *Mein gott!...*

Nous nous amusions encore de cet incident burlesque et de la plaisante observation à laquelle il avait donné lieu, quand, M. Chules étant venu dire que la voiture n'attendait plus que nous, nous prîmes nos manteaux et sortîmes en promettant à M. Hammer de descendre, au retour, à la Maison-Rouge.

CHAPITRE II.

—

Le coche.— Le compagnon de route.— Le faux Rhin.— L'île des Épis. — Le tombeau de Desaix.— Le général Duhesme à Diersheim. — Louis XV et le *Mariage de Figaro*. — Kehl. — Influence de cette petite ville sur les commis-voyageurs.— Le pont de bateaux.— Le Badois et le Limousin.— Origine des marquis de Bade.— L'alcide et le baron.

Sept heures du soir tombaient du haut de la flèche aérienne du Münster au moment où nous quittions Strasbourg. Encaqués tous les deux, le docteur et moi, dans le coupé d'un coche identiquement semblable à ces tonnes sur le fond desquelles, à Paris, on lit en caractères jaunes : *arrosement public*, nous mîmes vingt minutes, montre en main, à franchir les lignes de Vauban. Une fois franchies, nous pûmes nous reconnaître. Le tassement s'était fait, chaque voyageur savait sur quelle place il pouvait compter; nous nous regardâmes, un compagnon de route se trouvait entre nous deux. Comme la lanterne tournait de notre côté l'un de ses yeux de verre et nous éclairait en plein, nous reconnûmes que notre voisin était une voisine. Nous n'en fûmes pas plus fâchés. La voisine était jeune, jolie, sans nul doute bien faite; elle devait avoir l'esprit mieux tourné que son pied qui, probablement, était large et plat comme celui de toute honnête Alsacienne, ce qui, suivant certaines gens, dénote que l'on va plus souvent à pied qu'en voiture, et ce qui, suivant certaines autres, au contraire, est l'indice d'une haute noblesse. —Les Gaulois, qui étaient tous nobles, avaient, en effet, le pied plat. Témoin l'un de nos maréchaux littéraires : depuis qu'il a plus souvent recours au bottier qu'au maquignon, il prétend être Gaulois par le pied. — Or, que pouvions-nous désirer de mieux?

Bien qu'il ne nous fût pas possible de la regarder autrement que de côté, tant nous étions incrustés chacun dans nos places, la voici telle qu'elle nous parut. — Si je me permets de donner ici son signalement, c'est que cette femme était un type de l'Alsace. — Elle avait les yeux bleus, la peau blanche, les cheveux blonds, le regard un peu langoureux, le nez légèrement retroussé et le menton garni d'une fossette d'enfant. — Boucher ou Watteau l'eussent prise pour modèle. — Sous son mantelet entr'ouvert, nous découvrimes un corsage rebondi dont le devant était croisé d'ornements d'or et de rubans, et dont l'opposé devait être en velours noir. Ses larges manches, faites de toile aussi blanche que la neige et aussi fine qu'une batiste, étaient retenues au poignet, et se terminaient par une manchette plissée, du milieu de laquelle s'échappait une main coquettement garnie d'un gant de filet noir. Sous le filet noir, chatoyait un diamant. — Cette particularité nous donna bonne opinion de la belle voyageuse, car un diamant au doigt, c'est à peu près un ruban rouge à la boutonnière. — Aussi fûmes-nous pour elle des plus empressés.

Quelque chose manquait à notre intéressant examen; nous ne pûmes le compléter qu'à notre arrivée à Kehl. Alors nous aperçûmes une jupe de serge verte, brodée d'une large frise rose qui nous laissa obligeamment voir la moitié d'une jambe de gazelle, garnie d'un bas blanc et terminée par un petit pied aristocratique chaussé d'une pantoufle à haut talon, ni plus ni moins qu'une Parabère ou une Dubarry; en somme, le plus coquet, le plus gracieux des costumes et surtout le plus exact, porté par la plus coquette, la plus gracieuse et la plus réelle campagnarde des environs de Bouxviller.— Sa tête nue, malgré la saison avancée, et ses cheveux tressés en couronne retenus par de longues flèches d'or, nous firent juger qu'elle était mariée. En effet, elle l'était depuis deux ans à un fabricant d'harmonicas et d'accordéons. Elle se rendait même en ce moment auprès de lui à Bade, où, pendant la saison des eaux, il avait été, ses instruments dans sa poche, exploiter les bonnes dispositions des baigneurs.

Les lignes de Vauban franchies, nous nous

trouvâmes en face de la douane. Elle se rangea devant l'écusson de M. Ottmann, notre maître de poste.—La douane a pour limites un pont de bois, sous lequel coule tranquillement ce qu'on appelle le faux Rhin. C'est un filet d'eau qui, comme un écolier faisant l'école buissonnière, profita d'un jour de grosse crue pour aller se fourvoyer un instant dans les terres, et rentrer quelques toises plus loin dans son lit.—On rapporte que, tout en courant, il détacha du continent un morceau de terre sur lequel se trouvait l'habitation d'un pauvre homme. — C'était agir un peu librement ; mais comme dans son fait il avait mis de l'habileté, qu'il n'était passé que par le milieu d'une vaine pâture appartenant à la ville, et s'était scrupuleusement abstenu d'entamer les propriétés voisines, le conseil municipal blâma son vagabondage et lui tint compte de son équité. Il lui jeta sur le dos un pont, ce qui fit que le pauvre homme s'éveilla un jour dans une île inconnue dont il resta possesseur. Cette île s'accrut rapidement; le Rhin lui apporta toutes ses alluvions En l'année (la tradition ne dit pas laquelle), son propriétaire la céda au gouvernement, qui voulut que le philologue Jean Gottlob Schneider, alors résidant à Strasbourg, lui donnât un nom. Elle reçut celui d'*île des Épis*, en commémoration de sa fécondité, et Napoléon la consacra au souvenir du brave défenseur de Kehl.

Ce souvenir consiste en un cénotaphe quadrangulaire de pierre rose, sur lequel reposent un glaive, un bouclier et un casque. Trois bas-reliefs le décorent et représentent : celui du fond, le brillant fait d'armes de Desaix, au moment de la retraite de Bavière. Chargé de la défense du pont de Kehl, le général repousse avec une valeur héroïque les attaques de l'archiduc Charles; — celui de droite, la bataille du Caire, à la suite de laquelle le héros fut appelé à gouverner le pays, et s'en acquitta avec tant d'habileté qu'il fut surnommé *Sultan le Juste*; — celui de gauche, enfin, le champ de Marengo, à l'instant même où, venant de vaincre, il tomba frappé mortellement dans les bras du brave colonel Lebrun. Un médaillon, dans l'orbe duquel est gravé son portrait qu'entourent les attributs de la victoire, forme le bas-relief du devant. — Ce cénotaphe fut élevé sur les dessins de Weinbrenner. A quelques pas en arrière, se voit une petite maison étrusque, bâtie, peut-être, par le pauvre homme dont nous avons parlé plus haut. Aujourd'hui, elle est habitée par le gardien du tombeau.

En regardant dans la direction de Mayence, on aperçoit Diersheim, village auprès duquel Moreau passa si hardiment le Rhin. C'est là aussi que l'intrépide Duhesme, voyant tomber roide mort son unique tambour, releva sa caisse, battit la charge avec le pommeau de son épée et s'élança au-devant de l'ennemi en criant à ses soldats : « Enfants, à la baïonnette! »

Kehl est la première ville du grand-duché de Bade que l'on rencontre en quittant la France. Elle se vante de posséder au moins douze cents habitants, et nous ne croyons pas qu'elle exagère. On y voyait encore, il y a peu de temps, une maison dans laquelle l'auteur du *Barbier de Séville* avait établi son imprimerie.

Un jour, Louis XV, cédant aux sollicitations de la reine, voulut que M. Bret, le censeur, vînt lui faire secrètement lecture d'un nouvel ouvrage de Beaumarchais. Cet ouvrage n'était rien moins que le *Mariage de Figaro*. Alors on en disait dans le monde autant de mal que de bien. La lecture achevée, le roi, qui l'avait souvent interrompue par des exclamations de colère, se leva et dit en frappant du poing sur la table : « Cette pièce ne sera pas jouée. » Mais Louis XV était faible. M. de Vaudreuil et Mᵐᵉ de Polignac, qui protégeaient le poëte, l'emportèrent sur Sa Majesté. La pièce fut jouée et obtint un succès complet. Vivement piqué, le roi voulut prendre sa revanche; il en défendit, partout le royaume, l'impression. Mais que pouvait-il y gagner? Beaumarchais était riche depuis ses spéculations avec le financier Pâris Duverney. Il partit pour Kehl, y fonda une imprimerie importante et y imprima son *Mariage*. De retour en France, il fut enfermé à Saint-Lazare; mais c'était encore plus maladroitement agir envers lui. Il se consola de ses mésaventures en écrivant des *Mémoires critiques* auxquels peut-être, sans cet événement, il n'eût jamais songé.

Kehl a, pour beaucoup de gens, des attraits. Il n'est pas, par exemple, un commis-voyageur qui, passant à Strasbourg, s'éloigne de cette grande cité sans avoir été rendre visite à la petite ville badoise, sa voisine, et dîner au *Pied de chevreuil.*—Kehl est au commis-voyageur et à la grisette alsacienne (et Dieu sait si l'Alsace en produit!) ce que sont aux étudiants de Paris et à leurs maîtresses les bois ombreux de Montmorency : un but de promenade habituel, un lieu de rendez-vous. Aussi le chef d'une maison qui envoie son représentant à Strasbourg doit-il calculer qu'il restera là un peu plus qu'ailleurs, et qu'il y économisera beaucoup moins. C'est la règle!—Entre nous, c'est aussi la vérité; mais pourtant, comme la vérité, par cela seul qu'elle est vraie, n'est pas toujours bonne à dire, nous prions les intéressés de vouloir bien nous en pardonner l'indiscrétion.

M. Ch. P***, négociant fort connu du quartier des Bourdonnais, traçait à son voyageur l'itinéraire qu'il aurait à suivre, et notait Strasbourg pour cinq jours. — Mettez-en sept, lui dit le jeune homme. — Cinq me semblent suffisants; je connais la place. — Sept, il m'en faut sept, je ne puis consentir à moins. — Cependant, reprit M. P***, vous n'avez que vingt maisons à voir : combien en faites-vous par jour? — Quatre. — Alors, que me demandez-vous? vous avez plus que votre compte. — Et Kehl? observa en souriant le voyageur. — Kehl!... vous connaissez un commettant de ce nom? C'est drôle! moi, je n'en connais point. — Parbleu! cela ne m'étonne pas. — La raison, s'il vous plaît? — Elle est toute simple, monsieur, c'est que vous êtes patron et moi commis.

Et notez qu'on ne va pas à Kehl seulement pour avoir occasion de dîner en tête-à-tête avec une grisette qui prend, en parlant, les *b* pour des *p* et les *p* pour des *b*; on y va encore pour faire niche à M. Humann. Que de paquets de cigares passés à la barbe de sa douane! que de boîtes à tabac copieusement garnies! — Ceci par une foule de petits procédés si ingénieux et si habilement combinés, que, comme le dit pittoresquement le fraudeur, le *lézard** n'y voit que du feu. — Et puis enfin, à son retour à Paris, ou

---

* Le douanier, ainsi nommé de son uniforme vert.

à Reims, ou à Lyon, le commis-voyageur est fier de s'entendre féliciter par les magasiniers, sur le bonheur qu'il a eu d'*aller en Allemagne*.

Un pont de bateaux magnifique unit la France au grand-duché. Ce pont, formé de trente-deux arches ayant ensemble deux cent dix toises de longueur, peut se démonter et se replacer dans le même jour. Nous le trouvâmes encombré de gens, Badois et Français, qui, arrêtés à distance respectueuse, et munis, les uns de torches allumées, les autres de bâtons, se provoquaient du geste et de la voix. Les vagues du fleuve avaient beau venir, soulevées par un vent furieux, déferler sur les jambes des deux pays qui prenaient ainsi un bain de pied forcé, personne ne bougeait. Nous eûmes toutes les peines du monde à traverser, et ce fut seulement alors que nous apprimes ce dont il était question.

On sait que le pont de Kehl est divisé en deux parties parfaitement égales, l'une appartenant à la France, l'autre au grand-duché. La partie de la France, autant que je puis me le rappeler, est peinte en jaune; celle du grand-duché l'est en noir. Aux extrémités se trouvent deux postes, français de ci, badois delà. Chacun de ces postes fournit une sentinelle qui, placée sur la ligne de démarcation, doit veiller à quoi? nous l'ignorons. Elle nous a semblé être là pour la forme. Mais il paraît que tout le monde ne partageait pas le même avis, les soldats badois surtout. L'un d'eux, placé en faction, avait remarqué que, tout en se promenant de long en large, son co-préposé dépassait d'un pas la frontière. Il lui en fit brusquement l'observation. Le Français, qui ne crut pas que l'on s'adressait à lui, et qui, d'ailleurs, en sa qualité de Limousin, ne comprenait pas un mot d'allemand, continua tranquillement son va-et-vient. Cette incroyable violation de territoire exaspéra le Badois. Le Germain est, de sa nature, têtu et bourru. Le nôtre se mit au guet; puis, au moment où, l'arme au bras et la tête rêveusement penchée, la sentinelle française revenait pivoter sur la ligne, il dégaîna son sabre et le lui porta dans le flanc. Le malheureux! à qui venait-il s'attaquer! Le Limousin était un malin, le plus malin de son bataillon. Voir la botte qu'on lui destinait, l'esquiver d'un bond et croiser sa baïonnette, fut pour lui l'affaire d'un instant. Le Badois, lancé comme un éclat de bombe, vint tout droit s'enferrer dessus. De là l'exaspération de la foule accourue des deux rives aux cris du blessé.—A notre arrivée à Kehl, nous fûmes accueillis par ce cri : « La guerre! la guerre! » C'était quelque chose d'ébouriffant : le grand-duché déclarant la guerre à la France! Heureusement, cette belliqueuse provocation ne devait pas avoir de suites plus fâcheuses. Trois mois après, nous eûmes la satisfaction d'apprendre que, les parties de part et d'autre ouïes, S. A. le grand-duc Léopold et Sa Majesté Louis-Philippe Ier avaient, d'un commun accord, déclaré *n'y avoir lieu à suivre.*

Une fois à Kehl, on est à cent lieues de la France. Habitants, maisons, pays, usages, tout diffère, tout est étrange, tout est nouveau : c'est une autre physionomie. Comme toutes les petites villes allemandes, celle-ci est un bijou sortant de son écrin. Rien de coquet comme ses maisonnettes aux murs blancs, aux toits rouges et aux volets verts. Il serait difficile de signaler l'un de ses édifices, architectoniquement parlant; mais comme tout y est propre et luisant! comme on voit que la souffrance évite de passer par là! comme le bonheur resplendit partout!

Ce fut à Kehl que commencèrent nos tribulations. La plus insupportable de toutes est celle d'être obligé d'y changer de voiture, avec la perspective d'avoir à en faire autant à chaque nouvelle principauté. Cette circonstance faillit même tout à fait modifier nos résolutions, et nous décider à marcher à pied; car on sait qu'en fait de principautés, l'Allemagne est des plus abondamment pourvues. La judicieuse observation de M. Hammer nous retint. On nous descendit, nous et nos bagages, au milieu de la grand'-rue, et le postillon de M. Ottmann nous tourna les talons en nous souhaitant un heureux voyage.

Il pouvait être huit heures et demie, la soirée était froide, nous entrâmes à la poste en attendant la diligence de Francfort qui prend les voyageurs pour la Suisse, et celle de Baden, qui, par contre, se charge de ceux qui vont à

Francfort. Comme il est d'usage, dans les auberges allemandes, de consommer quelque chose, qu'il soit minuit ou midi, et que vous ayez ou non besoin, nous demandâmes n'importe quoi. On nous apporta une fiole à long cou. L'hôtelier eut l'effronterie de l'intituler vin de Zell, et il l'eût même, je crois, nommé Johannisberg, si nous l'y avions un peu poussé. Mais, que nous importait? Le son aigu de deux cornets venait, au moment même, de résonner dans la rue : il était beaucoup plus intéressant pour nous de s'assurer si ces cornets étaient ceux des voitures attendues que de perdre un temps précieux à discuter sur l'âge, le nom et la qualité d'un vin. Nous payâmes et sortîmes.—Ces voitures étaient bien les nôtres. Elles se croisaient à Kehl avec cette exactitude que l'on ne rencontre qu'en Allemagne. On eût dit qu'elles s'étaient attendues pour toucher en même temps le but.

Par un heureux hasard, elles passaient vides. Je m'enveloppai dans mon manteau et allais me blottir dans le coin du coupé que j'occupais précédemment, quand, jugez de ma surprise! un

Napolitain (je le reconnus à ses moustaches en points d'exclamation), arrivé dix minutes après nous, me repoussa, l'œil en feu, en me criant d'un ton courroucé : « *Cospetto! signor, un instante!* » — Comme je voulais résister, un gros Allemand me dit en éclatant de rire : — « Oh! *meinherr*, fous ne blus édre en Franze, ici! » — « Parbleu, répliquai-je, voyant qu'il montait à la suite du Napolitain, je ne m'en aperçois que trop bien. » — Il referma vivement sur lui la portière, en me jetant insolemment ces mots au nez : — « *Ich danken recht sehr.* » C'est-à-dire qu'à ce jeu les premiers étaient, comme dans l'Évangile, les derniers, et les derniers les premiers.

Furieux, j'appelai le conducteur. Le conducteur fumait et buvait : or chacun sait qu'un Badois qui fume et qui boit ne se dérange pas plus qu'un cheval qui a son avoine sous le nez. Le nôtre était trop bon patriote pour dévier. Il ne me fit seulement pas l'honneur de me répondre. Alors, ne pouvant me résoudre à faire le John Bull, je suivis l'exemple du docteur. Il avait assez philosophiquement pris son parti ; je pris également le mien. Je plaçai mon manteau dans l'arrière-voiture et me huchai par-dessus.

A dix heures, le fouet résonna, et la voiture se mit à rouler. Il faisait un clair de lune magnifique. Les chevaux marchaient comme des chevaux qui marchent, et, n'eussent été d'énormes trous pratiqués sous la voiture pour faire sortir la poussière, nous eussions été assez à l'aise. Malheureusement la bise s'engouffrait par l'orifice de ces trous et en faisait des ventilateurs qui nous tenaient les jambes dans une atmosphère peu favorable au sommeil. Aussi ne pûmes-nous fermer l'œil de la nuit. Les premières lueurs du jour nous éclairèrent à Rastadt. Nous avions franchi Bischofsheim et Stollophen, bourgs ressemblant à des bourgs, et, comme tels, peu intéressants.

Avant d'aller plus loin, un mot sur l'origine du grand-duché.

Quelque petit et quelque peu bruyant qu'il soit dans le monde, il n'en a pas moins sa valeur. Il date d'assez loin, et son blason est même des plus riches et des mieux posés. Parmi les historiens qui ont tracé son histoire, il en est qui font descendre ses margraves ou, si vous le voulez, ses marquis, car le mot revient au même, qui les font descendre, disons-nous, des rois goths; d'autres veulent qu'ils soient sortis des Ursins, partisans de cet antipape qui fut élu par sa faction après la mort de Libère, en 366; d'autres encore, d'Etichon I*er*, duc d'Alsace; d'autres enfin, et nous pencherions assez pour ces derniers, les prétendent noblement issus des fameux seigneurs de Vérone qui étaient à la fois comtes d'Altenbourg et ducs de Zæringhen. Frédéric Barberousse, disent-ils, avait de grandes obligations au vieux duc Berthold, dont la maison était établie en Suisse. Voulant lui en témoigner sa reconnaissance, il appela à sa cour l'un de ses fils nommé Hermann, le prit en vive amitié, et lui fit épouser la princesse Judith, sa parente, à laquelle il donna pour dot le territoire de Bade.

Ceci se passait en l'an de grâce 1114.

Vingt ans après, pris d'une sainte ardeur pour le cloître, Hermann déposa ses titres, et, d'accord avec sa femme, se retira à Cluny où il mourut, laissant pour successeur un fils qui, sous le même nom que lui, fut créé marquis. — En 1803, Charles Frédéric, alors margrave de ce petit État, fut, par recès de l'empire, nommé électeur, et lors de la Confédération du Rhin, on le créa grand-duc. Napoléon, qui était en train de fabriquer des royaumes, eût bien voulu le métamorphoser en roi comme les autres, mais, quelle que fût sa bonne volonté, il dut y renoncer. Le grand-duché n'avait pas les proportions voulues. Le sceptre eût trop pesé dans la main de son chef, et l'hermine royale eût fait des plis sur son dos. —Quoi qu'il en soit, peu de maisons princières, on en conviendra, sont aussi bien partagées.

C'est à Bischofsheim, que nous venions de traverser, que naquit, de Marguerite, comtesse de Pfirt et de Frédéric III *le Pacifique*, le sixième et fameux marquis de Bade, Rodolphe VII. — Ce prince, le plus étonnant phénomène de son siècle, était en retard de quelque quinze ou seize cents ans. Il eût dû naître à cette époque où, si l'on en juge par les fossiles et les pachydermes, les hommes étaient des Titans ; car, suivant le scrupuleux M. Imhoff, le sévère M. Heiss *, et l'*Historia Zæringariæ badensis*, il n'avait pas moins de 12 pieds rennois ** de haut. Aussi lui accorda-t-on, sans conteste, le surnom de *Grand*, et, on peut le dire, beaucoup portèrent ce surnom, qui ne l'avaient pas aussi légitimement mérité que lui. Rodolphe VII n'était pas seulement d'une taille colossale, il était aussi d'une force herculéenne. Le maréchal de Saxe, qui brisait dans ses mains le fer de son cheval, et Milon de Crotone, qui, d'un coup de poing, tuait un bœuf, n'eussent été auprès de lui que des enfants. A l'âge de dix ans, il tenait tête à un homme quelque robuste qu'il fût ; à quinze ans, il arrachait en pleine terre un chêne de la grosseur de son bras, pour s'en faire une canne, et, nouveau Samson, battre, avec cette canne, une armée de Saxons ; à vingt ans, il lançait à cent pas, et sans qu'il eût touché la terre, un boulet de cent livres, allait le

---

* *Hist. de l'Emp. — Notit. Imp.*
** Environ 8 pieds de notre mesure.

ramasser, et jouait avec cette masse comme un jongleur avec une boule de billard; à trente ans, il forgeait à froid, avec son poing, une lame de fer d'un pouce d'épaisseur; enfin, vers la fin de sa vie, courbé par l'âge et par les fatigues, il portait encore trois hommes, à cheval sur chacun de ses bras.

Rodolphe mangeait peu, mais, par contre, il buvait beaucoup, sans pourtant jamais s'enivrer. Son repas achevé, il descendait à la cave, prenait une *tarette** comme un fantassin son bidon, l'élevait au niveau de sa bouche, et, dit le chroniqueur, il ne la reposait à terre que quand elle était, à peu de chose près, aussi vide qu'elle était pleine quand il l'avait prise un instant avant.

Bon, doux, affable et surtout d'une justice sévère, il était adoré de ses sujets. Ses amis vantaient sa patience et sa magnanimité. Il fallait qu'il fût bien excité pour qu'il donnât champ libre à toute sa colère, mais une fois, par exemple, qu'il l'avait lancée, la bride sur le

* Petite barrique de cent vingt bouteilles.

cou, c'était à ne plus pouvoir l'arrêter : auss
s'en méfiait-il et lui tenait-il durement le mors

L'empereur Charles IV, qui l'aimait, peut-être
comme on aime les choses que l'on craint, en
avait fait son favori, et en eût fait son compère,
si Rodolphe eût voulu accepter ce rôle. Mais il
ne prisait en aucune façon les attributions de
Tristan. Toutefois, on cite de lui un trait que,
sous ce rapport, nous devons rapporter.

Il se trouvait en tournée avec son suzerain,
lorsque, ayant appris qu'un baron connu par ses
roberies avait formé le projet d'attenter aux jours
de Charles IV, il résolut de le châtier. Il attendit
qu'il eût tout à fait combiné son plan, puis, au
moment où il crut qu'il allait agir, il l'arrêta
brusquement au passage, lui prit d'une main
les deux jambes, de l'autre le cou, et le porta
ainsi à l'empereur, comme il eût fait d'un enfant
mutin. L'empereur avait été prévenu d'avance.
La culpabilité était avérée. Il ordonna que le
coupable fût mis sur le champ à mort, et Rodolphe se chargea lui-même de l'exécution.

Rodolphe était un de ces hommes qui pensent qu'en pareil cas le mieux est de mener rapidement les choses. La philanthropie parlait à son cœur. Il écarta donc tout bonnement les bras, et la tête du baron se trouva aussi bien séparée du corps que si la hache du bourreau y eût passé.

Rodolphe VII mourut le 25 mars 1372, laissant pour héritier de son marquisat le seul fils qu'il eût eu de Mechtilde, fille de Henri, comte de Spanheim, et sœur de Jean *l'Aveugle*. Ce fils, qui avait les qualités morales, mais non physiques, de son père, régna sous le nom de Bernard.

CHAPITRE III.

—

Rastadt. — Master Van-Hoop-Zanderfelden. — Étichon Ier et Saint-Wardin.— Les tabatières de papier mâché. — Le château de la margrave Sibylle. — Le concierge Curtius — Assassinat de trois ministres français. — Une surprise. — Le maître de poste.— La fête d'un centenaire. — Sa famille. —Le toast.—L'élixir de longue vie.—De Rastadt à Carlsruhe.

Rastadt est une petite ville de quatre à cinq mille âmes, si nette, si verte et si gentiment bâtie, qu'elle fait plaisir à voir. Certainement, chaque fois que le baromètre marque pluie ou neige, ses autorités municipales la couvrent d'une cloche, car autrement je ne verrais pas moyen d'expliquer la pureté du pavé de ses rues et l'éclatante blancheur de ses maisons; à moins, toutefois, que, comme le prétend le poëte Olonius, dès que l'on voit le ciel se couvrir, on ne ferme les portes et on ne lève les ponts, ce qui alors, on le conçoit, doit désappointer le mauvais temps et l'obliger à porter plus loin ses boucs. Quoi qu'il en soit, s'ils la voyaient, les Flamands en seraient certainement jaloux comme le fut master Van-Hoop-Zanderfelden.—Master Van-Hoop-Zanderfelden était l'un des édiles de la petite ville d'Huyse. Ayant ouï dire que le grand-duché de Bade l'emportait sur la Flandre, quant à l'administration locale, il partit incrédule, et revint convaincu. Arrivé sur le premier des trois ponts de Rastadt, il avait enveloppé la place d'un coup d'œil, et n'en avait pas voulu voir davantage, disant que, s'il jugeait des autres villes par celle-ci, il n'était pas utile qu'il allât plus loin. Et ce ne fut pas tout. De retour en sa patrie, il brisa sur son genou la spatule d'ébène, signe distinctif de sa dignité, et, comme nous ne savons plus quel général après une défaite, il répondit à l'un de ses collègues étonné : — « Je suis indigne d'occuper le poste auquel m'ont appelé mes concitoyens. »

Quel plus bel éloge pourrait-on faire de Rastadt ?

Vingt savants ont passé la moitié de leur vie en discussions graves sur son origine et l'étymologie de son nom, et, — ce qu'il y a de déplorable, — ils ont vu blanchir leurs cheveux qu'ils n'étaient pas encore satisfaits. Nous ne marcherons point sur leurs traces, chacun s'expliquera pourquoi; seulement nous dirons qu'entre toutes, les versions sinon les plus rationnelles, au moins les plus bibliques et les plus poétiques, nous ont paru être celles du savant Bibœrmarck et du laborieux Hermann.—Le savant Bibœrmack veut que Rastadt dérive d'un mot celtique et d'un mot latin*. —Pourquoi pas de deux mots de la même langue ?

En 672, dit-il, Étichon Ier, duc d'Alsace, allait pour réprimer les incursions sans cesse renaissantes des Allemands, les peuples les plus turbu-

---

* *Stare*, s'arrêter, *hâ*, là.

lents de la Germanie. Arrivé dans les environs des *Thermes inférieurs,* il reçut en songe la visite de Saint-Wardin, son oncle à la mode de Bretagne. Le bienheureux savait que les Allemands s'étaient soumis depuis le départ de son neveu, et, en bon parent, il venait obligeamment l'en prévenir, afin de lui éviter une course inutile. Étichon, quoique païen, fut sensible à cette attention. Voulant en consacrer le souvenir, il demanda d'abord pour lui le baptême, et fit ensuite élever à l'endroit même un château auquel il donna le nom de son oncle, que ce château conserva jusqu'en 783. A cette époque, les habitants du pays, ne trouvant pas qu'il répondît assez à la cause de son origine, l'échangèrent contre celui de *Ha-sta,* les deux mots avec lesquels Saint-Wardin avait averti son neveu. Plus tard, quelques maisons vinrent se grouper, tremblantes, au pied de ses murailles. Elles s'entourèrent de fossés et se décorèrent du même nom.

Quant au laborieux Hermann, tout en reportant l'origine de Rastadt à la même époque que son docte confrère, il veut qu'elle ait une autre étymologie. Il prétend d'abord que le duc Étichon n'allait pas en Germanie pour combattre les Allemands, vu qu'étant comme lui païens, ils intéressaient fort peu le ciel et Saint-Wardin, mais bien pour châtier une tribu alsacienne nouvellement convertie à la foi. Pendant la nuit qui précéda sa dernière étape, Étichon aperçut en songe une lance de feu suspendue sur sa tête, comme la menaçante épée de Damoclès. Il en eut une telle épouvante, qu'il se leva et s'inclina devant elle, ainsi que l'avait fait Constantin devant la Croix. Le lendemain, ses dispositions belliqueuses étaient complétement changées. Loin de faire avancer ses troupes, il demanda, au contraire, à s'instruire, et reçut la consécration chrétienne; puis, voulant perpétuer le souvenir de cet événement, il fit bâtir sur les lieux mêmes un monastère crénelé auquel il donna le nom latin du signe sacré qui lui était apparu [*].

[*] *Hasta*, lance, et par corruption *Rasta*, puis *Rastadt*.

Certes, si nous avions l'esprit de la controverse, nous pourrions, tout en professant la plus profonde estime pour l'érudition de MM. Hermann et Bibœrmarck, contester leur double version. Nous leur demanderions d'abord s'ils sont bien sûrs qu'au cinquième siècle il y eût des lycées; que dans ces lycées on professât les langues celtique et latine; que le duc Étichon Ier eût suivi leur cours comme un simple bachelier; si, enfin, il ne vaudrait pas mieux attribuer à cette cité une origine allemande, ainsi que semblerait l'indiquer la seconde partie de son nom. Mais à quoi bon? Nous dirons, comme M. de Barante : *Scribitur ad narrandum, non ad probandum :* nous écrivons pour raconter et non pour prouver.

Au moment où la voiture passa sur la Murg, sa rivière, Rastadt s'éveillait et se frottait les yeux. Un bruit de marteaux se faisait entendre, mêlé au chant matinal de vigilants ouvriers. Ces marteaux mâchaient du papier avec lequel les ouvriers façonnent ces jolies tabatières qui miroitent comme l'ébène, ont la consistance de l'écaille, et se donnent à Kehl, à Francfort et à

Nuremberg. Je dis se donnent, car, en vérité, elles ne se vendent pas. Moyennant quelques *pfennings*, c'est-à-dire la plus menue monnaie, le docteur et moi nous en achetâmes chacun une dont nous nous fîmes réciproquement cadeau. Elles étaient toutes deux du plus beau modèle et portaient, sur le couvercle, le soi-disant portrait du grand-duc, et sur le fond, un calendrier rastodunien. C'était un vrai meuble de diplomate.

Il est rare, nous avait dit M. Hammer, que l'on fasse plus de sept ou huit milles, en Allemagne, sans que la voiture publique éprouve quelque accident, ne serait-ce que la rupture d'un essieu ou d'une roue. Il ne nous avait pas trompés. En arrivant à la poste, notre véhicule était perclus de l'un de ses ressorts. Comme la réparation devait exiger au moins deux bonnes heures, nous en profitâmes pour aller voir le château de la margrave Sibylle.—Reichard marquait que, reconstruit sur les ruines de l'ancien, il avait coûté douze millions de florins; or nous nous attendions à le trouver au moins aussi beau que le chiffre. Il n'en fut rien. Au lieu d'un édifice remarquable et répondant à l'idée que nous nous en étions faite, nous ne vimes qu'une vaste bâtisse qui, comme un corps sans âme, est depuis 1771 inhabitée. Son seul mérite apparent consiste en une tour du haut de laquelle on découvre le clocher du Münster aussi distinctement que si, au lieu d'être à douze lieues de là, il n'était qu'à douze kilomètres.

Nous allions nous retirer, croyant n'avoir plus rien d'intéressant à visiter, quand le concierge, qui avait remarqué notre désappointement, et qui tenait sans doute à ne pas nous laisser partir sous cette fâcheuse impression, d'autant plus fâcheuse qu'elle pouvait nuire à son pourboire habituel, voulut à toute force nous faire parcourir les différentes salles du château. Nous le suivîmes. Il faut en convenir, il y mit tout l'empressement d'un propriétaire. Des caves aux greniers, nous n'évitâmes rien. — Voici, messieurs, nous disait-il avec un aplomb digne de Curtius, voici la pièce où mourut Son Altesse le margrave Antoine, un bon prince, le père de ses sujets : et là-dessus, un trait de bienfaisance à l'appui. — Celle-ci vit naître Édouard Ier, dit *le Fortuné,* à cause de sa grande fortune : et de même, le fait d'un héritage qui eût excité l'envie de Crésus. — Cette autre, messieurs, cette autre, examinez-la bien!... — Il ouvrit la porte, et nous aperçûmes de nombreux et brillants trophées. — Ce sont ceux que fit sur les Turcs le prince Louis de Bade, fils de Mme la princesse de Carignan et filleul de Sa Majesté Louis XIV. Le prince Louis de Bade fut l'élève en bravoure de Montécuculi, et eut l'honneur de combattre le grand Turenne ! — Je ne saurais vous dire s'il l'a vaincu. — Regardez, messieurs, voici l'endroit où il reçut le jour, et l'endroit où lui vint la mort.... Repos à son âme! ajouta solennellement le concierge, en se découvrant. — Et nous fîmes comme lui, ce qui parut lui donner une haute idée de notre piété.

Nous terminâmes notre exploration par l'immense salle dans laquelle se tinrent les congrès de 1714 et 1798. Ce fut de cette salle que trois plénipotentiaires français sortirent pour aller, à quelques pas de là, tomber sous le fer des assassins.

Le 22 germinal (11 avril 1799), le Directoire venait de recevoir une note de Masséna qui lui apportait les nouvelles les plus accablantes. Le chef d'état-major Ernould, placé par Jourdan à l'entrée des défilés de la Schwarzwald, l'un des points les plus importants de la campagne que la république avait entreprise, non contre l'empire germanique, mais contre l'empereur, venait de lâcher pied, saisi d'une terreur panique. Il s'était retiré en désordre sur le Rhin. Nous perdions tous les jours du terrain. Nos troupes, en Allemagne, se faisaient partiellement battre ; en Italie, elles reculaient, démoralisées ; en Suisse seulement, celui que Napoléon nomma plus tard *l'enfant chéri de la victoire* résistait avec son intrépidité habituelle. Il fallait aviser à de promptes mesures qui pussent mettre un terme à ce déplorable état de souffrance. Le congrès de Rastadt avait presque terminé ses travaux. Les limites du Rhin étaient déterminées, la question des îles aplanie, celle des ponts à construire désormais fixée. Restait seulement celle des indemnités provenant des dépenses occasionnées par la guerre. Mais la majeure partie des députés avaient déjà quitté le congrès, rappelés par leurs différentes cours. L'Autriche avait provoqué cette mesure, et le comte d'Ehrbach en avait été le promoteur. Nos forces étant affaiblies et nos armes humiliées, nos ministres ne pouvaient tarder de l'être. Une note fut adressée au congrès. Le congrès répondit ne pouvoir rien faire sans en avoir référé à celui de Ratisbonne. Une autre note fut adressée à l'empereur. Elle demeura sans réponse. Le cabinet autrichien avait déjà conçu le projet infâme qu'il devait bientôt mettre à exécution. Les plénipotentiaires français craignaient, non pour leurs personnes (ils comptaient sur le droit des gens et sur leur inviolabilité), mais pour leurs papiers. En effet, leur correspondance fut interceptée. Ils réclamèrent; la députation germanique se joignit à eux, mais ils ne reçurent pour réponse que des mots vagues et insignifiants. Sur ces entrefaites, un courrier de la légation ayant été arrêté, et sa mise en liberté refusée, même aux sollicitations du congrès, c'était combler la mesure. On ne pouvait tolérer plus longtemps de semblables abus. Les ministres Jean de Brie, Roberjot et Bonnier D'Alco déclarèrent en pleine assemblée qu'ils allaient partir. Trois jours après, en effet, ils s'informèrent s'il y avait sûreté pour eux à se mettre en route. Des troupes autrichiennes cernaient étroitement la place. Le colonel des Szécklers, qui les commandait, répondit qu'ils pouvaient sortir. On lui fit demander une escorte. Il refusa, disant que c'était inutile. Il engageait sa parole que les ministres seraient respectés. A onze heures du soir environ, ceux-ci montèrent chacun dans une voiture. Ils étaient accompagnés de leurs familles, de la légation ligurienne et des employés. La journée avait été sombre et pluvieuse; la nuit s'en ressentait. A peine quelques étoiles scintillaient au ciel, et les postillons y voyaient difficilement à se guider. La voiture de Jean de Brie marchait la première. Assis entre sa femme et l'une de ses filles, le ministre, les bras croisés et la tête penchée, songeait sans doute à la gravité des événements qui allaient vraisemblablement avoir lieu par suite de la résolution extrême que ses collègues et lui venaient de prendre. Tout à coup, un cri violent résonne au dehors. Jean de Brie ouvre la portière : la voiture s'est brusquement arrêtée et le postillon n'est plus sur son siége. Craignant une trahison, il cherche ses pistolets ; mais, au moment où il va se retourner prêt à faire face à quiconque osera se présenter, vingt hussards fondent sur lui, l'arrachent aux bras de sa femme et de sa fille, et le frappent sans pitié. Avertis par les cris des personnes qui accompagnent leur infortuné collègue, Roberjot et Bonnier d'Alco font brusquement volte-face. Ils vont rentrer à Rastadt ; ils n'en sont qu'à une cinquantaine de pas; mais les assassins ont prévu le cas. Les ponts de la ville sont levés, les portes sont fermées. Les hussards, colonel en tête, se jettent sur les voitures, égorgent les ministres, laissent échapper la légation ligurienne et font main basse sur tous les papiers.

Cependant l'une des victimes a trompé la

fureur des sicaires. Jean de Brie est tombé frappé de vingt coups de sabre, mais aucun de ces coups n'est mortel. Aidé de sa femme qui l'a soulevé dans ses bras, et de sa fille, pauvre enfant qui lui a lavé le visage et les mains avec de l'eau recueillie dans l'ornière, il se remet en marche et arrive tout sanglant aux portes de Rastadt.—Il fut obligé d'y attendre le jour.—La nouvelle de l'attentat se répandit bientôt par toute la ville; elle y excita la plus vive indignation. Les membres du congrès qui étaient restés se hâtèrent de rédiger une protestation des plus énergiques, et tous se rendirent auprès du blessé auquel ils prodiguèrent les soins les plus affectueux. L'archiduc Charles écrivit sur-le-champ au Directoire. Il allait, disait-il, faire poursuivre le colonel des Szécklers; mais, cette poursuite se faisant trop attendre, la guerre se ralluma avec ardeur, et chacun s'y employa d'autant plus activement que l'on avait une vengeance terrible à tirer des Autrichiens.

Une surprise nous attendait à la sortie du château : notre diligence avait disparu. Les réparations étaient-elles si graves que le propriétaire cût jugé prudent d'y renoncer, pensant qu'il valait mieux la jeter au feu et en construire une nouvelle que de faire trop de frais à son intention? Voilà ce que nous nous demandions, quand un inconnu, d'un aspect d'ailleurs rassurant, s'approcha, casquette à la main, et nous tira d'embarras.

Ces messieurs, dit-il en fort bon français, demandent la diligence de Carlsruhe?

— Comme vous le dites, mon cher monsieur...

— Schœpflin, maître de poste, pour vous servir.

— Mon cher monsieur Schœpflin.

— Ces messieurs jouent de malheur. Elle est partie.

— Comment, partie, sans nous? Ce n'est pas possible!

— Ces messieurs me permettront une observation : combien leur avait-on accordé de temps?

— Deux bonnes heures, au moins.

— Que marquait leur montre lorsqu'ils sont partis pour le château?

— Six heures.

— Sur quoi, maintenant, pique l'aiguille?

Le docteur vérifia, il était près de midi. Quatre heures de plus! le quart d'heure de grâce ne pouvait raisonnablement aller jusque-là. Nous étions donc dans notre tort, et devions naturellement en subir les conséquences. Nous nous exécutâmes sans récriminer, et fîmes même d'autant moins mauvaise mine que nous avions gagné un vigoureux appétit qui demandait à être satisfait. M. Schœpflin nous servit en homme expérimenté. Nous sablâmes un petit vin d'Affenthal qui a beaucoup d'affinité avec celui de Bar, et ne peut manquer de se faire des amis. Vingt minutes après, nous ne songions plus qu'à une chose, savoir : si nous attendrions la diligence du lendemain ou si nous irions à pied de Rastadt à Carlsruhe.

M. Schœpflin devait encore venir à notre aide.

— Si ces messieurs, dit-il, n'étaient pas trop pressés, je les engagerais à passer le reste de la journée ici, et même je les prierais de nous faire l'honneur d'assister à un petit repas de famille.

— Dès que cela peut vous être agréable, mon cher monsieur Schap... Schip...

— Schœpflin, maître de poste, pour vous servir.

— Mon cher monsieur Schœpflin, nous n'avons rien à vous refuser. Vous avez donc une fête, ce soir ?

— Nous célébrons celle de notre aïeul, qui atteint aujourd'hui même sa centième année.

— C'est un fort bel âge. Nous serons enchantés de faire connaissance avec ce respectable Mathusalem.

M. Schœpflin ôta de nouveau sa casquette et salua.

Ceci est fort bien, reprit à son tour le docteur; mais, si je ne me trompe, nous avons d'ici au dîner cinq heures pleines à dépenser : à quoi les emploierons-nous ?

— Rien de plus facile : il faut aller faire une petite promenade dans la jolie vallée de la Murg.

— Et un guide ?

—Si ces messieurs voulaient le permettre... la broche peut tourner sans moi.

— Comment donc, monsieur Schoufflin, lui dit le docteur en estropiant comme moi son nom, ce qui ne le mortifia pas, vous ne pouvez nous faire plus de plaisir.

Nous partîmes.

Chemin faisant, nous demandâmes à notre hôte s'il était parent de son homonyme de Strasbourg. Il nous répondit en se rengorgeant qu'il croyait bien être *un peu* son cousin. Nous le félicitâmes de cette consanguinité, ce qui le flatta énormément.

La vallée de la Murg est un véritable Eldorado. Elle commence par de frais bosquets d'oxalides, et finit par une source ravissante à laquelle on peut se rendre en voiture, mais que nous préférâmes visiter à pied. Rien de capricieux, de pittoresque et de délicieusement enchanteur comme cette Suisse en miniature. Ici, c'est une colline couverte de génisses au cou desquelles pend un clocheton moniteur; là, un ravin dont les profondeurs marines servent de retraite à des

vols de sarcelles et de pluviers; un peu plus
loin, ce sont des taillis, le refuge de mille oiseaux divers qui viennent gazouiller en voletant
de branche en branche, autour du promeneur.
Puis, de distance en distance, vous rencontrez de
petits gaves fuyant tumultueusement à travers le
gneiss et formant des cascatelles au-dessus
desquelles jaillit un pulvérin qui, sous le soleil,
décrit des arcs-en-ciel de la plus admirable
beauté.— Nous ne pouvions décemment aller à
la source sans au moins tremper nos lèvres dans
ses eaux. Le docteur ne se fit pas prier. Tout en
improuvant Priesnitz, il boit de l'eau comme un
hydropathe. Quant à moi, qui ne suis pas des
plus chauds partisans de ce breuvage pur, j'en
pris le moins possible dans ma main, et je me
l'ingurgitai sans manifester de répulsion : cela
eût fait de la peine à notre hôte. — Nous ne lui
trouvâmes aucun mauvais goût.

Cinq heures sonnaient au moment où nous
rentrions à la poste. Notre excursion avait été
longue. De Rastadt aux sources de la Murg, il
n'y a pas moins de trois lieues, qui, doublées par

le retour, ne laissent que de se faire sentir. Aussi marchions-nous la plante des pieds engourdie, comme si nous avions craint d'enfoncer le sol. M. Schœpflin, en homme de ressource, avait prévu le cas. Il nous fit passer dans un cabinet où nous trouvâmes deux bassins d'où s'exhalait la vapeur tiède et parfumée d'une eau saturée d'eau-de-vie. Nous plongeâmes les deux pieds dedans, et vingt minutes après, il n'y paraissait pas plus que si nous sortions du lit. La fatigue n'était qu'un vain mot.

Sachant que nous ne pouvions changer de costume, par la raison fort simple que la diligence avait emporté les nôtres, M. Schœpflin se chargea de faire agréer nos excuses, et nous nous dirigeâmes vers la salle du festin. C'était modestement une grange. Aucune autre pièce n'eût été assez grande pour contenir les convives.

— Peste! dis-je au maître de poste, en comptant cent quatre serviettes artistement échafaudées, il paraît que nous attendons nombreuse compagnie?

— Pas si nombreuse que nous l'aurions désiré.

Notre aïeul verra réunis ses 99 enfants, petits-enfants et arrière-petits-enfants. Il ne lui en eût fallu qu'un de plus, un seul! pour qu'il pût en compter autant qu'il a, aujourd'hui, d'années; malheureusement, celui-là n'arrivera pas à temps.

—S'il est en route, pourquoi pas?

— C'est qu'il a encore trop de chemin à faire.

—Il vient donc de bien loin?

—Demandez à Mme Schœpflin, répondit le brave homme, en nous présentant une bonne grosse mère qui s'avançait en ce moment, et dont la rotondité nous expliqua la route que suivait le centième descendant de l'aïeul.

Il va sans dire que Mme Schœpflin baissa pudiquement les yeux : elle n'avait pas encore ses quarante ans sonnés!

Sur ces entrefaites, le kellner annonça le potage. La famille entra, précédée du landgrave et de deux notabilités. Chacun admira les décorations de la salle, le soin avec lequel les commissaires avaient dissimulé la muraille grise et le plafond de chaume sous des tentures parées elles-mêmes de guirlandes de buis, de genêts fleuris et de lierre, et l'on prit aussitôt place. Cette précipitation nous surprit. Nous nous demandions comment il se pouvait faire que celui en l'honneur de qui se donnait le banquet ne se trouvait pas là, car il n'y était pas, et comment, dans ce cas, on se mettait à table sans lui, quand, la porte s'étant de nouveau ouverte, il parut. Bien qu'à en juger par l'aisance de ses mouvements, il pût marcher seul et sans aide, deux de ses enfants le soutenaient. A son aspect, tous les convives se levèrent en se découvrant avec un profond respect. Le landgrave alla à sa rencontre, et lui tendit une main sur laquelle il s'appuya en souriant. Jamais je n'avais vu de vieillard dont l'extérieur fût à la fois plus imposant et plus affectueux. Sa haute taille était légèrement inclinée par l'âge, et sa chevelure blanche encadrait une physionomie qui, quoique ridée, respirait la plus douce et la plus aimable bonté. Arrivé au siège d'honneur qui lui avait été préparé, il dit une courte prière dont chacun répéta les paroles à mi-voix, après quoi le repas commença.

Et ce fut chose curieuse à voir que cette table immense garnie de 99 enfants issus du même père, tous, le père y compris, bien portants, bien unis, joyeux de se trouver ainsi assemblés *. On eût dit du cénacle au centre duquel se firent les noces de Cana; à cette différence que Jésus tenait le milieu de la table, tandis que notre aïeul occupait l'un des bouts, comptant à sa suite ses enfants par rang d'âge, depuis l'aîné, qui n'avait plus de dents jusqu'au plus jeune qui ne s'en connaissait pas encore. — Le beau coup d'œil ! Il n'est pas donné à l'homme d'assister souvent à de semblables spectacles; aussi nous estimâmes-nous fort heureux d'avoir rencontré une occasion pareille. On est jaloux du bonheur de ceux qui doivent tant en éprouver ; mais que cette jalousie fait de bien ! comme elle réconforte ! comme elle élève l'âme et fait vivre en Dieu !

Le dessert venu, le bon patriarche se leva,

---

* Le même fait s'est, m'a-t-on dit, passé à Paris, peu de temps avant la mort du vénérable M. Luerot.

prit un verre rempli jusqu'aux bords, puis, s'adressant aux convives :

— Mes enfants, leur dit-il d'une voix que l'émotion plutôt que l'impuissance faisait chevroter, je vous propose un toast :

« A Dieu, souverain dispensateur de toutes
« choses ici-bas! »

« Au pays, à vous tous! »

Le landgrave se leva, à son tour, et dit d'une voix claire et ferme :

« A Nicolas Schœpflin! »

« Puisse l'Être suprême lui accorder encore
« de nombreux jours, et permettre que tous les
« ans nous nous trouvions réunis avec lui
« comme il nous arrive aujourd'hui! »

Ce toast fut répété avec des applaudissements frénétiques, et fut suivi d'autres toasts, après quoi chacun vint toucher la main du vieillard et recueillir de lui un mot affectueux.

A dix heures, la salle était vide. Le docteur et moi, nous rentrâmes fort satisfaits de notre soirée, et nous félicitant de l'heureux hasard qui nous avait retenus à Rastadt.

Le lendemain, le chant du coq nous vit debout. Nous sortîmes. Un homme fumait tranquillement sa pipe, assis sur le banc vert de la porte. Nous l'abordâmes : c'était notre aïeul.

—Comment, messieurs, déjà levés? nous dit-il ; je croyais être le seul.

—C'était également ce que nous pensions, répliquai-je, mais il paraît que nous avons le sommeil trop lourd pour soutenir une pareille prétention.

—Oh ! ne vous en plaignez pas ; viendra un âge où il pèsera beaucoup moins. La balance se fera.

—Il ne semble pas, au moins, que vous parliez ainsi par expérience, vous, monsieur?

—Je le devrais, mais il n'en est rien.

—Qui vous oblige, alors, à vous lever si matin?

—L'habitude. Hier, docteur, vous me fîtes l'honneur de m'adresser une question à laquelle je ne pus répondre comme je l'aurais voulu. J'étais trop préoccupé. J'y reviens aujourd'hui. Vous désiriez connaître le secret de ma longévité?

Il est bien simple, le voici : se lever avant l'aube, faire trois repas par jour, à sept heures, à midi, à cinq heures, manger peu et lentement, boire du vin vieux par petites gorgées, marcher le plus possible, fumer sa pipe le matin et le soir, se coucher à huit heures, et dormir sur le côté droit. — Telle est ma vie, messieurs, depuis bientôt quatre-vingts ans. Je ne m'en trouve pas mal, comme vous voyez. Autrefois je faisais un petit *extrà* tous les mois, puis je me réduisis ; ce ne fut plus que tous les trimestres, puis tous les six mois Maintenant il me serait impossible d'aller au delà d'une fois tous les ans. Que voulez-vous, il faut bien s'en contenter; j'ai à côté de cela tant d'autres compensations! Je suis si heureux, quand, l'anniversaire de ma naissance venu, mon gros joufflu de Werner fait l'appel de mes enfants, et qu'au lieu d'un de moins il s'en trouve deux de plus, car c'est à peu près la rente, messieurs, deux de plus chaque année. Ah! si ma pauvre défunte vivait encore, serait elle guillerette de voir *groller* autour d'elle sa couvée!

— Votre gros joufflu de Werner est sans doute l'un de vos petits-enfants?

— C'est mon aîné; il a soixante-dix-neuf ans bientôt. C'est grand, c'est vert, c'est dans la force de l'âge, au lieu que moi...... mais je m'aperçois que je vous retiens, vous avez peut-être vos occupations. Schœpflin m'a dit que vous preniez ce matin la diligence pour Carlsruhe. Si vous m'en croyiez, le temps est superbe, vous feriez ce petit bout de chemin-là à pied.

— La distance?

— Six petites lieues, une promenade; vous en avez fait davantage hier. Vous arriverez encore avant déjeuner.

— Qu'en dites-vous, docteur?

— La route est-elle belle?

— Superbe, messieurs, unie comme une glace.

— Alors, nous irons à pied.

A ce moment, le maître de poste lui-même s'étant avancé, son bonnet de nuit sur les yeux, ce sur quoi le plaisanta son aïeul, nous les remerciâmes tous les deux de leur bon accueil, et puis nous partimes. Ils voulurent absolument nous accompagner jusqu'au delà des murs de Rastadt.

On avait bien eu raison de nous vanter la route de cette ville à Carlsruhe. On est à peine engagé de cent pas dans sa ligne, que l'on serait presque tenté de rebrousser chemin, croyant qu'au lieu de suivre une voie publique on s'est fourvoyé dans un jardin anglais. C'est, d'un bout à l'autre, une allée ombreuse, verdoyante et parsemée d'un sable aussi fin que s'il eût été tamisé. De petits villages sont échelonnés sur ses berges. A l'heure où nous les traversions, s'élançaient, du haut de leur clocher, dans l'air, ici l'angelus, plus loin la messe du matin. Jamais nous n'avions éprouvé plus de plaisir à marcher en respirant la brise des vendanges, et en voyant filtrer à travers les arbres les premiers rayons du soleil.

Bientôt nous touchâmes au terme de notre petit voyage, et ce ne fut pas de trop de la poussière qui couvrait nos pieds pour nous convaincre que nous venions de faire six lieues *gratis*. Cette fois, nous n'eûmes pas besoin d'avoir recours au bain d'eau-de-vie de M. Schœpflin. Nous n'étions pas le moins du monde fatigués. C'est que, au lieu de monter et de descendre par des sentiers caillouteux comme ceux de la vallée de la Murg, nous avions suivi une route qui, sans être droite comme une flèche, n'en a pas moins, sous d'autres rapports, ses beautés : or, quand les yeux sont charmés, les pieds sont si complaisants !

CHAPITRE IV.

—

Carlsruhe. — Le caprice d'un grand seigneur. — Le margrave Charles Guillaume et comte Frantz de Windeck — Un déjeuner de dix mille francs —L'ouistiti et le citronnier de la princesse Auguste.—Dourlach — Vitellius. — Le tusculum de Cecinna. — La croix de l'Ange. — Ephrem et Sarah. — Saint-Corbon et Sainte-Antonine.— Le lien maudit.— Pierre l'Hermite.

..... Schéhérazade, s'adressant alors au sultan, lui dit en continuant son conte de la veille :

« La première ville était bâtie tout en marbre, « la seconde en or pur, la troisième en diamant, « et Naz-Saïd se demandait ce que pouvait être « la quatrième, quand..... »

On en pourrait relativement dire autant des villes qui s'étendent de Kehl à Carlsruhe, de Carlsruhe à Munich et de Munich à Bude ou Pesth. Ce sont des merveilles au milieu desquelles on marche de surprise en surprise, se demandant ce que pourront être, après les premières, celles que l'on aura encore à traverser. Carlsruhe sort de ses limbes et date seulement d'aujourd'hui. Le 22 mai 1715, au matin, il n'était pas plus question d'elle que du docteur ; le 23 mai, au soir, elle sortait de terre comme Pégase sous le pied de Minerve. — Elle dut le jour à un caprice de grand seigneur.

Le margrave Charles-Guillaume, fils de Frédéric III, était, si l'on en croit la chronique, un prince aussi bon de caractère que chasseur intrépide. Il venait souvent courre le cerf dans une forêt située entre Bruchsal et Ettlingen. Un jour que, fatigué, n'en pouvant plus, il attendait, assis sur un tronc de chêne, l'arrivée de ses gardes pour rejoindre avec eux sa résidence de Dourlach, il vit venir à lui l'un de ses favoris.

Ah ! c'est toi, Frantz, lui dit-il, en lui indiquant du doigt son siége et en l'invitant à y prendre place, tu arrives fort à propos.

Frantz, comte de Windeck, s'inclina.

— Une idée m'est venue, continua le prince ; cette forêt ne nous offre d'autre abri contre la pluie que la feuille de ses arbres, et elle n'est pourvue d'aucune auberge pour la faim ; or, comme la pluie et la faim nous viennent souvent visiter, il faut renoncer à chasser.....

— Renoncer, monseigneur, c'est prendre un engagement difficile à tenir.

— Tu ne me laisses pas achever. Il faut renoncer à chasser..... ici.

— Et où Votre Altesse croit-elle pouvoir se trouver plus à l'aise ?

— A Rothenfelds ou à Muhlberg.

— Le pays des blaireaux, des pies-grièches et des geais ! car pour des sangliers, des daims ou des faons, il n'y a pas à y compter.....

— Tu as raison, cet endroit est dépeuplé. Or çà, Frantz, trouve donc une idée qui vaille mieux que la mienne.

— Elle est trouvée, monseigneur.

— Voyons.

— C'est de bâtir ici un pavillon.

— Tu as parbleu raison; mais l'emplacement?

— Ici même : Votre Altesse ne pourrait choisir un lieu plus convenable; nous sommes u centre de la forêt.

— Va donc pour le pavillon.

Et le margrave se leva, puis tranchant de sa main princière une branche d'arbre, il repoussa du pied le vieux tronc de chêne sur lequel il était assis, enfonça son trophée verdoyant en terre, et, comme Gessler, posa dessus son chapeau. Ce n'était pas qu'il voulût qu'on le saluât comme celui du despotique proconsul : le margrave avait de plus généreux sentiments. Il entendait seulement qu'il désignât l'endroit où il fallait que l'on construisît.

On se mit sur-le-champ à l'œuvre, et deux mois après s'élevait déjà une bâtisse dont les formes et le développement accusaient, non pas un modeste pavillon, mais bien un château royal. C'est que, suivant l'habitude en pareil cas, Charles-Guillaume avait de beaucoup dépassé les plans. Les États lui avaient d'abord voté une somme; mais, cette somme ayant été employée et le bâtiment n'étant pas encore achevé, il était revenu à la charge, jusqu'à ce que de planche en planche et de florins en florins il fut en possession d'un château complet. Nous avons dit de planche en planche, et ce n'a pas été sans raison. Charles-Guillaume, dont la nature avait fait à la fois un Hercule et un Sardanapale, avait une profonde antipathie pour la pierre. Il fallait trop de temps pour la tailler, et le sensuel margrave aimait à jouir promptement. Nous trouvâmes sur la porte principale l'inscription suivante:

« En 1715, j'étais un bois; un ami du *repos*
« voulut vivre ici au sein de Dieu; mais *ubi*
« *homo ibi mundus!* le peuple arriva. *Vide,*
« *viator! homo proponit, Deus disponit.* Ainsi
« pas de repos tant que luit le soleil. Le *repos*
« n'est qu'en Dieu. »

Cependant l'œuvre du prince ne pouvait s'arrêter en aussi beau chemin. Et en effet, de pau-

vres bûcherons qui habitaient la forêt et qui y
gelaient, l'hiver, à force de conscience, n'osant y
ramasser une bourrée, vinrent un jour, en grelottant, se grouper autour du château. Le margrave ordonna de leur abandonner la place, et
cela lui donna l'idée de fonder une ville. L'architecte Muller fut envoyé sur les lieux. Au bout
de huit jours, il revint. Il avait fait un tracé circulaire, percé trente-deux allées, larges et droites, et il les avait baptisées du nom des bûcherons. Il ne leur manquait plus qu'une population. Charles-Guillaume eut recours au procédé
de Romulus. Il appela les habitants des lieux
voisins à son aide, promit des immunités à
ceux qui voudraient construire à leurs frais, et
la croix de nous ne savons plus quel ordre, aux
bailleurs de fonds. Beaucoup de spéculateurs
répondirent à l'appel; beaucoup reçurent des
rubans, ce qui fit qu'il s'en éleva une fabrique
de plus dans le margraviat. Quant à ceux qui
furent inaccessibles à la séduction, on les laissa
tranquillement chez eux. Charles-Guillaume,
nous l'avons dit, était un bon prince, il lui eût

répugné d'enlever les Sabines. Cette mesure extra-licencieuse choquait *sa moralité*.

Ainsi fut fondé Carlsruhe, qui devait nécessairement porter le nom de son illustre fondateur *. Sur les trente-deux rues percées, neuf sont entièrement terminées. Elles forment un magnifique éventail. Quant à l'emplacement de celles qui restent à faire, il est indiqué par des allées de peupliers qui n'attendent plus que des maisons et des habitants.

Au premier aspect, nous crûmes entrer dans Nancy. C'était à peu près la même régularité : de grandes rues, de beaux hôtels, parmi lesquels l'académie, la bibliothèque et la chancellerie; des pavés larges et encadrés d'herbe, des casernes, des églises, luthérienne, catholique, réformée, une synagogue et un hôpital.

Toutes ces belles choses vues, ce qui reste à faire, quand rien de particulier ne vous arrête, c'est d'acheter une garniture de boutons en cailloux du Rhin, chose éminemment curieuse, puis d'enfiler la route de Dourlach. Cette route est

* *Carls-ruhe*. — Repos de Charles.

bordée de grands ormes qui viennent converger en arceaux.

Nos malles suivaient; nous partîmes.

Notre guide,—car nous en avions pris un,—voulut à toute force nous faire, avant de sortir, traverser le célèbre jardin de la princesse Auguste de Nassau. Ce jardin l'emporte en beauté sur celui d'*Amaliens-Ruhe*, et même sur l'orangerie, l'une des plus admirables de l'Allemagne. Il a coûté énormément à former. On y voit les fleurs les plus rares, les arbres à fruit les plus beaux. Nous fûmes émerveillés d'y trouver, malgré l'avancement de la saison, tant de dahlias et de cactus aux brillants panaches; d'œillets d'Inde, d'*anthemis grandiflora*, de rosiers doubles, de renoncules des montagnes, de narcisses de Crète, de tubéreuses franches et de topinambours. Le jardinier, qui survint à ce moment, nous fit arrêter devant un citronnier magnifique. Il pria le docteur d'en compter les fruits. Ils étaient si beaux, que l'on eût dit les pommes d'or du jardin des Hespérides. Il y avait de quoi rester en extase devant.—Le docteur en trouva vingt-deux.

Le jardinier prit une bêche, fit sur le sable une règle de division ; puis, son calcul achevé, relevant tout à coup la tête :

— Je gage, dit-il, que ces messieurs ne se doutent pas du prix auquel revient chacun de ces citrons ?

— Si nous en jugeons par ceux que vendent nos épiciers à Paris, répondit en souriant le docteur, ils peuvent, venant d'une personne ordinaire, valoir cinq kreutzers, mais sortant du jardin de la princesse Auguste, ils acquièrent une bien plus grande valeur ; alors, je les porterai à un florin la pièce.

Et le docteur regarda son homme, satisfait de son évaluation.

— Montez encore, lui dit tranquillement le jardinier.

— Vaudraient-ils deux florins ?

— Mieux que cela.

— Trois?

— Allez toujours.

— Quatre?

— Allez, allez.

— Cinq?

— Vous n'y êtes pas.

— Dix?

— Multipliez cette somme par une somme égale, et vous approcherez.

— Diable! m'écriai-je, si dans les cafés on n'employait que de semblables citrons, les limonades et les bishops coûteraient au moins cent écus. Ce serait un peu cher. Le commis-voyageur et le sous-lieutenant n'en consommeraient pas beaucoup. Ce citronnier est donc d'une espèce bien rare?

— Très-rare, surtout en Europe, où elle prend fort difficilement. Mais ce n'est pas ce qui élève ses fruits à un si haut prix.

— Qu'est-ce donc?

— Le voici. Vous n'êtes pas, messieurs, sans avoir entendu parler du célèbre déjeuner que fit un portefaix d'Amsterdam? — M. Van D***, le plus fameux horticulteur de la Hollande, avait fait venir un baril de harengs pour sa consommation particulière.— M. Van D*** affectionnait le hareng. — Voulant récompenser le commissionnaire de sa peine, il prit le plus beau clupe de la tonne, et le lui donna généreusement. Le commissionnaire, au comble de la joie, tourna et retourna son aubaine, se demandant de quelle manière il devait la manger. Comme il n'avait pas, ainsi que Domitien, de sénat à consulter sur les sauces, il eut recours à un expédient plus simple. Cinq oignons gisaient sur le rebord d'une fenêtre; si l'on en jugeait par le germe qui les couronnait, ils ne devaient pas avoir grande valeur; il les prit et les croqua sans façon. Or, ces oignons étaient des oignons de tulipes qui avaient coûté, la pièce, deux mille francs!... Eh bien, messieurs, un événement à peu près semblable arriva à madame la princesse Auguste de Nassau, à cette différence que madame la princesse conserva quelque chose, tandis que M. Van D*** perdit tout. Madame avait un ouistiti qu'elle aimait d'une si tendre affection qu'elle le laissait promener librement partout. Il abusa de la confiance qu'elle avait en lui. Il descendit un jour dans les serres, y prit trois citrons, et se mit à les grignoter. Quand madame arriva, il

lui en jeta insolemment les épluchures au nez.
Ces citrons, messieurs, venaient de l'Anatolie, et
avaient coûté cent louis!—On ne retrouva qu'un
pepin qui, voulant bien prendre en considération
le malheur, consentit à se laisser planter, et
produisit le citronnier que vous voyez.

— Mais ce citronnier ne peut tarder de se
racheter?

— Hélas! c'est douteux : voyez!

Un petit coup de vent venait de détacher
deux pommes qui roulèrent à nos pieds ni plus
ni moins que des fruits ordinaires.

— Ils tombent tous ainsi, nous dit tristement
le jardinier. Encore, s'ils étaient mûrs! mais
non, le pepin est à peine formé.

Voyant qu'on ne semblait pas y attacher
un grand prix, je crus pouvoir en demander un.
Il me fut aussitôt accordé, et nous sortimes du
jardin. A notre arrivée à Dourlach, je n'étais pas
encore remis de la joie que m'avait causée le don
de ce beau fruit. Mais, hélas! je ne tardai pas à
m'apercevoir que, triste image des grands sur la
terre, il n'était pas plus qu'eux exempt des

cruelles atteintes du temps. Bientôt la peau se dessécha, se couvrit de rides noires et perdit son divin parfum.

Dourlach, l'ancienne *Durulachium* des Romains, remonte à la plus haute antiquité. Elle est située sur la Giezen, à gauche de la Pfinz, et au pied du Thurmberg (le mont du Clocher, ainsi nommé de sa forme pointue). Elle ne fut d'abord qu'un village entouré de marais et d'étangs, puis, ainsi que le constatent les ruines d'une villa romaine découvertes en 1802, dans ses environs, et l'inscription gravée sur deux pierres milliaires, elle devint un *Tusculum*, dont Vitellius fit don à Cécinna, pour le récompenser de ce qu'il venait de piller Bade, en l'an de J. C. 75. Jacques Ier, en 1444, en fit le siège d'une colonie importante. Elle devint ensuite la capitale du duché de Bade-Dourlach. Ernest-Frédéric l'entoura de fortifications de second ordre, et elle demeura dans cet état jusqu'à l'époque où Carlsruhe sortit du néant. Alors, comme une pauvre fille qui a perdu tous ses charmes et que l'on dépouille de ses ornements, elle fut démantelée, et ses habitants la quittèrent. Le margrave, le premier, lui tourna le dos sans pitié. La ville de Charles-Guillaume avait hérité d'elle par anticipation.

Deux villages seulement, Rippuhr et Wohlfarsweïler, l'un à son entrée, l'autre à sa sortie, celui-ci, célèbre par ses eaux martiales, celui-là par ses eaux chalybées, lui sont, dit-on, demeurés fidèles. Nous les saluâmes en passant. La fidélité au malheur est si rare, par le temps qui court, que, lorsqu'on vient à la rencontrer, il faut s'incliner devant elle avec empressement, afin de mériter ses bonnes grâces pour le jour où l'on peut en avoir besoin.

Que dire de Dourlach, actuellement? Ce n'est ni une ville ni un village; c'est un peu plus que l'un et un peu moins que l'autre. Une croix seule y attire l'attention du touriste : on la nomme la croix de l'Ange (*Das Engel Kreuz*).

Voici d'où lui vint ce nom :

En 920, Henri l'*Oiseleur* étant roi d'Allemagne, existait à Dourlach un juif. Ce juif, nommé Éphrem ou Éphraïm, avait une fille nommée **Sarâh**. Le juif était vieux, laid, avare et si immensément riche, que les rois d'alors en avaient fait leur Rothschild; sa fille était jeune, belle et d'une piété si pure et si sainte, que les plus grands seigneurs de la chrétienté recherchaient sa main. Avare et impie vont à peu près de pair. Éphrem était impie comme Jéroboam. Il adorait le bœuf Apis. D'où était sorti cet homme? Nul ne le savait. Le jour de son arrivée à Dourlach, il n'avait ni feu ni abri; le lendemain, il eut une maison de cinq étages, des plus splendidement bâtie. Tous les ordres d'architecture s'y trouvaient singulièrement confondus. Un large cartouche de marbre vert régnait au milieu de l'entablement du troisième étage, et contenait un triglyphe au centre duquel on lisait en lettres gothiques :

« 𝕰𝖕𝖍𝖗𝖊𝖒 »

ce nom qui, sur l'esprit crédule des habitants, produisait autant d'effet que s'ils y eussent lu le fameux vers du Dante : « *Lasciate ogni speranza...* »

Qui avait bâti cette maison? ce ne pouvait

être que le diable. Aucun architecte, quels qu'eussent été les matériaux mis à sa disposition et le nombre de ses ouvriers, ne l'eût élevée en une nuit ; et puis, d'ailleurs, tout ne concourait-il pas à lui faire attribuer une origine infernale? Éphrem ne sortait jamais qu'après le soleil couché, craignant, comme les hiboux, d'affronter le grand jour. Il était toujours vêtu d'un justaucorps de laine brune, d'un capuce fauve et de brodequins pointus. Il trottait sans cesse sous lui, se retournant de pas en pas afin de s'assurer si personne n'épiait ses démarches. Enfin au coup de minuit il rentrait. C'était l'heure à laquelle il recevait Béelzébuth.

Cette heure fatale arrivée, les cinq étages de sa maison s'embrasaient, une odeur de soufre jaillissait dans l'air, le nom d'Éphrem se détachait de la muraille en lettres de feu, et le sabbat commençait. Des farfadets, des stryges, des trilbys venaient dansant la danse macabre au bruit de mille cris confus poussés par les esprits infernaux. C'étaient des éclats de rire stridents, des contorsions effrayantes, de ces hurlements, et de ces imprécations terribles, dont Holbein devait, à six cents ans de là, se faire l'habile interprète. Pendant cet affreux tumulte, chacun tremblait au dehors. Le jour venu, tout disparaissait. Les bruits s'éteignaient, les démons fuyaient en hâte, et la maison rentrait dans son silence de mort habituel.

Que faisait alors la pauvre Sarâh? elle courait par les rues comme une insensée, et les femmes marchaient au-devant d'elle, et, comme on savait que tout ce qu'elle touchait, elle le bénissait, on s'inclinait dévotement sur ses pas. « Sarâh, Sarâh, lui demandaient les hommes, à quoi songe donc votre père? » et Sarâh s'éloignait en hâte, leur répondant les larmes aux yeux : « Priez, priez tous pour lui ! »

Déjà plusieurs fois, sur la plainte des habitants, le gouverneur du district avait ordonné une descente chez le juif. On n'avait rien découvert qui ne fût parfaitement en ordre. Le gouverneur s'y rendit lui-même : il ne fut pas plus heureux. Il y vint à l'heure du sabbat, mais à mesure qu'il montait d'étage en étage, les diablotins montaient devant lui, de telle sorte que, lorsqu'il fut arrivé au cinquième, eux ils avaient grimpé sur les toits ; ce qui fit qu'il ne trouva rien de ce dont on s'était plaint, et qu'il s'en revint chez lui haussant les épaules, et disant, à qui voulait l'entendre, que les habitants avaient la berlue.— Toutefois les choses ne pouvaient en rester là. Le mot berlue avait vivement blessé les notables. Il leur donna à penser qu'il se pourrait bien faire que le gouverneur s'entendît avec Éphrem et Satan : or, comme, dans le cas dont il est question, c'était commettre une infraction aux capitulaires de la loi, laquelle, alors comme aujourd'hui, défendait les associations secrètes, il fut décidé que l'on en demanderait satisfaction. Mais hélas! que pouvaient de pauvres bourgeois contre un juif qui, après s'être vendu lui-même au diable, vendait à leur tour les rois de la terre, comme Judas avait vendu le roi du ciel? Ils échouèrent et payèrent les frais.

Cet odieux manége dura trente ans. Au bout de ce temps, il cessa. A qui était-on redevable de ce service? on fut longtemps sans le savoir. Un incident vint compliquer l'étonnement de la population. Depuis plusieurs jours et plusieurs nuits, Saráh ne sortait plus : on se demandait ce qu'elle pouvait faire ainsi renfermée. Ce calme, chose étrange! effrayait presque, aujourd'hui qu'on ne comptait plus en jouir, et qu'il revenait si singulièrement. On prit le parti d'aller aux éclaircissements. L'un des notables dressa une liste de tous les habitants de Dourlach, écrivit le nom de chacun de ces habitants sur un cartel de papier roulé, et chargea un enfant d'en extraire douze qui furent proclamés.

Les douze habitants reçurent les instructions de leurs amis, partirent armés comme saint George, et s'en allèrent frapper, comme des recenseurs, chez Ephrem. Mais Ephrem ne répondit point. Ils frappèrent une seconde fois, puis une troisième. N'obtenant pas plus de réponse que si la maison eût été inhabitée, ils allèrent un peu plus loin que les agents de la mesure fiscale. Parmi eux se trouvait un nouveau Goliath : ils le prièrent d'arracher une borne, ce qu'il fit, et d'enfoncer la porte rebelle, ce qu'il fit encore. La porte enfoncée, les douze délégués demeurèrent frappés de stupeur. Ephrem était pendu par le menton à un clou, et sa fille, aussi belle que dans ses plus beaux jours, priait, agenouillée à ses pieds, comme la Samaritaine aux pieds de Jésus.

Qui l'avait pendu ainsi? Chacun se le demande encore. Ce que l'on sait, c'est qu'à ce moment même, une bête noire étant venue pour sauter sur lui, Sarâh étendit la main, et l'animal furieux se sauva. Mais, comme dit un vieil axiome, là où la justice perd ses droits, le diable trouve son profit. Ephrem mort, Satan venait réclamer sa proie; il la lui fallait à tout prix. Ce que voyant, la pieuse et sainte fille éleva ses yeux suppliants vers Dieu, et tout à coup un grand craquement se fit entendre, et la maison s'écroula, et la terre émue s'entr'ouvrit, et tout disparut dans ses flancs. Remis de leur frayeur, les délégués se trouvèrent au milieu d'une plaine. Devant eux s'ouvrait un abime du fond duquel sortaient des rugissements diaboliques, tandis qu'au dessus s'élevait une colombe qui, sur ses blanches ailes, allait porter au trône de l'Éternel et l'âme de Sarâh et le repentir d'Ephraïm.

En 1081, saint Corbon, évêque de Spire, reçut du pape Urbain II les pouvoirs nécessaires pour canoniser Sarâh. Elle le fut sous le nom de sainte Antonine de Dourlach. Douze ans après, le terrain sur lequel avait été la maison du juif se trouvait encore inoccupé. Aucun habitant n'eût osé le traverser sans se signer trois fois. On le redoutait comme un lieu maudit, lorsqu'un jour un religieux solitaire, natif d'Amiens et nommé Pierre l'Hermite, étant venu à passer, se rendant en terre sainte, il s'y arrêta, purifia l'emplacement, y planta une croix bénie de ses mains pieuses et la nomma la Croix de l'Ange, en commémoration de la pauvre Sarâh. Depuis lors, toute crainte cessa sans retour. Chacun s'y rendit faire ses dévotions. Le zèle même alla, dit-on, si loin, qu'un honnête fabricant de faïence, affligé de la goutte et ne pouvant marcher, voulut faire construire sa maison le plus près possible du lieu, afin d'être plus à même d'y aller prier. Il ne s'attendait sans doute pas qu'en agissant ainsi il allait porter une grave atteinte au prestige, et cependant, bien peu s'en fallut que cela n'arrivât.

L'architecte, outre-passant son devis, avait empiété sur le terrain, devenu, faute d'héritiers, propriété nationale. Or, tout en faisant les fouilles nécessaires aux fondations, on trouva des coins à effigies et des monnaies de plusieurs règnes. D'où provenaient ces objets? Avec un peu de bonne volonté on parviendrait peut-être à y trouver l'explication de l'événement. Les faux-monnayeurs ont de tout temps existé..., mais gardons-nous de porter une main sacrilége sur l'arche sainte de la tradition!

CHAPITRE V.

Le nouveau Benvenuto Cellini.—La Schwarzwald —La maison du charbonnier. — Pforzheim. — Son origine. — Érostrate et le marquis de Kliddesdale. —Vatel et Brenter.—Stuttgard. — La schlague abolie. — Le premier roi de Wurtemberg. — Le fauteuil royal et le manteau. — La trinité des ventrus, Louis XVIII, lord Pembrowcke et M. de Caubreuil.

De Dourlach à Wilferdingen il y a une certaine distance, et de Wilferdingen à Pforzheim encore une autre distance, qui, réunies, font cinq lieues : or, comme ce trajet ne devait rien nous offrir de bien intéressant à observer, nous résolûmes de le faire encore sentimentalement à pied. Le temps, d'ailleurs, était magnifique et nous invitait à mettre à profit les derniers beaux jours de la saison. Nous partîmes donc, marchant comme des Basques. Grâce à nos courses précédentes, nous avions acquis tant de souplesse dans le jarret, qu'un émissaire rural n'eût pas mieux que nous arpenté le terrain.

Nous pouvions bien avoir fait les deux tiers du chemin, lorsque ayant aperçu un pâtre qui, perché, comme un chamois, sur le haut d'un pic, semblait occupé à tailler de petits morceaux de bois, tandis que ses chèvres paissaient dans les anfractuosités d'un ravin, nous gravîmes jusqu'à lui. C'était un enfant de dix à douze ans, à la physionomie vive, ouverte et pleine d'expression. Il façonnait une cuiller et une fourchette à salade, chefs-d'œuvre de patience et d'habileté. Nous demeurâmes frappés d'admiration en voyant que, pour créer ces chefs-d'œuvre, il n'avait d'autres outils que l'un de ces mauvais couteaux qui se fabriquent à Langres et à Thiers, et que nous appelons vulgairement *eustaches!*

— Mon garçon, dit le docteur en lui frappant sur l'épaule, ceci est charmant ; veux-tu me le céder ?

— *Icht vertsche nicht* *, répondit-il en souriant

— C'est juste : tu n'es pas obligé de savoir le français ; — et il renouvela sa demande en allemand.

— Vous le céder ? répliqua cette fois le pâtre ; je ne pourrais : c'est vendu.

— Avant d'être fait ?

— On m'en a commandé trois douzaines pareilles à ce modèle.

— Et combien vends-tu cela la pièce ?

Le pâtre guigna en dessous son interlocuteur, puis, après un instant de réflexion, il répondit :

— Monsieur, le marchand se nomme Kepplin et demeure sur la *Mainlust*, à Francfort. ♠

C'était plus d'adresse qu'on ne devait en attendre d'un simple paysan.

— Si tout le monde, lui dit le docteur,

---

* Je ne comprends pas.

avait autant de probité que toi, le commerce ne s'en trouverait pas plus mal. Or çà, mon garçon, je ne pourrai donc emporter un souvenir de ce pays?

— Si fait, monsieur, cela vous est facile.
— Et que faut-il faire pour cela?
— Accepter.

Allons, se dit le docteur, soumettons-nous aux usages. Je ne saurai pas le prix de ces objets, mais j'en laisserai la valeur; et il reprit :

— As-tu sur toi quelque autre curiosité?
— Non, monsieur, mais je puis vous en aller chercher, si vous le désirez, par delà le Blumberg, ce mont que vous voyez là-bas.
— Dis-moi; ici, où sommes-nous?
— Sur les lisières de la forêt Noire.
— Veux-tu que nous t'accompagnions?
— *Ia freylich.*

Il appela son chien, une grande bête de sinistre aspect, lui donna, le museau dans la main, ses instructions sur le troupeau qu'il laissait momentanément à ses soins, puis nous le suivîmes sans perdre de temps.

A BUCHAREST. 121

Nous avions souvent entendu parler de la forêt Noire comme d'un pays merveilleux, mais que nous étions loin de nous douter de sa topographie ! Nous ne saurions mieux la comparer qu'à une mer violemment agitée, creusant ici des abimes, élevant plus loin des montagnes, formant partout des ondulations bizarres, de sombres vallées, des pics noircis par la lave, des monticules moussus et verdâtres, des ravins tordus par les eaux. C'était admirable d'accidents. On eût dit qu'un récent déluge venait de culbuter les uns sur les autres toutes ces roches trapéennes, toutes ces pierres siliceuses, tous ces blocs de granit. Jamais nous n'avions vu de pays plus mouvementé et plus pittoresque, au milieu d'une nature plus âpre et plus sauvage.

Nous nous demandâmes comment Moreau avait pu, en 1796, opérer sa belle retraite, à travers cette rude contrée. Nous songeâmes que chacun des plis de la forêt pouvait, comme en Espagne dans les sierras, comme en Vendée dans les bruyères, ou comme en Corse dans les makis, cacher des ennemis nombreux, et notre admiration, déjà grande, s'accrut encore pour l'habile chef qui avait su éviter ces écueils.

Chemin faisant, le Benvenuto Cellini en herbe nous apprit qu'il se nommait Nicolaus Klaw, qu'il était né à Guttachen, au cœur de la Schwarzwald. N'ayant plus ni père pour le guider, ni mère pour l'entourer d'affection, ni parents, ni amis qui s'intéressassent à son sort, il était venu se mettre en condition chez un charbonnier de son pays. Ce charbonnier lui donnait le pain et le logement, moyennant six ducats d'Autriche, c'est-à-dire environ soixante francs, qu'il fallait que le pauvre enfant gagnât par ses petits travaux. Tous les trois mois, des marchands de Nimègue, de Nuremberg et de Francfort passaient dans la forêt Noire et récoltaient les commandes qu'ils lui avaient confiées ainsi qu'à ses compagnons de misère.

Comme Nicolaus achevait son récit, nous arrivions sur un rond-point au milieu duquel se dressait une petite chaumière.

C'était là.

Deux jeunes filles de quinze à seize ans, à l'œil

vif, aux cheveux d'or, au teint de rose, étaient assises sur le seuil, vêtues à peu de chose près comme les Suissesses de Buonas, dans le beau canton de Zoug. Un joli chaperon de toile bise, rehaussé de rubans et de fleurs, couronnait leur tête. Un corset lacé de rouge, des manches de chemise blanches comme neige, avec manchettes et fraise gaufrée, une chaine de similor formant négligemment la ceinture, et tombant sur un tablier de siamoise à larges plis; un jupon vert, plissé et assez court pour laisser entrevoir une jambe parfaite chaussée de bas écarlates; enfin des souliers sur lesquels retombe une pièce rouge: voilà de quoi se composait leur costume.

Elles tressaient, d'une main délicate, des chapeaux de paille qui, plus fins et plus beaux que ceux de Florence, se vendent jusqu'à trois cents francs sur les lieux. Une bonne vieille était assise entre elles deux, portant sur son nez d'énormes lunettes, et tenant ouvert, sur ses genoux, le fameux calendrier de Bade, *der Rheinlandisher haenfrund*, dans lequel elle lisait, d'une voix nasillarde, un conte de Hébel, l'écrivain populaire de la Schwarzwald. En nous voyant, les unes cessèrent leurs travaux, et l'autre ferma rapidement son livre pour s'avancer au-devant de nous. Nicolaus leur expliqua le sujet de notre visite, et la porte nous fut aussitôt ouverte.

L'heure du repas était venue; le charbonnier ne devait rentrer que le soir, tard; il fallut que nous nous missions à table et que, sous peine de désobliger ces braves gens, nous prissions part à leur modeste menu. Il se composait d'un plat de *gumperst*, raves bouillies, qui, ailleurs, eussent été détestables, mais que nous trouvâmes excellentes ici, sachant que ce mets était fort recherché; d'un autre plat de *brenn-zuppe*, ou lard frit dans de la farine, ce qui était moins mauvais, et qu'alors nous estimâmes délicieux; enfin, pour boisson, nous eûmes du *kirchenwasser*, sur les qualités méritées duquel nous nous récriâmes à l'envi. La charbonnière et ses filles furent enchantées des *Fransouzes*, ainsi qu'elles nous appelaient.

Nous eûmes toutes les peines du monde à faire accepter à chacune d'elles, comme souvenir, le *portrait* de Napoléon en argent. Quant à Nicolaus, son petit musée se composait de tant d'objets divers, que nous ne savions vraiment sur quoi fixer notre choix. Nous primes enfin deux portefeuilles en bois d'érable, sculptés à jour et artistement chinoisés. Nous lui glissâmes, en échange, deux beaux portraits neufs qu'il ne vit pas couler dans son escarcelle, et un portrait ordinaire, qu'il accepta en bondissant de joie. Pauvre enfant ! Cette joie nous fit mal, car elle nous prouva comme bien peu lui était d'ordinaire payée la sueur de son front !

Nous repartîmes accompagnés des vœux de la famille et salués des cris mille fois répétés de : *Gute reise, leben sie wohl* * !

Il nous fallut une heure et demie pour gagner Pforzheim.

Si l'on en croit un enfant de chœur, Rœuchlin, qui devint plus tard le savant professeur de Melanchton, Pforzheim, sa ville natale, devrait le jour au Troyen Phorcy. Si l'on en croit,

* Bon voyage, portez-vous bien.

au contraire, Æneas Sylvius et Jean Toukhy, elle se serait d'abord nommée *Orchynheim*, de cette vaste forêt que Jules César appelait *Silvia Hercynia*, et qui n'est sans doute autre que la Schwarzwald. Enfin Hassel prétend qu'elle est beaucoup moins ancienne qu'on ne le pense; mais, comme il reste dans l'hypothèse relativement à son origine, nous passerons outre sans nous arrêter.

Pforzheim, frontière du Greichgaw, est située sur l'Enze, qui reçoit sous ses murs la Nogoldt et la Wurme. Petite, fluette et sans prétention, elle compte six mille habitants, forgerons, quincailliers, bimbelotiers, horlogers, bijoutiers et mécaniciens, tous renfermés dans une seule rue, ce qui lui donne l'aspect de Champagnole ou d'Étampes. Ses curiosités les plus remarquables se bornent à ceci : un figuier sous lequel, dit-on, Luther écrivit sa fameuse devise : *Plutôt turc que papiste*, et une tonne monstre qui servit de tombe à un brasseur nommé Brenter.

Brenter était le Broadwood de l'Allemagne. Un jour, comme Vatel attendant la marée, il attendait du houblon. Ne le voyant pas arriver assez à temps pour faire son brassin de la journée, ce qui compromettait gravement sa réputation d'homme exact, et donnait à ses concurrents le droit de le critiquer, le désespoir s'empara de lui. Il alla tranquillement embrasser sa femme et son fils, revint vers une tonne en fermentation, en souleva la bonde, puis, s'étant assuré que cette bonde était d'un diamètre égal à celui de son corps, il se sangla de sa cravate, se fit le plus petit possible et se laissa glisser, la tête la première, au fond. C'était le chemin de l'immortalité. Érostrate et le marquis de Kliddesdale n'avaient pas mieux fait les choses, chacun dans leur genre.

Tout le monde connaît la folle action du premier; quant à celle du second, comme elle est moins répandue, nous allons la rapporter.

Le marquis de Kliddesdale, noble chef de clan, avait parié mille guinées qu'il ne quitterait pas la table avant d'avoir vidé un tonneau de Chypre. Voyant que ce tonneau ne baissait pas au gré de ses désirs, il le défonça d'un coup de pied et fit un superbe plongeon dedans. Il avait pensé qu'en ouvrant la bouche comme un avocat il avancerait plus promptement. Il fut déçu dans son rêve. Le Chypre ne lui donna que trois minutes au bout desquelles il l'asphyxia sans pitié.

Le vieux figuier, la tête penchée et les bras balants, ne produisait plus que des feuilles racornies et des fruits qui ne pouvaient mûrir. Nous ne nous inclinâmes pas moins devant lui, comme nous devions le faire plus tard, à Sassbach, devant l'impérissable noyer au pied duquel Turenne expira, le 27 juillet 1675. Quant au tonneau du brasseur, il ne valait pas, sous le rapport de la justification, celui d'Heidelberg, qui contient 444,000 litres, et au faîte duquel on monte par cinquante marches; mais il n'en était pas moins de force à contenir, les coudées franches, huit Brenter.

Au delà de Pforzheim, nous rencontrâmes Illengen, petit village obscur et transi, puis Swieberdingen, à l'extrémité duquel nous tombâmes dans le Wurtemberg. Deux heures après, nous entrions à Stuttgard.

Le Wurtemberg est un royaume qui, comme

chacun le sait, est de fraiche date, et, malgré cela, il n'en a pas moins les allures d'un État vieil et puissant. Suivant Jornandès, au troisième siècle il n'était qu'un vague territoire sur lequel venaient s'escrimer, tantôt les Allemands, tantôt les Romains. Vers le quatrième siècle, Maximin, le pâtre-empereur, en fit une province romaine; vers le sixième, Charles le Chauve l'érigea en baronnie ; l'empereur Othon en fit un comté au onzième, et Maximilien, au quinzième, un duché. En 1805, le traité de Presbourg changea tout à fait son organisation gouvernementale : Napoléon lui donna un roi.

A peine entrés dans la cour du Cor-de-Chasse, nous apprimes une nouvelle qui nous prédisposa en faveur de Stuttgard, et nous fit croire au bien que l'on disait du roi : la schlague, cette pauvre cousine du knout, *dont le besoin ne se faisait plus généralement sentir*, venait d'être à jamais supprimée dans l'armée wurtembergeoise. Comme il n'y a pas plus d'effet sans cause que de cause sans effet, voici à quoi l'on attribuait cette importante suppression.

Un jeune cadet de bonne maison, gentilhomme dans toute la force du terme, et de plus officier aux gardes, avait, d'un coup de cravache, fait une croix sanglante sur le visage d'un pauvre soldat vaudois. Le soldat vaudois se permit de trouver le geste un peu rude, et il n'avait peut-être pas tort; mais, comme il est en tous lieux dit que le militaire n'a pas le droit de se plaindre de ses chefs qui sont infaillibles et ne font rien qui ne doive être fait, on allait, sur l'ordre du cadet, administrer au Vaudois la schlague, quand Frédéric-Guillaume, qui passait par hasard par là, s'arrêta et voulut savoir de quoi il était question. Comme roi, ce privilége lui était acquis. On lui dit donc que le mutilé avait souffert qu'un chien mal appris commit une impolitesse sur la schabraque du cadet. — Frédéric-Guillaume n'aime pas, dit-on, les mauvais plaisants, et il hait davantage encore les despotes. L'exemple de son père lui a profité. Il ne trouva pas la correction proportionnée à l'énormité du crime, et résolut d'y aviser sur-le-champ. En conséquence, il fit assembler le régiment sur la place d'armes, puis, marchant droit au correcteur qui, sur sa poitrine, portait une croix autour de laquelle on lisait : *Bene merentibus**, il la lui arracha, appela le soldat vaudois, sur le compte duquel il avait eu les renseignements les plus favorables, et la lui posa lui-même à la boutonnière, voulant, dit-il, qu'elle fît pendant à celle que lui avait, avec sa cravache, si brutalement dessinée l'officier. Et ce ne fut pas tout. Il ordonna que ce dernier reçût la schlague qu'il destinait à sa victime, et il termina la cérémonie en disant d'une voix sévère que sa volonté royale était que M. De R*** (le cadet) fût dorénavant le dernier soldat wurtembergeois frappé de cette odieuse punition.

Deux villes concourent à former Stuttgard : une vieille et une neuve, *Altstadt* et *Neustadt*; celle-ci bien percée, bien bâtie, bien entretenue, et remarquable par ses édifices; celle-là plus gothique, plus enfumée et plus décrépite, mais promettant de se rajeunir avant peu. Toutes les

* L'ordre du Mérite civil.

deux reposent au fond d'une vallée, et le Necker coule paisiblement à leurs pieds.

Comme les chroniqueurs ne sont pas encore parvenus à se fixer sur son origine, nous n'irons point à la recherche de l'étymologie de son nom. Nous dirons seulement qu'en 1285 ou 86 elle était fortifiée; que l'imposteur Tile Kolup, celui-là même qui se faisait passer pour Frédéric II, l'occupait en maître; que Rodolphe Ier s'en empara après sept semaines de siége, et en chassa le faux empereur pour aller le faire écarteler à Wetzlaër; et qu'enfin, vers le milieu du quatorzième siècle, Everard l'*Illustre*, comte de l'Empire, en fit sa résidence, qui, depuis lors, fut celle des électeurs du duché.

Nous avions à voir le château neuf, la collégiale, le musée, l'opéra, le casino et la bibliothèque. La bibliothèque, qui, la première, reçut notre visite, fut fondée en 1798 par l'électeur Frédéric. Elle ne comptait alors que 3,000 volumes, tandis que, aujourd'hui, elle en contient plus de 200,000, 2,000 manuscrits, des incunables, et la plus riche collection de bibles du monde.

M. Memminger élève le nombre de ces bibles à 12,000, et M. Schwab seulement à 9,000. Nous ne chicanerons point ces messieurs sur leur évaluation, mais nous nous permettrons d'en prendre le terme moyen : 10,500 bibles font d'ailleurs une assez jolie collection. Elles sont écrites en soixante langues différentes. Les plus appréciées sont : italienne, allemande, espagnole, grisonne (celle-ci fort précieuse), latine, anglaise, danoise, islandaise, suédoise, polonaise, bohémienne, esclavonne, russe, hollandaise (celle-ci remarquable), géorgienne, valaque, moldave, grecque, hébraïque, arménienne, arabe et saxonne.

L'opéra, que nous vîmes ensuite, est bâti à la manière de Vignole et de Weinbrenner. Extérieurement il est magnifique; quant à la salle, elle est moins soignée, mais on avait bientôt oublié, nous dit le guide que nous fûmes obligés de prendre, le peu de beauté de ses décors en y écoutant les artistes qui se trouvaient alors à Stuttgard.

Voulant en juger par nous-mêmes, nous

y allâmes passer notre soirée. On jouait la *Sonnambula.* — Nous en revînmes émerveillés. — Nous nous demandions si nous étions bien en Allemagne ou en Italie : on n'eût pas mieux chanté à San-Carlo ou à la Scala.

Quand madame... (je regrette beaucoup d'avoir oublié son nom) attaqua le final du premier acte : *Io non so rea,* le docteur fut électrisé. Quand elle en vint à la cabaletta : *Ah! non guinge uman pensiero,* le docteur trembla dans ses membres. Enfin, quand, arrivée à ce passage : *Scolta! ella è cui, nel petto,* elle se laissa aller à tout ce qu'il y avait en elle d'amour, de grâce charmante et de passion, le docteur partit du plus énergique *bravo* que jamais dillettante eût lancé dans l'air. La salle entière en trembla. S'il était vrai, comme il me le glissa sous l'oreille, qu'il n'eût jamais, dans ses voyages, entendu de voix plus électrisante, de mon côté j'avoue que je ne l'avais non plus jamais vu lui-même plus enthousiaste et plus bondissant. Il entraîna tout le parterre, qui, sortant pour un instant de son flegme national, cria d'une seule voix : *Bravo, brava, bravissimo!*

Le musée, dans lequel on voyait naguère un saint Jean du Dominiquin, lequel saint Jean s'est laissé, nous ne savons pourquoi, entraîner à Saint-Petersbourg, d'où il ne reviendra probablement pas, renferme encore quelques chefs-d'œuvre, parmi lesquels un Guide, un Van-Dyck, une adoration des Mages d'Albert Durer, une scène flamande de Gérard Dow, un charmant paysage d'Altdœrfer, un délicieux intérieur de Metzu, un panorama de Hentsch, une bergerie de Claude Lorrain, une bataille de Salvator Rosa, une dormeuse de Hagel, la couronne de bluets de Philippe Horn. Malheureusement ces admirables peintures sont trop enfouies au milieu de médiocrités et de collections diverses de médailles, d'antiques, de marbres rares, de botanique, d'histoire naturelle et d'objets souvent futiles et sans intérêt : aussi sauterons-nous à pieds joints par-dessus.

Le château neuf, que n'habitait pas alors la famille royale, et que nous pûmes en conséquence visiter, est situé dans le faubourg d'Esslingen. Sa construction est fort belle. Son esplanade plantée d'arbres, ses avenues, ses abords, son isolement même, tout offre au regard un ensemble aussi simple qu'imposant. Les appartements sont d'une magnificence vraiment royale. Les meubles, les tapisseries, les porcelaines, les tableaux, tout provient ou des premiers fabricants, ou des artistes les plus distingués.

Un fauteuil en forme de trône attira particulièrement notre attention. Le valet de pied qui nous servait de guide nous dit que c'était le fauteuil du roi défunt Frédéric. Il était tellement large qu'il eût aisément pu servir de siége à toute une famille réunie, cette famille se fût-elle composée de six personnes. Peut-être était-ce l'usage en Wurtemberg que le roi, sa femme, s'il en avait une, et ses enfants, s'il en avait également, vinssent paternellement s'asseoir sur le même siége, aux côtés du roi. Le valet, auprès de qui nous cherchions à nous renseigner à cet égard, répondit qu'il n'en était rien; qu'il n'existait pas, en Europe, de cour moins citoyenne et moins bourgeoise que celle du règne précédent. En sa qualité de premier roi indigène du pays,

Frédéric était fier; il n'eût pas voulu établir de mauvais précédent pour l'avenir.

Il fallait donc alors que, comme les enfants qui font d'autant plus de bruit qu'ils sont moins gros, le monarque nouvellement élu eût fait fabriquer ce trône d'autant plus large que son royaume était plus étroit. Quatre siéges royaux de même dimension, que nous avions déjà rencontrés, semblaient assez appuyer cette dernière supposition. Il n'en était pourtant rien. Le trône avait été fait à l'intention du roi qui, seul, l'occupait et l'occupait en potentat *très-puissant.*

Évidemment, me dit le docteur, il y a là-dessous quelque énigme dont le valet n'ose pas nous donner la clef. — Le docteur ne se trompait pas. — Le pauvre valet se serait cru gravement compromis, s'il nous eût fait comprendre autrement que par le superlatif *très-puissant,* superlatif sur lequel, du reste, il appuya fortement, que le prédécesseur de son maître actuel, Frédéric-Guillaume, était d'une corpulence fabuleuse; qu'il lui eût été impossible d'entrer dans un fauteuil d'un millimètre

moins large que le sien; que, quand il était revêtu
de son manteau royal, on était obligé de faire
placer d'abord le souverain, ensuite le manteau,
si cela se pouvait; et qu'enfin, dans le cas contraire, on rejetait le manteau par-dessus le dos
du fauteuil, ce qui alors, au dire de quelques
courtisans, peu courtisans... par derrière, pro-
curait à Sa Majesté la grosse et rien moins que
respectable figure d'un mandarin ou d'un magot
de cheminée, et, suivant d'autres, au contraire,
lui donnait plus de poids, plus d'aplomb et plus
de gravité.

Ces renseignements, que nous devons à l'o-
bligeance de notre hôte, nous remettent en voie
de deux petites anecdotes qui, ayant rapport au
même roi, trouvent naturellement place ici:
elles le peignent admirablement, au physique
et au moral.

Un jour, le duc d'York, beau frère de Frédéric,
entrant chez le prince de Galles, paraissait tellement fatigué que celui-ci lui demanda d'où il
venait: « Je viens, dit-il en s'essuyant le front,
de faire le tour de Frédéric de Wurtemberg. »

On conçoit, d'après une pareille réponse, que ce monarque ait pu vouloir occuper seul un fauteuil, et même qu'il l'ait intégralement occupé. Auprès de lui, Louis XVIII n'eût été qu'un colibri. M. de Caubreuil, dont l'obésité était si ministérielle, que Dieu, suivant madame de Stael, l'avait mis au monde *exprès pour prouver jusqu'où la peau de l'homme peut s'étendre*, n'eût guère non plus été qu'un papillon bien modeste. Seul, lord Pembrowcke, qui trainait son abdomen dans une brouette à locomotion, eût pu rivaliser avec lui.

Voilà pour le physique : passons maintenant au moral.

Frédéric, despote comme Denys, mais moins que lui cruel, n'était pas adoré de ses sujets. Beaucoup même, loin de le porter dans leur cœur, le portaient plutôt (pardon de l'expression) sur leur dos; non pas qu'il fût essentiellement méchant, mais il était dur, sévère, inexorable. Tous ses serviteurs tremblaient devant lui; ses courtisans le redoutaient, et sa famille avait été obligée de fuir le palais où il habitait. Jamais il ne pardonnait. Lui demandait-on la grâce d'un

coupable ou la commutation d'une peine par
trop grave, il les refusait sans pitié. Souvent
même, loin d'absoudre, il augmentait le châtiment. Suivant l'usage, son secrétaire intime
présentait toujours à sa signature les arrêts de la
cour criminelle.—Un jour, étant tombé sur un
malheureux condamné aux travaux forcés *à
perpétuité,* il ne voulut lire que l'exposé du crime
et griffonna en marge : « *Cinq ans de plus!* » Le
secrétaire s'étant permis de lui faire respectueusement observer que la peine n'était pas tempo-
raire : « Mettez-en dix, lui répliqua brusque-
« ment le roi sans vouloir le laisser achever, et
« que cela ne lui arrive plus! » C'est ce qu'on
peut appeler de l'Evangile dans toute sa pureté.

Quant à la collégiale et au casino, quelle que
fût notre bonne volonté, nous n'eûmes pas
le temps d'aller leur présenter nos devoirs. Il en
fut de même pour le cabinet des fossiles, l'un,
dit-on, des plus remarquables de l'Allemagne;
pour le gymnase, Kanstadt et le Kahlenberg, ces
deux derniers lieux célèbres, le premier par ses
antiquités romaines, et même, disent les Méri-

mées wurtembergeois, antédiluviennes, le second par la belle résidence estivale du roi.

Stuttgard a donné le jour à un grand nombre d'hommes éminents, parmi lesquels : — Bonhaus Martin, qui, le premier, en 1499, tenta d'établir l'anabaptisme en sa ville natale et y réussit.—Jean Jæger Wolfgang, dont on estime particulièrement les observations critiques sur Grotius et Pufendorff.—Le colonel Siéger, longtemps placé à la tête de l'académie Caroline. — Jérôme Dannecker, l'élève de Pajou et le collaborateur de Canova. Jérôme Dannecker, qui vient de mourir à l'âge de quatre-vingt-trois ans, était le fils d'un palefrenier. A treize ans, il remporta le grand prix de sculpture à l'école des Beaux-Arts. A seize ans, il fit son *Christ* et son *saint Jean l'évangéliste*. A vingt ans, il créa sa *Minerve*, et lorsque, il y a quinze jours à peine du moment où nous écrivons ces lignes, la mort vint l'enlever à l'affection de ses amis et de ses admirateurs, le nombre de ses ouvrages s'élevait à cinq cents, offrant en première ligne : *Melpomène* et *Thalie*, *Ariane*, *Amour et Psyché*, les statues colossales de *Schiller*, de *Canova*, de *Goëthe* et *du prince Paul de Wurtemberg*.

Enfin nous apparaît, fermant notre série biographique, la grande figure de Jean Keppler. Cet illustre astronome, l'égal de Copernic et de Galilée, celui sans lequel Newton n'eût peut-être jamais écrit ses principes de la philosophie naturelle, mourut de besoin à Ratisbonne, où il fut obscurément enterré, sans que sur sa tombe on ait gravé l'épitaphe qu'il avait lui-même composée :

Mensus eram cœlos, nunc terræ metior umbras :
Mens cœlestis erat, corporis umbra jacet.

Il est vrai qu'une toute petite ville, jalouse de cette grande renommée, revendique l'honneur d'avoir donné le jour à Keppler; mais, comme la preuve de sa prétention à cet égard ne nous a pas été authentiquement fournie, que plusieurs biographes en ont contesté la validité, et qu'enfin Weil (c'est son nom) n'est qu'à six petites lieues de Stuttgard, et fait presque partie intégrante de cette capitale, au moins comme faubourg, qu'en tous cas elle appartient au Wurtemberg, nous maintiendrons ce que nous avons dit.

Parmi ses artistes, Stuttgard peut compter Leybold, Menzel, Moras, Schlotterbeck, Sockmann, Keterlinus et un élève distingué de Haendel, nommé Jérôme Korf.

Au moment où, le lendemain, nous allions partir, nous dirigeant par le *Graben*, cette rue de la Paix de Stuttgard, le guide nous fit remarquer le tombeau du comte Alopeus. —Une chronique a rendu ce tombeau célèbre, mais nous ne pûmes en tirer parti : deux raisons majeures s'y opposaient. La première, c'est qu'on nous avait éveillés trop matin ; la seconde, c'est que nous avions trop grand froid. Il est certain que si, au lieu de nous faire lever à cinq heures, comme des maraîchers, on ne nous eût appelés qu'à sept, comme de bons bourgeois, elle nous eût paru fort curieuse ; mais le docteur et moi nous dormions encore, et, de plus, nous avions l'onglée : or, le moyen, dans cet état, d'écouter ! Nous trouvâmes donc le récit du guide tellement dépourvu d'intérêt, que nous en épargnerons la lecture à nos amis.

CHAPITRE VI.

De Stuttgard à Ulm. — Esslingen — La maison de Schiller. — Gœppingen. — Le pays des tourneurs. — Les ruines de Hohenstaufen. — La légende de Barberousse — Le dernier rejeton d'un grand nom. — Conradin. — Élisabeth de Bavière. — Charles d'Anjou. — Le prétendant. — La défaite. — Clément IV. — La condamnation. — Le supplice.

Cinq villes séparent Stuttgard d'Ulm : Esslingen, Plochingen, Gœppingen, Geislingen et Luizhausen. Nous eussions bien désiré les visiter en détail, mais, plus nous avancions, cherchant les beaux jours, plus ils nous fuyaient, se cachant derrière l'automne et ses brouillards, et ses vents âpres et ses pluies. Force nous fut donc d'y renoncer, de prendre la voiture et de nous calfeutrer dans l'intérieur. Là, les jambes croisées, la casquette sur les yeux et la tête jetée dans un coin, nous allions dormir, car il n'y avait pas moyen de laisser les stores un instant levés : deux voyageurs fort aimables prirent en pitié notre ennui. L'un était un indigène d'une trentaine d'années, la taille noble, le regard doux et la moustache blonde ; l'autre était un wolfenbuttelois, la taille courte, le regard éveillé, le verbe éclatant. Tous deux nous contèrent à l'envi ce qu'ils savaient du pays et de ses mœurs, et nous leur en fûmes d'autant plus reconnaissants qu'ils contaient comme M. de Ségur.

Ainsi nous apprîmes que nous passions non loin de la *Favorite,* villa délicieuse, enfouie au sein des eaux, des bois et des fleurs ; et que nous longions la grande avenue qui borde *Mon-Repos,* ce fastueux palais, si grand, si beau et si luxueusement situé, qu'un homme, a dit le badin Schlossberg, y vivrait cent ans comme cent jours.

—Hélas ! la Solitude et Louisbourg, la Favorite et Mon-Repos, tous ces lieux charmants, ces

Élysées enchanteurs, tous, hélas ! se déparaient de leur costume de fête, cette verte et brillante parure que la nature leur avait partout prodiguée. A l'heure où allait commencer le triomphe des villes, où allaient s'ouvrir leurs fêtes et leurs joies, leurs bals, leurs jeux, leurs plaisirs, eux ils baissaient humblement la tête, et laissaient tomber de leur couronne ces feuilles, ces fleurs et ces fruits, gracieuse auréole que Dieu leur pose, chaque année, sur le front.

Esslingen, coquette et riante petite ville de six mille âmes, est séparée de Stuttgard par un ruban long de deux lieues et tourmenté comme le serpent d'un lutrin. On y voit, nous dirent nos *ciceroni* sur place : 1° une vieille église gothique dédiée à saint Denis, probablement parce que le bienheureux sera venu faire quelque miracle en ces lieux ; 2° des orgues rivales de celles, pourtant bien belles aujourd'hui, de la ville placée, près Paris, sous l'invocation du même saint ; 3° le riche hôpital Sainte-Catherine, où, nous dit-on toujours, les pauvres mangent dans des plats d'argent et boivent, dans des coupes d'or, du vin pareil à celui des rois ; 4° l'*Alumneum*, école gratuite d'où sont sortis Schoeffer et Wiéland, l'un inventeur de la typographie, l'autre auteur d'*Agathon* et de *Musarion*, ces deux poëmes dont Goëthe était si enthousiaste qu'il disait que rien n'avait encore agi aussi puissamment sur lui; 5° la maison Doffner, où l'on voit, en plâtre, des frises, mais de véritables frises du Parthénon athénien ; 6° enfin le Ritterbau, ce bâtiment dont les chevaliers du canton de Kocher avaient fait le siége de leurs réunions, et où il se passa tant de faits curieux que, s'il fallait en entreprendre le récit, on en couvrirait dix in-folio.

C'est à trois lieues françaises d'Esslingen, à Marbach, que naquit dans un jardin, non pas sous un chou frisé, mais sous une tonnelle, celui qui devait d'abord être prêtre, puis soldat, et qui devint poëte comme Klopstock, son illustre émule; qui mit au monde *Don Carlos*, *les Brigands*, *Wallenstein*, fut réputé l'un des plus grands écrivains de l'Allemagne, et se nomma simplement Schiller. Une inscription modeste indique au touriste une maisonnette devant laquelle doit passer, chapeau à la main, tout homme qui sent dans sa poitrine battre un cœur. Cette maisonnette est celle qu'habita Schiller.

Un bruit étrange nous annonça que nous venions d'arriver dans le pays des tourneurs. C'était une réunion de voix glapissantes et confuses, un caquetage, un feu roulant de paroles saccadées, semblables au rire moqueur avec lequel les villageois accueillent le chasseur noir dans *Freyschutz.* L'un des stores baissés, nous reconnûmes, en effet, Gœppingen. Il n'était pas nécessaire d'avoir déjà traversé cette ville pour se rappeler sa physionomie; il suffisait d'avoir lu Baüer, et on en savait assez sur son compte pour, la voyant en réalité, ne pas s'y tromper.

Vingt jeunes filles entouraient la voiture élevant au-dessus de leurs poignets des tablettes garnies d'inutilités, et, comme les marchandes de fruits sur nos routes, criant à l'envi : celle-ci, mon jeu de dominos, celle-là, mes dés à coudre et à jouer, cette autre mes boites à serpents, mes boites à bonbons, mes étuis d'ivoire, mes beaux pantins de buis, mes petits sifflets d'os, le tout travaillé avec une supériorité que n'auraient pas reniée les Dieppois.

En un clin d'œil nous fûmes inondés. La voiture était enveloppée de solliciteuses : on eût dit d'une ruche bourdonnante venant de s'abattre en passant sur nous. Si, au lieu de parler allemand, elles avaient parlé français, nous nous serions crus à Langres ou à Châtellerault, à cette différence que dans ces deux villes ce sont des hommes ou de vieilles femmes qui viennent vous tenter, ce qui n'est pas fort corrupteur, tandis qu'ici ce sont de jeunes et jolies filles aux dents blanches, aux yeux bleus, au corsage de guêpe, à la main coquette et au costume des plus séduisants. Aussi nous laissâmes-nous facilement émouvoir. Nous prîmes quelques brimborions, puis au même instant le cornet du conducteur ayant toussé sa ritournelle habituelle, le caquetage cessa subitement, et la voiture fougueuse s'élança.... au pas.

Nous passâmes non loin des ruines de Hohenstaufen, ce vieux manoir dont l'origine se perd dans la nuit des temps, et qui domine un pauvre village dans l'humble église duquel se trouve le portrait de Frédéric Barberousse, entouré de cette légende quelque peu vaniteuse : « *Hic transibat Cæsar!* » Hohenstaufen nous rappela la triste fin du dernier rejeton de cette famille, la plus ancienne et la plus puissante de l'Allemagne.

Fils de Conrad IV et d'Elisabeth de Bavière, Conradin était si jeune encore, lorsqu'il perdit son père (il n'avait pas trois ans), que cette fatale circonstance mit en éveil toutes les ambitions, et faillit même lui coûter prématurément la vie. L'empereur, en mourant, avait voulu qu'il fût élevé à la cour de son aïeul, Othon, duc de Bavière; que le marquis de Hochberg, bailli du royaume de Naples, qu'il venait récemment de soumettre, lui servît de tuteur, et qu'enfin Manfred, fils naturel de Frédéric II, et conséquemment frère au même titre de Conrad IV, fût nommé régent pendant sa minorité. — Jusque-là tous ces désirs avaient été scrupuleusement exécutés ; mais bientôt les choses tournèrent autrement.

Conradin avait droit non-seulement à la couronne de son père, mais encore à celles d'Italie, de Naples et de Jérusalem. On oublia tous ses titres, on contesta tous ses droits. Ceux-là mêmes qui auraient dû l'entourer et le défendre furent des premiers à le méconnaître et à le dépouiller. Sous le prétexte spécieux qu'il était trop jeune et trop faible, ce qui, disait-on, d'après les lois constitutives du pays, rendait le trône aussi légitimement électif que si le dernier souverain était mort sans laisser de successeur, on le déclara déchu de l'empire germanique. Richard de Cornouailles et Alphonse X de Castille lui disputèrent Naples et l'Italie ; quant à la couronne de Jérusalem, comme elle n'avait plus alors qu'une valeur fictive, on la lui laissa. C'était un hochet propre à calmer sa colère d'enfant.

Conradin se trouvait donc à la veille de n'avoir plus en sa possession que les fiefs de Hohenstaufen, qui, tout importants qu'ils fussent, ne pouvaient compenser les pertes énormes qu'on voulait lui faire subir. Le royaume de Naples devait bien au moins lui rester ; son père l'avait assez péniblement acquis.

Il n'en fut rien cependant. Les papes, guelfes forcenés, étaient depuis longtemps ennemis déclarés des familles gibelines de l'Allemagne. Ils songèrent à tirer parti de la faiblesse du fils de celui dont ils avaient si souvent éprouvé la valeur. Innocent IV, le premier, leva l'étendard. Le bailli de Hochberg venait de placer son jeune pupille sous sa sainte protection spirituelle : il répondit à cette preuve sincère d'attachement par une odieuse trahison. Les belles provinces que Conradin possédait sur les confins de son royaume troublaient le sommeil du saint-père D'un jour à l'autre, on pouvait en faire occuper les principales forteresses par des armées bavaroises qui, en y trouvant d'immenses ressources, auraient mis un frein à ses pontificales déprédations Il résolut de s'en emparer. A cet effet, il excita d'abord les Apuliens à la révolte, puis, les appelant ensuite à son aide, il se mit lui-même à leur tête, et pénétra dans le royaume de Naples.

Il n'eut pas de peine à forcer les gouverneurs à se soumettre ; aucun d'eux ne s'attendait à cette invasion. Mais il ne put jouir longtemps de ce succès. Manfred et le bailli réunirent promptement toutes les forces dont ils pouvaient disposer; puis, marchant contre les troupes papales, ils les battirent, les refoulèrent et firent rentrer le royaume sous la domination de Conradin.

Sur ces entrefaites, un incident fâcheux vint aggraver la position déjà si vacillante du jeune souverain : le bruit de sa mort circula partout. Il avait, disait-on, cédé à la faiblesse de sa chétive organisation. Qui avait apporté cette nouvelle? nul ne le savait, et, malgré cela, elle s'était rapidement répandue dans les rangs de l'armée. Les communications avec la Bavière étaient rares alors, difficiles. Soit que la nouvelle de la mort de son pupille lui fût arrivée de source certaine, soit qu'il l'eût acceptée comme on accepte un événement qui flatte de secrets désirs, Manfred ne fit rien pour en arrêter la propagation. En sa qualité de régent et de fils et frère d'empereurs, il pouvait, sans trop d'outrecuidance, se croire des droits à l'héritage de la couronne. Elle ne comptait pas de plus proche compétiteur que lui. Il était brave, ardent, passionné pour les armes, pour la justice et pour la poésie, ajoutent les chroniques; ses soldats l'adoraient, le peuple l'appelait à prendre les rênes de l'État : quel est l'homme qui eût résisté à tant de vœux? Le 16 août 1258, il se fit couronner lui-même, en qualité d'héritier de son neveu.

Cependant Conradin n'était point mort comme on l'avait dit. L'obscurité dans laquelle il vivait à la cour du duc de Bavière avait seule donné créance à ce bruit. Elisabeth de Bavière écrivit elle-même à Manfred; elle l'engageait à restituer une couronne qu'il ne pouvait, disait-elle, légalement garder. Mais Manfred, qui avait eu le temps de tâter du trône, et qui trouvait que la couronne seyait parfaitement à son front, ne se souciait pas du tout de s'en déparer.

Il répondit fort laconiquement que ce qui était fait l'était bien; que c'était l'œuvre du peuple et de l'armée, et qu'il ne pouvait défaire ce que le peuple et l'armée avaient fait.—Or, qu'objecter à tant de logique et de raison? Manfred, on le voit de reste, était imbu de cet axiome que la voix du peuple est la voix de Dieu.

Pourtant Elisabeth ne se tint pas pour battue : elle patienta. Peut-être des temps meilleurs viendraient-ils pour son fils. Comme elle était femme d'esprit autant que de cœur, elle voulut elle-même soigner l'éducation de Conradin ; qu'il fût digne de relever, un jour, l'illustre nom de ses aïeux ; qu'il pût noblement reconquérir l'héritage dont on l'avait injustement dépouillé.

Un jeune prince de la haute maison de Babenberg se trouvait dans la même position que lui. Le roi de Bohême, Ottocare, l'avait expulsé de son patrimoine, le duché d'Autriche. Il était l'allié de Conradin, elle voulut qu'il fût aussi son ami d'enfance, et plus tard son compagnon d'armes. Elle pensa que l'émulation est le meilleur maître en toutes choses, et l'expérience lui prouva qu'elle ne s'était pas trompée. Les deux jeunes princes acquirent bientôt les vertus distinctives de l'époque : la hardiesse et la fermeté. Il ne leur fallait plus qu'une circonstance, quelque minime qu'elle fût, pour qu'ils cherchassent à faire leurs preuves. Cette circonstance, Dieu la leur réservait sans doute ; elle vint à eux et ils la saisirent avec empressement.

Manfred, en tous points digne d'un meilleur sort, quoique sa conduite envers le fils de son frère ne plaidât pas en sa faveur, venait de mourir à Grandella, frappé misérablement par un soldat obscur qui ne le connaissait point. Le pape, croyant toujours Conradin faible et sans intention sur les Deux-Siciles, avait donné ce royaume à Charles d'Anjou, et ce prince, que Mézeray surnomma l'*Immiséricordieux*, n'avait pas plutôt été investi de ses nouvelles possessions, que, faisant peser partout son joug de fer, il avait tout d'un coup soulevé contre lui l'animadversion générale. On exécrait son despotisme. On le craignait à Naples, comme à Rome on craignait Néron. Le moment d'aller le combattre était donc des plus favorarables.

Les Apuliens et les Siciliens rappelèrent à grands cris le fils de Conrad, l'héritier légitime de leur monarchie. Les Gibelins du royaume de Naples envoyèrent leurs chefs vers lui. Les plus illustres d'entre eux, les Capici, et une foule de gentilshommes irrités, se rendirent eux-mêmes en Bavière. Plusieurs petits États limitrophes, qui partageaient le mécontentement général, offrirent de l'argent, des hommes et des chevaux. Ils brûlaient de se venger, de laver dans le sang de leur ennemi commun la tyrannie dont Charles d'Anjou les rendait victimes. Ils voulaient se ranger de nouveau sous l'éclatant étendard des Hohenstaufen. Deux chevaliers de noble extraction, les marquis de Lancia, parents de Manfred, vinrent abjurer, aux pieds du jeune prince, leurs erreurs passées. Les comtes de la Ghérardesca, oncles de cet Ugolin dont le Dante a immortalisé l'horrible supplice, ne furent pas des moins empressés. Élisabeth de Bavière, qui, jusqu'alors, avait résisté aux instances de ses zélés partisans et aux supplications pressantes de son fils, le trouvant encore trop jeune, finit enfin par céder. En quelques jours tout fut prêt.

Le moment du départ venu, l'impératrice, prenant le prince à l'écart, lui fit ses recommandations dernières : « Allez, mon enfant, lui « dit-elle; » ensuite, en retenant ses larmes et en

étouffant ses sanglots : « allez ! le ciel vous fa-
« vorisera, car les vœux de vos amis vous accom-
« pagneront, et les prières de votre mère iront
« implorer Dieu pour vous ! » — Puis, d'une
voix ferme et noble, elle ajouta, la main sur
l'épée de son fils : « Prince, souvenez-vous du
« nom que vous portez ! »

Élisabeth avait brodé de ses mains royales un
baudrier portant en relief les armes de Souabe :
elle le passa au cou de son fils, auquel elle donna
le baiser d'adieu, et Conradin s'élança joyeusement à cheval. Pauvre enfant ! Que n'écouta-t-il
sa mère, il eût évité le sort terrible qui l'attendait dans les Deux-Siciles !...

Plusieurs augures, de cette race qui a toujours
existé et qui est impérissable comme le monde,
remarquèrent que, à l'heure où il franchissait le
seuil du palais, trois aiglons noirs et trois vautours gris s'étaient rencontrés dans le royaume
des airs, et que, s'attaquant de part et d'autre,
les vautours avaient vaincu les aiglons. Ils ajoutèrent qu'un nouvel aigle à pennes grises s'était
porté, à son tour, au-devant d'un vautour noir,

que celui-ci l'avait encore terrassé et lui avait tranché la tête d'un coup de bec

Fallait-il, quelle que fût l'interprétation que l'on donnât à cet incident, en appliquer les conclusions désolantes à l'expédition du jeune prince ? A l'époque dont il est question, le fatalisme et la superstition étaient en si grand règne !

Élisabeth, effrayée, voulut rappeler Conradin, mais sa voix tremblante se perdit dans le fracas des armes et dans le bruit des trompettes guerrières. Elle envoya vers lui des émissaires chargés de le ramener : ce fut en vain. Conradin, plein d'ardeur, refusa de revenir.

Quinze jours après, il arrivait à Vérone, escorté du duc de Bavière et du comte de Tyrol, son beau-père. Cinq mille fantassins et autant de cavaliers le suivaient. Frédéric d'Autriche, son ami, marchait avec eux. En ce temps-là, cette armée représentait l'une des forces les plus imposantes que l'on eût vues depuis longtemps en Italie; mais elle ne devait pas accompagner plus loin son jeune chef. Elle était en majeure partie composée de gentilshommes pauvres qu'il fallait en toutes choses défrayer : or, comme un cavalier et son cheval, bardés d'airain de la tête aux pieds, coûtaient énormément cher ; que le duc et le comte n'étaient ni l'un ni l'autre assez riches pour occuper tant de troupes à la fois sur pied ; que, de son côté, Conradin n'avait pas de trop des 100,000 florins que Pise et Sienne lui avaient envoyés pour subvenir à ses propres besoins, les troupes, ne recevant rien, réclamèrent. Les murmures suivirent les réclamations. Puis enfin, n'obtenant pas ce qu'elles voulaient, elles firent brusquement volte-face, et leurs suzerains furent obligés de les suivre.

Conradin resta donc seul, abandonné à ses propres ressources, au milieu d'un pays qu'il ne connaissait point.

Ce qui eût dû l'abattre, au contraire releva son courage.

Il était à peine âgé de dix-sept ans, mais il avait l'âme noble et le cœur haut placé. Il savait qu'il venait lutter contre l'un des plus vieux et des plus expérimentés guerriers du monde : cette pensée flatta son orgueil. Martin de la Scala, gibelin lombard puissant et dévoué, était accouru, amenant avec lui les hommes de ses fiefs armés. Conradin les rassembla à la hâte, et les joignit aux quelques Bavarois attachés à sa personne et à celle du duc Frédéric. Il prit ensuite conseil des Lancia et des Ghérardesca, puis il partit de Vérone, mettant sa confiance en Dieu.

Le 22 janvier, seize jours après son départ de cette dernière ville, il arrivait à Pise sur dix galères frétées à son intention. Il avait successivement traversé la Lombardie, la Marche Trévisane, les montagnes de la Ligurie, le territoire des Malespina, celui des Caruto, et partout il avait recueilli des preuves de sympathie et de dévouement. Tous les seigneurs qui avaient autrefois servi sous son aïeul Frédéric et sous son père Conrad IV, tous voulaient contribuer au succès de son entreprise, les uns en lui donnant leurs hommes d'armes, les autres leur or, ceux-ci leurs bijoux, ceux-là leurs enfants. Beaucoup même s'étaient particulièrement attachés à lui. Tous ne demandaient qu'une chose :

marcher sous ses ordres, venger les injures qu'ils avaient subies, et chasser le despote du pays.

Plus Conradin avançait, plus ces manifestations devenaient éclatantes, plus elles semblaient assurer son avenir. Partout sa présence excitait l'enthousiasme, exaltait la haine des populations. Les Pisans, agissant en son nom, avaient armé trente galères, dévasté Gaëte, battu la flotte de Charles, et brûlé vingt-sept vaisseaux qui croisaient pour ce prince, en vue du port de Messine. Des Sarrasins, des Espagnols, des Allemands s'étaient joints à lui. En vain Clément IV, qui portait alors la tiare, lui avait-il ordonné de s'arrêter, de licencier ses troupes, et de venir, les pieds nus et la tête couverte d'un cilice, demander son pardon à Viterbe; le jeune prince avait toujours marché en avant.

A son arrivée devant Rome, il trouva les portes ouvertes, et le gouverneur de cette ville, Henri de Castille, l'attendant, à la tête de huit cents chevaliers. Il y fit un séjour de plusieurs semaines, et se remit en route le 18 août, se dirigeant vers Naples, par les Abruzzes. Il lui tardait d'en venir aux mains avec son puissant ennemi. Bientôt il fut satisfait.

Le 23 août, les deux armées se trouvèrent en présence, dans la plaine du Tagliacozzo. C'était là que devait se livrer cette fameuse bataille qui allait décider du règne des Allemands ou des Français dans les Deux-Siciles. L'armée de Conradin comptait cinq mille chevaliers, tous bouillants de colère et d'ardeur. Celle de Charles n'en comptait que trois mille, mais ils étaient mieux disciplinés et plus aguerris. L'affaire s'engagea. Le premier choc fut terrible. Placé à la tête de ses nobles et brillantes phalanges, le prince allemand fit des prodiges de valeur. Frédéric, placé à sa droite, ne combattit pas avec moins de vaillance et de succès. Fauchés par leurs redoutables épées, les ennemis tombaient les uns sur les autres. On eût dit que la foudre du ciel roulait parmi eux. Ceux qui pouvaient fuir s'élançaient frappés de vertige et de terreur..... Malheureux prince, que ne s'arrêta-t-il alors!

Trompés par la mort de l'un des chefs provençaux *, qui, par bravade ou par ruse, avait revêtu les habits du roi, et payé de sa vie cette incroyable imprudence, les vainqueurs s'étaient jetés à la poursuite des fuyards. Comme un torrent dans une plaine, ils renversaient tout ce qui s'opposait à leur passage, sabrant l'ennemi sans pitié et le refoulant sur leurs pas, quand tout à coup Charles d'Anjou parait devant eux à la tête de douze cents gendarmes. L'habile guerrier, ménageant prudemment ses forces, a tenu en réserve cet imposant corps d'élite. Il sait que tout l'art de la guerre consiste, à l'époque où il est, dans l'emploi des masses de la grosse cavalerie. Il fond, rapide comme l'éclair, sur les Allemands stupéfiés. Saisis d'épouvante à leur tour, et incapables de résister à cette mer de bronze qui, comme une lave dévorante, se précipite de tous côtés sur eux, ceux-ci se retournent et veulent fuir, mais, par malheur, ils sont acculés à une rivière qui leur ferme toute retraite et les met à la merci des Français. En

* Henri de Cosma.

peu d'instants ils sont culbutés, massacrés ou faits prisonniers.

Comme il arrive toujours en pareille occurrence, ceux qui, ayant pu s'échapper, croyaient trouver dans leur retraite de chauds partisans, ne rencontrèrent partout que des traîtres, aussi disposés maintenant à les vendre, qu'ils étaient empressés, la veille, à les accueillir et à les fêter. Le gouverneur de Rome, Henri de Castille, fut odieusement livré par un abbé chez lequel il avait cherché un asile*. Conradin, suivi de ses conseillers et de ses amis les plus chers, marcha pendant trois jours et trois nuits à pied, par monts et par vaux. Au bout de ce temps, il allait échapper à Charles d'Anjou. Déjà il avait pu gagner les bords de la mer. Aucun témoignage de regret n'avait, non plus que celui de ses amis, salué son passage, et cette indifférence lui était d'autant plus sensible qu'elle venait d'hommes qui, pour la plupart, l'avaient les premiers appelé dans le royaume; mais il s'en consolait,

* L'abbé du Mont Cassin.

dans l'espoir que, s'il pouvait passer en Sicile, il y rencontrerait un parti puissant. Un brave pêcheur ayant mis à sa disposition sa barque, ses rames et ses bras, il accepta avec empressement cette offre, et s'embarqua aussitôt.

Mais que peuvent les hommes contre leurs destinées! Un seigneur d'Astura, Jean Frangipani, le seul peut-être qui, sans prendre part au malheur du jeune prétendant, l'eût vu s'éloigner sans signaler aux espions du tyran la route qu'il avait suivie, fut tout à coup pris de regret. Il craignit qu'on ne vînt à savoir que les proscrits étaient passés devant sa porte, et qu'on ne l'accusât d'avoir favorisé leur fuite. Le cas échéant, Frangipani pouvait aller aux galères, tandis qu'en livrant le prince il recevrait mille pièces d'or. Un homme de cœur n'eût pas hésité; un homme sans âme calcula. L'or emporta la balance. Frangipani se jeta dans une felouque armée, fit la chasse aux proscrits comme à des pirates, parvint à les rejoindre, et les ramena de force à terre, où l'attendaient des gardes aux mains desquels il les remit.

Deux jours après, Conradin était enfermé à Naples. Son procès s'instruisit promptement. Des causes semblables à la sienne ne languissent jamais. Le jour du jugement venu, il s'avança courageusement vers la barre où ses compagnons d'infortune l'attendaient. Tous s'inclinèrent devant lui. Le tribunal était composé de douze commissaires pris, par hasard, dans les provinces les plus dévouées au jeune prince. On espérait donc qu'ils pourraient le sauver : mais Charles d'Anjou était prudent.—Les bêtes fauves craignent de laisser échapper leur proie. — Il avait effrayé les plus timides par des menaces, et séduit les plus résolus à force d'or. Il fallait que Conradin succombât. Ses droits au royaume, qu'il venait si malheureusement de perdre, étaient trop incontestables, et il avait reçu trop de preuves d'attachement partout où il s'était présenté au nom de son père, Conrad IV, pour que son implacable ennemi l'épargnât. Toutefois, un seul juge demanda sa mort; mais ce juge paya bien cher sa sentence inique : il l'avait à peine prononcée, que le gendre de Charles, Robert de

Flandre, saisi d'un mouvement d'indignation, lui plongea son épée dans le cœur en lui disant d'une voix rude : « Il ne t'appartient pas, misé-« rable, de condamner à mort si noble et si gentil « seigneur! »

Charles d'Anjou était aussi politique que cruel. Il songea alors à faire périr son captif sans qu'on pût le lui imputer à crime. Il savait que le pape était particulièrement hostile au jeune prince, il lui écrivit, lui demandant son avis. — Quelques chroniqueurs allemands prétendent que Clément IV répondit alors en envoyant une médaille sur laquelle on lisait d'un côté : « *Vita Conradini, mors Caroli;* » et de l'autre côté : « *Mors Conradini, vita Caroli.* » — « La « vie de Conradin est la perte de Charles ; la mort « de Conradin est le salut de Charles. » — Nous n'acceptons qu'avec une extrême défiance ces paroles, quoique Velly ait paru y ajouter foi. Elles contrastent trop évidemment avec le caractère attribué à Clément IV. Un seul fait pourrait nous décider à y croire, si nous ne savions combien était impitoyable la cruauté de Charles d'Anjou, c'est que Conradin aurait, *seulement* sur cette réponse, été livré aux mains du bourreau.

Le 26 octobre 1268, il fut, en effet, conduit au supplice. Une foule de peuple innombrable l'escortait, le plaignant et se lamentant sur son sort. C'étaient des pleurs et des gémissements mêlés d'imprécations contre le tyran. — On sait quelle est l'influence de la jeunesse, de la beauté et du malheur sur les masses : or le condamné était si jeune, si beau de sa personne et si malheureux, qu'il ne pouvait manquer d'exciter toutes les sympathies. Charles d'Anjou ne l'ignorait pas. Aussi, craignant un soulèvement en sa faveur, avait-il fait un formidable déploiement de troupes, les armes chargées. Arrivé au pied de l'échafaud, Conradin détacha lui-même le baudrier brodé par Élisabeth de Bavière, se mit à genoux, éleva son âme à Dieu et dit en se relevant : « O ma mère! ma pauvre mère! quelle pro« fonde douleur te causera ma mort! » A ce moment, Frédéric d'Autriche, condamné comme lui à mourir, s'étant échappé des mains de ses gardes, vint se précipiter dans ses bras, tandis que le vieux et vénérable marquis de Lancia, un genou en terre, baisait pieusement l'une de ses mains, et que le comte de la Ghérardesca cachait ses larmes en baissant les yeux. Conradin, l'air ferme et le sourire sur les lèvres, chercha, pauvre et malheureux enfant! à leur prodiguer des consolations dont il eût eu grand besoin lui-même, puis, s'échappant à leurs embrassements, il alla livrer sa tête au bourreau.

Au moment de recevoir la mort, il demanda, les mains jointes, la grâce de ceux qui s'étaient rendus coupables pour lui, mais sa prière lui fut durement refusée. Son sang fumait encore, roulant de l'échafaud sur la terre, que déjà Conrad et Marin Capici montaient au pilori, les yeux arrachés; que vingt-quatre barons de la Calabre étaient étranglés; que le marquis de Lancia et le comte de la Ghérardesca mouraient, traînés sur la roue; que Frédéric d'Autriche tombait sous la hache; et qu'enfin, pour couronner l'œuvre, tous les Sarrasins de Nocera, au nombre de cinq mille, étaient passés, sans merci, au fil de l'épée!!.....

CHAPITRE VII.

—

Geislingen. — Son industrie. — Sa position. — Les solliciteurs. — Le postillon et ses chevaux. — Le Wolfenbuttelois. — Une exécution à Brunswick. — Les Français insultés. — Les cuirassiers. — Le général W*** — Le maréchal Davoust. — Les deux jeunes filles. — Le bourgmestre. — Leur requête. — Le bourreau. — Friderick Schorlz. — Le sursis. — La mort.

Geislingen, dans les environs de laquelle se trouvent les bains de Rœtelbad, possède quinze cents habitants, tous jaloux de leur industrie commerciale. Naguère ils fabriquaient au tour mille curiosités, et réussissaient beaucoup mieux que leurs voisins, les Gœppingois; mais, ceux-ci les ayant depuis dix ans détrônés, ils se sont jetés, à corps perdu, sur la tabletterie, dont ils possèdent le monopole exclusif.

Instruits par le passé et voulant échapper à leurs sollicitations, nous nous abstînmes de baisser les stores. Nous poussâmes même si loin le rigorisme à cet égard, que l'un des voyageurs, renouvelant la scène de l'Anglais du postillon de *Mam'Ablou* et voulant descendre un instant pour *un tout petit chose*, nous ne lui permîmes pas de sortir. — Mais toutes strictes qu'elles fussent, ces précautions ne nous sauvèrent pas. Les Geislingeais ne sont pas tabletiers pour rien. Il faut que l'*oiseau de passage* (c'est le terme fort peu révérencieux avec lequel ils désignent le voyageur) leur laisse au moins l'une de ses plumes, sinon l'aile entière. Le moyen, d'ailleurs, d'éviter le tribut : leur ville est un véritable guet-apens. Enfouie au fond d'une large vallée comme un grain de sable dans la mer, on ne se doute de son voisinage que quand on est dessus. Aussi, dès que la bâche d'une voiture pointe à l'horizon, comme la voile d'un brick sur les flots, les fabricants, qui ont chacun leurs vedettes, sont-ils aussitôt avertis par elles, et vite la population entière vous tombe sur les bras. Criez alors, jurez, pestez tant que cela pourra vous être agréable, c'est tout comme : barricadez-vous, ne répondez point, faites même le coup de canne, si l'envie vous y pousse un peu, vous n'y gagnerez rien, rien que de faire du mauvais sang et de perdre du temps, vu que le postillon vous laissera tranquillement vous débattre, et ne se pressera point de repartir, ce qui, du reste, lui serait difficile, à moins d'écraser vingt solliciteurs. Or toute âme bien née comprend l'importance du cas; il est prévu par le code wurtembergeois, qui, par parenthèse, eût bien dû, pendant qu'il y était, prévoir aussi l'antidote, c'est-à-dire un moyen quelconque de préserver le voyageur. — Les choses n'étant pas ainsi, nous fîmes comme le commun des martyrs, nous prîmes je ne sais quoi. En pareille circonstance, on achète pour se débarrasser des gens, mais on ne choisit pas.

Deux heures après, nous traversions un pauvre

petit village rabougri nommé Luizhausen Ce village n'a jamais eu l'idée d'être quelque chose : aussi passâmes-nous fièrement au milieu de sa rue principale. Il faisait nuit. Nous n'avions plus qu'une poste à franchir pour arriver à Ulm ; or, comme en quittant le dernier relais où il nous avait fallu, j'ignore pourquoi, changer de voiture en même temps que d'attelage, on nous avait fort pompeusement annoncé que nous allions être traînés par une poste *vélocifère*, nous comptions aller à fond de train et toucher rapidement au port. — L'Allemagne est bien le pays par excellence des fantasmagories et des illusions ! Nous ne tardâmes pas à reconnaître que nous avions été leurrés par le plus effronté mensonge et le plus fallacieux espoir.

Le postillon, le dos renversé et la jambe relevée, soufflait dans son cornet de cuivre, laissant, comme Hippolyte, *flotter les rênes* sur le dos de ses bêtes ; quant à celles-ci, elles trottillaient sous leur ventre, flairant l'herbe sèche et comptant les cailloux de la route. De temps à autre il leur criait, il est vrai, comme s'il se fût réveillé en sursaut: *vorwarts! vorwarts!* ce qui voulait dire : *en avant! en avant!* Mais, habituées à ce cri et sachant qu'il était sans conséquence, elles n'en faisaient rien ; ou bien, si, pour calmer l'irritation des voyageurs, elles se risquaient à dépasser pour un moment l'amble, elles retombaient bientôt dans leur lenteur favorite, ce qui nous prouva, clair comme le jour, que bêtes et postillon s'entendaient, et qu'avant de partir ils s'étaient fait le mot.

De cette manière, nous devions bien faire une bonne lieue en trois petites heures. Or, comme avant d'arriver au gîte il nous restait deux lieues à franchir, cela nous donnait le temps de nous retourner. Quoique la nuit fût des plus obscures, aucun de nous ne se sentait la moindre envie de dormir. Nous mîmes donc à contribution nos compagnons de route, et l'un d'eux, le Wolfenbuttelois, faisant appel à sa mémoire, nous raconta l'épisode suivant. C'est un hors-d'œuvre que nos lecteurs voudront bien nous pardonner de consigner ici. Bien qu'il ne vienne pas positivement à sa place, il peut (nous les en laissons juges) n'en avoir pas moins pour cela quelque intérêt. Et puis enfin, c'est un souvenir de voyage!

— Le 14 octobre 1806, nous dit le narrateur, eut lieu, vous le savez, messieurs, la fameuse bataille d'Iéna, cette bataille qui nous coûta 36,000 prisonniers, 62 drapeaux et 310 pièces de canon ; le 15 du même mois, la capitulation d'Erfurth, qui se rendit au grand-duc de Berg ; le 18, le combat de Halle; le 20, l'expulsion de Magdebourg du vieux maréchal Kalkreuth ; enfin, le 27, au matin, l'entrée de Napoléon à Berlin, à la tête de sa vieille garde. L'armée française venait successivement d'occuper Leipsick, Halbroth, Brandebourg, Spandaw, Postdam, Magdebourg, Helmstadt et Brunswick. J'habitais alors cette dernière ville. Un régiment de cuirassiers, du train, quelques escadrons d'artillerie légère et trois bataillons d'infanterie avaient, suivant l'habitude, été cantonnés dans nos maisons principales. Il fallait patiemment endurer ce fardeau de la guerre ; il fallait souffrir ce mal momentané. Quelques habitants sages adoptèrent ce parti ; d'autres, et ce fut le plus grand nombre, ne purent s'y résoudre. Aigris par les pertes qu'ils avaient déjà supportées et poussés par une haine invincible, ils proférèrent des injures et firent des provocations Je l'avouerai, le soldat français demeura calme et digne; il se contint longtemps, longtemps il méprisa ces provocations injustes. Et en se comportan de la sorte, il ne fit pas seulement preuve de prudence, il fit encore preuve d'énergie. Aussi, lorsque plus tard vint pour lui l'heure de la vengeance, et qu'il en usa d'une manière si terrible, était-il complétement dans son droit. Ses représailles étaient légitimes, nécessaires, indispensables même.

Vous le voyez, messieurs, observa le Wolfenbuttelois, j'ai à cœur de vous prouver mon impartialité. J'y mets d'autant plus de scrupule, que j'ai joué un rôle important dans le drame dont j'ai à vous faire le récit.

Des menaces on en vint aux effets.

Un jour, j'étais à ma fenêtre. Il était tombé beaucoup de neige. Malgré la vivacité du froid, j'attendais le passage des cuirassiers dont je voyais luire au loin la poitrine étincelante. — On se récriait contre l'onéreuse occupation des Français, mais on admirait leur belle tenue. Il était même rare qu'on négligeât d'assister à leurs exercices et à leurs parades. — Le régiment, son colonel en tête, avait débouché dans la rue du *Windberg* (mont du vent). Il s'avançait au pas, le sabre à l'épaule. Rien ne semblait devoir interrompre l'ordre de sa marche. On attendait même avec impatience que, comme d'habitude, la musique se fît entendre, quand tout à coup des hommes, des femmes, voire même des enfants se baissent à terre, font des boules de neige et les lancent non-seulement sur les soldats et les officiers, mais encore sur le colonel.

Plus surpris qu'indigné de cette ridicule bravade, le colonel fait accélérer la marche. Son intention n'est pas tant d'échapper à cette inoffensive mitraille que d'éviter une collision. Cette prudente mesure exaspère les mutins. Furieux de voir les Français s'éloigner en riant, ils se précipitent au-devant d'eux, cherchant à leur barrer le passage. Les plus hardis saisissent les chevaux à la bride, se ruent pêle-mêle entre leurs jambes, roulent des cailloux dans la neige, et recommencent l'attaque. Mais, cette fois, ce n'est plus une échauffourée de collége ; c'est un combat sérieux où le sang va couler. Plusieurs cuirassiers sont atteints. L'un des commandants reçoit au visage une large blessure. Le colonel, alors, retient son cheval, puis, se tournant vers les officiers qui l'accompagnent, il les engage à reprendre la tête de leurs escadrons. Cet ordre exécuté, le régiment fait volte-face, et rentre dans ses cantonnements. Pas une plainte n'a été proférée, aucun homme ne s'est écarté de son rang.

La généreuse impassibilité de cette conduite apaise enfin la fureur des assaillants ; ils réfléchissent ! La crainte s'empare d'eux, ils restent indécis, troublés, honteux. Ils ne savent s'ils doivent se disperser ou aller offrir des excuses. Que ne donneraient-ils en ce moment pour faire oublier leurs torts !...

Instruit de ce qui vient d'avoir lieu, le général

W***, commandant la place, ordonne à l'un de ses aides de camp de monter à cheval, de se rendre auprès du maréchal Davoust, qui est cantonné à quelques lieues de là, et de lui faire part de cet événement*. — Outré de colère, le maréchal répond en enjoignant à deux officiers supérieurs, qui vont se diriger vers Naumbourg, de marcher, eux et leurs corps, sur Brunswick, afin d'obtenir une satisfaction éclatante.

Deux jours après, le bourgmestre reçoit l'ordre de livrer les coupables Il répond qu'il sera impossible de les retrouver. Impossible!... qu'il fasse une enquête! On lui accorde douze heures, après lesquelles, à défaut par lui d'obtempérer, la ville sera mise au pillage.--- Les douze heures écoulées, il envoie dire que l'on est, à grand'-peine, parvenu à dépister deux hommes.—Deux hommes ne suffisent pas, il en faut un plus grand nombre, il y avait de trois à quatre cents mutins On lui passe de nouveau six heures. — Le cas est

---

* Le général W*** est aujourd'hui inspecteur général de cavalerie.

imminent, la position des plus graves, et cependant, malgré les recherches vraiment actives de la police, le dernier répit va passer sans amener de résultat favorable. Dans cette extrémité, le bourgmestre offre de faire toutes les soumissions possibles; le roi de Prusse, dit-il, les ratifiera. Mais les généraux répondent que ce n'est pas ce qu'il leur faut. Il n'y a plus, d'ailleurs, qu'une réparation possible : le sang a coulé, il faut que le sang coule!...

Alors l'effroi se répand dans la ville. Nous savons qu'il n'est pas prudent de froisser les Français, dans des temps de guerre surtout; nous savons qu'autant leur longanimité est grande et noble, autant, quand on en mésuse, leur justice est prompte et sévère. — « C'en est fait, nous sommes perdus ! » — Tel est le cri qui s'échappe de toutes parts. Les plus timides se cachent, les plus intrépides tentent de fuir, les plus expérimentés attendent. Se cacher... c'est inutile, on fait de trop minutieuses perquisitions. Prendre la fuite... par où? les portes ont été rigoureusement fermées et garnies de sentinelles.

Attendre... c'est ce qu'il y a de mieux à faire.

L'anxiété se lit sur tous les visages, on s'aborde en silence, on se parle en tremblant : « Qu'allons-nous devenir ? Savez-vous quelque « chose ? Avez-vous vu le bourgmestre ? » Enfin la dernière heure sonne, et, comme par l'effet d'un commandement rapide, vingt tambours battent simultanément, aux quatre coins de la ville, un lugubre rappel.

En moins d'un quart d'heure, les troupes se trouvent rassemblées sur le *Hagenmarckt*, le forum de Brunswick. Officiers et soldats, tous sont en tenue de guerre, comme s'ils allaient passer une grande revue. Jamais la ville n'a été aussi triste et aussi désolée, aussi morne et aussi abattue. On ne voit que des soldats qui courent en tous sens, se croisant, se heurtant, s'adressant à peine la parole, levant vers nous des yeux compatissants. Ils nous plaignent !... ils ont pitié de nous !... Pitié ! cela nous fit mal. Il y a, je crois, des circonstances où l'on hait la compassion de son adversaire, où l'on préférerait sa haine ; on pourrait se venger sans remords.

Les magasins, les musées, les bibliothèques, tout se ferme, comme en un jour de deuil général. Chacun se tient chez soi, entouré de sa famille. Il semble qu'à chaque roulement du tambour vont succéder les cris d'une soldatesque effrénée, impitoyable : on tremble!

Ce fut bien pis encore, lorsque ce tambour eut cessé d'appeler à la vengeance, lorsque le dernier son se fut éteint dans l'air, comme un triste soupir. Ah! messieurs, quel moment solennel!... Vingt mille habitants se précipitèrent ensemble à genoux, les mains tendues vers le ciel, implorant la miséricorde de Dieu!

Ma prière achevée, nous dit le narrateur, je me relevai, puis ayant pressé dans mes bras ma femme, dont les larmes augmentaient ma douleur, mes deux enfants, pauvres petits qui pleuraient de voir pleurer leur mère, je m'échappai, je sortis. J'allais aux informations. J'aimais mieux m'assurer par moi-même que d'attendre ainsi au milieu des angoisses.

Comme je descendais la rue, un homme accourut et me remit une lettre : elle était du bourgmestre. Il m'appelait auprès de lui : je m'y rendis.

Monsieur, me dit-il en m'apercevant, l'un des coupables livrés aux généraux est votre parent; l'autre est votre ami : il faut les sauver. Que, si nous ne pouvons arrêter les malheurs qui vont, dans un instant, fondre sur la ville, nous puissions au moins racheter deux de ses habitants qu'un moment d'erreur a égarés.

Le bourgmestre m'expliqua alors ses projets.

Partons, monsieur, ajouta-t-il ensuite ; le général W*** n'est pas encore sorti du *Crau-Hoff*, je le sais ; volons à sa rencontre.

Nous arrivons.

Le général nous accueille et nous écoute avec bienveillance.

Je voudrais, messieurs, nous dit-il, acquiescer à vos désirs, de tout mon cœur, je le voudrais, mais je ne le puis. Il n'est plus en mon pouvoir d'arrêter la justice ; il faut qu'elle ait son cours.

Nous usons de tous nos moyens oratoires, nous prions, nous supplions : tout est inutile. Le bourgmestre me fait alors un signe, je sors et reviens bientôt suivi de deux jeunes filles. L'une, âgée de quatorze ans, est la fille de mon ami; l'autre, âgée de seize, est celle de mon parent. Toutes deux sont vêtues de robes blanches, et de beaux cheveux blonds ondulent sur leurs épaules. Elles vont se jeter ensemble aux genoux du général, et elles les embrassent en sanglotant. Elles ne peuvent prononcer un mot, et pourtant il y a dans leur jeune cœur bien du courage et du dévouement !

Ah! messieurs, s'écrie le vieux soldat en passant sa main sur ses yeux, qu'avez-vous fait là!... Voyez dans quelle position vous me mettez! Si je pardonne, je manque à mes devoirs; si je résiste, je commets un acte de cruauté!... Allons, mesdemoiselles, poursuivit-il en s'adressant aux deux enfants.., je... enfin.. soyez persuadées... que...

L'émotion lui ôtait la parole.

— Qu'on les emmène, reprit-il brusquement, qu'on les emmène, ces pauvres petites, elles me navrent, elles me déchirent le cœur!...

— Oh ! grâce, grâce, dirent-elles alors en relevant la tête et en pressant les mains du général, faites-leur grâce, monsieur, pardonnez-leur... ils.....

Le général voulut s'éloigner.

Non, non, s'écrièrent-elles en redoublant d'instance, non, vous ne fuirez pas, non, vous ne nous laisserez pas aller sans un mot de consolation, sans une seule parole d'espoir..... dites, oh! dites, monsieur, que vous leur pardonnerez, et nous vous bénirons! dites que vous les rendrez à notre amour, et matin et soir nous prierons pour vous, nous vous aimerons bien aussi, car vous aurez droit à notre reconnaissance, à notre affection!

Hélas! elles intercédaient en vain. Seul, le général W*** eût sans doute cédé, mais au moment où, ne pouvant plus maîtriser son émotion, il balbutiait déjà sans répondre, les deux autres officiers généraux parurent. Dès lors notre cause fut perdue : il fallut se retirer.

Le général nous accompagna jusqu'à la porte.

Allez, messieurs, nous dit-il avec bonté, allez et croyez à mes regrets. Si je puis quelque chose, je le ferai. Je ferai plus que je ne devrais, peut-être, pour vos parents, pour vos amis, et surtout, ajouta-t-il en désignant les deux jeunes filles, surtout, pour ces malheureux enfants! Mais, je vous en prie, ne voyez point dans mes paroles une promesse, un engagement formel... je crains trop de ne rien.....

Il n'acheva pas.

Le bourgmestre accompagna les deux suppliantes chez elles, et je rentrai chez moi. — Un instant après, je sortis de nouveau, me dirigeant vers le Hagenmarckt. Il était couvert de troupes rangées en bataille. Le général W*** discutait avec chaleur, on le voyait, au milieu de son état-major. - Que disait-il? — Tout à coup, il cesse de parler; il commande un mouvement, fait serrer les files et charger les armes.

Il n'a donc rien pu obtenir, me dis-je.

Et je fis quelques pas. Notre excellent bourgmestre, pâle et défait comme un spectre, était non loin de là, près du colonel des cuirassiers, et deux hommes, les deux coupables, étaient aussi à ses côtés, les mains liées derrière le dos.

Je frissonnai : Qu'allait-il se passer ?

Dix minutes s'écoulent avec une horrible lenteur. Le général s'approche du bourgmestre et lui dit quelques mots à l'oreille. Alors le bourgmestre, prenant la parole, fait amende honorable au nom du roi, son maître, et promet de se conformer à tout ce qu'il plaira au général commandant la place d'ordonner.

Mon Dieu ! me dis-je, les choses n'iraient-elles pas plus loin ? Si ce pouvait être !

Cette illusion dura peu

Le général s'avança au milieu des troupes, puis d'une voix ferme : « Soldats, dit-il, on vous a
« insultés, on a été plus loin, on vous a frappés.
« A ces attaques, vous n'avez répondu que par
« le mépris, votre modération a été admirable.
« L'empereur n'apprendra pas sans satisfaction
« cette noble conduite. Soldats ! il me reste un de-
« voir à remplir ; ce devoir est rigoureux et pé-
« nible, mais l'accomplissement en est néces-
« saire..... dès lors, je n'ai plus à hésiter..... »

A ce moment, mes dents s'entre-choquent, je sens mes jambes se dérober sous moi. Mon front se couvre d'une sueur froide.

« L'honneur du nom français, poursuit le
« général, dépend de la fermeté avec laquelle
« nous agirons. Souffrir davantage serait, de
« notre part, un acte de lâcheté ; la position dans
« laquelle nous nous trouvons nous impose
« d'autres obligations. Les ordres que j'ai reçus
« sont formels ; ils m'enjoignent d'abandonner
« Brunswick à votre discrétion...

Il s'arrête, et promène un regard autour de lui, pour juger de l'effet qu'a pu produire cette déclaration. Aucun soldat ne remue les lèvres, ne fait le moindre mouvement. Quel sentiment de dignité !

Satisfait, le général reprend :

« Cédant néanmoins au cri de l'humanité, et
« sachant, d'ailleurs, que beaucoup d'habitants
« ont hautement désapprouvé les faits dont vous
« avez été les victimes, je consens, autant qu'il
« est en mon pouvoir, à adoucir les rigueurs de la
« sentence. J'ai réclamé les coupables, il ne m'en

« a été livré que deux; vous les voyez, ils sont
« devant vous; il faut donc que ces deux hommes
« expient le crime des autres! il faut que l'Al-
« lemagne apprenne, par cet acte de sévérité,
« qu'il n'appartient à aucun peuple de se jouer
« des Français!..... »

A ces mots, un léger murmure circule dans les rangs. Le cœur brisé, je fends la foule, je demande à entretenir un instant les condamnés. On me l'accorde. En me voyant, ceux-ci lèvent la tête; on coupe leurs liens, et ils viennent se jeter dans mes bras. Ils sont plus calmes et plus résolus que je ne l'aurais pensé : c'est que le sacrifice était fait et qu'ils savaient déjà le sort qui les attendait.

Nous avons appris, mon ami, me dirent-ils, en me pressant affectueusement les mains, ce que vous et monsieur le bourgmestre avez bien voulu tenter pour nous; recevez-en nos vifs remerciments.

Les tambours font entendre un roulement sinistre.

Quant à nos femmes, nos enfants..... (leurs

larmes les suffoquent), ayez soin d'eux... nous vous les recommandons. Adieu, mon ami!..... embrassez pour moi ma fille, mon Anna... Soyez l'ami, le père de ma petite Marie..... Adieu! adieu!!!...

Nous nous séparons. Je rejoins l'état-major. Je veux m'éloigner, je n'y tiens plus; je suis anéanti. Pourtant, je reste ; je me rapproche même du groupe. Pourquoi? dans quel but?... Le sais-je? — On se demande quel genre de mort il faut appliquer aux coupables. Qu'on les fusille, dit l'un; non, reprend l'autre, qu'ils soient châtiés par les mains du bourreau!........ Qu'on amène le bourreau.

Celui-ci paraît.

C'est un jeune homme aux proportions herculéennes, aux muscles de fer, à la voix rude et vibrante. Il paraît si jeune, et est si singulièrement accoutré, que l'un des officiers croit de son devoir de lui demander son nom, son âge et son lieu de naissance.

Il répond qu'il se nomme Friderick Schorlz, qu'il a vingt-trois ans, et qu'il est de Stendall.

— N'es-tu pas boucher de ton état?

Il s'était annoncé sous ce titre.

— Je suis bourreau! répliqua brutalement Friderick.

Les officiers reculèrent. L'assurance cynique de cet homme, si jeune encore, les stupéfiait. C'est qu'il y avait plus que de la hardiesse dans ses manières, il y avait de l'impudeur.

L'officier se tourna vers le bourgmestre, sans doute pour lui demander si Schorlz disait vrai. Ayant reçu une réponse affirmative, il reprit :

— N'y a-t-il donc pas d'autre exécuteur que toi, ici?

— Il y en avait un, M. Wrangel; mais, comme il est mort, il y a un mois, sans laisser d'enfants, j'ai demandé sa place et on me l'a accordée.

— Comment punit-on les criminels à Brunswick?

— On leur tranche la tête, répondit Friderick en faisant vibrer sa hache.

— Tu te sens donc la main assez sûre pour exécuter un homme?

—Un homme!.. J'en exécuterais deux d'un coup, si vous le vouliez, et j'enverrais voler leurs têtes à vingt pas!

L'officier fit un geste de dégoût, se retira, et Friderick se mit aussitôt à l'œuvre. Il releva ses manches, avala un broc de kirsch, et passa sa hache au vif argent.—Ces préparatifs achevés, il s'approcha des coupables, qui s'étaient agenouillés, rabattit le col de leur chemise, leur fit incliner la tête, et leva son arme terrible...

A ce moment, des cris déchirants s'étant fait entendre, une espèce d'oscillation eut lieu dans la foule. Officiers et soldats, tous se rangèrent simultanément pour livrer passage à deux jeunes filles. Pauvres petites!..... pâles, échevelées, pantelantes, elles accourent, elles tombent, elles se trainent aux pieds des généraux, elles balbutient les mains jointes:—Grâce, grâce!... attendez!... le bourreau!... encore un peu!... on est parti... un courrier..... le maréchal..... l'empereur... il pardonnera lui!... oh! par grâce, attendez!...

Saisi de pitié, le général W*** lève aussitôt son épée; il fait signe au bourreau d'arrêter.

Mais, hélas ! Friderick Schorlz a eu la main plus prompte que lui : une tête a roulé dans la poussière!...

C'était celle de mon parent, nous dit le Wolfenbuttelois. Sa fille devint folle de douleur, et sa femme mourut de chagrin moins d'un mois après. Quant à mon ami, il obtint sa grâce, et fut rendu aux embrassements des siens.

CHAPITRE VIII.

—

Les deux empereurs. — La réparation — Le mystique château de Rodenstein — Éméric III et le baron de Butelsbach — Ulm. — La roue d'or. — Fritz. — Le wurst. — Le réveille-matin. — Les moines de Saint-Boniface. — La correction d'un grand roi. — Le maréchal Soult — Berchot le canonnier. — Les Fourches Caudines. — Les escargots. — Le martyr.

C'est à Hohenstaufen que la belle Albérine de Homberg, au douzième siècle, et, au treizième, Hedwige de Kybourg donnèrent chacune le jour à un empereur. Le premier de ces empereurs se nomma Rodolphe de Habsbourg; le second, Frédéric Barberousse. L'un, si l'on en croit la chronique et le P. Barre, ne serait rien moins que la souche d'où serait, *de plus de cinquante manières,* sorti Louis XV, ce qui établirait que le duc de Bordeaux en serait sorti *de plus de cent manières.* Or cette version ne serait pas si maladroite qu'elle pourrait en avoir l'air au premier abord; elle viendrait en aide aux Allemands qui veulent que Rodolphe Ier soit le chef de toutes les maisons souveraines d'Europe au dix-huitième siècle. Aussi la laisserons-nous cheminer tranquillement. Pourquoi troubler les joies inoffensives d'un bon peuple? Rodolphe, d'ailleurs, était bien capable de faire une belle tige, et d'avoir de nombreux et brillants rameaux : sans être arrivé au niveau de son homonyme et arrière-cousin de Bade, il avait sept pieds de haut, la taille roide, la tête ronde, le nez long, le teint vert, les yeux louches, les dents jaunes et le crâne aussi nu qu'un genou! C'en était, j'espère, bien assez pour que toutes les familles couronnées et à couronner vinssent se greffer, qui sur son front, qui sur son bras, qui sur son dos, qui partout enfin où la séve royale pouvait s'infiltrer.

A BUCHAREST.

Quant à l'autre fils, celui d'Hedwige, que l'on nomma *Barberousse*, non pas à cause de sa barbe, mais bien à cause de ses cheveux, qui étaient si dorés qu'on eût dit que sa mère lui avait, en naissant, baigné la tête dans le soleil, tout le monde sait sa biographie; mais ce que tout le monde ne sait pas, c'est un épisode de sa vie fort peu connu. Le voici, du reste, tel que le rapporte le chroniqueur de Bunau.

Le 2 juillet 1155, Frédéric revenait de Rome où il avait été se faire sacrer par le pape, comme vingt ans auparavant l'avait sacré saint Bernard, à Aix-la-Chapelle, en lui mettant sur la tête la couronne de Conrad III, son oncle, mort des fatigues qu'il avait éprouvées en terre sainte. Voulant célébrer ce grand événement, il avait réuni ses meilleurs amis, ses compagnons d'armes, et leur avait donné un repas splendide dans le château où il était né. Le repas, commencé à sept heures, continuait encore à minuit. Les convives sablaient, en chantant, les vins les plus rares et les plus exquis de leur illustre Mécène, quand, tout à coup, du fond de la salle, un bruit se fait entendre. La tapisserie s'écarte et laisse passer un chevalier. Ce chevalier, que personne ne connaît, est tout bardé de fer. A sa vue, chacun se lève et se range; lui, alors, s'approche de la table, s'arme lentement d'une coupe vide, et la remplit jusqu'aux bords. Personne n'a songé à l'interrompre, à réprimer sa hardiesse. Il prend le breuvage, puis, sans relever la visière qui couvre son visage, il le porte à ses lèvres, en disant d'une voix ferme : « A la mémoire de Gunther, comte de Vohbourg et de Rhollz! » A ce toast, les courtisans tremblent, l'empereur lui-même tressaille; mais, en maître habile, il se commande; il ne voudrait pas que ses courtisans s'aperçussent de son émotion.

— Sire chevalier, qui es-tu? lui dit-il enfin, avec sa gravité habituelle.

Mais le chevalier ne répondit point. D'une main, il tourmentait la poignée en croix de sa longue épée; de l'autre, il montrait la porte de la salle, en promenant un regard impérieux sur les convives étonnés. Presque tous baissaient involontairement la tête : une volonté supérieure agissait sur eux. L'inconnu était d'une taille colossale; trois courtisans disparaissaient dans l'ombre épaisse que projetait son corps; son armure était en acier forgé, sa cotte à triples nœuds en fer, et son heaume en cuivre bronzé. Sur sa cuirasse étincelait un soleil d'or, et sur son casque s'élevaient trois plumes noires élégamment étagées.

L'empereur comprit le désir de son mystérieux hôte. Inaccessible à la crainte, il se leva, fit un geste, et les seigneurs se retirèrent.

Frédéric, lui dit alors l'inconnu, de cette voix grave et imposante avec laquelle il avait porté le toast, il y a un mois, tu sortais de Saint-Pierre de Rome, où Adrien IV venait de célébrer ton auguste inauguration. Le cérémonial exigeait que tu te prosternasses devant le pontife, que tu baisasses humblement ses pieds, que tu lui tinsses l'étrier, et que tu conduisisses sa blanche haquenée l'espace de neuf pas romains. Tu te conformas à toutes ces épreuves, monarque superbe, mais ce fut en jurant de faire subir la même humiliation au seigneur de tes

États qui, le premier, se présenterait devant toi à ton retour d'Italie. — Serment juré, serment tenu. — Ce seigneur, Frédéric, ce fut ton frère, ton ami, ton féal sujet Gunther de Vohbourg, celui dont tu avais épousé la sœur *.

Oubliant que, après l'avoir élevée jusqu'à toi, tu venais, sous un prétexte frivole, de la répudier, Adélaïde avait envoyé Gunther à ta rencontre, afin que le premier il pût te féliciter et te porter ses humbles hommages. — Quel accueil alors lui fis-tu? Frédéric, rappelle-toi ta fierté et ton despotisme!

Gunther avait de l'âme, il refusa de servir à l'accomplissement de ton serment; il refusa de s'abaisser à tes pieds, mais, crois-le bien, ce ne fut pas tant pour lui-même que pour toi, car il ne pouvait oublier qu'il était ton frère, et qu'en s'humiliant en face des peuples il t'humiliait avec lui. —Exaspéré, tu le condamnas au *hærnescar* **.

* Adelaïde de Vohbourg.
** Cette punition, venue de la Souabe, consistait à porter un chien sur son cou, les pattes de devant dans la main gauche, les pattes de derrière dans la droite, et le museau de la bête sous le menton.

Au hærnescar! lui, Gunther, comte de l'empire et allié de l'empereur! lui!!!—Gunther refusa de nouveau de se soumettre à cet ordre encore plus inique et plus infamant que l'autre. . il refusa, et soudain, frappé d'un coup de poignard au cœur, il tomba. Le meurtrier passa sur son corps!...

Il y eut un moment de silence, pendant lequel l'inconnu, les yeux fixés sur l'empereur, observait ses moindres mouvements. La tête penchée, le front dans ses mains, Barberousse semblait plongé dans une sorte d'anéantissement. L'agitation nerveuse de son bras seule indiquait qu'il prenait la part la plus vive à la grave inculpation que faisait peser sur lui l'inconnu. Certain que ses paroles avaient produit l'effet qu'il en avait attendu, le chevalier reprit :

— Frédéric, le remords atteint tôt ou tard celui qui s'est rendu coupable d'un crime. Ne te serait-il pas arrivé de déplorer ton injustice et de regretter Gunther?

Subjugué, vaincu comme s'il eût été en face du tribunal de Dieu, l'empereur balbutia; il était vivement ému.

— Si donc, poursuivit le mystérieux étranger, sauvé de la mort par une main amie, Gunther reparaissait devant toi, que dirais-tu?

— Je dirais...

A ce moment, Barberousse ayant détourné la tête et regardé le chevalier qui, la visière cette fois relevée, montrait un visage amaigri par de longues souffrances :

— Ciel! s'écria-t-il, en puis-je croire mes yeux !..... Gunther de Vohbourg ici, devant moi !...

— Oui, sire, répliqua Gunther en s'inclinant avec respect.

— Mais ne suis-je pas le jouet d'une vision? Mais n'est-ce pas un rêve, n'ai-je pas devant les yeux un fantôme?... Dis, comte de Rhollz, dis, est-ce bien toi, toi que je vois là !...

Et l'empereur s'était avancé vers le colosse de fer, et le relevant, debout, il le palpait, lui parlait, le regardait avec une sorte d'égarement et de doute. Tout à coup, son casque ouvert roule à terre, ses mains frémissantes écartent violemment les cheveux d'or qui se dressent sur son front; ses jambes fléchissent, une expression d'horreur passe subitement dans ses traits, et il recule en poussant un cri. Gunther avait dénoué sa cuirasse et mis à nu sa poitrine, sur laquelle on voyait une large et profonde blessure à moitié fermée!...

Au cri de l'empereur, croyant qu'on en voulait à ses jours, les courtisans étaient rentrés l'épée nue à la main.

— Sire, balbutiait le comte, pardonnez à ma témérité!

L'empereur s'était subitement remis de la violente secousse qu'il venait d'éprouver.

— Messieurs, dit-il à voix haute en se redressant et en donnant l'accolade à Gunther, soyez témoins de la réparation que j'aie, de ma vie, le plus joyeusement accordée à un offensé.

Et racontant lui-même la scène qui venait d'avoir lieu, il avoua franchement ses torts et se reconnut coupable en tous points, voulant, ajouta-t-il, par cet exemple, indiquer à ceux qui seraient dans le même cas d'en faire autant que lui.

Le lendemain même, il se promena partout

publiquement, ayant le comte à son côté droit, et, pour réparer autant que possible le mal qu'il lui avait fait, il lui donna la belle terre de Rodenstein, en exigeant qu'il en prît le nom.

Gunther ne profita pas de cette munificence impériale; il mourut bientôt, sans laisser d'héritiers de son grand nom. Un an après, l'empereur, qui ne s'était pas remarié, voulut reprendre sa première femme Adélaïde, qu'il aimait toujours; mais des considérations politiques s'y étant opposées, il épousa Béatrix, fille du comte de Bourgogne, Renaud III.

Rodenstein, dont nous venons de parler, n'est plus aujourd'hui qu'une ruine, mais cette ruine jouit en Allemagne d'une haute célébrité mystique. Située dans la vallée de Birkenau, entre la forêt d'Ottenwald et les restes de la fameuse abbaye de Lorsch, elle fut longtemps le théâtre des merveilles d'un nommé Lindenschmidtt. Aujourd'hui encore on y entend et même on y voit des spectres qui vous prédisent une foule de choses miraculeuses, si miraculeuses que les plus incrédules seraient forcément obligés d'y croire et de le confesser. Aussi les habitants du pays ne manquent-ils jamais de conduire les voyageurs au pied de la montagne, dans l'église de Fraenkisch-Krumbach, où, après s'être signés à plusieurs reprises, ils leur montrent le portrait en pied d'un chevalier qui, comme une âme en peine, erre la nuit dans les grandes salles ruinées du château. Ce chevalier, honorifiquement immortel, est l'auteur d'une foule d'aventures si épouvantablement noires et si terrifiantes, que les plus sombres conceptions d'Anne Radcliffe, de Lewis et de Hildebrandt, mises en parallèle, perdraient tout leur intérêt. L'idée seule en fait dresser les cheveux sur la tête. Aussi en ferons-nous grâce à nos lecteurs. Cela pourrait trop ébranler leurs nerfs. De semblables récits ne sont plus guère hygiéniques que pour les portières, les grisettes et les bonnes d'enfants.

C'est à Rodenstein que le comte Émeric III infligea une si singulière et si terrible punition au baron de Butelsbach, son vassal. Le baron, mauvais plaisant d'ailleurs, au dire de ses contemporains, avait une fâcheuse manie. Il était bavard et médisant, comme la plus bavarde et la plus médisante commère d'une petite ville de province. Il aimait à cancaner à tort et à travers, et il n'épargnait personne, pas même son suzerain

Un jour, s'étant oublié jusqu'à le comparer à une girouette, cette sortie fut rapportée à Émeric, qui répondit aussitôt : « Je lui ferai bien voir qu'il en a hardiment menti, et que s'il y a une girouette ici, c'est lui. » Or, ce que promettait le comte, il le tenait. Il ordonna d'arrêter le baron, et le fit hisser sur le pignon d'une tour du milieu de laquelle s'élançait une espèce de paratonnerre. Son procès était fait d'avance et sa condamnation résolue. Deux gardes le saisirent et l'empalèrent sans pitié. On lui attacha ensuite une corde à chaque pied, puis, afin, sans doute, que l'imitation fût plus parfaite, les bourreaux, tirant tantôt à droite, tantôt à gauche, suivant que tournait le vent, ne s'arrêtèrent que lorsqu'ils virent le pauvre patient expiré. — Son supplice avait duré six longues heures, pendant lesquelles, pour étouffer ses cris lamentables, les gardes avaient soufflé dans des bouquins de cuivre.

Le comte voulut que son corps restât exposé huit jours; mais, vers la fin du troisième, cet ordre devenait inutile : les oiseaux de proie y avaient pourvu.

Cependant cette punition, quelque rigoureuse qu'elle fût, ne remplissait pas assez le but du sévère Émeric. Il fallait que ses feudataires se pénétrassent bien de cette idée, qu'il ne souffrait pas qu'on lui manquât jamais de respect. Il fit construire un mannequin de bois et le mit à la place de l'infortuné baron, où il resta jusqu'à ce que le temps l'eût enlevé.

Onze heures du soir sonnaient, et la lune se décidait à paraître, au moment où notre vélocifère s'arrêta devant une maison décorée d'une *roue d'or*. Nous étions à Ulm. Nous descendimes de voiture et entrâmes dans la maison, suivis d'un gros homme, qui, quoiqu'il fit froid comme en plein hiver et clair comme en plein midi, n'en tenait pas moins, d'une main, son bonnet de loutre, de l'autre un flambeau de cire jaune, qu'il élevait à la hauteur de son front. Cet homme poli et prévenant était taillé sur le patron du *Diable boiteux*, et se nommait tout uniment Fritz. Nous reconnûmes en lui le gastwirth de l'hôtel. Il nous pria cérémonieusement d'entrer, ce à quoi nous obtempérâmes sans perdre un instant.

Son hôtel était fort curieux.

Que l'on veuille bien se représenter l'une de ces maisons si vieilles, si sombres et si laides, que celles de la Cité de Paris seraient près d'elles des palais, et l'on aura une presque idée du logis. Deux bornes cerclées en fer veillaient, comme d'incorruptibles sentinelles, aux deux coins de son portail, épaisse barrière garnie de clous à grosses têtes et d'un marteau de fer pesant, le moins, cinq kilos. Au-dessus de ce portail régnait un entablement massif, et au-dessus de cet entablement, trois grosses cariatides qui semblaient être là pour l'amusement du public. Chacune d'elles portait son cachet : celle-ci tirait une langue altérée; celle-là clignait prétentieusement de l'œil; cette autre, enfin, faisait la moue d'un bouledogue. C'était fort joli.

Comme elles étaient douées d'épaules bombées et trapues, on leur avait posé sur la nuque le second étage, qui formait la chape sur le premier, lequel, moyennant huit arcs-boutants, prêtait lui-même son appui aux greniers. Un pignon bourgeois couronnait son front, portant, sur l'extrémité conique de son dos, un pot de fleurs en bois des profondeurs duquel s'envolait pompeusement une renommée en fer-blanc, le pied gauche en l'air et la trompette embouchée. Le tout caché sous une carapace d'ardoises taillées en écailles comme celles du dragon de Thésée.

Vue à distance de vingt pas, cette habitation vénérable inclinait tellement la tête, qu'on eût cru qu'elle était fatiguée de la vie. Elle semblait dire à ses locataires : « Soyez tranquilles, un jour ou l'autre, je vous déposerai sur le milieu du pavé. » La rassurante perspective! Et c'était là que nous devions gîter!

Nous demandâmes à souper. On nous répondit que la voiture arrivant à Ulm à heure fixe, on comptait toujours sur un certain nombre de voyageurs, ce qui faisait que l'office était parfaitement garni; mais.... que ce soir-là, par hasard, une famille russe étant arrivée avec un appétit dévorant, cette noble famille avait tout absorbé. Tout?—Tout! répondit, d'un air contrit, le digne M. Fritz. Pourtant, ajouta-t-il comme par réflexion, si ces messieurs aimaient le *wurst*, on pourrait....—Nous ignorions complétement ce que c'était que du *wurst*, mais comme il fallait obtenir quelque chose, ce qui ne nous sembla pas, au flair, très-facile, nous répondîmes sans hésiter que nous l'adorions, et l'on nous servit sur-le-champ une méchante andouille ridée et tellement coriace, qu'il fallait qu'elle eût vu dix fois, sans succès, le feu et les voyageurs. Un plat de raifort l'escortait. Nous fîmes semblant de nous mettre à table, et nous montâmes nous coucher. Dix minutes après, nous n'existions plus.

Nous fûmes rappelés à la vie par le chant aigu, non pas d'un coq, mais d'un jeune maître qui, installé à l'une des extrémités de notre chambre, la main sur une épinette, préludait à je ne sais quel chant. Probablement il ne se doutait pas que deux voyageurs reposaient au fond de l'alcôve à double lit dont était décorée cette pièce; car il est présumable que, dans ce cas, il n'eût pas envahi les lieux. Le docteur le lui fit savoir en éternuant de façon à faire le plus point d'orgue. Il n'en fallut pas davantage. Troublé, ému, inquiet même, le musicien ploya son léger bagage, et déploya *presto* ses deux jambes. Mais j'avais été aussi leste que lui : je lui barrai le chemin et le ramenai, malgré ses efforts, à son épinette.

Ce jeune homme était le fils du gastwirth. Se trouvant, comme les écoliers de son âge, couché à l'heure où nous étions arrivés, il était venu, suivant son habitude, étudier dans la chambre que nous occupions. Il chantait une vieille ballade du minnesinger Walther de Vogelweide. Notre présence le gênait. Nous nous levâmes en hâte et lui abandonnâmes le terrain.

Ulm, dont le nom signifie prosaïquement *orme*, à cause, sans doute, de la grande quantité d'arbres de cette espèce que son fondateur trouva dans le pays, Ulm est une grande ville, la plus grande peut-être de tout le Wurtemberg. Vieille, laide, assez sale, bâtie comme *la Roue d'Or*, mal percée, mal pavée, mal éclairée, et pourtant active, commerçante, industrieuse, riche même, et çà et là semée de quelques beaux monuments. Située au confluent de la Blaw et du Danube, elle compte 12,000 habitants et est, physiologiquement, pour le Wurtemberg, ce que sont pour la France Troyes et pour la Belgique Gand. Elle possède des fabriques, des usines, des écoles, un gymnase et un hôpital. Elle sert d'entrepôt aux vins qui arrivent du Rhin, du Necker, du lac de Constance et de la Valteline. Vienne la réalisation de ce gigantesque projet que deux hommes seulement, Charlemagne et Napoléon, pouvaient concevoir et exécuter (nous voulons parler de la jonction du Rhin au Danube), et Ulm alors se rajeunira. Elle quittera ses rides, ses oripeaux, ses écailles, et deviendra l'une des plus importantes cités de l'Allemagne

En 798, cette ville n'était qu'un bourg ignoré.

Un an après, cédant aux sollicitations du pape Léon III, Charlemagne en fit don à des moines de l'ordre de Saint-Boniface, ainsi que le constate cette inscription recueillie au-dessus de l'entrée de la plus vieille de ses abbayes : *Car. Mag. Dei. pontif. Sancti. Bonif. burg. ord. dedit. anno...* (le surplus est indéchiffrable).

Or, ces moines, qui étaient riches, voulaient aussi être puissants. L'un est assez la conséquence de l'autre. Ils donnèrent donc à Ulm plus d'importance qu'elle n'en avait eu jusqu'alors, et l'entourèrent de larges fossés. Dans quel but ? Quelle était leur utilité ? Suivant eux, ils devaient servir à la défense de la place, mais.... *questa coda non e di questo gatto,* eût-on pu dire hardiment à ceux qui les creusaient. Et l'on ne se fût pas trompé. Les moines ne désiraient qu'un prétexte. Le prétexte trouvé, ils se renfermèrent solidement chez eux, et se livrèrent à tous les excès. Rois sans couronne, ils exercèrent sur le pays un despotisme cruel. Ils firent bombance du matin au soir, et, on pourrait le dire, du soir au matin. Religion, devoir, humanité, ils foulèrent tout sous leurs pieds. Rien ne fut plus sacré à leurs yeux.

Mais tous ces abus devaient avoir un terme. Ils avaient soulevé la population. L'empereur reçut des plaintes graves. Il résolut de s'assurer par lui-même de la vérité. Il se fit conduire à leur abbaye et força la porte d'entrée. Les moines venaient positivement de se mettre à table. Quoiqu'on fût au cœur de l'hiver, Charlemagne n'était, suivant son habitude, vêtu que d'un simple pourpoint de peau brute passé sur une tunique de laine commune, et d'un sayon de couleur bleue négligemment jeté sur ses épaules. Des bandes de cuir, en forme de sandales, entouraient ses pieds. Accoutré de la sorte, il espérait que personne ne le reconnaîtrait.

Cela ne manqua pas.

Arrivé à la porte du réfectoire, il entendit un bruit de voix confus mêlé au son argentin des coupes et aux cris joyeux des convives. Il demanda à entrer. On lui jeta la porte au nez. Il insista. On le prit par les épaules, afin de le châtier. Mais Charlemagne n'était pas homme à se laisser malmener longtemps. Il en avait assez vu pour être édifié. Ce qu'on lui avait dit n'était que trop réel. Il repoussa de sa large main les insolents serviteurs des moines, puis, d'un coup de pied, jetant en dedans la porte du réfectoire, il s'avança vers la table où se tenait le supérieur.

Tous les moines, étonnés de son audace, avaient posé leurs coupes et cessé leurs cris. Le supérieur lui-même, qui, à ce moment, chantait, donnant le branle, s'était arrêté. Il tremblait, sans savoir pourquoi. Cet homme, cet inconnu, d'un seul regard, l'avait terrifié. Il baissa involontairement les yeux.

Alors l'empereur jugea que le moment d'agir était venu. Il retourna, sans mot dire, sur ses pas, et appela à lui ses hommes d'armes. Quand il rentra, les moines étaient tous agenouillés. Un frère convers était accouru leur dire quel était celui qu'ils avaient pris pour un simple mendiant. L'empereur envoya chercher toutes les disciplines de l'abbaye. Depuis longtemps elles reposaient tranquilles au fond des cellules. Il les distribua

à autant d'hommes qu'il y avait de moines, ordonna à ces derniers de lever leurs lévites et de baisser leurs hauts-de-chausses, puis, quand il les vit dans l'état de nudité parfaite où l'on met les écoliers turbulents, il leur fit incliner la tête et croiser les bras, et on leur administra la plus vigoureuse correction. Il donna ensuite aux pauvres les vins, les mets et toutes les bonnes choses que renfermait l'abbaye. Il s'empara des coffres-forts et partagea leur contenu entre les plus nécessiteux du pays. Ensuite, comme il ne voulait pas que de semblables désordres se renouvelassent, il chassa honteusement les moines et voulut raser leur couvent. Mais la réflexion l'arrêta. Il avait appris que douze d'entre eux improuvaient hautement la scandaleuse conduite de leurs frères; qu'au moment même où on les avait surpris à table, eux, ils étaient renfermés dans la chapelle, priant et gémissant de toute leur âme. Il ne voulut pas qu'ils fussent injustement punis. Il leur cita ces paroles du Christ, que le docte Alcuin lui avait souvent répétées :
« Il sera plus difficile aux mauvais riches et aux

« débauchés d'entrer en paradis qu'à un câble
« de passer par le trou d'une aiguille. » Puis, il
leur laissa l'abbaye, et leur donna pour supérieur l'un de ses fils.

Lothaire II ruina Ulm pendant le siége qu'il
eut à soutenir, en 1120, contre Frédéric et Conrad, qui lui disputaient la couronne. En 1301,
les habitants la rebâtirent, et l'entourèrent de
murailles. Frédéric II la dota de grands priviléges, et son successeur lui accorda le titre de
ville impériale. Aujourd'hui elle est démantelée; mais la Confédération germanique a, dit-on,
résolu d'en faire l'une des places les plus importantes de l'Europe. De l'Europe! La prétention est bien grande, si grande même, que nous
craignons bien qu'elle ne reste à l'état de projet,
comme est restée la jonction du Rhin au Danube. Toutefois, en attendant qu'elle se réalise,
les lionnes et les lorettes de la ville se promènent
sur le haut de ses remparts, devenus, grâce au
temps, des Champs-Élysées.

C'est d'Ulm que le maréchal Soult chassa
l'archiduc Ferdinand, qui était entré dans cette

place pendant la nuit du 9 au 10 octobre 1805 (an xiv). Le 17 du même mois, Napoléon, placé sur le haut d'une colline dominant la ville, écrivit au général Mack, qui la défendait : « Si je « prends la place d'assaut, je serai obligé de « faire ce que j'ai fait à Jaffa : c'est le triste « droit de la guerre, vous le savez. Je désire « qu'on épargne à la brave nation autrichienne « la nécessité d'un acte aussi effrayant. » Or, comme, à Jaffa, Napoléon avait, pour punir l'imprudente obstination du cheik Abou-Saab, passé la garnison au fil de l'épée, et que le général Mack ne l'ignorait point, il demanda deux jours de réflexion. — La chose en valait la peine. — Les deux jours expirés et la réponse se faisant attendre, l'empereur crut qu'il hésitait, pensant peut-être que l'artillerie française ne pourrait foudroyer la ville. Il fit mettre une pièce en batterie, puis, s'approchant d'un vieux sergent de canonniers et lui montrant un clocher qui se détachait comme un mât sur l'azur des cieux : « Berchot, lui dit-il, en « lui pinçant le bout de l'oreille, il faut m'abattre

« cette flèche-là. » Berchot, sans rien répondre, pointa sa pièce dans la direction voulue, et se redressa en faisant signe à l'empereur, qui tenait lui-même la mèche, de mettre le feu. Le coup partit, le clocher resta debout; mais le boulet l'avait percé d'outre en outre, et le jour passait à travers. Furieux de le voir aussi solide sur ses jambes, le vieux sergent porta sa pièce sur la gauche, pour recommencer la partie. L'empereur, satisfait, l'arrêta. Les assiégés, d'ailleurs, avaient suffisamment compris la valeur de l'avertissement.

S'il eût été seul, Mack, qui était brave et intrépide, eût peut-être encore tenu tête à l'armée française; mais il comptait dans ses rangs des archiducs plus amoureux d'eux-mêmes que de la plus belle mort : il capitula. Berthier entra dans Ulm, signa les bases du traité, et, le soir même, quatre-vingt mille Autrichiens, quarante drapeaux et soixante pièces d'artillerie passèrent, l'arme basse et le front rouge, sous les fourches caudines des Français. Ce défilé dura deux grandes heures. Au moment où venaît le tour de la cavalerie, un jeune lieutenant, le désespoir dans l'âme, brisa son sabre sur ses genoux, et le foula sous ses pieds. Napoléon, qui aimait les hommes de cœur, laissa échapper un sourire d'admiration, et tendit la main au jeune brave, en lui glissant quelques mots d'encouragement.

Parmi ses monuments et en première ligne, Ulm compte sa belle et imposante cathédrale. Quoiqu'elle ne soit pas taillée sur les proportions de celle de Strasbourg, elle ne fixa pas moins notre attention. Elle fut construite, en 1377, dans un style gothique des plus beaux. Rothammer peignit pour elle un chef-d'œuvre, et Suerlin sculpta ses plus coquets ornements.

Au moment où nous entrions, l'office se disait et les orgues jouaient. Il serait difficile de rendre ici l'effet que produisirent sur nous les 2,952 tuyaux de ce buffet unique, tous à peu près mis en mouvement, et jouant l'un de ces grands airs dont Haydn, Pergolèse et Palestrina seuls avaient le secret. C'était quelque chose de profondément religieux. Rien ne porte à l'âme comme ces beaux sons, qui semblent descendre du ciel pour inonder le cœur de l'homme et le maintenir ou le ramener dans la foi. Aussi fûmes-nous vivement impressionnés. Le docteur, tout sceptique qu'il est, m'avoua qu'il était ému. Une larme perlait sous ses cils. Huit séances pareilles, et j'en faisais un chartreux.

De la cathédrale, dans la tour de laquelle on est monté pour jouir du point de vue qui, du haut de ses quatre cents marches, se déroule magnifiquement à vos pieds, on se rend à l'hôtel de ville, dont l'horloge, les peintures sur verre et la construction sont justement appréciées par les connaisseurs. Il serait difficile, je crois, de rien voir de plus merveilleux. C'est la mécanique, la peinture et l'architecture portées à la perfection.

Si Ulm n'a pas donné le jour à beaucoup de grands hommes, au moins elle produit immensément d'escargots. Peut-être est-ce une compensation. Elle en exporte annuellement cinq millions, dans des tonnes qui en tiennent environ dix mille. J'ignore quels sont les consommateurs. Nous n'eûmes pas envie de nous assurer par nous-mêmes si les hélices étaient à la hauteur de leur renommée.

La basilique vue, l'hôtel de ville et l'abbaye visités, restait encore à jeter un coup d'œil sur la bibliothèque de Kraft et celle de Schermar, sur les châteaux d'eau, les casernes, les fonderies, les jardins publics, Friderichsan, Rouhethal, Seinheil et Sœflingen. Sœflingen est, dit-on, le siége d'une tréfilerie importante.— Mais notre temps était trop rigoureusement distribué. Or, comme nous avions déjà empiété sur nos règlements et que nous pouvions retrouver ailleurs ce que nous perdions ici, nous fûmes obligés de nous en consoler.

Nous retournâmes à l'hôtel, d'où nous ne tardâmes pas à partir, au grand désappointement de M. Fritz. Le brave gastwirth savait l'irruption matinale de son fils. Il s'imagina que c'était à cette cause qu'il fallait attribuer le court séjour que nous faisions à Ulm. Aussi, quelle que fût notre éloquence, ne pûmes-nous le dissuader. Il jura fièrement par sa barbe que, aussitôt notre départ, il le fustigerait aussi vertement que l'avaient été les moines de Saint-Boniface par ordre de Charlemagne. Nous le quittâmes donc avec la douleur de faire de lui un tyran domestique, et de son fils un martyr.

CHAPITRE IX.

—

Les gardes du pont. — La Bavière. — Guntzbourg. — L'âble et l'étudiant. — Muhler et Lacuée. — Le val de l'Aveugle. — Le comte de R***. — Le baron de K***. — Le duc de Z***. — Le duel — La mort. — La vendette. — Gœtz. — Marie et Otto. — La fuite. — Le mendiant. — La cabane. — Le torrent. — Wolff. — L'hôpital. — Smolensk.

« Si j'étais roi de Wurtemberg, a dit quelque part M. Skellendhorff, je ne voudrais pas que les Bavarois fussent de si près mes voisins. » Et M. Skellendhorff, dont on ne peut mettre en doute la sincérité, puisqu'il est né à Munich, avait raison de s'exprimer ainsi. Ulm, la seconde ville du royaume, n'est séparée de la Bavière que par un pont; encore, de ce pont, ne peut-elle revendiquer que la moitié : l'autre moitié appartient au roi Louis. Or, comme le roi Louis est un roi des plus ingénieux ; comme il professe la plus profonde estime pour la propriété nationale et particulière; comme il trouve que Napoléon, dans la répartition de sa curée impériale, a fait la part des Bavarois fort modeste; comme enfin, en raison de ces raisons, il aimerait beaucoup mieux prendre à ses voisins un pied de terrain, que de voir ses voisins lui en prendre seulement un pouce, il a le soin de faire occuper sa portion de pont par des gardes. Il est vrai que ces gardes ne sont là que pour flâner du matin au soir, comme des sergents de ville, la brette au côté; mais ils peuvent aussi, s'ils veulent se donner la peine d'avancer la tête et d'allonger le cou, voir ce qui se passe dans la ville, et, s'il y a lieu, en faire leur profit ou celui de leur souverain. Donc ce voisinage est des plus gênants; on n'est pas chez soi. Ulm est, pour la Bavière, une maison sans portes ni fenêtres, sans contre-

vents ni rideaux. Non pas que nous ne voulions
bien croire à la discrétion personnelle du roi
Louis ; c'est une vertu qu'il possède, dit-on, au
superlatif; mais de ce que le roi Louis puisse
être plus discret qu'une femme, il ne suit pas
que ses employés le soient également. Chaque serviteur d'une couronne, serait cette couronne aussi
exiguë que celle du roi de Lilliput, ou que celle
de Florestan I*er* de Monaco, chaque serviteur
aime à se mettre en évidence et à faire remarquer son zèle ; et, sous ce rapport, les Bavarois
marchent au premier rang. Or, quelle plus
belle occasion pourraient rencontrer ceux qui
sont préposés à la frontière du pont?

Nous en concluons donc qu'ils ont bien pu et
pourront bien encore, plus d'une fois, profiter
du dos d'âne que forme ce pont, pour, en s'élevant sur la pointe du pied, s'assurer au juste du
nombre de têtes de pipes, de bottes d'asperges
et de caisses d'escargots qu'Ulm exporte quotidiennement. — Les têtes de pipes et les bottes
d'asperges, nous avons oublié de le dire, forment, concurremment avec les escargots, l'une

des branches les plus lucratives du commerce de cette ville.

On conçoit de quelle importance peut être ce renseignement de statistique. Aussi est-il présumable que (nous ne l'affirmons pourtant pas le roi Louis, qui trouverait peu délicat de regarder lui-même dans Ulm, ne voit pas le moindre inconvénient à ce que ses préposés se permettent cette légère licence, et qu'au contraire il recueille avec empressement le résultat de leurs observations. Le roi Louis n'est pas seulement ingénieux, il est encore habile et prudentissime. Il songe fort peu au passé, mais par contre, il s'occupe beaucoup du présent, et davantage encore de l'avenir.

Le dos d'âne franchi, nous étions en Bavière. Les gardes nous saluèrent avec la politesse de ces bons gendarmes qui viennent, le revers de la main au front, vous demander si vous êtes bien ce que vous voulez être. Ils nous laissèrent librement passer, la consigne les retenait au pont; mais nous ne pûmes, malgré cela, leur échapper tout à fait. Nous avions les douanes à passer : or chacun sait comment cette honorable et philanthropique institution vous tamise. Arrivés à Neu-Ulm, première possession bavaroise, il fallut s'arrêter. Nos malles, nos papiers, nos effets, nos personnes elles-mêmes, nous exhibâmes minutieusement tout, conformément aux prescriptions voulues par la loi. Notre autopsie faite, nous reprîmes notre course vers Guntzbourg, où nous arrivâmes tout d'un trait.

La Bavière, l'un des plus anciens duchés de l'Allemagne, est située dans un vaste bassin formé, au nord, par le Rhone-Gebirge, à l'ouest, par le Rauhe-Alp, au sud, par une chaîne des Alpes Tyroliennes, et, à l'est, par le Bohmer-Wald. Le Danube la sépare en deux. Son sol, fertile et plantureux en beaucoup d'endroits où l'agriculture n'en tire pas tout le parti possible, est âpre et stérile en certains autres où la géologie trouve alors de quoi s'exercer. Ici, ce sont de gras pâturages au milieu desquels viennent paître de nombreux troupeaux; des champs magnifiques dont la terre rouge produit malheureusement plus de houblon que de blé ; des bois à futaies, des taillis giboyeux, des vignes qui donnent le vin fameux connu sous le nom de *Steinwein;* là, ce sont des terrains de formation ancienne, parsemés de calcaire oolithique, de muschelkalk et de zechstein, de grés, de spath et de quartz; ailleurs, vous trouvez de vastes dépôts tenant à la formation tertiaire, des roches friables et des alluvions, du sein desquelles ont été déterrées des masses d'ossements appartenant aux animaux qui habitèrent notre planète avant qu'elle pût offrir à l'homme les conditions nécessaires à son existence.

On cite surtout les vallées de la Regen, de l'Altmühl et du Mein comme ayant plus particulièrement aidé aux recherches des géognostes et des géologues. Dans la première, on trouva une quantité prodigieuse d'os fossiles, de tapirs et de rhinocéros ; dans la seconde, des crocodiles entiers enfouis dans l'argile ; et dans la troisième, des restes d'éléphants monstrueux. En 1829, un jeune paysan du Steiger-Wald ayant découvert une crypte pleine d'ossements, M. Fisher se transporta sur les lieux, et reconnut qu'ils avaient appartenu à des hyènes et à des lions. Depuis lors, plusieurs cryptes semblables ont été signalées dans les environs.

La Bavière fut jadis occupée par les *Hermundari*, les *Vindelici* et les *Narisci*, tous peuples qui, suivant Strabon, étaient idolâtres, suivant Tacite, intrépides, suivant Ptolémée, cruels, et, suivant Dion Cassius, vindicatifs. Si l'on en jugeait par leurs mœurs actuelles, on ne se douterait guère que les Bavarois de nos jours ont eu des aïeux pourvus de tant de belles qualités.

Les Romains ne les aimaient pas. Étant venus pour chasser des barbares qui, vers l'an 450, avaient fait, sous le nom d'Ostrogoths, une invasion dans le pays, ils balayèrent, du même coup, les nouveaux et les anciens occupants. Toutefois, ceux-ci ayant vivement réclamé, les vainqueurs cédèrent à leurs cris. Ils réduisirent leur territoire en province romaine, et c'est alors que ce territoire fut appelé *Bayeres*, mot dont l'étymologie provient, sans doute, de ce que, ne sachant auquel des trois peuples emprunter leur nom, les Allemands, successeurs des Romains, adoptèrent celui de leurs voisins les *Boii*. Au douzième siècle, ce nom se modifia en celui de *Boiarie*, et la corruption le fit ce qu'il est aujourd'hui.

Contrairement aux États qui l'entourent, la Bavière commença par être un royaume, car on ne peut réellement parler de son existence politique qu'à dater du jour où son premier chef, Aldiger, en l'affranchissant, se mit une couronne royale sur le front. Elle conserva longtemps ce titre. Clovis, que Tolbiac avait enivré, le lui arracha, et il fallut que les Bavarois se soumissent à lui. Luitpold fut le premier margrave du pays, et Othon V, en 1180, le premier duc nommé par l'empereur. Austerlitz lui rendit ses rois.

On sait avec quel dévouement les Bavarois secondèrent les Français à l'époque de cette grande et mémorable bataille. Le 1er janvier 1806, Napoléon reçut Maximilien IV à l'occasion de la nouvelle année, et il lui donna pour étrennes une couronne dont les principaux fleurons, outre la Bavière, étaient : le Vorarlberg, le Burgau, trois seigneuries, le territoire de Lindau, le Tyrol, y compris Trente et Bixten, et le complément de ce qu'elle possédait déjà dans les évêchés de Passau et d'Eichstadt.

C'était fort beau ; mais ce ne fut pas tout : Napoléon ne faisait jamais les choses à demi. La Bavière était franchement entrée dans la Confédération du Rhin ; il fallait reconnaître cette preuve d'attachement. Il lui donna pour épingles Nuremberg et Augsbourg ; et, comme si ce n'était pas s'être montré assez généreux, en 1810, il lui fit encore cadeau : 1° de Ratisbonne, cette ville devant laquelle il avait failli recevoir la mort ; 2° de Saltzbourg, qui donna le jour à Charlemagne ; 3° de Berchtesgaden, de Bayreuth, et, enfin, pour chicaner François Ier, son beau père, d'une bonne partie de l'Hausruck autrichienne.

Mais cette munificence impériale devait produire de bien affligeants résultats. L'ingratitude est, il paraît, de toutes les époques et de tous les pays. La Bavière ne tarda pas à en être la preuve. Elle oublia le bien que lui avait fait l'empereur, et y mit d'autant plus d'empressement qu'elle sentait tout le poids de la reconnaissance qu'elle avait contractée envers lui. 1813 fut le prétexte.

A cette époque, de grands malheurs menaçaient la France; elle avait besoin du concours affectueux de ses amis : la Bavière lui tourna brutalement le dos. Elle ouvrit le champ à l'infâme conduite qu'allaient bientôt tenir, à l'égard du héros français, les généraux qu'il avait comblés de fortune et d'honneurs. Mais cette indigne félonie ne pouvait avoir une heureuse issue. Toute mauvaise chose ici-bas, comme toute bonne, apporte ses fruits. L'Autriche, vers laquelle la Bavière était retournée humble et repentante, vengea largement l'empereur. Elle dépouilla cet ingrat royaume du Tyrol, du Hausruck et du Vorarlberg; puis, comme elle ne jugeait pas la peine assez forte, elle lui ôta Saltzbourg. Un an passa sur ces événements. Au bout de ce temps, l'Autriche, qui avait alors le cœur tendre, se laissa toucher par ses larmes, et, pour en adoucir l'amertume, elle lui concéda Aschaffenbourg et Wurtzbourg, compensation qui, comme on le voit, était plus apparente que réelle. Mais que pouvait faire et dire la Bavière? Elle était trop coupable pour oser réclamer ; elle ne put que baisser la tête et gémir.

Maintenant, à part ce péché mortel, que, du reste, elle a bien racheté, disons-le franchement, nous ne voyons pas qu'on puisse lui reprocher grand'chose. C'est un beau pays sous un fort beau ciel. Ses habitants sont bons et hospitaliers, un peu superstitieux peut-être, conséquemment un peu arriérés, mais philanthropes et mus par les meilleures intentions. Ainsi, par exemple, ils font d'excellente bière, d'excellent pain, et plantent des pommiers le long des grandes routes. Ces pommiers sont d'un bon rapport ; ils servent aux besoins, non pas des propriétaires, mais des voyageurs altérés. Les Bavarois sont ravis de pouvoir ainsi témoigner leur humanité. Nous n'en pouvons dire autant, nous qui ne plantons que des noyers, quand nous ne plantons pas que des senelles.

Que si, en fin de compte, l'on veut de plus amples détails sur leur commerce, leur agriculture, leur industrie, leurs mines, leurs revenus, et tant d'autres choses qui ne peuvent entrer dans le cadre restreint de ce livre, nous renverrons à l'ouvrage de M. le conseiller d'État de Hazzi, intitulé : « *Ueber die Standpuncte « der Baieris chen Verfassmegs-Urkunde* , etc. 1818. »

Guntzbourg, où nous nous sommes arrêtés, est une petite ville qui tire son nom de la Gunz, l'un des vingt mille affluents du Danube. Elle est située dans l'ancien margraviat de Burgau, et, comme toute cité qui se respecte, elle a son château. Ce que nous y trouvâmes de plus remarquable, ce fut la bière, cette bonne et délicieuse bière que les Bavarois, je l'ai dit plus haut, savent si bien brasser. Vive la Bavière sous ce rapport ! Je ne sache pas en avoir pris nulle part ailleurs, même en Hollande, plus tard, ni même en Saxe, qui fût d'un goût plus exquis. Il faut donc médiocrement s'étonner de la dévotion que lui ont généralement les indigènes. Elle produit sur eux l'effet que produit l'opium sur les Turcs;

elle les endort, les berce, les transporte, les enlève et les conduit..... sous la table. C'est leur troisième ciel, leur empyrée, leur El-Dorado. Nous en eûmes une preuve pendant notre dîner.

Un jeune homme, que sa chevelure mérovingienne, sa pipe phénoménale et sa casquette problématique nous indiquaient être un étudiant de dixième année, occupait solitairement l'un des bouts de la table, ayant une *âble* devant lui. Il fumait flegmatiquement et buvait.—On appelle *âble* un vase de grès gris tourterelle à bec et à anse, parsemé quelquefois de petites fleurs bleues et surmonté d'un couvercle d'étain brillant. Une âble contient d'habitude, une bonne bouteille et demie de bière. — Il est d'usage de boire à même, vu que le verre est ici absolument inconnu. Il est encore d'usage, quand on désire boire, de renverser le couvercle de son âble, et, quand on renonce, de le laisser debout, appuyé contre l'anse qui, pour lui servir d'appui, tend l'épaule. Nous savions tout cela.

Nous avions donc remarqué que l'étudiant avait

déjà trois fois renversé son couvercle, et qu'à trois fois différentes la *kelleresse* ou fille d'auberge lui avait scrupuleusement rempli son âble rez bords. Notre jeune homme ne s'y prenait jamais à deux fois. Dès qu'elle était élevée au niveau de sa bouche, l'âble y restait suspendue jusqu'à ce que le fond fût tourné parallèlement à son front. Une quatrième âble suivit la troisième, puis une cinquième, puis une sixième, et le buveur n'en paraissait pas plus ému. Je n'y comprenais rien. Il fallait que, comme les *Hagheins* du désert, il eût quelque part un réservoir où allait se caser le superflu. Un grenadier, traversant l'Afrique à pied, le sac sur le dos, sans rencontrer la moindre oasis, n'eût pas été aussi effroyablement altéré.

Ce qui m'étonnait le plus, c'était son insouciance apparente, et l'empressement plein de naturel avec lequel la kelleresse le servait. Si, me disais-je, tous les Bavarois buvaient de la sorte, il serait inutile qu'ils cherchassent au loin le débit des 70,000 quintaux de houblon que produit annuellement la Bavière : ils trouveraient dans le pays même leur emploi.

Notre diner fini, nous allions nous lever pour remonter en voiture, le docteur me retint par le bras.

Voyez, me dit-il, voilà l'extase qui commence.

Je regardai : l'étudiant levait sa dixième âble! Cette fois, elle lui échappa des mains, et le couvercle resta debout; la kelleresse ne s'avança point. Le moment du ravissement était, en effet, arrivé. Ses yeux sortis de leur orbite, sa face bombée, cramoisie, ses lèvres pendantes, son front humide et fiévreux, tout en lui indiquait le gonflement de la satisfaction. Son bras tremblait, ses mains frémissaient crispées dans ses cheveux; sa pipe quitta sa bouche et s'étendit sur la table; sa tête suivit sa pipe et s'étendit par-dessus; puis, comme, dans ce mouvement, le banc qui lui servait de siége avait reçu un choc qui le renvoyait en arrière, l'étudiant, sa tête, son âble et sa pipe tombèrent fidèlement sous le banc. Il était alors dans son troisième ciel!

— *C'est eine cheûne hôme qui brend ses fa-*

cances, nous dit d'un ton dolent le gastwirth, au moment où nous allions sortir de la salle ; *il faut pien l'escusser, cela né lui arrife qu'eine seûle fois bar chour.*

Le 6 octobre 1815, guidant le 59ᵉ régiment de ligne, à la tête duquel il combattait comme le dernier de ses soldats, le général Muhler s'empara de Guntzbourg et en chassa l'archiduc Ferdinand, qui était accouru à la défense de cette place ; mais cette action mémorable fut attristée par la mort de l'un des aides de camp les plus aimés de l'empereur. Nouveau Coclès, le jeune et vaillant colonel général Lacuée s'était hardiment avancé à l'entrée d'un pont dont, seul, le sabre à la main, il voulait disputer le passage, quand une balle l'atteignit au cœur.

En quittant Guntzbourg, nous eûmes à gravir une haute montagne par une route escarpée et tracée au milieu de sapins du Nord d'une grosseur et d'une élévation prodigieuses. Le revers nous conduisit au fond du *Val de l'Aveugle.*

En 17.., le comte de R***, l'un des plus opulents seigneurs de la Bohême et de l'Autriche, sentant approcher sa fin, voulut, avant de mourir, établir son fils. C'était le seul enfant qu'il eût eu pendant vingt années de mariage, et il tenait d'autant plus à le voir pourvu comme il convenait à son nom. Le vieux seigneur, retenu par la goutte, ne quittait plus le lit ; il appela l'héritier de ses titres à son chevet, et lui fit part de ses intentions. Otto de R*** était jeune, beau, bien fait de sa personne, instruit dans les lettres, habile dans les armes, bon cavalier, brave capitaine, ardent, spirituel et des plus noblement nés ; aussi était-il mal vu des hommes (des maris surtout), qui le craignaient, et choyé des femmes, qui raffolaient de lui. Il accueillit donc froidement la proposition paternelle, et, en vérité, quelque pleine de sollicitude qu'elle fût, il faut en convenir, elle arrivait par trop inopportunément : depuis huit grands jours, Otto rêvait au moyen d'enlever une Hélène à son Ménélas !

A la vue de la mine longue que faisait son fils, le comte oublia, comme tous les parents passés, présents et à venir, qu'il avait été jadis jeune et qu'il avait usé largement de la vie ; que Marie-

Thérèse, fin connaisseur en pareille matière, l'avait surnommé le *Bassompierre de l'Empire*, et que sa goutte même, *fructus belli*, était une attestation flagrante de ses hauts exploits. Il oublia tout pour ne voir qu'une chose, la résistance qu'on allait vraisemblablement lui faire. Il se souleva sur ses oreillers, comme Mazarin devant ses nièces, puis, tournant lentement la tête et toisant son fils de ce regard olympien avec lequel Jupiter dut foudroyer le monde : « Monsieur mon fils, lui dit-il, je voudrais bien savoir...... » Un incident imprévu lui coupa net la parole. La goutte réclamait ses droits; un accès se faisait cruellement sentir. Le vieux seigneur retomba en gesticulant et en proférant un *sacramente* si énergique, que le jeune homme, d'un bond, s'élança dehors, ne sachant si le juron s'adressait à lui ou à la goutte, et, dans l'hypothèse, ne se souciant pas de rester assis au chevet de son père, qui, tout en s'agitant, pouvait fort bien rencontrer l'une de ses béquilles, placées mal à propos à portée de sa main, et en faire usage sur le dos du récalcitrant.

L'accès passé et la colère avec elle, le comte rappela son fils auprès de lui. Otto revint tête baissée; seulement il eut le soin de se tenir à distance respectueuse du lit. Le comte réitéra ce qu'il lui avait déjà dit, ajoutant même qu'il avait fixé son choix. La fille de l'un de ses amis, le baron de K***, avait seize ans, de la beauté, de la fortune, de la noblesse; elle convenait à un gentilhomme : or, ce gentilhomme, le comte voulait que ce fût Otto. C'était, d'ailleurs, une affaire entendue : le baron consentait, sa fille également. Restait, il est vrai, le jeune homme à qui il fallait au moins faire agréer la proposition; mais ce devait être la chose du monde la moins difficile : le comte ne connaissait-il pas l'obéissance de son fils! Il désirait donc que cette noble union eût lieu, et, ajouta-t-il, le plus promptement serait le mieux.

Otto, cette fois, ne fit pas la moue; il prit, au contraire, un visage presque gai : l'expérience lui avait appris à dissimuler. Il remercia vivement son père de la sollicitude avec laquelle il s'occupait de son bonheur, attribua à l'inattendu de la proposition le peu d'empressement avec lequel il l'avait, la veille, accueillie, et termina en demandant quelques jours de réflexion. Il ne connaissait encore que de vue sa fiancée, et voulait faire plus intime connaissance avec elle.

Les podagres sont généralement crédules : le comte consentit. Au comble de la joie, Otto courut chez le baron, trouva tout d'abord que sa fille, quoiqu'un peu rousse, un peu épaisse et un peu voûtée, était charmante, divine, adorable; il l'adora du matin au soir, chanta la ballade de Woldemar avec elle, et, comme Omphale, fila amoureusement à ses pieds. Le comte et le baron étaient dans le ravissement; la fiancée maigrissait de plaisir.

Le jour des noces arriva.

Des cadeaux superbes avaient été faits; des rubis, des diamants, des dentelles, des fourrures, des soieries et des fleurs, rien n'avait été oublié; pas même un épithalame dont s'était rendu coupable l'un des amis d'Otto, et que celui-ci avait attentionnément glissé, dans le fond de la corbeille, entre un ridicule français et un sachet autrichien.

A l'heure convenue, les parents, les amis, les conviés, toute la noblesse du pays, tous se trouvèrent réunis dans l'une des salles du château de Konigingratz, propriété magnifique que le baron possédait aux environs de Prague. On n'attendait plus que le marié : il parut bientôt vêtu dans le dernier goût des modes du pays. Son absence momentanée avait attiré sur lui tous les regards. Il était ému, agité ; souvent il jetait un regard furtif dans l'une des grandes cours ; il semblait préocupé ; on eût dit qu'il attendait quelqu'un : qu'avait-il donc ?

Cependant le moment était venu de signer l'*acte d'union* ou contrat. Otto manifesta le désir d'être seul avec sa fiancée. Chacun s'étonna de cette bizarrerie, mais personne n'osa en faire la remarque à voix haute. Il prit le bras de la jeune fille et l'entraîna dans une pièce voisine. Là, une feuille de parchemin gisait sur une table, elle la prit et signa sans vouloir la lire. A son tour, Otto allait faire comme elle, mais sa main tremblait, il frissonnait malgré lui, il s'arrêtait indécis. Un remords le tenait-il au cœur? Se repentait-il de ce qu'il allait faire? Ne sachant à quoi attribuer cette subite irrésolution, la jeune fille, inquiète, le regardait. Il saisit convulsivement la plume et griffonna rapidement son nom. Cet acte accompli, Otto parut plus joyeux. Il ramena sa jeune compagne parmi ses amis, et le calme de son visage fit évanouir les doutes que sa préoccupation première avait excités. On allait maintenant marcher à l'église : le vieux comte s'était fait placer dans une litière; il voulait, disait-il, assister de sa personne à cette grande cérémonie, cela le rajeunirait.

Les voitures s'avancent en file au pied du perron, et chacun prend la place que l'étiquette lui a réservée. Mais le marié n'est plus là. Où donc est-il? On le cherche, on l'appelle; c'est en vain. On interroge les valets; aucun d'eux ne sait ce qu'il est devenu. L'une des suivantes prétend l'avoir vu causer à voix basse avec un homme qu'elle ne connaît pas, puis il est sorti, suivi de cet homme, par l'une des portes du parc; depuis lors elle ne l'a plus revu. Il y a dix minutes à peine que cela a eu lieu.

Cette singulière conduite jette la confusion parmi la noble assemblée. On rentre au château, on se regarde, on ose à peine se faire des questions. Un incident nouveau vient compliquer les choses et leur donner un côté plus grave : le notaire, ou celui qui en tient lieu en Bohême, paraît le contrat à la main et la figure bouleversée. On l'entoure, on le presse, il voudrait cacher ce qu'il éprouve ; la sollicitude générale l'emporte : il déclare que le marié a trompé sa bonne foi, celle de sa famille, qu'il a signé sur le contrat un faux nom!...

Cette dénonciation serait le *deus ex machinâ* de la cérémonie, si la question mise en jeu n'était pas aussi sérieuse. Ce fut un coup de foudre! Otto, on le voyait maintenant, avait d'avance combiné son plan ; il n'avait signé que pour gagner du temps et pouvoir mettre à exécution quelque indigne projet.

Le comte de R*** est pris d'un violent accès, si violent que la goutte lui remonte au cœur et menace de l'étouffer; la jeune baronne s'est trois fois de suite évanouie; son père ne dit mot, mais pour cela il n'en pense pas moins; les parents, les amis se prodiguent en lamentations; tout le château est en émoi. Scène de deuil et de désolation. On pleure, on jure même, on gémit, on chuchote, on bavarde, on plaint la mariée et on maudit le marié. C'est une brebis égorgée; c'est un monstre digne de l'enfer. L'officier public lui-même ne sait de quel euphémisme assez énergique stigmatiser la coupable action de son client.

Un peintre eût fait son profit de cette explosion de famille, moitié bouffonne, moitié dramatique : c'eût été un sujet d'étude excellent.

Laissons nos conviés se lamenter à leur aise, et revenons à notre Pâris.

Toutes les suppositions faites sur son compte étaient en majeure partie exactes : son adhésion facile aux projets de son père, son dévouement au baron, son attachement pour sa fille, sa signature au contrat, tout était prévu, calculé d'avance. Il n'attendait que le moment favorable pour partir ; un mot de son Hélène avait achevé l'œuvre : Otto s'était adroitement esquivé.

Une fois dehors, il songea à mettre à profit les instants.

Aidé du Figaro chargé de sa correspondance amoureuse, il sauta dans une chaise de poste des mieux suspendues, en criant d'une voix victorieuse : « Route de France ! » Le postillon était averti qu'Otto payait double ; aussi ne se fit-il pas répéter deux fois l'ordre ; la chaise partit comme un trait.

Il n'y a que deux sortes de chaises qui roulent bien : celles des banqueroutiers frauduleux et celles des amants en fuite. Elles ont des roues qui volent comme des ailes, et des chevaux que meut la vapeur.

La chaise d'Otto roulait comme un waggon sur un rail ; en deux heures il faisait douze lieues. Aussi allait-il bientôt atteindre les frontières du royaume et entrer en Autriche ; quelques milles encore et il y était ; Vienne, Braunaw, Munich lui apparaissaient, puis Stuttgard, puis Strasbourg, puis Paris. Il rêvait le paradis terrestre, en attendant le paradis des cieux. Sa jeune et jolie compagne lui promettait toutes les joies possibles ; — car, quoique nous ne l'ayons pas dit, nous aimons à le croire, nos lecteurs ne se sont pas imaginé qu'Otto était parti seul. — Sa main dans celle de Marie, son cœur sur son cœur, il la regardait d'un regard passionné. Elle était si belle, que sa vue seule l'embrasait d'amour et de bonheur.

Hélas ! ce bonheur, suivant l'heureuse expression de miss Bellamy, il ne devait être pour nos fugitifs que le mensonge du désir.

Ils en étaient au plus doux moment de leur rêve, quand tout à coup le galop d'un cheval se fit entendre sur la route. Inquiet comme tous ceux dont la conscience est chargée, Otto met la tête à la portière : un cavalier s'avance à bride abattue. Marie, qui a partagé ses craintes, s'est également penchée et a laissé échapper un cri. Ce cavalier, elle l'a plutôt deviné que reconnu, c'est son mari, c'est son tyran, c'est son Otello !

Que vont-ils faire? que vont-ils devenir? La duchesse palpite et frissonne. Elle sait que son *injuste* époux est chatouilleux à l'endroit de l'honneur. Elle pleure, elle prie, elle gémit ; les hommes sont si exigeants!

C'est, dit-on, dans les grands dangers que se dévoilent les grands caractères, les cœurs fortement trempés. Otto a vu d'un coup d'œil que, quelles que soient la pesanteur de son or, l'activité de son postillon et la rapidité de ses chevaux, il ne pourra fuir. Dans quelques minutes, le cavalier l'aura rejoint, à moins que le cheval ne vienne à crever sous lui. — Une idée soudaine lui monte à l'esprit. — Il fait arrêter sa chaise, puis, sautant sur la route, il attend, les bras croisés, que le cavalier l'ait rejoint, ce qui ne tarde pas. Le duc de Z*** (car c'était un duc) se jette précipitamment à terre, abandonne son cheval à lui-même, sans paraître se soucier de ce qu'il pourra devenir, puis, un pistolet dans chaque main, il marche droit à Otto.

La première pensée du jeune homme fut que le duc allait lui brûler la cervelle; aussi eut-il un moment l'idée de retourner à la voiture et de s'armer, mais l'amour-propre le retint. Il s'était, du reste, trompé. Le duc était trop loyal et trop généreux pour user de ce moyen extrême ; il ne voulait de la vie de son rival qu'à son corps défendant. Ce que voyant, Otto, qui ne tarda pas à rendre justice au caractère de celui qu'il avait si gravement offensé, pria M. de Z***, de vouloir bien s'éloigner quelques pas. M. de Z***, comprenant dans quel but il lui faisait cette demande, se hâta généreusement d'y acquiescer. Ils entrèrent dans un taillis qui bordait la route. Là, Otto tenta quelques paroles d'excuses en faveur de la jeune duchesse ; il rejeta vivement sur lui tous les torts, et demanda pour elle un pardon que l'issue du combat qui allait avoir lieu pouvait rendre bien solennel. M. de Z*** refusa. Otto revint à la charge. M. de Z*** répondit cette fois en lui faisant signe de choisir l'un des pistolets.

Il n'y avait plus dès lors à tenter aucune autre démarche. Le comte avait déjà fait une assez grande concession à Otto, en lui laissant, sur le moment, la vie sauve ; Otto le comprit et n'insista pas. Les deux adversaires reculèrent chacun jusqu'à distance de cinq pas : ils devaient d'abord tirer en même temps ; mais ensuite, ayant reconnu que ce ne serait pas agir avec toute la loyauté voulue en pareille circonstance, ils remirent au sort à en décider. Le sort favorisa M. de Z***.

A ce moment suprême, voyant qu'il tenait presque en ses mains la vie de son jeune adversaire, le duc fut sur le point de lui pardonner ; il était si jeune encore, surtout auprès de lui, dont la tête était couverte de cheveux blancs ! Mais, d'un autre côté, les lois de l'honneur sont si rigoureuses et l'injure était si flagrante !... Que dirait-on dans le monde d'un mari qui userait de longanimité envers son rival heureux ?

Ces réflexions pénibles passèrent rapidement devant M. de Z***, et déterminèrent sa résolution ; il arma son pistolet et tira : Otto tomba sur le coup ! Le pauvre jeune homme, un genou en terre, cherchait à s'appuyer sur une main ; le sang sortait de sa bouche et de ses yeux ; une pâleur mortelle s'était répandue sur ses traits. A cette vue, le duc ne put demeurer impassible. Le

ressentiment avait fait place à l'humanité; il s'élança vers Otto pour le soutenir dans ses bras; mais, au même instant, la main du blessé se roidissant dans une étreinte convulsive, la détente de son arme, qui se trouvait fatalement tournée vers M. de Z***, partit, et le coup alla le frapper droit au cœur!!! . . . .
. . . .

De longues années passèrent comme un jour sur ce cruel événement. Le comte de R*** était mort en maudissant son fils; la fille du baron avait épousé un landgrave; la duchesse de Z*** était revenue habiter Prague; quant à Otto, on ne savait ce que, pour la seconde fois, il était devenu. La cour suprême, saisie de son affaire, lui avait appliqué la peine réservée aux duellistes : or, cette peine, c'était la mort! pis que cela, c'était l'échafaud, et l'échafaud sur la place publique! En ce temps-là, le duel était aussi rigoureusement puni en Bohême que sous Richelieu en France; et la justice frappait sans distinction de rang.

Cependant un homme avait juré de venger sa famille. Le duc avait un frère. Ce frère, nommé

Gœtz, était riche et puissant. C'était lui qui, comme un Corse, avait dévoué sa vie à retrouver le coupable, à l'atteindre, à le punir, à satisfaire sa vendette. Déjà il avait recherché ses traces en France, en Italie, en Allemagne : toutes ses démarches avaient été sans succès; mais dix années de patience n'avaient point lassé sa colère; elle était encore aussi vive qu'au premier jour.

A sa rentrée en Bohême, ayant appris que sa belle-sœur menait une vie retirée, mystérieuse, cela éveilla ses soupçons. Il la fit épier. Il apprit qu'elle sortait la nuit, suivie seulement d'un homme de confiance. On ne pouvait encore lui dire où elle allait. Il surveilla lui-même ses démarches et sut alors qu'elle se rendait dans une maison située à quelques pas des murs de la ville, et qu'elle ne rentrait chez elle qu'une heure avant le jour. Qui pouvait l'attirer ainsi hors de son hôtel? Gœtz prit ses mesures. Le lendemain, il la suivit de nouveau; le surlendemain, il avait gagné son homme de confiance.

Aidé de cet homme, il pénétra dans la maison, entra dans une salle où venait habituel-

lement sa belle-sœur, et se cacha derrière une
haute tapisserie. C'était là que devait avoir
lieu ce qu'il avait intérêt à savoir; là allait
donc enfin s'accomplir sa mission vengeresse,
son œuvre de sang! Gœtz attendit longtemps
sans dire mot; celui qui guette est si patient!
Enfin pourtant l'heure sonna. La nuit était
arrivée, un enfant parut, alluma du feu, sortit
et revint un instant après, accompagné d'un
vieillard qui s'appuyait sur son bras. Quel était
cet enfant? Quel était cet homme? Gœtz ne les
avait jamais vus ailleurs, et le valet qu'il avait
gagné ne lui en avait rien dit. L'enfant était âgé
d'une dizaine d'années et portait des vêtements
fort simples; quant au vieillard, il était d'une taille
élevée, d'une physionomie pâle et souffrante,
et de longs cheveux blancs bouclaient autour
de son cou. Tous les deux s'approchèrent du
feu. Le vieillard prit un fauteuil à dos droit et
parut, au bout d'un instant, s'assoupir, et l'enfant s'endormit de même, assis, à terre, la tête
posée sur ses genoux.

Du lieu où il était placé, Gœtz pouvait tout

voir, tout entendre sans être vu, sans que l'on soupçonnât même le moins du monde sa présence dans la salle. — A une heure environ du matin, un bruit léger lui fit prêter l'oreille : une porte cachée s'ouvrit, la duchesse parut et referma la porte sur elle. L'enfant avait levé la tête, mais le vieillard ne s'était pas réveillé. Elle s'approcha doucement de lui et le contempla avec une sorte de ravissement mêlé toutefois d'une indéfinissable expression de douleur; puis s'agenouillant à ses pieds : « Mon Dieu, dit-elle, les mains jointes et les yeux fixés au ciel, daignez le protéger ! » Quand elle se releva, deux larmes glissaient sur ses joues. L'enfant s'était éloigné à petits pas.

Cependant la douce invocation de la duchesse avait pénétré au cœur du vieillard.

—Est-ce vous, Marie? dit-il en tendant les bras.

La duchesse prit l'une de ses mains, et la porta vivement à ses lèvres.

—Il me semble que vous venez bien tard, ce soir?

—C'est vrai, mon ami; mais il n'a pas dépendu de moi de sortir plus tôt.

—Oh! je le crois! pardonnez-moi de vous avoir fait cette observation.

—Vous pardonner! ne sais-je pas quel en est l'affectueux motif?

Il y eut un moment de silence.

—Eh bien, Marie, reprit ensuite le vieillard, quelles nouvelles?

—Mauvaises! murmura la duchesse en regardant instinctivement autour d'elle.

Serions-nous menacés de quelque danger nouveau?

—Je le crains. Je voulais, cette nuit même, vous confier un grand secret qui n'est connu que de moi et du ciel; ce secret, Otto, devait adoucir l'amertume de vos regrets, calmer vos souffrances, et mettre le comble à mes désirs; mais...

— Eh bien?

—Je suis forcée d'attendre encore. .

— Quels motifs si graves?...

— On épie mes pas, on me fait suivre, on m'entoure d'espions. En ce moment même, peut-être.....

— Et qui donc aurait la hardiesse...

— Mon beau-frère. Il a juré, dit-on, de découvrir votre retraite et de vous poursuivre sans merci.

Au nom d'Otto, Gœtz avait éprouvé une commotion si vive et si spontanée, qu'il avait failli oublier toute prudence. Était-il bien possible qu'il se trouvât en face de celui qui avait donné la mort à son frère et causé son déshonneur; de celui qu'il avait cherché si longtemps en vain, et que le plus grand des hasards amenait devant lui? Mais dans quel état le retrouvait-il? Lui, Otto, si jeune encore, et déjà si vieux; lui, si beau naguère, si élégant et si fier, maintenant brisé comme par l'âge, les mains tremblantes, les cheveux blancs, le visage sans vie, la voix sans chaleur! Que s'était-il donc passé depuis dix ans? Était-ce le remords, étaient-ce les excès, étaient-ce la souffrance, la crainte, les privations, la vie murée dans laquelle il vivait qui l'avaient ainsi changé, ainsi vieilli?...

C'était la souffrance!

Nous demanderons au lecteur de vouloir bien revenir pour un moment sur ses pas.

Mme de Z***, qui, lors de la rencontre du duc et d'Otto, s'était, avant même qu'ils se fussent parlé, évanouie, fut brusquement réveillée par la double détonation des deux adversaires. Elle s'élança vers le taillis au milieu duquel ils venaient de se battre, et trouva deux cadavres baignés dans leur sang. L'un d'eux, le duc, était mort; quant à Otto, quoique le plomb l'eût atteint à la tête et la lui eût horriblement fracassée, il avait encore un souffle de vie. Marie comprit qu'il lui restait d'autres devoirs à remplir que de s'abandonner à sa douleur et de se lamenter. Elle prodigua au blessé les soins les plus tendres; puis, sachant combien la pénalité relative aux duellistes était sévère et implacable, elle résolut de le soustraire à la vindicte des lois. Craignant que la ligne frontière ne fût maintenant observée et qu'on ne vînt à l'arrêter au passage, elle le fit secrètement transporter dans une maison qu'elle possédait aux portes de Prague, et mit auprès de lui un homme sûr.

Cependant cette grave affaire avait causé une vive sensation dans la ville; son dénoûment tragique attira les regards sur la duchesse; elle fut obligée de se séquestrer entièrement. Un nouveau malheur accrut encore ses chagrins : Otto devint aveugle; la balle avait brisé les fibres de ses yeux. Quand le jeune médecin chargé de lui prodiguer les secours de son art lui fit cette triste déclaration, Marie versa d'abondantes larmes et sentit que son amour pour le pauvre proscrit augmentait en proportion des souffrances qu'il devait éprouver. Ne pouvant sortir le jour, elle le vint secrètement voir toutes les nuits.

Cet état de choses dura dix années.

Vingt fois, Mme de Z*** avait tenté, soit par elle-même, soit par le crédit de ses amis, de faire casser la sentence du tribunal, vingt fois elle avait échoué. Au bout de ce temps, Otto, que rongeaient sourdement les privations du présent et les remords non moins cuisants du passé, Otto était devenu méconnaissable aux yeux mêmes de ceux qui l'avaient le plus intimement connu. Aussi le moment était-il arrivé où il allait pouvoir, sans danger, sortir de sa retraite, quitter la Bohême et aller, ailleurs, chercher un repos trop chèrement acheté. Afin de détourner les soupçons, la duchesse avait peu à peu vendu tous ses biens ; elle pouvait venir en aide au pauvre aveugle, qui, par suite de sa condamnation capitale, avait perdu tous les siens. C'était à ce moment même que le frère du duc était revenu en Bohême. Il avait fallu dès lors remettre à plus tard l'exécution de tous ces plans.

On comprend de quelle façon Gœtz fut instruit de tous ces détails. Marie et Otto, imprudents, malgré leurs soupçons, parlaient sinon à voix haute, du moins de telle façon que leur ennemi commun, placé si près d'eux, ne perdit rien de leur entretien : ils se livrèrent complétement. Ce qu'ils ne dirent pas, l'homme de confiance l'apprit à Gœtz, ou Gœtz lui même le devina : la haine est si perspicace! Ainsi, en rapprochant toutes les circonstances du drame qui se déroulait sous ses yeux, il ne douta pas que l'enfant qu'il n'avait fait qu'entrevoir ne fût le fils de la duchesse et d'Otto. C'était sans doute là ce grand secret que Marie n'avait pas voulu confier encore au proscrit, ce secret qui devait faire, plus tard, ses joies, son bonheur. Et cette supposition n'était malheureusement que trop réelle : Wolff (ainsi se nommait l'enfant) était bien le fils de l'aveugle; Mme de Z*** l'avait fait secrètement élever, attendant le jour où elle pourrait, sans danger, avouer sa naissance et apporter ainsi à son malheureux père une consolation.

Cette pensée, en se développant, acquit bientôt, dans l'esprit vindicatif de Gœtz, les apparences de la certitude, et le proscrit lui en devint d'autant plus odieux. Plus que jamais il jura de l'écraser sans pitié.

Au coup de trois heures, la duchesse se leva : le moment de se retirer était venu. Elle sortit accompagnée d'Otto. Peu s'en fallut que Gœtz ne se jetât au-devant d'eux; mais ce que la colère lui conseillait de faire, la vendette le lui défendit. Qu'eût-il d'ailleurs obtenu d'un pauvre aveugle et d'une femme? Ne pouvant plus songer à se battre avec lui, il avisa à se venger d'une autre façon. Gœtz était violent, irascible, implacable; ce que n'eût jamais fait son frère, il le fit. Il se rendit à Prague, et dénonça odieusement Otto...

Le lendemain même, dans la nuit, des alguazils vinrent pour l'arrêter; mais Otto n'habitait plus la maison. On fit partout des recherches, on explora minutieusement les moindres recoins : ce fut en vain. Honteux de ce qu'il avait fait, l'homme *de confiance* de la duchesse avait voulu réparer, autant qu'il était en lui, sa méchante action : il avait averti le pauvre aveugle. Otto était parti, à pied, allant à la grâce de Dieu. Wolff n'avait pas voulu l'abandonner à lui-même; on eût dit qu'une voix secrète lui parlait dans le cœur.

Maintenant, suivons nos héros.

Ils marchèrent ensemble nuit et jour, comme

Bélisaire et son guide, évitant les villes, les grandes routes, les hameaux. Leur fuite avait été si précipitée, qu'ils n'avaient rien pu emporter, aussi furent-ils obligés d'avoir recours à la charité publique. A la charité publique!... le fils du riche et puissant comte de R*** ! Ils parvinrent ainsi, sans encombre, hors des États autrichiens.

Arrivés à Rinkersdorff, Otto fit écrire à la duchesse. Il lui apprenait l'heureuse issue de son voyage, *la fidélité* de son jeune guide. Son intention était de se rendre à Guntzbourg. C'était une petite ville, il y vivrait inconnu. Il comptait qu'elle voudrait bien lui répondre, et le rassurer sur les événements qui avaient dû se passer après son départ.

Pauvre Otto! Il ne savait pas que la malédiction de son père pesait de tout son poids sur sa tête; que de nouvelles misères, que de nouvelles tortures, que de nouvelles humiliations l'attendaient! — Le comble de l'infortune, a dit Boèce, est d'avoir été heureux. — Le fils du noble comte de R*** devait vivement le ressentir. — La duchesse avait été arrêtée; ses bijoux, ses voitures, son argent, les quelques biens qui lui restaient encore, tout avait été séquestré; elle-même subissait maintenant, dans un cloître, une peine afflictive : ainsi l'avait demandé et obtenu l'impitoyable Gœtz.

A son arrivée à Guntzbourg, ne trouvant aucune lettre, Otto patienta; l'aumône venait à son aide. Huit jours se passèrent, puis quinze jours, puis un mois; rien ne parut. Otto dévora ses larmes. Marie l'aurait-elle oublié? Oublié!... cette pensée poignante l'atteignit au cœur. Il eût bien chargé son guide de retourner lui-même en Bohême; mais qui le soutiendrait pendant son absence? Otto attendit encore. L'espoir est le soutien des malheureux. Sans espoir, ils mourraient; s'ils mouraient, ne seraient-ils pas moins à plaindre?

Cependant la misère devenait, de jour en jour, plus grande et moins tolérable; l'hiver approchait. La charité publique a ses phases; l'aumône allait en baissant. Ce qui soutenait Otto, c'était l'admirable dévouement de son jeune compagnon d'infortune; il ne se l'expliquait pas. C'était d'une vertu si rare et d'une telle abnégation de soi-même, que souvent il se prenait à croire qu'il avait un ange pour guide, pour soutien. Souvent aussi, songeant que l'homme a rarement la sublimité d'un aussi sincère attachement, sans que, derrière cet attachement, se cache une arrière-pensée, et ne voyant pas que rien de semblable pût motiver la conduite de Wolff, il se demandait si cet enfant n'était pas pour lui plus qu'un enfant ordinaire, s'il ne lui tenait pas par un lien mystérieux dont il eût voulu pouvoir, pour moitié de sa vie, approfondir le secret. Chaque fois qu'il s'approchait de lui, il tremblait; chaque fois que sa main cherchait, en tâtonnant, la sienne, un frisson de bonheur instinctif courait par ses membres, et quand l'enfant, de sa douce voix, lui adressait la parole, deux larmes de joie tombaient de ses yeux à jamais éteints!...

Un soir, après sa journée habituelle, le pauvre aveugle venait, en rentrant, de s'endormir, brisé de fatigue et de chaleur, quand tout à coup, une espèce d'agitation fiévreuse s'emparant de lui, il se leva. Wolff reposait à ses côtés, partageant sa misérable couche, et non loin de là était une petite lampe qui brûlait, en petillant, sur un dressoir de bois brut. Il se penche vers lui et reste un instant immobile. A le voir ainsi en contemplation, on eût dit qu'il avait recouvré la vue; ses yeux brillaient sous la taie blanche qui les enveloppait, ses lèvres souriaient, ses mains étaient pieusement croisées sur sa poitrine : il priait! Wolff, qui s'était, à ce moment même, réveillé, ne fit pas le plus petit mouvement, ne voulant pas troubler son extase.—Sa prière finie, le pauvre aveugle se pencha sur le front blanc de son jeune guide, et y posa ses lèvres émues, en balbutiant à voix basse : « *Mon fils!...* » Puis, comme si ce moment de bonheur eût épuisé toutes ses forces, il retomba sur sa couche, où il sommeilla paisiblement jusqu'au jour.

Ce fut le seul et trop rapide allégement à ses peines que le ciel lui accorda ici-bas. A ce mot: *Mon fils!* Wolff lui-même avait tressailli comme si le rayon d'une lumière céleste eût passé avec la rapidité de l'éclair devant lui ; mais bientôt, rien, sinon la vive affection que lui témoignait le pauvre aveugle, ne motivant à ses yeux son exclamation, il s'était comme lui rendormi.

L'hiver s'écoula.

Dante avait été proscrit, le Tasse enchaîné, Ovide frappé d'exil, et Camoëns obligé de mendier son pain. Otto le savait, mais il savait aussi que ces grands hommes jouissaient de la vue, et que dans leur génie ils trouvaient une consolation. Il quitta Guntzbourg et vint se réfugier dans le fond d'une vallée, où son guide, aidé de quelques paysans du voisinage, lui construisit une chétive cabane. Depuis longtemps le malheur avait imposé silence à son orgueil. Le malheur a de si durs moyens de répression! Des voitures publiques passaient chaque jour sur la route : Otto eut recours à elles. Dès qu'il les entendait venir, il se rendait à leur rencontre, tendant humblement la main. Une consolation lui restait, c'était de n'avoir point à rougir devant ceux qui venaient à son secours.

Il vécut ainsi dix-huit mois.

Pendant ce temps, de grands événements se préparaient. Le succès naît, dit-on, de la persévérance, et Mme de Z*** devait, sous ce rapport, donner un démenti des plus formels à Mme Necker, qui a écrit que le défaut des femmes était d'en manquer en toutes choses. A force d'agir, elle était parvenue à faire arriver ses humbles prières au pied du trône impérial. François Ier eut pitié d'elle, et lui pardonna. Elle sortit de sa prison, se rendit elle-même à la cour, où elle trouva d'ardents protecteurs. Le procès d'Otto fut minutieusement revisé. Il ne péchait en rien par les formes, et l'empereur ne pouvait en faire le rappel; mais François Ier était bon; il usa de ses prérogatives, et fit commuer la peine. De la commutation à la rémission entière, il n'y a souvent pas loin; Mme de Z*** le savait. Elle partit de Vienne, confiante dans l'avenir, et se dirigeant en poste vers la Bavière. Pauvre jeune femme! elle ne comptait certes pas sur l'épouvantable catastrophe qui l'y attendait! Le ciel avait résolu de rappeler Otto à lui, et de mettre un terme à ses grands malheurs; mais sa mort devait être aussi horrible que sa vie avait été tourmentée.

Bâtie entre deux rochers que quelque commotion volcanique avait fendus, sa cabane était abritée, en arrière, par les sapins séculaires qui couronnent le haut de la montagne, mais rien ne la garantissait en avant. Des touffes de rhododendrons formaient sa toiture, et sa porte était faite d'une claie en osier. Quand le vent s'engouffrait en tourbillonnant dans le val, des avalanches de neige ou de poussière arrivaient sur elle et menaçaient de l'engloutir. Vingt fois on avait averti l'aveugle de changer d'emplacement, mais ç'avait toujours été en vain ; il ne voulait écouter personne : hélas ! il en porta le châtiment.

Un jour, Wolff était allé à Guntzbourg acheter quelques menus objets dont il avait un pressant besoin. Pendant son absence, il tomba une quantité de neige effroyable ; la route en fut couverte à plus de six pouces d'épaisseur ; dans le vallon il y en avait bien trois pieds. La cabane de l'aveugle ne tarda pas à en être enveloppée. La bourrasque avait poussé dans sa direction tout ce qui se trouvait à l'entour. Le toit ployait sous une charge énorme et menaçait de s'affaisser. Un conducteur engagea l'aveugle à ne pas y passer la nuit; il lui offrit même de le conduire, dans sa voiture, à Guntzbourg; mais il fallait qu'une fatalité dirigeât ses actions : il resta. C'était trop imprudemment s'exposer.

Au lieu, comme on l'avait pensé d'abord, de se maintenir à la gelée, le temps tourna subitement à la pluie; elle ne cessa de tomber toute la nuit. On eût dit que toutes les cataractes du ciel s'étaient ouvertes en même temps pour inonder la terre. Quand Wolff revint, il ne trouva plus de cabane; les neiges s'étaient insensiblement fondues, et, en roulant comme un cataclysme du haut des collines voisines, elles l'avaient entraînée dans leur course; à sa place passait un torrent.

Mais qu'était devenu le pauvre aveugle? Wolff chercha partout, appela à voix haute, parcourut les campagnes, les fermes voisines : soins inutiles! personne ne lui répondit. Il revint au Val; un pressentiment sinistre l'y attirait mal-

gré lui ; la voix du cœur se trompe si rarement !
Le torrent avait creusé, dans la terre argileuse
d'un fossé qui précédait la cabane, un trou
de plusieurs pieds de profondeur, qui, rempli
quelques heures auparavant, était maintenant
presque à sec. Une boue jaunâtre en garnissait
le fond. Wolff s'approche, un objet étrange
pointait à peine dans le milieu ; il se baisse, l'attire en tremblant à lui : c'était le cadavre du
pauvre aveugle !... Sentant les eaux pénétrer
dans sa cabane, il avait voulu fuir, mais n'y
voyant point à se guider, il avait glissé dans le
trou.

A cette vue cruelle, Wolff ne se laissa point
abattre. Doué d'une nature tout exceptionnelle
et d'un courage au-dessus de tout éloge, il comprima sa douleur, courut à une source voisine,
remplit sa gourde d'eau claire, revint auprès du
cadavre, et lui lava le visage et les mains. Puis,
comme les voitures publiques ne devaient pas
de quelques jours passer par la route du val que
les pluies avaient défoncée, il chargea son précieux fardeau sur ses épaules et l'apporta à l'hô-

pital de Guntzbourg, dans le cimetière duquel il fut enterré. Ce pieux devoir accompli, il allait sortir du dernier asile, ne sachant où porter ses pas, quand, ayant entendu sangloter douloureusement non loin de lui, il se retourna et reconnut avec une vive émotion la duchesse, qui, agenouillée sur la terre humide de la fosse, tendait vers lui ses bras défaillants. Il courut se précipiter sur son cœur, et ce fut seulement alors que le pauvre enfant apprit, aux larmes que versait Mme de Z*** et à ses baisers, qu'il venait de perdre son père et de retrouver celle qui lui avait donné le jour.

Un mois après ce fatal événement, la duchesse demanda et obtint l'exhumation du corps de l'aveugle; puis, elle partit, l'emmenant avec elle, et alla se fixer à J***, dans le Tyrol. Le fils d'Otto prit du service dans l'armée française, fut nommé sergent à Blindheim, capitaine à Langueneau, colonel à Volsdorff et général à Wagram. Moscou appelait nos trois cent mille hommes : Wolff partit comme tant d'autres, et, comme tant d'autres, succomba. Smolensk fut son tombeau.

CHAPITRE X.

Burgau. — Zusmarzhausen. — Wertingen. — Murat. — Excelmans. — Wuillemen. — Augsbourg. — Le panorama. — Hubert Ghirardi et Adrien de Vries. — Frédéric II. — Les fontaines. — Auguste, Hercule et Mercure. — La vengeance de Guillaume V. — Charles-Quint. — Saint Bernard et le pharmacien. — Saint Ulric et les rats. — Les trois Mores. — M. Deuringer.

Le pays qui s'étend entre Guntzbourg et Augsbourg est un vaste champ de bataille, au milieu duquel il serait impossible de faire un pas sans fouler un glorieux souvenir. Gudin, Morand, Davoust, Duroc, Friant, Montebello, Saint-Hilaire, Lefebvre, Nansouty, Saint-Sulpice et tant d'autres, tous ces grands noms vous reviennent à l'esprit, vous rappelant autant de hauts faits, autant d'immortelles actions.

C'est de Burgau, petite ville qu'il faut traverser en sortant du val de l'Aveugle, que Joachim Murat, placé, comme toujours, à la tête de sa cavalerie, expulsa, la cravache à la main, Mack et son quartier général autrichien. Deux pas plus loin, nous rencontrons le bourg de Zusmarzhausen. C'est là que l'un de nos plus intrépides officiers fut, pour la première fois, décoré. L'empereur passait en revue les divisions Oudinot et Suchet, ces divisions émules des phalanges romaines de César. Tout à coup, il voit accourir dans sa direction un jeune lieutenant qui, le visage noirci de poudre, tenait fièrement un drapeau qu'il avait lui-même conquis au sanglant combat de Wertingen. Il l'attend, le sourire sur les lèvres, puis, lui tendant affectueusement la main : « Excelmans, lui dit-il, je sais qu'on ne peut être plus brave que vous; je vous fais officier de la Légion d'honneur! » Que l'on pèse bien la valeur de ces belles paroles, et l'on ne s'étonnera plus que chacune d'elles ait fait un héros.

A gauche, sur la Zuzam, nous découvrons maintenant Wertingen. Wertingen, dont nous venons de parler, fut le théâtre de l'un de ces faits d'armes que, dans cent ans d'ici, l'on révoquera peut-être en doute, tant ils sembleront, pour la plupart, fabuleux. C'est qu'aussi l'on fouillerait en vain dans l'histoire pour trouver le pendant de celui que nous allons rapporter.

Les dragons du général Klein venaient d'arriver à Wertingen, harassés de fatigue et de besoin; ils devaient y passer la nuit sous le bivouac. Le chef d'escadron Wuillemen commandait la grand'garde du 26e régiment. Vers une heure environ du matin, un coup de feu tiré par l'une des vedettes le met en éveil. Craignant une surprise, il saute sur son cheval, s'avance aux informations, puis, se portant de là vers l'endroit dans la direction duquel on a tiré, il reconnaît, en effet, l'ennemi. C'est un détachement qui s'est égaré et qui cherche à tomber à l'improviste sur le poste français, afin de se frayer un passage au

travers. Quoiqu'il soit seul, Wuillemen n'hésite pas; il a conçu un projet, il l'exécutera. Il se précipite hardiment, le sabre au poing, au milieu du détachement, arrache à un capitaine son guidon, et s'écrie d'une voix de Stentor :
« Escadrons, en avant! »

A ce cri, les Autrichiens sont frappés d'une terreur panique; ils reconnaissent qu'au lieu de surprendre les Français ils ont été surpris par eux, et ils s'imaginent que, s'ils ne mettent bas les armes, on va les sabrer. Tous, alors, officiers et soldats, se rendent à merci. Pendant ce temps-là, la grand'garde, avertie par l'exclamation de son commandant, arrivait sur ses pas. Elle trouva une compagnie entière agenouillée à ses pieds!...

A l'aube du jour, le chef d'état-major de la cavalerie, général Belliard, envoya Wuillemen présenter à l'empereur les cent grenadiers autrichiens que, seul, il avait faits prisonniers. L'empereur l'accueillit comme il accueillait toujours les hommes de cette trempe; il lui donna l'accolade et le fit sur-le-champ passer dans sa garde.

Onze heures sonnaient au moment où nous passions sur la herse d'Augsbourg, au-dessus de laquelle, malgré les dégradations du temps, on aperçoit encore, couchées sur un bouclier, les armes en relief de la ville : « *Partie de gueules et « d'argent à une pomme de pin de sinople, posée « en pal sur un piédestal de même.* » Augsbourg, que les anciens ont nommée *Vindelica*, sous le prétexte qu'étant assise, d'un côté sur le Lech ou Licus, de l'autre côté sur le Werd ou Werden, ou Wertach, ces deux fleuves réunis devaient naturellement la tenir sur les fonts de baptême, Augsbourg est située dans une contrée saine, fertile, agréable. Son origine est des plus anciennes. Tacite a fait son éloge. A cette époque, elle était la capitale d'un grand peuple, les Rhétiens. — L'empereur Auguste, l'ami de Tite-Live, d'Ovide, d'Horace et de Virgile, vint y établir une colonie romaine, et substitua son nom à celui qu'elle portait.—L'an de Rome 739, c'est-à-dire quinze ans avant l'immaculée conception de la Vierge, **Drusus Néron**, surnommé le *Germanique* et frère de ce Tibère qui mourut, comme un hydrophobe, entre deux matelas, s'en empara de vive force.

Peu de villes ont, depuis cette époque, subi autant que cette grande cité les vicissitudes du sort.

Le cinquième siècle approchait, amenant à sa suite *le fléau de Dieu*. Attila passa comme une trombe de feu sur sa tête et la ruina entièrement.

— Les Suèves accoururent pour la relever de ses ruines, et ils l'occupèrent en maîtres jusqu'à l'époque où les Allemands, à leur tour, voulurent y régner. En ce temps-là, Clovis promenait en Germanie ses armes victorieuses. Jaloux de voir que les Allemands s'étaient permis de changer, sans son consentement, son nom d'Augusta en celui d'*Augspurg*, il profita de ce qu'il venait de vaincre à Zulpic (Tolbiac), traversa la Souabe et vint camper sous ses murs. Il n'eut pas besoin de faire aucune autre démonstration : effrayés, les Allemands se rendirent sans combat. Depuis lors (496), elle resta au pouvoir des Francs et fut comprise dans le partage des rois d'Austrasie.

En 787, Charlemagne passa par ses murs pour

aller forcer le duc de Bavière Tassillon à se faire, à la fois, moine et saint. — Les rois germains, au neuvième siècle, la soumirent, et le 2 mai 912, au matin, l'empereur Arnould et le roi Louis III étant montés ensemble vers Dieu, elle se fit, *proprio motu*, ville libre et impériale. — Peu de temps après, encouragés par l'exemple, les Hongrois tentèrent à plusieurs reprises d'y mettre les pieds; cette ville leur souriait; sa position, ses relations, son commerce, tout les conviait à s'y établir; mais l'empereur Othon, qui ne partageait pas leurs idées à cet égard, les châtia si vigoureusement en 955, qu'ils ne songèrent plus à y revenir.

C'est à partir de cette époque que date, pour cette ville, une petite ère de bonheur. Elle devint si belle, si riche, si marchande et si importante, que, le 10 février 1051, l'empereur Henri III, dit *le Noir*, y tint une diète de l'empire, honneur qui lui était justement acquis. Mais bien peu dure ici-bas le bonheur et son séduisant cortége.

Vingt-six ans après, le duc de Souabe, Rodolphe, ayant voulu y tenir également une assemblée contre Henri IV, dit *le Vieil*, cette mesure imprudente retomba sur Augsbourg, qui en supporta les graves conséquences. Elle fut attaquée par Guelfe, prise, pillée, saccagée, et le vainqueur, imitant Clotaire à l'égard des Saxons, n'y laissa vivant aucun homme dont la taille dépassât la longueur de son épée. Or, comme rien ne nous dit que cette épée fût aussi longue que celle de l'ange Asraël ou que *Durandal*, celle du preux Roland, on peut en induire qu'Augsbourg se trouva énormément dépeuplée.

Pauvre ville! elle glissait sur la pente du malheur. — Lothaire II parut. — Lothaire était un Romain de la vieille roche. Deux compétiteurs, Frédéric et Conrad, lui disputaient Augsbourg. Ne pouvant protéger la place contre leur double attaque, il se rappela Virginius enfonçant un poignard dans le cœur de sa fille pour la soustraire aux infâmes caresses d'Appius Claudius; il prit courageusement un brandon, l'alluma et fit de la ville un vaste feu de joie autour duquel dansèrent, la rage au cœur, ses légions.

Heureusement pour elle Barberousse venait de naître : il balaya ses cendres et la réédifia de nouveau. Elle grandit rapidement sous la puissante main de ce grand empereur ; ses malheurs passés s'enfuirent comme un songe ; un heureux avenir s'ouvrit devant ses pas. Elle devint plus grande, plus belle, plus noble et plus riche que jamais. Sa population doubla. Charles IV, Wenceslas, Sigismond, la dotèrent à l'envi de grands priviléges ; si grands que les édiles voulant témoigner à l'un d'eux leur reconnaissance, et sachant qu'il ne pouvait, faute d'argent, aller combattre les hussites, versèrent dans ses coffres tout ce que renfermaient les leurs. — Maximilien Ier et Charles V y tinrent plusieurs diètes, et notamment celle dans laquelle Martin Luther vint rendre compte de sa créance. Cette diète avait été installée dans le palais épiscopal. Tous les électeurs y assistèrent. On y remarqua particulièrement Adolphe de Mayence et Maurice de Saxe, et, en fait d'autres personnages illustres, le cardinal de Trente, Henri duc de Brunswick, le duc de Clèves, la duchesse Christine, sœur de

François, duc de Lorraine, et enfin la princesse Marie, fille d'Elisabeth de Danemarck et sœur de l'empereur. — Luther y présenta l'œuvre de Mélanchton, la célèbre confession de foi appelée, depuis lors, *confession d'Augsbourg*. — Dix-huit ans après, Charles-Quint lui-même y proposa le formulaire connu sous le nom d'*intérim*, auquel avaient travaillé Jules Pflug, évêque de Naumbourg, Michel Sidonius, grand vicaire de Mayence et Jean d'Islében. On sait quel bruit ce formulaire fit dans l'église par sa tolérance sur la communion sous les deux espèces, et par le mariage des prêtres. Les partisans du st-siége, le considérant comme un acte attentatoire à l'autorité ecclésiastique, le comparèrent, dans leur fougueuse exaspération, à l'*Hénoticon* de Zénon, à l'*Echtésis* d'Héraclius, et même au *Typus* de Constance. Toute la cour de Rome, dit Fra Paolo, cria d'une seule voix qu'il s'agissait *de summa rerum*, que les fondements de l'Église étaient ébranlés, etc. Et ce qu'il y a de plus extraordinaire, c'est que ce formulaire ne souriait pas plus aux protestants qu'aux papistes; il n'était pas assez explicite pour qu'il leur convint. Ce fut même à ce point que l'électeur de Brandebourg, qui était fort attaché à l'empereur, prit l'avis de son conseiller Jean Sturne, et écrivit à Martin Bucer, à Strasbourg, de se rendre immédiatement auprès de lui. Martin Bucer était un homme des plus influents, l'électeur le savait, et il comptait, en le décidant à approuver les vues de Charles-Quint, entraîner avec lui son parti.

Martin arriva, descendit chez l'électeur, prit connaissance de l'*intérim* et refusa de le sanctionner. En vain l'électeur usa-t-il de prières et de promesses; en vain lui fit-il appréhender sa colère; en vain députa-t-il auprès de lui le cardinal de Granvelle, Martin Bucer résista et reprit le chemin de Strasbourg en traversant le Wurtemberg, au risque de perdre la vie, car le Wurtemberg était alors inondé de troupes espagnoles (1).

(1) Martin Bucer, dont nous avons déjà eu occasion de parler, en passant à Strasbourg, était tellement estimé de tout le monde, et jouissait d'une si grande et si belle réputation de science et de

Cette défection donna le branle aux deux partis; des écrivains, de part et d'autre, attaquèrent vigoureusement le formulaire; Gaspard Aquila, ministre de l'Eglise de Salfelden en Thuringe, prit le premier la plume et s'escrima habilement. De son côté, la cour de Rome ne resta pas sans amis et sans défenseurs. L'évêque d'Avranches, Robert Canalis, s'éleva contre avec énergie, battit en brèche le mariage des prêtres et condamna

sagesse, que l'archevêque Cranmer l'appela en Angleterre, où il écrivit un traité du règne de Jésus-Christ, qu'il dédia au roi Edouard. Il mourut à Cambridge, le 28 février 1551. Dix mille personnes assistèrent à ses funérailles. Le cardinal Cantarini avait dit de lui qu'il le considérait comme le plus redoutable controversiste des hétérodoxes. Les deux Suffolck prononcèrent hautement son éloge; ils le vantèrent comme ayant égalé tous les réformateurs en capacité et comme les ayant surpassés tous en modération. — Mais tous ces honneurs n'empêchèrent pas le grand apôtre d'être exposé aux traits des envieux et des fanatiques. Martin Bucer avait des ennemis violents qui, n'osant pas l'attaquer de son vivant, résolurent de le poursuivre après sa mort. L'évêque de Chester, Pern, tonna le premier contre lui et fut soutenu par son digne acolyte Jean Watson. La population était ameutée : le corps de Martin Bucer fut exhumé, traîné dans la boue, jeté sur l'échafaud et brûlé. — Mais l'aveuglement du peuple n'est jamais de longue durée. Revenus de leur erreur, les Anglais réclamèrent bientôt la réhabilitation de celui qu'ils avaient si indignement méconnu, et la reine Elisabeth s'empressa d'accéder à leurs vœux.

sévèrement l'usage du pain et du vin dans la communion, tandis que, à Rome, le général de l'ordre de St-Dominique, Roméo, le secondait de tous ses efforts. Enfin le pape fit répondre à la diète, par le cardinal Sfondrate, qu'il regardait comme une chose inouïe qu'un prêtre fût marié et célébrât en même temps le service divin; que, quant à ce qui touchait à la communion sous les deux espèces, l'usage en était depuis longtemps aboli dans l'Église, et qu'enfin il n'appartenait qu'au souverain pontife de donner des dispenses sur ces deux articles.

Cette déclaration solennelle devait inévitablement amener une réaction des plus vives : c'est en effet, ce qui eut lieu. Ne pouvant porter un coup violent au saint-père, Charles-Quint tomba sur les ministres luthériens. Wolfgang Musculus, l'un d'eux, fut obligé de quitter Augsbourg et de se retirer à Berne, en Suisse; Jean Brentzen alla se cacher à Hornberg ; André Osiand chercha un asile en Prusse, auprès du marquis Albert ; les ministres de Spire et de Worms suivirent son exemple; enfin le duc de Wurtemberg fut forcé lui-même de congédier son ministre, Erasme de Schnepffen, et l'on n'eut pas plus d'égards pour le comte Guillaume de Nassau, qui dut aussi renvoyer Erasme Sarurius.

L'Empereur mit fin à la diète le 30 juin, en annonçant qu'il n'abandonnait pas pour cela ses projets, et que le concile serait continué à Trente. Il récompensa libéralement ceux qui avaient rédigé le formulaire, et nomma Michel Sidonius à l'évêché de Mersbourg, ce qui donna lieu aux protestants de dire en raillant qu'il ne fallait pas s'étonner si ces sortes de gens maintenaient avec tant de chaleur l'usage de *la sainte huile*, puisqu'ils gagnaient par là d'*être mieux engraissés*. Mais tant d'excès devaient enfin porter leurs fruits, et cela ne manqua pas; la guerre civile en fut la conséquence immédiate. Augsbourg, comme siége des contestations, crut qu'il était de son devoir d'y prendre part. Elle avait opté pour les protestants ; elle les reçut dans ses murs, où ils s'établirent, après en avoir chassé l'évêque et le clergé.

Le dix-septième siècle arriva.

Diverses considérations importantes avaient décidé Augsbourg à bien accueillir le roi de Suède. Le duc de Bavière, l'apprenant, accourut, furieux, l'assiéger, et la tint deux ans étroitement bloquée. Pendant ce temps, de grands malheurs vinrent fondre sur elle : la faim, la misère et les maladies décimèrent sa population. Après avoir successivement épuisé leurs ressources, mangé leurs chevaux, les chiens, les chats, les rats même, les habitants étaient devenus cruels comme des cannibales. Ils n'enterraient plus les morts, ils les dévoraient!!!... La nuit, des femmes, des enfants, des vieillards couraient par les rues, l'œil hagard, les cheveux en désordre, le corps à peine couvert de haillons, et alors se passaient des scènes horribles, hideuses, effroyables! Ils ramassaient les mourants, les malades, les blessés même, puis, armés de coutelas, de haches ou d'épées, ils les tranchaient par lambeaux, et se sauvaient comme des bêtes fauves, chargés de leur sanglant butin!... On n'entendait partout que des cris de misère, de souffrance et de malédiction. Pour comble d'infortune, la peste, qui déjà en

1462 avait moissonné dix mille habitants, reparut de nouveau, et, en peu de jours, en enleva treize mille! Et cependant, le gouverneur, comte Wigold, ne parlait pas de se rendre; il eût mieux aimé mourir de faim comme les autres, que de faire aucune concession. Sur les remparts se tenaient à peine debout des hommes au teint hâve, à l'aspect sinistre, au regard effrayant, altérés, affamés, brisés de fatigue et de douleur.

Un jour, le comte sortait de son hôtel pour se rendre à la citadelle, lorsque, ayant aperçu sur son chemin une femme penchée vers la terre, il s'approcha d'elle. Cette femme était jeune; comme un vampire, elle exprimait avidement avec sa bouche le sang qui s'échappait d'une blessure qu'elle avait elle-même faite avec ses dents sur un cadavre encore chaud. Saisi d'horreur, Wigold voulut fuir, il ne put; ses jambes se dérobèrent sous lui, un voile épais descendit tout à coup sur ses yeux, il tomba. Cette femme, il l'avait reconnue, c'était sa sœur!!!...

Dieu prit enfin en pitié Augsbourg. La paix d'Osnabruck fut signée et vint lui rendre sa liberté. La dernière assemblée qui s'y tint fut celle où, en 1687, l'Empereur, le roi d'Espagne, les princes de l'Empire, le prince d'Orange, les Hollandais et le duc de Savoie se réunirent dans une ligue pour déclarer la guerre à la France et détrôner, du même coup, le roi d'Angleterre.

Augsbourg fut, dans le principe, une ville éminemment catholique. L'an 190, Lucius y prêcha la foi. Denys, l'un de ses évêques, y souffrit le martyre avec saint Afra, en l'honneur de qui fut fondée, plus tard, une importante abbaye. Digne, Eunonius, Euprope et plusieurs autres docteurs y éprouvèrent, à la même époque, les terribles effets de l'édit de persécution signé par Dioclétien. Cent ans après, les ariens y firent agréer leurs sophismes ; mais ils n'y jouirent pas d'une bien longue faveur. Saint Ambroise y ramena la foi. Saint Colomban, au sixième siècle, et saint Gall accoururent ensuite, prêchant sur leur route et convertissant. Au septième siècle, Zozime lui fut donné comme évêque, et la loi du Christ y prévalut pendant huit cents ans. Martin Luther vint la détrôner, et depuis lors la doctrine du réformateur s'y est à peu près maintenue. Sur douze églises que possède Augsbourg, six sont luthériennes et six catholiques. Deux d'entre elles sont fort remarquables : l'une, celle qui fut consacrée à saint Ulric, et qui, chose bizarre, sert à la fois de temple aux deux cultes, lesquels y ont leurs jours d'office particuliers, l'est par la hardiesse pleine d'élégance de ses voûtes, par ses tableaux et par le mausolée de saint Ulric ; la seconde, celle des Récollets, l'est par la beauté sévère et la dimension extraordinaire de son orgue que construisit Stein ; par *un Jugement dernier* de Schœnfeld, et par *une sainte Cène* d'Eichler.

L'évêché d'Augsbourg, aujourd'hui suffragant de celui de Mayence, était autrefois l'évêché le plus important de toute la chrétienté. Ceux qui en étaient investis avaient droit au titre de princes de l'Empire et siégeaient, dans les diètes, au côté gauche de l'Empereur. Aussi compta-t-on au nombre de ses évêques des ducs, des marquis et des comtes, parmi lesquels Brunon, frère d'Henri II, Hartmann, comte de Dillingen et Wolfahrt, marquis de Roth.

On divise la ville en trois parties bien distinctes : la haute, la moyenne et la basse. Partout, ou à peu près, les rues sont étroites, les maisons gothiques, le pavé pointu. Seule, la grande et belle rue Maximilien fait exception à la règle; elle est occupée par les hôtels les plus riches et les plus aristocratiquement construits. Beaucoup de monuments concourent à donner tout d'abord à Augsbourg un aspect sévère et quelque peu triste; mais on revient de cette impression fâcheuse en voyant ces monuments en détail. L'hôtel de ville, par exemple, dont l'architecture est si grandiose et si imposante, ne peut laisser passer froidement le voyageur; on aime à s'arrêter devant cette grande et belle page qui, en 1620, coûta tant de travail et tant d'insomnies à Éloïs Holl. Nous remarquâmes, dans l'une de ses salles (la salle d'Or)*, douze cents tableaux de Lucas Cranach, de Holbein, d'Albert Durer et de

---

* Cette salle n'a pas moins de 105 pieds de longueur sur 48 de largeur, sans que rien paraisse en soutenir le plafond.

Kager, c'est-à-dire douze cents chefs-d'œuvre, à quelques-uns près.

La cathédrale, qui vient ensuite, n'est pas moins intéressante à visiter. Elle contient trente-deux colonnes colossales et quatorze chapelles décorées : celles-ci de vitraux magnifiques, celles-là de portes en bronze des plus habilement ciselées, une autre d'une toile de Breda (la levée du siége de Vienne, en 1680); une autre d'une *Assomption*, par Schwenfeld ; une dernière enfin, d'une *Résurrection*, par Mettenleiter.

On peut encore citer, à titre de monuments, l'église évangélique de Sainte-Anne, où se trouve une chaire si habilement sculptée, et surtout si laborieusement, qu'elle rendit fou l'artiste (Henri Eichler) qui se dévoua à l'exécuter. Sainte-Anne possède, dans l'avant-corps de son célèbre collége, l'*antiquarium romanum*; la tour de Perlach, au sommet de laquelle fut placé un télégraphe français en 1812; la bourse, l'arsenal, les fonderies, les fontaines; — puis, comme lieux de plaisir, la villa du baron Schaezler, les jardins, les promenades, les guinguettes même, les sept tables, la porte de Goeggingue, le parc de l'île, la vue de Kobel, les bains de Breivogel, le théâtre et le casino.

Mais, comme la visite de toutes ces curiosités, d'ailleurs fort piquantes, eût exigé un mois de séjour, de même que leur description occuperait seule un in-octavo, et qu'enfin notre intention n'est pas positivement de faire un *Guide*, nous demanderons au lecteur de vouloir bien nous permettre de porter plus loin nos investigations. Les fontaines seules nous fixeront un instant.

A l'époque où Augsbourg appartenait à la Souabe, ou plutôt, pour mieux préciser les choses, en 1540, l'électeur palatin, Frédéric II, qui résidait alors en cette ville et qui y était l'ami dévoué des hommes de mérite quels qu'ils fussent, appela auprès de lui deux jeunes gens dont la grande réputation artistique remplissait alors l'Europe. Ces deux jeunes gens se nommaient Hubert Ghirardi et Adrien de Vries ; l'un était sculpteur et l'autre architecte, ou plutôt, peintre et architecte. Dans quel but Frédéric les avait-il appelés ? Ils demeurèrent huit jours sans le savoir, et cela par une raison fort simple, c'est que, sous ce rapport, l'électeur n'était probablement pas plus avancé qu'eux. Toutefois, ils ne pouvaient rester ainsi sans rien faire; le temps ne leur appartenait pas; ils en devaient compte à l'art et l'art les réclamait à grands cris. Ils connaissaient Augsbourg comme s'ils avaient toujours habité cette ville; elle ne leur offrait plus dorénavant aucun attrait; ils résolurent d'en partir. A cette nouvelle, Frédéric II redoubla de soins et d'égards, croyant, par ce moyen, les fixer. Les deux artistes furent très-sensibles à ses attentions, mais ils n'en persistaient pas moins.

Le jour du départ arrivé, l'électeur, qui s'était mis l'esprit à la torture pour les retenir et qui n'avait rien trouvé pour cela de raisonnable, prit enfin le parti de leur confier ses douleurs : peut-être y seraient-ils sensibles.

Il leur avoua alors que, depuis dix-huit longs mois, il était complétement privé de sommeil, et que, loin de s'habituer à cette insomnie, comme Mithridate au poison, il sentait, chaque jour, davantage le mal affreux qu'elle lui causait. Un autre tourment se joignait, en outre, au premier et en était même la conséquence immédiate : Frédéric II, quoique prince, était homme, et, comme tel, sujet aux faiblesses humaines : or la jalousie le dévorait! Il n'avait pu voir sans envie, d'un côté, *la Madeleine repentante* dont Hubert Ghirardi avait doté la Sicile; de l'autre côté, *la Salutation angélique* dont Adrien de Vries venait d'enrichir l'Angleterre. — La confession une fois faite, et faite à ceux-là seuls qui étaient aptes à en bien connaître, puisqu'ils en avaient, quoique involontairement, motivé l'expansion, le prince ajouta qu'il espérait en leur loyauté. Il comptait qu'ils voudraient bien ne pas l'abandonner à lui-même et le laisser finalement mourir de dépit.

Digne en tous points de Démosthène, cette harangue avait été respectueusement écoutée ; du premier mot au dernier, les deux jeunes gens n'avaient rien perdu. L'un deux répondit qu'ils étaient vivement pénétrés des malheureux résultats que leurs travaux avaient produits sur l'esprit d'un prince dont les hautes vertus méritaient mieux des artistes; qu'ils voudraient pour beaucoup que rien de pareil ne fût arrivé par leur fait; qu'ils le déploraient amèrement; mais qu'ils ne voyaient pas quel moxa on pouvait appliquer au mal, et que c'était la désolation dans le cœur qu'ils en faisaient l'aveu à celui dont ils auraient voulu payer autrement la gracieuse hospitalité.

Ah! s'il ne s'agissait que de faire une *Madeleine* ou une *Salutation*, reprit Hubert Ghirardi, Votre Altesse serait bientôt satisfaite; mais.....

— Vous m'y faites songer, s'écria soudain l'électeur; il me semble, en effet, que, si je possédais l'objet de ma... jalousie, vous pourriez ensuite...

— Votre Altesse n'a qu'à ordonner.

— Ordonner, c'est très-bien; mais si je vous fais refaire ce que vous avez déjà légué à l'Angleterre et à la Sicile, je me trouverai n'avoir qu'une copie; or je crains que cela ne satisfasse pas mon ambition. Il me faudrait quelque sujet inédit, qui égalât ce que vous avez produit de mieux. Avisons donc. Dans Augsbourg, par exemple, ne voyez-vous rien qui manque? Ne vous semble-t-il pas que cette ville a besoin d'un monument qui rappelle et signale mon règne?

— Votre Altesse a devancé ma pensée, répliqua chaleureusement Adrien : la statue en pied de Frédéric II produirait le meilleur effet sur l'une des grandes places de la ville.

— Vous croyez? dit en souriant l'électeur

— J'en suis certain.

— Je serais assez de votre avis ; mais cela ferait crier le peuple : or il faut songer à lui avant de songer à moi. Je voudrais quelque chose qui fût d'une utilité publique.

— Mon prince, dit à son tour Ghirardi, vous m'avez semblé bien pauvre en fontaines.

— Très-pauvre, en effet, car je ne sache pas qu'Augsbourg en possède une seule, et ce serait un bien grand service rendre aux habitants que de leur en construire deux ou trois ; mais un semblable travail ne serait pas digne de vous.

— Pourquoi donc? Valerio Cioli, Michel-Ange et Baccio d'Agnolo l'ont bien entrepris; nous ne serons pas plus fiers que ces trois grands maîtres, j'espère. Qu'en pense Adrien?

Adrien s'étant incliné, le prince faillit lui sauter au cou : la joie l'étouffait. — Le lendemain même, les deux artistes se mirent à l'œuvre, et, trois mois après, les Augsbourgeois pouvaient se vanter de posséder les trois plus admirables fontaines de la Souabe. L'une, placée sur la tour de Perlach, au sommet de laquelle un aqueduc pourvu de machines remarquables conduisait les eaux, fut nommée *Auguste*, en l'honneur de la ville, et fut signée Hubert Ghirardi; quant aux deux autres, qui représentaient *Mercure* et *Hercule*, pour symboliser le commerce et la force d'Augsbourg, elles furent élevées, la première dans la rue qui porte aujourd'hui le nom de Maximilien, et la seconde sur le marché actuel au bois : toutes deux étaient l'œuvre d'Adrien de Vries. Le jour où le prince en fit l'inauguration, elles versèrent, du matin au soir, du vin et de la bière, ce qui fit qu'il y eut à boire pour tous les goûts, et que le peuple reconnaissant décréta, le verre à la main, que Frédéric II avait mérité le surnom de *Sage*.

On sait qu'il porta ce surnom le reste de sa vie et que la postérité le lui confirma.

C'était donc fort bien faire que de doter une ville importante de trois monuments des plus utiles, et, pour cette œuvre, de mériter un honorable surnom ; mais là n'eût pas dû s'arrêter cette noble pensée : il eût fallu encore, pour la compléter et lui donner plus d'éclat, faire assurer ces fontaines contre la sécheresse. On s'étonne généralement aujourd'hui que l'électeur n'y ait pas songé, et qu'il ait laissé ce soin à la confédération germanique, d'autant plus que les malheurs auxquels, ainsi que nous allons le voir, ces fontaines l'exposèrent, peu de temps après leur érection, auraient dû l'y déterminer ; mais l'esprit de l'homme est parfois si bizarre !

Battu à Cerizols, Charles-Quint s'avançait au cœur de la Champagne pour réparer son échec, lorsque, ayant appris que des troubles étaient survenus en Allemagne, à l'occasion de la réforme, il signa tout à coup la paix à Cerisy et se porta rapidement sur Ratisbonne. A son arrivée dans cette ville, les princes luthériens avaient levé l'étendard de la révolte. Il mit au ban de l'empire celui qui s'était déclaré leur chef, leva une armée, entra en campagne et remporta plusieurs avantages signalés. Le duc de Bavière, Guillaume V, était au nombre de ses ennemis. Voulant résister jusqu'au bout, le duc écrivit à Frédéric II, lui demandant 5,000 hommes de troupes. Mais il ne pouvait plus mal s'adresser; outre que Frédéric II était l'ami de Charles-Quint, qui lui avait permis d'ajouter à ses armes le globe impérial, il se rappelait Jean Frédéric, électeur de Saxe, fait prisonnier à Mühlberg et condamné à mort par l'impitoyable duc d'Albe; or il ne se souciait pas d'éprouver le même sort, et c'était s'y exposer que de venir en aide à Guillaume contre Charles-Quint. Il refusa donc le secours qu'on lui demandait, alléguant, pour prétexte, ses relations avec le monarque espagnol. Ce refus blessa vivement Guillaume V, qui jura d'en tirer vengeance. Ne pouvant aller combattre Frédéric, il eut recours à un autre moyen. Augsbourg ne recevait d'eau potable que par des canaux tirés du Lech ; ces canaux partaient de la Bavière, qui pouvait, à volonté, les fermer : Guillaume tourna le robinet, et un matin, *Auguste, Hercule* et *Minerve,* au lieu de remplir, comme de coutume, leurs vasques de marbre, tirèrent une langue altérée. Quand on vint le lui annoncer, l'électeur entra en grande colère contre Guillaume; si cela eût été en son pouvoir, il lui eût sur-le-champ rendu la pareille. N'y voyant pas jour, il patienta, attendant sa délivrance des événements qui devaient inévitablement arriver.

En effet, cet état de choses durait déjà depuis près d'un mois ; les Augsbourgeois avaient épuisé tout ce qu'ils avaient de bière ; il leur restait, il est vrai, du vin, mais ce vin leur coûtait trop cher pour qu'ils pussent le boire à l'ordinaire, et cependant ils allaient y être forcés, vu l'impossibilité où ils étaient de faire le plus petit brassin. Guillaume persistait plus que jamais à tenir fermé le robinet ; en vain Frédéric lui avait écrit-il que les habitants voulaient à toute force mettre de l'eau dans leur vin : « Tant, lui répondait le duc de Bavière, que « Votre Altesse ne suivra pas leur exemple, je « ne ferai aucune concession. Mettez vous-même « de l'eau dans votre vin, envoyez-moi le con- « tingent demandé, et j'ouvrirai les canaux. »

Le jeu de mots pouvait durer ainsi très-longtemps. En attendant, les Augsbourgeois se lamentaient et Frédéric se désespérait, quand, un soir de l'après-midi, ayant entendu bruire par la ville un long hourra de bonheur, l'électeur voulut en savoir la cause. L'un de ses gardes, parti pour s'en informer, vint alors lui dire que cela provenait de ce que l'on fêtait *Auguste*, *Hercule* et *Minerve*, qui, toutes les trois en même temps, venaient de rendre aux habitants éperdus l'eau dont ils étaient depuis si longtemps privés. Les trois fontaines eussent versé du vin et de la bière comme au jour de leur inauguration, que le peuple n'eût pas été, à beaucoup près, aussi satisfait. Il dansa autour d'elles en chantant, et telle fut l'avidité des porteurs d'eau, que, dans l'espace d'une nuit et d'un jour, le Lech faillit en être tari. Vingt-quatre heures de plus et il était complétement à sec.

Frédéric II, qui connaissait l'obstination du duc de Bavière, se demanda pendant trois longues heures, et toujours en vain, à quoi il devait attribuer cette abondance si subite. Peut-être même que cela serait demeuré pour lui à l'état d'énigme, si un courrier ne fût venu lui en apporter la clef. Ce courrier lui apprit que Charles-Quint avait détruit la fameuse ligue de Smalkade[*] et obligé le landgrave de Hesse-Cassel et le duc Guillaume V à lui venir demander pardon; puis, que, sachant la fidélité de Frédéric et voulant lui donner une preuve de sa haute satisfaction, il avait voulu le récompenser en lui rendant l'eau du Lech, ce que le puissant monarque avait fait, non pas en ouvrant le robinet, mais en le culbutant lui-même d'un coup de pied.

[*] C'est à Smalkade, petite ville de la Thuringe, que les protestants signèrent un traité de confédération auquel Strasbourg, Nuremberg, Ulm, Constance, Rottlingen, Winscheim, Memmingen, Lindaw et Kempten accédèrent avec empressement.

Les mauvais exemples ont toujours des imitateurs, tant il est que l'homme a toujours plus de propension au mal qu'au bien. Charles-Quint n'eut pas plutôt les talons tournés, que le robinet fut relevé, et que trois successeurs de Guillaume renouvelèrent obstinément ce que ce prince avait déjà fait. Cette sujétion fatigante dura deux siècles et demi. On était alors en 1805. La Bavière, qui venait d'entrer dans la confédération germanique, ayant réclamé Augsbourg comme récompense de son zèle, le duc de Souabe et de Wurtemberg, consulté à cet égard, répondit de fort bonne grâce qu'il n'y mettait pas d'opposition. Il venait d'échanger son titre ducal contre un sceptre et s'était aperçu avec beaucoup de perspicacité qu'il ne convenait pas à un roi, jaloux de son honneur, d'être exposé sans cesse à ce que son frère de Bavière, qui était un peu capricieux, pût, dans un moment d'humeur, lui refuser un verre d'eau.— C'est ainsi qu'*Auguste*, *Hercule* et *Mercure* devinrent *bavaroises*, et que, sans mauvais calembour, elles ne cessèrent, depuis lors, d'abreuver les bons Augsbourgeois.

Augsbourg porte un caractère d'originalité qu'il serait difficile, je crois, de retrouver ailleurs. La majeure partie des maisons qui forment ce que l'on peut appeler la vieille ville (et ces maisons sont nombreuses) ont été jadis décorées de peintures à fresque, que le temps a, dans beaucoup d'endroits, respectées. Ces fresques sont loin de valoir celles du Campo-Santo de Pise ; elles ne proviennent ni de Bernard Orcagna, ni de Mariotto, neveu de ce grand maître, ni de Buffalmaco, ni enfin de François Traini ; mais elles n'en ont pas moins pour cela un intérêt de localité. On dirait, en les voyant, que les habitants se sont exclusivement adonnés à la fabrication des images, et cette idée paraît d'autant plus étrange, qu'il n'est peut-être pas d'Allemands qui, plus que les Augsbourgeois, en général, soient iconoclastes, et que presque tous les sujets de ces images sont empruntés à l'Écriture sainte. Ainsi, par exemple, ici, c'est la *Pêche miraculeuse ;* là, la *Multiplication des cinq pains;* plus loin, *Zachée recevant Jésus-Christ;* ailleurs, ce sont les *Vendeurs chassés du temple*, l'*Adoration des Mages*, *Judith et Holopherne*, *Daniel dans la fosse aux lions*, le *Sacrifice d'Abraham*, etc., etc., etc. Tous ces tableaux, grossièrement peints, servent d'exergue aux maisons au-dessus de la porte desquelles on les a barbouillées. La *Pêche miraculeuse* a été choisie par un faiseur de filets; la *Multiplication des cinq pains* l'a été par un boulanger; *Zachée recevant Jésus-Christ*, par un hôtelier; les *Vendeurs chassés du temple*, par un marchand de draps; l'*Adoration des mages*, par une sage-femme, et ainsi de suite. Quant aux trois derniers morceaux, ils décoraient trois maisons inoccupées; nous ne pouvons donc dire à quel corps d'état ils se rapportaient. La plus originale de toutes, la plus bouffonne et celle qui nous frappa le plus, couronnait l'enseigne d'un pharmacien. Elle représentait saint Bernard prêchant le mystère de l'incarnation et disant du plus grand sérieux :

« *Ex Deo et homine cataplasma confectum*
« *est, quod sanaret omnes infirmitates nostras.*
« *Contusæ sunt autem et commixtæ hæ duæ*

« *species in utero Virginis tanquàm in morta-*
« *riolo, Sancto Spiritu tanquàm pistillo illas*
« *suaviter commiscente.* »

Ce qui veut dire :

« Dieu le père, voulant faire un cataplasme
« pour guérir nos infirmités, prit son fils et
« l'homme, jeta ces deux natures dans le sein
« de la Vierge Marie, où il les broya à l'aide du
« Saint-Esprit, qui lui servait de pilon, et d'où
« il les fit sortir transformées en un topique des
« plus doux. »

— Parbleu, s'écria le docteur, voilà bien la plus bizarre et la plus plaisante idée que l'on pût jamais avoir. Je ne me serais certes jamais attendu à la trouver dans la bouche de celui qui partagea avec Bossuet l'honneur d'être appelé l'une des colonnes de l'Église.

— J'avoue, de mon côté, ajoutai-je, que je ne suis pas moins surpris de la voir au-dessus de l'officine d'un pharmacien. J'aurais pensé que, partant du principe établi dans la ville, il se serait servi de quelque miracle du genre de ceux-ci : Jésus guérissant les lépreux ou faisant ressusciter saint Lazare ; mais il paraît que celui-ci vise à l'originalité.

Il y avait deux jours que nous étions à Augsbourg, logés aux Trois-Mores, où, par parenthèse, se voit une fort belle galerie de tableaux, lorsque nous arriva une petite aventure qu'il est de notre devoir de consigner ici. Cette aventure se lie étroitement à l'histoire religieuse du pays. — Neuf heures du soir venaient de sonner. Fatigués de nos courses de la journée, nous étions montés fort tranquillement nous coucher, et nous n'avions pas tardé à nous endormir du sommeil du juste, lorsque (je ne pourrais dire depuis combien de temps nous reposions) je fus réveillé par la plus énergique façon d'exprimer son mécontentement.

— Est-ce vous, docteur? demandai-je.

— Parbleu! me répondit-il en fouettant les murs à coups d'oreiller.

— A qui donc en avez-vous?

— Vous me le demandez? vous n'avez donc pas entendu?

— Entendu.... quoi?

— Écoutez un peu, vous allez voir.

Je prêtai l'oreille attentivement.

— Eh bien? me dit le docteur.

— Eh bien, ce sont des rats.

— Comme vous dites cela d'un air pacifique. Ils ne vous ont donc pas réveillé?

— Je dors si courageusement!

— Il y paraît; ces gredins-là font un tapage infernal.

Le fait est que c'était insoutenable. Peut-être ne m'eussent-ils pas empêché de dormir, alors que j'avais fermé les yeux avant qu'ils eussent entamé leur partie; mais, maintenant que je venais de les rouvrir, il m'eût été impossible de les refermer. On eût dit que les murs en étaient doublés, qu'ils jouaient aux barres dans le plafond et à cache-cache dans le parquet. C'était probablement chez eux un jour ou plutôt une nuit de vacances, car ils ne nous avaient pas encore paru aussi turbulents. Le docteur, qui, en fait de sommeil, n'entend pas raillerie, sonna l'hôtelier.

— Monsieur, lui dit-il en le voyant paraître, il est impossible de reposer dans votre maison.

M. Deuringer (c'était son nom) regarda le docteur d'un air qui, traduit littéralement, voulait dire : « Je ne vous comprends pas. »

—Je dis, reprit M A***, qu'il est impossible de reposer chez vous ; c'est pourtant bien clair. Les rats y conspirent contre le sommeil des voyageurs.

— Les rats! dit en balbutiant M. Deuringer.

— Sans doute, les rats!

— Ce n'est pas possible.

— Alors, j'ai rêvé, n'est-ce pas?

L'hôtelier s'était avancé vers une console au-dessus de laquelle reposait, accroché au mur, un méchant portrait.

— Monsieur, dit-il en l'indiquant du doigt au docteur, voyez-vous ceci?

— Oui, eh bien?

— C'est le portrait de saint Ulric.

— Qu'a de commun saint Ulric avec des rats, je vous prie?

— Ce qu'il y a de commun, monsieur, vous allez le savoir. Saint Ulric était comte de Kybourg. Il y a cinq cent trente-trois ans aujourd'hui, il se rendait d'Aicach à Augsbourg, lorsque, ayant été mordu au pied par une vipère en traversant un taillis, il entra chez un bûcheron pour faire bander la partie lésée. Le bûcheron était, comme à peu près tous les campagnards, habile en remèdes de toutes sortes. Il courut cueillir une herbe appelée, depuis lors, *foin de saint Ulric,* hacha cette herbe menu comme persil, et en fit un apozème qu'il posa sur la jambe du blessé. Le comte sortit en le remerciant de ses bons soins Trois jours après il revint : le remède avait réussi ; le suc de l'herbe avait mangé le venin de la vipère, le comte était parfaitement guéri. Or toute peine mérite un salaire. Voulant reconnaître le service du bûcheron, le comte, qui était intimement lié avec saint Pierre et saint Paul, l'engagea à demander ce qu'il lui plairait, promettant de faire aussitôt accomplir son vœu. Le bûcheron, que tyrannisaient depuis longtemps les rats, demanda que non-seulement sa cabane, mais encore tout l'évêché d'Augsbourg fussent à jamais délivrés de ces hôtes incommodes. Saint Ulric réfléchit pendant dix minutes ; puis, le résultat de la réflexion ayant été qu'il ne voyait pas positivement dans quel but d'utilité Noé avait sauvé deux rats, mâle et femelle, dans son arche, il s'inclina vers l'Orient, et prononça deux mots à voix basse. Quand il se releva, le vœu du bûcheron était accompli : tous les rats étaient tombés comme frappés d'apoplexie foudroyante, et depuis lors on n'en a pas revu un seul dans tout le diocèse *. Voilà, monsieur, ajouta l'hôtelier, ce qui m'a fait vous dire qu'il n'était pas possible que ces quadrupèdes eussent troublé votre sommeil. Ah! si vous m'eussiez parlé de souris, c'eût été une autre affaire; je vous aurais tout de suite répondu que cela me paraissait assez vraisemblable ; mais des rats..... jamais!

— Que ce soient des souris ou des rats, peu m'importe! répliqua le docteur; je n'ai pas été vérifier leur espèce : ce qu'il y a de certain, c'est que je ne puis fermer l'œil.

— J'en suis désolé, monsieur; mais, s'il y a des souris, cela n'est pas ma faute, c'est celle

* Cette tradition est en grande faveur à Augsbourg et dans toute la Souabe.

du bûcheron. Il aurait dû, pendant qu'il y était, demander la suppression non-seulement des rats, mais encore des souris. Si je m'étais trouvé là, je le lui aurais soufflé.

— Alors, ayez des chats.

— Ah! monsieur, des chats! vous feriez bien trois fois le tour du royaume que vous n'en trouveriez pas un. Saint Ulric extermina tant de rats du même coup, que tous les chats du pays en eurent pour huit jours à les manger, et qu'au bout de ce temps ils crevèrent eux-mêmes comme si on les eût empoisonnés. Monsieur n'ignore pas que le rat est au chat ce que le verre pilé est au chien, un mets fort indigeste et fort malsain. Depuis lors, l'espèce a disparu de ces contrées.

— Alors, ayez des piéges.

— Monsieur, j'en achèterai demain.

— Demain nous partons.

— Raison de plus : pendant l'absence de monsieur, je détruirai les souris, de manière qu'à son retour monsieur pourra rattraper ici le sommeil qu'il y aura laissé.

Pendant ce colloque, je m'étais paisiblement

rendormi. Ne pouvant en faire autant, le docteur alluma une bougie, ouvrit un volume de Goëthe, et attendit ainsi le jour. Il blanchissait à peine les carreaux de nos fenêtres, que je fus forcé de m'éveiller. Nous nous levâmes, il était sept heures. C'était le moment du départ. Nous payâmes M. Deuringer et sortîmes.

Dix minutes après, nous roulions.

Nous passâmes non loin de la place où fut exécuté le fameux colonel des Trabans, Voghelsberg.

Forcé trop jeune de prendre sa retraite et ne sachant à quoi utiliser ses loisirs, Jean Voghelsberg, qui avait l'esprit actif et remuant, employa sa fortune à lever des troupes saxonnes pour le compte du roi de France, Henri II. L'empereur, effrayé de cette levée, ordonna l'arrestation du recruteur et chargea de cette mission un capitaine nommé Lazare Schwendi. Voghelsberg avait été secrètement prévenu; il pouvait aisément se cacher ou prendre la fuite; mais, en apprenant le nom de celui qui devait l'arrêter, il n'en fit rien : Lazare était son meilleur ami;

qu'avait-il à craindre ? Poussant même plus loin la confiance, il alla au-devant de lui, et le força à descendre dans son château. Il paya cher cette grave imprudence! Pendant la nuit il fut arrêté dans sa chambre, garrotté sous les yeux de Lazare et entraîné à Augsbourg. Là, un procès odieux lui fut fait ; on lui appliqua cinq fois de suite la question. On voulait savoir s'il avait des complices et si, dans ce cas, leur intention, en levant des troupes, n'était pas, au lieu de les envoyer en France, de s'en servir contre l'empereur.

Une commission militaire devait prendre note de ses déclarations. Voyant que, malgré les souffrances atroces qu'il endurait, Voghelsberg gardait stoïquement le silence, deux de ses juges, dont l'un était Espagnol et se nommait Birviesca, et l'autre était Allemand et se nommait Nicolas Zinnen, s'écrièrent qu'il fallait qu'il fût mis à mort. Ces deux juges étaient influents; leur opinion prévalut; le colonel fut condamné à avoir la tête tranchée.

Jean Voghelsberg était un homme de bonne

mine, de haute et noble stature, et d'un courage éprouvé. Il marcha sans sourciller au supplice. Arrivé sur l'échafaud, il prononça un noble discours dans lequel, après avoir, en quelques mots, rappelé humblement ses services, il protesta de son innocence, disant qu'il n'avait songé qu'à utiliser son temps et non à conspirer contre l'empereur. Sa mort fut suivie de celle de deux braves capitaines qui avaient servi sous ses ordres. Jacques Mantel et Thomas Wolff (c'étaient leurs noms) ne moururent pas avec moins d'intrépidité que lui. Puis, comme si ce n'était pas assez de ces injustes exécutions, l'empereur proscrivit le comte de Bickling, le colonel Schertel, le rhingrave, le comte de Hédec, Reiffenberg et Recrod, dont le seul crime était d'avoir été liés d'amitié avec Voghelsberg.

CHAPITRE XI.

—

La Fouggerie.—Mathias et Sabine.— Le rêve.— La réalité.— L'empereur et son hôte.— Le fagot de cannelle et l'allumette de quatre millions. — Dominique Custos interprété par de savants bibliographes. — Othon le Grand et les Huns. — Marente et son capitaine.—Guébhard d'Hardenfelds.—Mélane et Juyal. — L'abbaye des Dames-Bleues.

La Fouggerie est une réunion de cinquante et une maisons bâties par un philanthrope nommé Fugger. Ces maisons ne sont ni neuves, ni belles, ni sculptées; mais, par contre, elles ont en hauteur, en largeur et en profondeur ce qu'elles pourraient avoir en décors, en sculptures et en meubles : aussi ceux qui les occupent les trouvent-ils bien bâties, bien distribuées et convenablement pourvues; car, ces habitants, ce sont les pauvres d'Augsbourg.

Plusieurs fois, pendant notre court séjour en cette vieille et respectable cité des Vendes, nous avions entendu parler de ce populeux faubourg, et toujours, quel qu'eût été notre désir de l'aller visiter, nous en avions été empêchés. Empêchés n'est peut-être pas très-exactement le mot, car, si nous l'avions fermement voulu, nous en eussions bien trouvé le temps, eût-il fallu, pour cela, négliger quelque point de la ville moins intéressant; mais enfin nous ne l'avions pas fait. A tout péché, dit-on, miséricorde. Désireux de réparer nos torts, nous demandâmes au conducteur s'il ne lui serait pas égal de se détourner légèrement de sa route habituelle et de nous faire traverser le quartier, afin que nous pussions, au moins, le saluer en passant. Le conducteur nous répondit fort honnêtement qu'il savait que tout chemin mène à Rome, serait-il taillé en zigzag comme un éclat de foudre, ou même tordu comme un labyrinthe, vu que, dans ce dernier cas, on en serait quitte, une fois au bout, pour se retourner et revenir sur ses pas ; mais il ajouta qu'il lui était aussi difficile de nous conduire à Munich, en passant par la Fouggerie, qu'à ses chevaux de courir le galop. Il nous priait de vouloir bien croire à ses regrets, qui, nous dit-il, étaient d'autant plus vifs, que la majeure partie de sa famille habitait le faubourg, et que la reconnaissance lui faisait un devoir de toujours rendre ou faire rendre hommage au généreux fondateur de ce quartier.

Nous n'insistâmes pas. Il venait de comparer son impuissance à celle de ses chevaux : or c'était un argument si logique, qu'il eût été indiscret à nous d'exiger une explication plus grande. Nous fûmes donc obligés, pour apaiser notre conscience, de jurer de revenir un jour, ne serait-ce qu'à cette intention, passer au milieu de la Fouggerie. En attendant, nous acceptâmes avec empressement les traditions que voulut bien nous donner notre homme, qui nous parut des mieux renseignés. Nous confondîmes ces traditions avec les notes historiques de Rabelais, du P. Furhmann et de Fischer, puis, les ayant pressurées, nous en tirâmes le canevas suivant :

Le 22 mai 1364, naquit, à Augsbourg, de Mathias Fugger, graveur sur pierre, et de Sabine Kœhler, sa femme (*femme à tout faire,* dit l'historien), Jacques Fugger.— Jacques Fugger sortit du sein de sa mère négociant, comme Tite-Live était sorti du sein de la sienne historien, Homère poëte, Apelles peintre, César soldat, et Cicéron orateur. A cinq ans, il faisait une addition comme Bezout; à six ans, il parlait d'affaires comme Jacques Cœur; à sept ans, il courait la ville, vendant et troquant ses hardes; à huit ans, il vendit son unique pourpoint; à neuf ans, il vendit celui de son père et les nippes de sa pauvre mère; à dix ans enfin, il se vendit lui-même et partit. Son père fit semblant de le chercher et sa mère le pleura, parce que toutes les mères sont assez bonnes pour pleurer leurs fils, quelque déportés qu'ils soient.

On fut vingt ans sans entendre parler de lui.

Au bout de ce temps, Mathias Fugger, à qui la fortune avait fait constamment la moue, était tombé dans la misère la plus grande. Avec la misère, les maladies étaient venues, puis les infirmités, ces accessoires de la vieillesse indigente. Sabine soignait son mari, oubliant qu'elle-même, pauvre malheureuse femme, pouvait à peine se soutenir. Souvent ils n'avaient pas de pain, pas d'abri, pas de vêtements. L'hiver venait avec sa bise et ses neiges, et les deux vieillards le regardaient venir en souriant; il allait passer sur leurs têtes chauves, étendre sur eux son froid linceul et les ensevelir : et cette idée leur souriait, et ils appelaient l'hiver à grands cris, et ils le bénissaient dans leur âme comme on bénit un libérateur.

Un jour, mourant de fatigue et d'inanition, ils se laissèrent choir sur une place publique isolée, au milieu de laquelle tourbillonnaient un vent âpre et une pluie glaciale. La nuit étant venue, ils firent leur prière et s'endormirent côte à côte, afin de monter aux pieds de l'Éternel, se tenant par la main; mais Dieu trompa leur espoir : ce jour, qui, pour eux, ne devait pas avoir de lendemain, fut au contraire un jour de délivrance et de bonheur. Les deux vieillards se réveillèrent en même temps, émus par le plus doux rêve, et, quand ils ouvrirent les yeux, le rêve était devenu une réalité. Au lieu de se trouver gisants sous lè ciel et sur la terre nue, ils étaient chacun dans un grand et moelleux lit, à deux pas l'un de l'autre, au milieu d'une vaste chambre des plus luxueusement décorées. Était-ce ainsi qu'était meublé le paradis? Telle fut la question naïve que tout d'abord mentalement ils se firent, tant la surprise leur troubla l'esprit; car ils ne pouvaient croire qu'ils fussent encore du monde des vivants. Ils se dressèrent joyeusement, Mathias regardant Sabine, Sabine regardant Mathias; puis, de cet examen visuel, ils passèrent à un examen physique : ils se palpèrent les yeux, les mains, les bras et les jambes, doutant encore et craignant presque de croire, tant ils avaient peur que le ciel ne les punît de leur audace en les replongeant dans le malheur. Tous deux, à genoux, les mains croisées sur la poitrine et le visage mouillé des dernières larmes que l'âge et les souffrances eussent laissées dans leurs pauvres yeux, ils priaient et tour à tour riaient de ravissement ou sanglotaient de désespoir, en invoquant tous les saints de l'Église ; ils les suppliaient d'intercéder pour eux auprès du tout-puissant maître, qu'il leur pardonnât leurs fautes et voulût bien leur laisser l'ineffable béatitude dont ils jouissaient en ce moment. Pauvres vieillards ! ils avaient tant souffert sur la terre, tant gémi, tant pleuré, qu'ils avaient bien droit d'obtenir ce qu'ils demandaient !

Le bruit d'une porte qui s'ouvrait doucement les rappela des régions célestes où ils venaient d'errer avec tant de bonheur, dans la vallée de misère où ils avaient si longtemps marché. Ils tournèrent instinctivement les yeux, et ce nom : « Jacques ! » s'échappa des lèvres de Sabine, répété, comme un écho, par Mathias. Quelque jeune qu'il fût à l'époque où il avait quitté sa famille, et quelque vieilli qu'il parût maintenant, Jacques Fugger (car c'était bien lui) n'était pas méconnaissable à ce point qu'on ne le reconnût pas ; et puis d'ailleurs, une mère peut-elle s'y tromper ! Que font l'éloignement, les années et les changements qu'elles portent avec elles ?

Une mère a toujours un cœur qui ne faut jamais à son amour. Jacques avait à peine entr'ouvert la porte, que, guidée par une sorte d'inspiration spontanée, la pauvre Sabine avait deviné son fils, son enfant chéri.

Nous renonçons à dire la joie du graveur et de sa bonne vieille femme; cette description rentrerait trop dans le cadre de ces petites scènes de famille se réservant le huis clos, et que, du reste, tous les cœurs *bien nés* peuvent facilement apprécier; nous dirons seulement, pour la satisfaction du lecteur, que notre héros, précédant Colomb et ses découvertes transocéaniques, était allé, *dans les pays lointains* (locution fort usitée dans ce temps-là), tenter Plutus (style du même temps), qui n'avait pas été insensible au culte *acharné* du jeune Augsbourgeois. Jacques Fugger revenait, après une foule de vicissitudes que nous ne pouvons relater ici, chargé d'une fortune fort belle, qui promettait, par ses relations, de faire comme la boule de neige, et finalement d'arriver au point où nous la verrons bientôt.

Son premier soin, en mettant le pied dans

Augsbourg, avait été de s'informer de son père et de sa mère. En ce temps-là, les communications étaient loin d'être aussi faciles qu'elles le sont aujourd'hui, et Jacques n'avait pu faire parvenir de secours à ses parents. Personne ne pouvant lui dire où ils s'étaient retirés, ni même lui affirmer s'ils vivaient encore, il allait courir à l'une des maladreries de la ville, le dernier asile où il dût espérer de les trouver, quand un mendiant, qui connaissait Mathias, offrit à Jacques de le conduire auprès de lui. On devine l'empressement de Fugger. La nuit étant des plus obscures, ils allumèrent une torche, parcoururent dix rues différentes et arrivèrent enfin sur la place où devaient dormir, de leur dernier sommeil, les pauvres vieillards. En les retrouvant dans ce misérable état, Jacques ne put maîtriser sa douleur. Ils étaient profondément engourdis par le froid, il les fit transporter, sans qu'ils se réveillassent, dans un bel et riche hôtel qu'il avait loué à leur intention.

Mathias et Sabine étaient plus malades de privations et de misère que d'infirmités corporelles :

des soins empressés, une vie aisée, abondante et sans soucis pour l'avenir, leur eurent bientôt rendu la santé. Ils vécurent ainsi douze années, glorifiant Dieu, et matin et soir le remerciant. L'heure de la mort arriva sans que, cette fois, ils l'eussent demandée. Le ciel, dans sa justice, ne voulut pas qu'ils fussent plus heureux ou plus malheureux l'un que l'autre : ils trépassèrent en même temps. Le jour où ils allèrent rendre compte à Dieu de leurs actions, on ouvrit toutes grandes les fenêtres de leurs chambres, et, du fond du lit où ils reposaient, ils purent contempler une double rangée de maisons neuves qui s'élevaient sur la place même où, douze ans auparavant, ils étaient tombés fermant les yeux et croyant ne plus jamais les rouvrir. — Ce quartier, œuvre bienfaisante de Jacques Fugger, fut, ainsi que nous l'avons dit plus haut, baptisé de son nom, *la Fouggerie*, et Jacques voulut qu'il servît à retirer les pauvres familles, afin que, dorénavant, le malheur arrivé à son père et à sa mère ne pût se renouveler à Augsbourg. — Sa volonté fut-elle toujours bien scrupuleusement observée?

Quoi qu'il en soit, tant de vertus et de piété filiale devaient, comme toute œuvre pie, trouver ici-bas sa récompense : Jacques Fugger fut entouré de l'estime générale et parvint à un si grand âge, qu'il reçut le surnom de *vieux*. Il mourut, le 14 mars 1469, dans sa cent cinquième année. Le gouverneur d'Augsbourg, baron de Halten, voulut qu'on l'enterrât dans la belle église gothique de Saint-Afra, et l'un de ses petits-fils, admirateur du talent avec lequel Hubert Ghirardi avait créé la fontaine d'Auguste, commanda à cet artiste de mérite une croix magnifique, en l'honneur de son grand aïeul. Cette croix fut coulée en bronze tout d'un jet et pesa 10,500 livres.

De son mariage avec Marianne Ofinel, Jacques Fugger avait eu trois fils; il leur laissa, en mourant, vingt tonneaux d'or contenant 6,000,000 d'écus, des diamants, des bijoux à faire la charge d'un homme, des biens territoriaux à couvrir carrément cent lieues, des magasins à tenir des provisions de toutes sortes pour une armée de dix mille hommes, en temps de guerre, des employés, des correspondants sur toutes les parties du globe; enfin les plus vastes et les plus lucratives relations de commerce qu'aucun négociant eût jamais eues depuis le célèbre argentier du roi Charles VII.

Conrad, Rodolphe et Hermann (ainsi se nommaient ses trois fils) étendirent encore les grandes affaires de leur maison. Ils obtinrent la concession des mines de mercure d'Almaden, employèrent les revenus de ces mines à exploiter (ce qu'eux seuls pouvaient faire) celles de Potosi; puis, étant arrivés à cet état d'opulence qui a fait dire à Rabelais que Philippe Strozzi, de son temps, le plus riche marchand de la chrétienté, passait encore de beaucoup après eux, ils furent anoblis par Maximilien, en récompense des grands services qu'ils avaient rendus pécuniairement à l'État, reçurent le titre de comtes de l'empire, contractèrent de brillantes alliances, et devinrent les chefs de l'une des plus illustres familles de l'Allemagne. Ils quittèrent alors les affaires et se livrèrent chacun à leurs goûts. Qu'auraient-ils pu désirer de plus? Les Torlonia d'aujourd'hui, les Hope, les Rothschild, les Sina, les Engler n'eussent pas, réunis, atteint au chiffre de leur fortune! — Ils embrassèrent, les uns, la théologie, les autres les sciences, ceux-ci la peinture, ceux-là les armes, et tous se signalèrent, chacun, dans leur genre. — Huldrich Fugger devint camérier du pape Paul III; il protégea les hommes de mérite et aida de sa bourse le fameux imprimeur Estienne. — Jean Jacques Fugger aima les savants, se lia avec Jérôme Wolfuis, qu'il fit son bibliothécaire, entra en correspondance avec le cardinal de Granvelle, et écrivit lui-même une histoire de la maison d'Autriche, laquelle histoire fut illustrée de plus de *trente mille figures, portraits, sceaux et armoiries*. — Antoine et Raimond Fugger bâtirent la belle église de Saint-Maurice et la dotèrent, à grands frais, d'un jeu d'orgues si puissant, qu'on vint de tous les points de l'Allemagne pour l'entendre; ils ajoutèrent à l'œuvre de leur aïeul Jacques deux hôpitaux, l'un pour les incurables et l'autre pour les pauvres honteux ; enfin ils cultivèrent la peinture et laissèrent l'une des plus admirables galeries que l'on pût voir alors. — Le dernier dont nous ayons à parler ici, Othon Fugger, prit du service en Espagne, fut fait colonel devant les murs de Verceil, revint en Souabe, leva des troupes à ses frais, les équipa, leur donna des armes, marcha contre la Bohême révoltée et parvint à pacifier ce beau pays.

Nous avons dit qu'il avait pris du service dans la Péninsule; expliquons à quelle occasion. Charles-Quint, revenant de Tunis et passant à Augsbourg, voulut loger chez l'un des Fugger, connu par son luxe. Depuis trois ans, il lui avait emprunté tant d'argent, que, ne pouvant encore s'acquitter, il s'était cru dans l'obligation de venir, au moins, descendre chez lui. -- Charles-Quint ne fuyait jamais ses créanciers. — Charmé de l'honneur que lui accordait ainsi le monarque espagnol, le fastueux Augsbourgeois se multiplia pour le mieux recevoir. Comme, néanmoins, il avait été surpris et qu'il lui était difficile de le traiter aussi somptueusement qu'il l'eût désiré, il s'arrêta subitement à l'une de ces idées qui, quelque méritantes et quelque exemplaires qu'elles soient, trouvent trop peu d'imitateurs parmi les créanciers de notre époque. Il avait reçu Charles-Quint dans la plus belle pièce de son palais; il fit mettre dans la cheminée un fagot de cannelle, puis, prenant les douze reconnaissances de l'empereur, qui, réunies, s'élevaient au chiffre énorme de près de 4,000,000, il en fit une magnifique allumette, avec laquelle il alluma le feu.—Surpris de cette munificence et ne croyant pas qu'il pût y avoir dans le monde un second Déans *, Charles-Quint fut sur le point de lui retenir le bras; mais la réflexion l'arrêta; il songea qu'il ne fallait jamais mettre obstacle aux nobles actions, quelles qu'elles fussent, et même, poussant plus loin le scrupule, il se promit *in petto* de mettre son hôte en position de renouveler encore ce beau trait. En attendant que

(*) Déans, riche négociant de Bruges, avait prêté deux millions de florins à Charles-Quint. L'empereur étant venu, le jour même, lui demander à dîner en signe de remercîment, Déans le traita splendidement, et, au dessert, il déchira son billet, en disant que ce n'était pas trop cher que de payer deux millions l'honneur que Charles-Quint lui faisait.

l'occasion pût s'en présenter, il le décora de l'ordre de la Toison d'or, le créa comte de Hirschberg, nomma son fils baron de Weissenhorn, et lui fit jurer qu'il lui enverrait ce fils à Madrid aussitôt qu'il serait en état de s'y rendre seul.

Les événements qui se déroulèrent par la suite mirent obstacle à l'exécution de ce désir impérial. Ce ne fut pas le fils de Fugger-le-Nabab qui se rendit en Espagne, ce fut son petit-fils; mais alors Charles-Quint n'existait plus depuis longtemps. Othon Fugger y resta trois ans, revint, comme nous l'avons dit plus haut, colonel, fut fait grand maître de l'artillerie, se trouva à la bataille de Nordlingen, s'empara d'Augsbourg par les armes, chassa de cette ville le sénat luthérien pour établir à sa place un sénat catholique, et mourut dix ans après, portant sur sa poitrine la croix dont Charles-Quint avait décoré son aïeul.

Un graveur d'Anvers, Dominique Custos, a buriné sur le cuivre cent vingt-sept portraits représentant les principaux personnages de cette grande famille. Ces portraits, publiés avec des annotations biographiques, sous le titre suivant : « *Fuggerorum et Fuggerarum imagines,* » ont donné lieu à un plaisant quiproquo : plusieurs biographes *de premier mérite*, au nombre desquels (pourquoi ne les nommerions-nous pas ?) Hozius à Dresde, Pfesthal à Hambourg et Kaumann à Dusseldorff, les ont, sur la seule vue de leur titre, classés parmi les ouvrages de botanique, disant qu'ils traitaient probablement *des fougères*, *Fuggerarum.*—Honneur aux savants laborieux!

Cependant, tout en causant avec notre érudit conducteur, nous étions arrivés au pont du Lech. Nous nous rappelâmes alors que c'était en cet endroit même que l'empereur Othon le Grand avait, en 955, remporté une grande victoire sur les Huns, et que le brigadier Marente avait, à neuf cents ans de là, montré combien il y avait de générosité dans le cœur du soldat français.

Promu brigadier depuis huit jours, après avoir mérité cette distinction par cinq batailles dans lesquelles il s'était toujours distingué, Marente, l'un des plus braves soldats du 4ᵉ de

dragons, venait d'être brutalement cassé par son capitaine, qui l'accusait de s'être rendu coupable (ce qui lui arrivait peut-être pour la première fois) d'une faute légère contre la discipline. —Moins d'une heure après, une action s'engage sur le Lech; le capitaine tombe, en combattant, dans le fleuve : comme il ne sait pas nager, il va périr, si quelqu'un ne vient à son aide. Marente s'en aperçoit et n'hésite pas un instant; il se jette à la nage et ramène son chef sain et sauf sur la rive. — L'empereur, instruit de cette noble conduite, se fait présenter le dragon et lui témoigne sa satisfaction. « Sire, je
« n'ai fait que mon devoir, répond modestement
« Marente : mon capitaine m'a puni parce que
« je l'avais mérité; mais je suis bien certain
« d'une chose, c'est qu'en m'enlevant mes ga-
« lons il n'a pas oublié que j'ai toujours été
« un bon soldat. » L'empereur le nomma sur l'heure maréchal des logis et chevalier.

Au delà du Lech se trouve un vieux manoir connu sous le nom d'Eurasbourg. Ce manoir, qui avait été, dans le principe, une maison de plaisance, devint ensuite une prison d'État. Ce fut dans ses murs que se passa, au treizième siècle, l'un des faits les plus atroces que la chronique nous ait transmis jusqu'à ce jour. Il était alors occupé par le baron Guébhard d'Hardenfelds, que ses roberies et ses crimes avaient mis en renom. Guébhard s'en était emparé de vive force. Il y tenait des troupes à sa solde et s'élançait de là guerroyant pour son compte, pillant les châteaux voisins, violant les femmes et les filles, détroussant les voyageurs, les retenant souvent prisonniers jusqu'à ce qu'ils se fussent rachetés par de fortes rançons, et méritant, en un mot, le surnom de *landsplage*, c'est-à-dire fléau du pays. — Or, ce qu'il avait tant de fois fait souffrir aux autres, il devait l'éprouver lui-même; mais aussi devait-il cruellement s'en venger. L'un de ses prisonniers, jeune banneret nommé Juval de Hohendwill en Hegow, avait capté sa confiance au point qu'il le laissait vaguer par tout le manoir sans s'inquiéter de ses démarches. — Un jour, ayant aperçu une femme qui se promenait solitairement dans le verger, Juval s'élança dans sa direction, s'approcha, et fut tellement frappé de sa jeunesse et de sa beauté, qu'il s'inclina devant elle comme devant un ange descendu des cieux.— Cette femme, c'était l'épouse du baron. Mélane de Nombourg était âgée de seize ans à peine; elle était blonde et fraîche comme son âge, bonne, tendre et aimante comme les jeunes filles naïves et candides; elle craignait le baron comme on craint la mort, pouvait-elle lui avoir donné son cœur? Dieu ne l'eût pas exigé. Elle vit le prisonnier; il était jeune aussi, beau, bien fait de sa personne, tremblant devant elle : en fallait-il davantage? Elle le salua d'un sourire, et, dès ce jour, elle l'aima.

Les amoureux sont aveugles; ils manquent de prudence, ils se compromettent, ils se livrent. Le baron ne tarda pas à savoir avec quelle tendre sollicitude Mélane soignait, non pas son honneur, il n'en avait plus, mais son glorieux titre d'époux : or punir cruellement les coupables fut chez lui, dorénavant, une seule et unique pensée. Il y songea huit jours durant et huit nuits. Au bout de ce temps, son plan de conduite était parfaitement arrêté. Plus que jamais il ferme les yeux sur les rendez-vous secrets de Mélane et Juval; il les favorise même, il les encourage; puis, un jour qu'il les sait tous deux réunis, il sort du sombre donjon que seul il occupe, marche à pas de loup vers la chambre où s'ébattent leurs jeunes amours, et frappe doucement à la porte. Son intention, en frappant ainsi, est de donner à la baronne le temps de fuir; et en effet, à son entrée dans la pièce, il ne trouve plus que son prisonnier. Etonné de le voir apparaître de la sorte et ne sachant à quoi attribuer cette visite inaccoutumée, Juval le regarde un moment, ému, interdit; mais bientôt, à l'air farouche de ses yeux et à l'écume qui blanchit ses lèvres, il en a compris le cruel motif. Il n'en saurait douter, son secret n'en est plus un pour ce terrible geôlier. Que faire alors, en pareille hypothèse, que dire ? Juval sait que, quand Guébhard a résolu de se venger, nul ne peut échapper à ses coups, et il n'est pas probable qu'un autre sentiment que celui de la vengeance, l'amène en ces lieux. Il se laisse tomber à deux genoux et recommande aussitôt son âme à Dieu. Il ne s'était malheureusement pas trompé. Le voyant dans cette humble position, le baron s'approche, le saisit de sa main puissante, le renverse et lui enfonce un épieu dans le ventre, en choisissant si bien l'endroit que Juval ne puisse expirer sur le coup. — Un haquebutier avait accompagné d'Hardenfelds. — D'Hardenfelds, lui montrant du doigt la cheminée dans l'âtre de laquelle brûlait un fagot de bois sec, lui fait signe de tirer du feu deux tisons rouges et de les lui apporter. Le haquebutier obéit. Guébhard en prend un de chaque main, se penche sur le pauvre banneret, lui crève les yeux avec ses tisons, puis, le relevant debout et lui arrachant du ventre l'épieu à l'aide duquel il l'a contenu couché sur le dos, il le rassied, vivant encore, sur son siège, et s'éloigne ensuite sans lui avoir dit un mot.

La porte s'était à peine refermée sur lui, que Mélane, transie de frayeur, reparut, ne se doutant pas de l'épouvantable spectacle auquel elle allait assister. Juval n'avait pas poussé un seul cri; il savait que, s'il n'avait fait ainsi, sa jeune maîtresse serait accourue à son aide, et qu'alors le tyran l'eût comme lui, sans doute, torturée; or il avait mieux aimé, comme ce Lacédémonien qui se laissa dévorer le ventre par un renard plutôt que d'exhaler une plainte, souffrir mille fois en silence.—Mélane, émue de l'immobilité de son amant, s'approche, avance une lampe, regarde et recule frappée d'horreur et d'effroi : Juval lui a tendu sa main de marbre, et sur son visage, pâle comme un suaire et voilé déjà par la mort, descendent deux larmes de sang !...

Mélane s'était évanouie. Quand elle reprit ses sens, elle se trouva seule dans une salle ronde au milieu de laquelle était une estrade, et sur cette estrade un cercueil, et dans ce cercueil un cadavre. Douze bougies brûlaient à l'entour. Mélane s'approcha, tendit la tête et reconnut son amant. Alors elle s'agenouilla, posa son front fiévreux sur l'estrade et vint se réfugier en Dieu. Elle pria ainsi durant deux longues heures; elle se leva ensuite, plus forte et plus résignée. Elle parcourut sa prison. C'était un cachot voûté, humide et sans jour : elle n'y trouva aucun

meuble, pas un siége, pas même la paille que
l'on accorde au plus misérable prisonnier. Elle
revint vers le cercueil de Juval, et seulement
alors elle s'aperçut que ce cercueil était double
et qu'une place vide se trouvait au côté droit du
banneret. Etait-ce donc que Guébhard la lui
réservait pour couche? — Mélane, à cette pensée, frissonna. — Ou bien avait-il voulu par
là lui faire comprendre qu'elle ne devait plus
songer à sortir vivante de cette horrible prison?
— Elle s'y attendait, et, dès lors, cela lui
inspira moins de frayeur. Elle se remit à prier,
demandant à Dieu de hâter la fin de ses souffrances et de la rappeler promptement auprès
de lui. Mélane était depuis longtemps orpheline,
sans parents, sans amis; que lui importait la
vie, surtout la vie de misères et de tortures que
lui faisait son époux?

Cependant le temps s'écoulait; la faim se fit
sentir. Le froid tombait sur la pauvre jeune
femme comme un manteau de plomb. Elle se
traîna vers la porte et prêta l'oreille : aucun
bruit, aucun son ne se faisait entendre ; partout

régnait un lugubre silence. Serait-elle condamnée à mourir de faim? Mélane frissonna de nouveau; cette mort devait être si cruelle et si lente!
— Elle fit le tour du cachot : peut-être avait-on déposé quelque part un morceau de pain, une cruche d'eau. Rien. Elle ne trouva rien. L'aurait-on oubliée? Quelque événement imprévu aurait-il appelé le baron hors de son manoir ? — Sur ces entrefaites, les douze bougies qui avaient toujours brûlé étaient arrivées à leur fin. Mélane, dans son trouble, n'avait pas songé à les ménager ; c'eût été une ressource dans son malheur, une compagnie, un soutien.

Elles s'éteignirent en même temps.

Mélane n'avait plus de larmes à verser, plus de sanglots, plus de soupirs; elle s'appuya contre le mur et attendit... ce que peuvent attendre les malheureux dans sa position. — De longues heures s'écoulèrent encore. Était-il jour, était-il nuit? Rien ne pouvait le lui dire. — Tout à coup, il lui semble que l'air du cachot s'est de beaucoup épaissi; des miasmes fétides voltigent autour d'elle, lui montent à la tête, fatiguent sa respiration. D'où cela peut-il venir? Brisée, anéantie, elle rampe vers l'estrade, elle se soulève sur ses mains, elle aspire du peu de forces qui lui sont restées... pauvre jeune femme! elle retombe, en râlant, le front sur la pierre : ces exhalaisons s'échappent du cercueil et l'ont asphyxiée!...

Combien de temps elle resta ainsi, Dieu seul pourrait le dire. Un cliquetis d'armes mêlé de cris atroces lui fit rouvrir et refermer les yeux. Un jet de lumière glissait sous la porte; une clef grinça dans la serrure; trois hommes s'élancèrent : l'un d'eux était le baron. Croyant Mélane morte, et sa vengeance ainsi satisfaite, Guébhard la prit aussitôt dans ses bras; elle était froide et pâle, il n'eut pas le moindre soupçon. Il l'étendit à côté de Juval, puis, faisant signe à l'un de ses acolytes de fermer le cercueil, il allait lui-même, pour plus de promptitude, y mettre la main, quand au même instant un homme parut, la hache au poing et la colère dans les yeux. Cet homme, Guébhard le reconnut; c'était le père de Juval, qui, lassé de voir que le baron refusait toujours de lui rendre son fils, quelque rançon qu'il lui offrît, avait porté ses plaintes au pied du trône impérial et obtenu des troupes avec lesquelles il était parvenu, par force, à pénétrer dans le manoir. A sa vue, Guébhard cherche à fuir; il fait le tour de l'estrade, poursuivi par le vengeur de Juval, et parvient à gagner les galeries de la tour; mais toutes les issues en sont soigneusement gardées. Traqué comme un loup, le baron rugit d'impuissance; il perd la tête, il va s'arrêter, se laisser prendre; une seule chance de salut lui reste : c'est de monter sur les remparts et de sauter dans les douves, qui en ce moment même sont pleines d'eau.—Guébhard n'hésite pas. — Mais ce qui devait le sauver fut, au contraire, ce qui le perdit. Un soldat l'avait aperçu. Il courut à lui, puis, l'attendant au moment même où il gagnait la rive à la nage, il le repoussa d'un si violent coup de pique dans le visage, qu'il retomba au fond de l'eau, où il se noya.

Le père de Juval prodigua les soins les plus affectueux à Mélane; il voulait qu'elle vînt habiter chez lui et qu'elle y demeurât comme sa fille; mais la jeune baronne n'y voulut jamais consentir. Elle se retira à l'abbaye des Dames-Bleues, où elle mourut, trois ans après, aimée et regrettée.

A partir de cet événement, la couronne s'empara de l'important manoir d'Eurasbourg, qui, depuis lors, n'a cessé d'appartenir à la Bavière comme domaine d'État.

Une poste encore nous séparait de la belle, grande et magnifique capitale du roi Louis; cette poste partait de Schwabhausen, petit village sans autre importance que celle de vingt maisonnettes qui semblent se presser les unes contre les autres pour éviter, à l'heure qu'il est, le froid. Nous l'eûmes franchie, j'allais presque dire rapidement, et le docteur ayant ôté son chapeau, je fis comme lui, sans trop savoir dans quel but.

Il s'inclinait devant Munich.

CHAPITRE XII.

Munich. — Henri de Bavière, architecte. — Les 12,000 maçons La briqueterie de Schœffelar. — Le Coq d'or. — Les lits bavarois. — Notre-Dame. — Les seize distiques du duc Sigismond. — Le mausolée de Louis le Bavarois. — Le philanthrope Rumford. — Louis le Sévère et Marie de Brabant. — Le pape Alexandre IV et l'abbaye de Furstenfeld.

Munich n'est guère plus âgée que ne l'étaient, au dire de l'*Epitome* et de la Bible, certains hommes du temps d'Abraham. Vienne la Saint-Georges prochaine, c'est-à-dire le 23 avril, et elle aura ses six cent cinquante-deux ans. Privilégiée entre toutes, plus elle vieillit, plus elle rajeunit. — Les phénomènes de longévité ressemblent à ces lampes qui, avant de s'éteindre, jettent une dernière lueur vive et éclatante : la centaine doublée, il leur revient une sorte de virilité qu'ils ne se connaissaient plus; ce retour subit à la vie est une fin de compte, un signe certain de décadence. — On ne pourrait en dire autant de Munich ; cette ville est plus jeune qu'il y a cent ans, et, dans cent ans d'ici, elle sera plus jeune encore, plus pleine de séve et de vigueur qu'elle n'est aujourd'hui. Chaque jour qui, chez l'homme, amène une ride, chez elle en efface dix à la fois. Elle remonte la vie au lieu de la descendre, voilà le seul secret de sa juvénilité. Aussi, comme à Dieu seul appartient de déterminer l'époque où elle sera si vieille qu'elle ne pourra plus continuer son ascension vers une jeunesse impossible, nous serait-il fort difficile de dire jusqu'où elle ira. Munich est au nombre de ces villes qui sont infinies comme le monde : elle marche avec lui et ne s'arrêtera qu'où il s'arrêtera. Demeurer dans un *statu quo* quelconque ne peut lui convenir, elle y succomberait ; son devoir ici-bas est d'avancer toujours, et toujours en s'élevant; son existence est à ce prix.

Henri de Bavière jeta ses fondements, selon Aventin, en 952, tandis que, selon Cluvier et Bertius, qui ont mieux précisé les dates et qui ont écrit, l'histoire à la main, ne voulant pas se rendre coupables d'un anachronisme, ce fut le 23 avril 1190. Fils de Henri le Superbe et petit-fils de l'empereur Lothaire II, Henri s'était trouvé, à la mort de son père, arrivée le 30 août 1139, en possession des deux plus beaux duchés du monde; cet héritage lui imposait des obligations, et, en première ligne, celle de ne pas déroger à sa noble origine. Son premier désir fut de mériter un titre, l'équivalent de celui de son père, et il ne tarda pas à être servi à souhait. L'intrépidité avec laquelle il reconquit la Bavière dont Conrad l'avait dépouillé, lui eut bientôt acquis le surnom de *le Lion*. Mais la soif des honneurs, aussi bien que la soif des richesses, est insatiable chez l'homme. Henri n'eut pas plutôt cette distinction honorable, qu'il songea à monter plus haut. Tous les rois, à quelques-uns près, ont eu l'ambition, fort louable d'ailleurs, d'illustrer leur règne par une fondation quelconque : les uns ont fondé des églises et des abbayes ; les autres des prisons; ceux-ci des chausse-trapes, des auto-da-fé; ceux-là des châteaux, des fontaines, des invalides, des musées. Henri sentit poindre en lui la même ambition. Il avait déjà tranché des montagnes, détourné des fleuves, percé de grandes routes, planté des forêts, creusé des canaux; il voulut encore édifier une ville : une ville devait couronner dignement l'œuvre de ses travaux. Or, pour mettre son plan à exécution, il lui fallait d'abord un emplacement convenable, puis des matériaux, puis des architectes, puis des ouvriers. L'emplacement, Henri l'eut bientôt trouvé : un monastère fameux, nommé Schœffelar, possédait, sur les bords de l'Isar, une briqueterie des plus importantes, située dans une plaine de sept lieues carrées, laquelle avait été autrefois un lac; le terrain qui l'entourait, grisâtre et stérile, ne produisait rien, mais il n'offrait non plus aucun accident, pas la plus petite vague, pas un rocher, pas une racine, pas un pli. Aussi, ne rencontrant aucun obstacle, les constructions devaient-elles s'élever à vue d'œil au milieu, ce qui remplissait admirablement le but du fondateur, dont l'intention était de voir, avant de mourir, sa ville chérie debout sur ses pieds. Henri acheta donc la briqueterie, ou plutôt il la prit. Elle avait une autre valeur à ses yeux, c'était de fabriquer des matériaux qui, au lieu de s'écouler difficilement en Rhingaw, devaient trouver un débouché sur les lieux mêmes où on les cuisait.

Henri rassembla ensuite tous les Slaves et les Égyptiens qu'il avait faits prisonniers dans deux de ses expéditions. Ils étaient au nombre de douze mille, disséminés en Bavière, mangeant le pain du bourgeois et ne le gagnant pas : il leur donna, aux uns des truelles, aux autres des bigots, et en fit douze mille ouvriers. Quant aux architectes, il les trouva tous en lui. Il n'avait guère étudié l'art difficile des Labrouste et des Visconti, mais il avait entendu dire quelque part qu'à force de forger on devient forgeron ; or il prouva que, quoique suranné, ce précepte n'en était pas moins exact. Il se mit sur-le-champ à l'œuvre et s'escrima si bien de la tête et des mains, qu'il parvint à dessiner un cunabulum, au milieu duquel se dressa magnifiquement, sous sa direction, la ville dont il nous reste encore aujourd'hui quelques fragments isolés.

La ville bâtie, il lui fallait un nom. Henri réunit *ad rem* son conseil, et lui demanda son concours. Le conseil, flatteur et courtisan comme tous les conseils du monde, répondit en déclarant d'une voix unanime que la ville ne pouvait porter d'autre nom que le nom patronymique de son illustre architecte, et il motiva sa décision sur une foule de citations qui prouvaient sa sagacité. — C'était tout ce qu'Henri voulait. — Satisfait de ce glorieux et sincère hommage, il se drapa majestueusement dans sa modestie, ce qui était d'autant plus louable à lui, que la modestie était aussi rare en ce temps-là que de nos jours; puis, prenant dignement la parole, il répondit qu'il s'estimait trop heureux d'avoir doté son pays d'une ville qui lui semblait, par sa position, appelée à de hautes et nobles destinées ; que cette ville occupait un terrain qui dépendait du monastère de Schœffelar ; que, quoiqu'il ne se fût emparé de ce terrain que pour cause d'utilité publique, il avait jugé sans le concours des bons pères la grave question *de commodo et incommodo,* ce qui le constituait irrécusablement leur débiteur, et qu'enfin, à ce titre, il leur fallait une compensation quelconque en dédommagement. Henri exprimait donc le vœu que la cité naissante portât le nom de *Monachium*, c'est-à-dire, littéralement, ville des moines.

Il y a dans la constitution monarchique de l'Angleterre une phrase sacramentelle d'une bien haute vérité ; cette phrase sacramentelle dit : « *The king can do no wrong,* » — « *Un roi ne peut jamais faire d'injustice.* » Henri de Bavière en était la plus vivante expression ; aussi le conseil se leva-t-il en masse, frappé de sa grandeur d'âme et de son désintéressement. Le président improvisa une couronne qu'il tenait cachée sous sa toge, et un superbe discours auquel il avait travaillé deux jours et trois nuits.

Un mois après, les douze mille maçons occupaient Monachium, que le noble duc leur avait cédée à titre emphytéotique, et, comme ils avaient pris goût à l'état, ils continuèrent de bâtir, élevant briques sur briques, étages sur étages, pignons sur greniers, girouettes sur pignons, si bien que, au bout de cinq ans de ce rude travail, leur œuvre avait pris un développement prodigieux, et que, ne voulant pas qu'ils se fussent épuisés en pure perte, les villes voisines lui envoyèrent quelques centaines de leurs habitants. Mais les fondateurs y conservèrent toujours la suprématie. Il ne faut donc pas s'étonner que Munich soit encore aujourd'hui la ville de Bavière qui fournit le plus de maçons et de plâtriers à l'Allemagne; ces corps d'état y sont particulièrement honorés : beaucoup de nobles seigneurs n'ont pas de blason aussi solidement écartelé que le leur.

Munich, que les Allemands nomment *München* et les Italiens *Monaco*, appellations qui, toutes les deux, correspondent au mot *Monachium*, Munich est une grande ville, un archevêché. Six beaux faubourgs font la ceinture autour d'elle : Max Joseph, Sainte-Anne, Aü, Ludwig, Schonfeld et Isar, tous les six traversés par une grande rue, à laquelle vient aboutir, comme des bras au corps, une grande et belle route, ce qui met la place en communication directe avec tout le royaume, dont elle est le point de mire. Des palais, des hôtels, des églises, des monuments, des places publiques, des jardins, des jets d'eau, des omnibus, des filles de réverbères, des filous, rien ne lui manque. Elle a toutes les qualités requises pour faire la capitale d'un royaume : aussi, moins peut-être le fracas de Paris, moins ses boues noires, moins son brouillard, moins son ciel gris, moins ses pluies grasses, moins ses cris rauques, en a-t-elle quelque peu la physionomie.

En voyant la nudité de ses environs, Gustave-Adolphe avait brusquement dit d'elle : « C'est une selle dorée sur le dos d'un mauvais cheval. » Et Gustave-Adolphe avait raison. Mais, comme cette pittoresque expression dénote que le vainqueur de Whaloff était un homme de tact et de goût, je suis persuadé que, s'il voyait aujourd'hui Munich, il retirerait son bon mot. En effet, il n'est peut-être pas de ville dont les environs se soient embellis comme ses environs. Une multitude de châteaux, de bastides, de brasseries, de promenades et de jeux d'arquebuse ont envahi la campagne et l'ont complétement changée. L'artifice a répondu aux efforts persévérants de l'homme : là où il n'y avait naguère que dix-huit pouces de terre végétale, et où ne pouvaient pousser que quelques plantes alpines et des pins rabougris, se sont tout à coup dressés des arbres gigantesques, et l'Isar, détourné de son cours pour former vingt petites îles, autour desquelles serpente, comme autant de ruisseaux, une eau tantôt argentée, tantôt verte comme la chrysoprase, a complété la métamorphose.

Notre voiturier nous ayant jetés en face du *Coq d'or*, nous y restâmes par deux raisons faciles à comprendre : la première, c'est que nous arrivions à minuit; la seconde, c'est qu'il faisait un froid de loup. L'heure tintait à trois horloges différentes, le vent soufflait en gémissant dans les larges rues de Munich ; nous entrâmes sans nous faire prier.

— Que veulent ces messieurs?
— Une chambre.
— Et pour leur souper?
— Un lit.

L'hôtelier nous regarda d'un air ébahi ; il ne pouvait comprendre que deux voyageurs jeunes, ingambes et de bonne mine allassent dormir sans souper : cela dépassait les bornes de son intelligence. Néanmoins, comme il savait les devoirs de sa profession, il prit bravement un flambeau, monta un escalier de bois branlant, ouvrit le n° 3, nous fit passer devant lui, et referma aussitôt la porte, en nous disant d'un ton rogue : « *Gut nacht.* »

Nous étions dans une vaste pièce dont voici l'ameublement : deux petits divans collés au bas de la muraille, quatre chaises dépaillées courant l'une après l'autre au pourtour, un guéridon boiteux faisant office de lavabo, et enfin une mauvaise table de cabaret, devant tenir lieu de bureau. Et du reste, ni tapis, ni rideaux, ni cheminée. Le docteur était furieux ;

je ne l'étais pas moins. Nous grelottions comme si nous eussions été sur une place publique. J'ouvris la fenêtre et j'appelai. Croyant que nous avions fait réflexion, l'hôtelier se hâta de revenir.

— Monsieur, lui dis-je, est-ce parce que nous ne soupons pas que vous nous logez si somptueusement?

Persuadé, cette fois, qu'il avait affaire à des gens qui n'avaient pas un kreutzer dans leur poche, et dont les valises contenaient peut-être, en guise de vêtements, du sable, il répondit d'un ton dédaigneux :

— Si ces messieurs craignent la dépense, il y a des appartements moins chers.

— Y a-t-il des lits dans vos appartements moins chers ?

— Il y en a comme ici.

— Ici... faites-moi le plaisir de me dire où vous en voyez ?

Notre homme nous regarda, convaincu, pour le coup, ou que nous voulions nous moquer de lui, ou que nous étions fous. — Je dois avouer qu'il y avait de notre part réciprocité : depuis déjà cinq minutes nous avions la même opinion sur son compte. — Craignant toutefois de se tromper, et d'avoir affaire à des voyageurs qui ne voulaient que plaisanter, il s'avança vers les deux divans, et posant la main sur l'un d'eux :

— Voilà ! dit-il, et il s'efforçait d'amener sur ses lèvres un sourire.

— Voilà... quoi ?

— Les lits de ces messieurs.

— Vous appelez cela des lits, vous ? s'écria à son tour le docteur qui perdait patience. J'ai déjà dit que le docteur, en fait de sommeil, n'entendait jamais raillerie.

Ces lits se composaient 1° d'un bois peint, format d'hôpital; 2° d'un sommier de je ne sais quoi, épais comme une galette ordinaire; 3° d'un matelas de même épaisseur, garni probablement de paille; 4° d'un lit de plume de la plus haute apparence; 5° enfin de trois monstrueux oreillers !

— Et des draps ? demanda le docteur.

— Des draps...

— Oui, des draps; ce que vous appelez, je crois, *bettuch?*

— Voici.

— Ça, c'est un édredon.

— C'est un drap.

— C'est un édredon.

— Monsieur fait erreur.

— Fichtre ! mon....

J'arrêtai le docteur : il allait, contre son habitude, devenir des plus énergiques. Je voyais que nous bataillions en pure perte, et que nous n'obtiendrions rien de mieux ; c'était insoutenable ; je devais être couperosé de froid, je ne me sentais plus ni les pieds ni les mains.

— Chaque pays, chaque mode, dis-je en m'avançant. Docteur, ce que vous appelez un édredon est assurément pour notre hôtelier un drap, de même qu'il est probable que ce que nous nommons un drap serait pour lui un fort moelleux édredon. Ne discutons donc plus, ou remettons la partie à demain.

— S'il n'était pas si tard, j'irais certainement ailleurs.

— Qu'y gagneriez-vous? de tomber peut-être de Charybde en Scylla. Vous devez vous rappeler que, lors de notre entrée en Allemagne, ne voyant dans les lits que des draps grands comme des serviettes, vous vous êtes vivement récrié. Chaque matin, disiez-vous, vous les trouviez sous vos reins tordus comme des câbles, et cela vous gênait : aujourd'hui que vous n'en trouvez aucun, ce qui ne vous offre plus le même inconvénient, vous jetez feu et flammes. Que sera-ce donc si, à notre arrivée à Vienne, nous ne trouvons ni draps, ni édredons, ni lits, quels qu'ils soient? Croyez-moi, revenez à cette philosophie dont vous m'avez le premier donné l'exemple. « Il faut savoir souffrir ce qu'on ne peut empêcher. » Cette maxime n'est pas neuve, mais elle est consolante. Et, d'ailleurs, tenez, couchez-vous ; je me rappelle maintenant avoir entendu parler quelque part de ces lits bavarois ; je connais le moyen de s'en servir, je vais vous l'indiquer.

Le docteur suivit mon avis; il mit habit bas, s'étendit mollement sur le lit de plume, dans lequel il disparut comme un baigneur dans son bain; je pris l'édredon, qui ressemblait à une grosse barrique, je le couchai tendrement sur lui, et je le priai (le docteur) de vouloir bien dormir dans la position où il se trouvait, c'est-à-dire le dos sur la plume, les yeux au plafond, sous peine de glisser sur le carreau, ce qui ne serait pas très-sain.

Ces précautions prises, je renouvelai la scène à mon intention.

Le lendemain, je fus réveillé par le bruit d'une toux sèche qu'entrecoupaient des épithètes rien moins que bienveillantes. C'était le docteur qui, oubliant mes recommandations, avait tourné sur le côté gauche et renversé l'édredon. Un rhume effroyable en avait été la conséquence naturelle; aussi envoyait-il à tous les diables l'hôtelier, la Bavière, Munich et ses lits. — Quant à moi, je n'avais pas bougé: tel mon œil s'était fermé en face d'une solive, tel il se rouvrait; mais j'étais dans un état de transpiration magnifique. Au-dessus de mon lit voltigeait une brume si épaisse que l'on eût dit que j'avais avalé la veille trois décoctions de bourrache fine et une douzaine de laits de poule. — Et ce n'était pas étonnant, je venais de dormir douze longues heures entre vingt-huit et trente degrés centigrades de chaleur! — Avec cela on fait des œufs à la coque.

Je donnai au docteur le temps de calmer un peu sa colère, et à ma brume le temps de s'écouler; puis nous sortimes, bien résolus à ne pas rester longtemps à Munich. Notre première visite fut pour le premier pharmacien qui se trouva sur notre route. — On en a deviné l'intérêt.— Nous nous rendîmes de là à Notre-Dame.

Notre-Dame doit sa première fondation à l'évêque de Freysing, Conrad II, qui, en 1274, cédant aux demandes de la bourgeoisie, obtint l'approbation du pape Grégoire IX, et fit élever, à ses frais, une cure et une petite église qu'il plaça sous l'invocation de la sainte dont elle porte encore le nom. En 1468, le duc Sigismond lui fit donner par Georges Gankoffen, maître maçon de l'école de Louis le Lion, les développements que nous lui voyons aujourd'hui.

Elle est bâtie sur une place tellement peu proportionnée à sa taille, que l'œil ne peut en embrasser l'ensemble. Son style, postérieur à l'ancienne architecture allemande en briques rouges, est d'une pesanteur qu'il faut sans doute attribuer à la pauvreté et au petit nombre de ses ornements. Ses cinq portails sont décorés d'une madone et d'un enfant Jésus; d'un Christ montrant sa plaie au côté, et d'un autre Christ priant au mont des Oliviers; enfin de deux statues: une Annonciation et un *Ecce homo*. L'un des portails porte, en outre, tracés en relief, les documents relatifs à la construction et au fondateur de l'église. Sigismond est représenté à genoux, offrant modestement à la madone seize distiques de son cru.

> Jam fortuna ruit fragili pede tempus et hora
> Nostraque sint semper facta dolenda nimis
> Ecce Sigismundus princeps serenissimus urbis
> Bavarie reni duxque comesque diu
> Huic animi pietas virtus prudentia summa,
> Alma deo complens votaque digno pie
> Virginis excelse templum dum construi servit
> Saxum fert primum letus honore dei

Christo dum libeat Domus hec sibi cognita busto est
Cui corpus confert ossaque cuncta favet
Spiritus astra colat volitans ad littora pacis
Lumine sic divo vita perennis erit.
Anno milleno quadringent sezaquegeno
Octavo domini sicque nono febrio.
Epigramma illustrissimi principis et D. D.
Sigismundis anno etatis sue 29. S. M. D.

Nous avons copié textuellement ; nous n'acceptons donc aucune responsabilité. Si le duc Sigismond a péché par vanité, Cicéron et Virgile, tant pis pour lui, qu'il s'arrange. Et puis, d'ailleurs, cela ne porterait pas une si rude atteinte à sa gloire... Un poëte ici-bas, si grand poëte qu'il soit, n'est pas tellement poëte qu'il ne puisse parfois se tromper. Comme dit l'italien : « *Chi fa, falla* » — « Qui fait fault. »

Notre-Dame possède un cadran solaire avec sa fresque par Schrandolph, et deux tours dont l'élévation est de 335 pieds, ce qui est d'autant plus remarquable qu'elles sont plantées là sans prétention apparente, et qu'elles n'ont ni rochers ni collines pour talons. Nous visitâmes l'intérieur.

L'intérieur se divise en trois nefs et en vingt-quatre chapelles latérales dont les voûtes sont cannelées et supportées par vingt-deux colonnes et leurs étançons. Beaucoup de tableaux, qui, tous ou à peu près, datent de la décadence de l'art, décorent les autels. Parmi les plus remarquables nous citerons : une *Assomption* de Pierre Candid; une *Annonciation* de Caravage; une *Vierge au linge* de Rottenhamer; et enfin, au-dessus de l'orgue, une fort belle copie du *Jugement dernier* de Michel-Ange. Viennent ensuite une *Conversion de saint Paul* et un *saint Martin*, qui, quoique plus anciens, ne sont pas indignes de tout intérêt. Un autre morceau d'un genre différent, et, par sa beauté, des plus remarquables, c'est la table de A. Schwanthaler. Cette table, destinée à consacrer le souvenir de l'établissement fondé pour les pauvres par l'électeur Charles Théodore, est en marbre et sculptée avec cette noble simplicité et ce grand talent que Schwanthaler a transmis à son fils, l'illustre sculpteur de nos jours.

Mais le monument sans contredit le plus important du temple est le tombeau en marbre noir, à pointes rouges, de Louis le Bavarois, qui se trouve sous l'arc de triomphe, entre la nef et le chœur, au-dessus de l'ancienne sépulture des princes de Bavière. Louis est couché sur un baldaquin dont les quatre angles sont occupés par quatre soldats qui tiennent chacun à la main une lance sur l'oriflamme de laquelle se lisent les noms de Charlemagne, de Louis le Pieux, de Charles le Gros et de Louis IV. A droite et à gauche sont les statues colossales, en airain, d'Albert et de Guillaume, l'un père, l'autre aïeul de Maximilien, qui, dit-on, fit ériger ce mausolée, dont Pierre Candid avait fait le plan, et dont Joseph Krumpter sculpta et fondit les principaux ornements. Albert est en costume ordinaire, et Guillaume en chevalier de la Toison d'or. Huit anges en airain se tiennent debout sur le baldaquin, et sont eux-mêmes surmontés de deux jolies figurines qui, élevées sur le dôme, supportent un coussin sur lequel repose une couronne surbaissée des armes impériales : le sceptre, le globe, le bouclier et l'épée. Enfin, au-dessous du chambranle se lit cette inscription tumulaire :

Ludovico quarto imperatori augusto Maximilianus Bavariæ Dux san. rom. imp. elector jubentibus Alberto quinto avo Gulielmo quinto parenti posuit.

A. S MDCXXII.

Un glockner de garde avait suivi notre examen avec de visibles marques d'intérêt. Pensant nous être agréable, en nous offrant ses services, il s'approcha humblement et nous invita à passer devant la chapelle de la Vierge, dont l'autel est en ébène massif et les ornements en ivoire. De là il nous mena baiser les soi-disant os du patron de Munich, saint Benno, ce qui nous mit de la poussière aux lèvres et nous ôta de la poche six kreutzers. Il nous ramena ensuite par l'une des plus grandes travées du temple, puis faisant subitement arrêter le docteur au milieu de la nef dans laquelle nous étions entrés, et lui montrant, sous ses pieds, un pavé de marbre sur lequel était gravée une croix de Malte, il le pria de lui dire combien il apercevait de fenêtres. — Le docteur regarda, il n'en apercevait aucune. En effet, du point où l'on est, debout, sur le pavé indiqué, les colonnades et les piliers prennent une disposition telle que, quoiqu'elles soient au nombre de trente, toutes ayant 70 pieds de hauteur, elles se trouvent entièrement masquées.

Au moment où nous allions sortir, nous remarquâmes accrochés, l'un à côté de l'autre, deux grands tableaux dont l'étrange accouplement nous frappa. Peut-être n'étaient-ils là que provisoirement. L'un était celui du philosophe et philanthrope Rumford, l'autre celui de Louis de Bavière, fils d'Othon l'Illustre.

Benjamin Thomson, comte de Rumford, et, ainsi que l'indique son nom, Anglais de naissance, ne fut pas seulement philosophe et philanthrope ; il fut encore physicien, chimiste, statisticien, économiste, ingénieur, industriel, et occupa successivement les postes de conseiller d'état, de lieutenant général et d'ambassadeur. Il fut l'ami des pauvres et leur dévoué protecteur. L'Angleterre, la Bavière et la France étaient particulièrement l'objet de ses bienfaisantes prédilections. Chacun sait que c'est à lui que nous devons deux instruments des plus ingénieux : l'un, nommé *calorimètre*, fait connaitre la quantité de chaleur produite par la combustion ; l'autre, nommé *thermoscope*, sert à distinguer les plus légères différences dans la température des corps ou dans la transmission du calorique. Rumford trouva également les lampes dites *astrales*, ces lampes qui prirent son nom, et valurent celles d'Ami Argand. — En 1804, il épousa la veuve de Lavoisier, et dix ans après il mourut presque subitement à Auteuil. Les Bavarois lui élevèrent un monument sur l'une des places de Munich, et Cuvier prononça son éloge à l'Académie des sciences de Paris.

Le tableau dont nous avons parlé plus haut le peignait assez grotesquement en costume d'officier général, et tenant deux petits enfants, l'un sur le poing, comme un chasseur son faucon, et l'autre à la main. A l'imitation de saint François de Paule, il venait de les relever dans la neige, et il les emmenait à l'un des établissements de bienfaisance qu'il avait récemment fondés. — Cette toile était signée J. Peeppel:

Quant à l'autre tableau, il représentait le comte et palatin Louis s'humiliant aux pieds de notre saint-père le pape.

Louis avait épousé, en premières noces, la fille du duc de Brabant, Henri le Magnanime. Marie était aussi belle que bonne et vertueuse; elle aimait avec amour celui que le ciel lui avait donné pour maître, et jamais il ne lui serait venu en pensée de manquer à ses devoirs envers lui. Aussi Louis, qui le savait, avait-il pour elle les plus grands égards; mais malheureusement, tout en ne l'ignorant pas, il était jaloux : or, la jalousie est un terrible cancer! La Rochefoucauld a eu beau prétendre qu'elle tient plus aux grandes passions qu'aux petites, il a rencontré moins juste que Mme de Stael soutenant le contraire et disant, par exemple, que la vanité en est plus souvent que l'amour le principe et la conséquence ; et cela est d'autant plus vrai, que Louis avait plus de passions grandes que personne, et que la vanité seule causa son malheur.

Obligé de faire un voyage sur le Rhin, il avait laissé Marie à Donawert, lorsqu'un messager chargé de lui remettre une lettre de cette princesse lui en ayant aussi remis par méprise une seconde qui portait pour suscription le nom d'un gentilhomme de Halsbach, le duc l'ouvrit en tremblant. Les premières lignes contenaient quelques phrases à double interprétation; c'en fut assez pour exciter ses soupçons. Bientôt après, la jalousie lui tourna la tête; la vanité lui monta l'esprit. L'idée d'être trompé par Marie, et trompé pour un gentilhomme, un simple chevalier, le rendit furieux. Sans vouloir se donner la peine d'aller jusqu'au bas de la lettre, ce qui lui eût expliqué sa méprise, il sort, s'élance comme une bête fauve sur le messager, et d'un coup de poignard l'étend roide mort à ses pieds. La vue du sang eût dû calmer sa colère; mais loin de là, elle la porte au contraire à son paroxysme. Il selle aussitôt lui-même l'un de ses chevaux, se jette dessus en habit de cour et de parade, revient comme un fou en Bavière et ne s'arrête qu'à Donawert, aux portes du château. Personne ne comptait sur lui. Il passe son épée au travers du corps du commandant de place, poignarde l'une des confidentes de la duchesse, précipite du haut d'une fenêtre la femme du gouverneur de la tour, et paraît, inondé de sang, devant Marie. La pauvre jeune femme priait à ce moment même pour lui et pour son enfant, car elle allait bientôt devenir mère, et telle était sa joie que chaque jour elle en remerciait la Vierge et Dieu dans son cœur. L'œil en feu, et ne pouvant, tant la rage l'exaspère, lui adresser aucun reproche, le duc lève sur elle sa main sanglante; il va la frapper. Marie, effrayée, éperdue, se jette à genoux, baissant craintivement la tête et croisant les bras sur sa poitrine comme pour protéger son enfant. A cette vue, le duc, interdit, s'arrête, son bras tombe, son arme lui échappe, puis tout à coup il recule et se sauve en vociférant des menaces. A peine a-t-il disparu, que Marie se lève, à son tour, voulant fuir, mais au même instant un homme paraît brusquement devant elle. Cet homme, elle ne le connait pas, mais au manteau noir qui l'enveloppe de la tête aux pieds, elle craint de deviner sa mission.

Monsieur, lui dit-elle avec égarement, le duc, où est-il? que me veut-il? qu'a-t-il à me reprocher?

—Madame, répond lentement l'inconnu, Son Altesse n'est plus au château; elle est retournée sur les bords du Rhin. Quant à ce qu'elle vous reproche, lisez, madame, ces mots vous le diront.

Marie prend les tablettes qu'on lui tend : trois lignes sont tracées à peine au poinçon. Quelque difficiles qu'elles soient à déchiffrer, la jeune femme y est bientôt parvenue. On l'accuse d'adultère, et, comme telle, il faut qu'elle soit punie sévèrement. D'adultère! elle! Marie!..... Une femme moins courageuse et moins forte se fût laissé abattre ou eût protesté par les réclamations les plus vives; Marie s'y prit autrement. Elle ne chercha point à se justifier; elle savait l'inflexibilité de son époux, et d'ailleurs, n'eût-ce pas été cela, qu'elle eût considéré comme indigne d'une femme vertueuse de se défendre d'un crime qui n'était jamais entré dans son cœur. Puisant de nouvelles forces dans sa position de mère et d'épouse, elle répondit avec dignité qu'elle ne tenterait jamais de se soustraire aux volontés du duc, son auguste époux ; qu'elle ne demandait qu'une faveur, celle de demeurer prisonnière jusqu'à l'époque où son enfant verrait le jour : alors le palatin pourrait faire d'elle ce qu'il jugerait convenable, elle ne se plaindrait point.

L'inconnu répondit humblement qu'il lui était impossible d'acquiescer à ses désirs ; il avait reçu des ordres précis, rigoureux, et il fallait qu'il les mit le plus promptement possible à exécution. Alors la duchesse le pria de vouloir bien lui dire quels étaient ces ordres, et, comme l'inconnu hésitait, elle le supplia si fort, qu'il finit par balbutier :

Ces ordres, madame, sont de vous faire subir la peine portée contre l'adultère.

Et cette peine, monsieur, quelle est-elle?

— Madame.....

— Parlez!

— C'est.....

— Que n'achevez-vous?

— C'est la mort!....

— La mort!... répéta Marie en pâlissant tout à coup, la mort!..... Elle resta un moment comme accablée sous le coup de cette déclaration sévère; puis enfin, reprenant courage : — Mais, monsieur, dit-elle, pour que vous soyez chargé de m'annoncer cette nouvelle, qui donc êtes-vous?

L'inconnu laissa tomber son manteau, et, en le voyant vêtu d'un justaucorps mi-parti rouge et vert, portant au côté droit une longue et large épée sans fourreau, la duchesse se laissa choir, en murmurant d'une voix presque éteinte :

Le bourreau!

Le bourreau (car c'était bien lui) profita de cet instant d'affaissement; il fit entrer un anachorète d'une grande piété, nommé Hugues, et lui confia le soin de préparer la duchesse; il lui laissait, pour cela, une demi-heure, après laquelle il devait revenir pour *obéir* au duc Louis.

Hugues s'approcha doucement de la jeune femme, cherchant à la relever; mais Marie, qui semblait, à la vue du pieux cénobite, avoir recouvré ses forces, n'y voulut pas consentir, disant que c'était ainsi qu'elle désirait que Dieu la reçût en pardon de ses fautes. Elle se confessa d'une voix humble et calme, après quoi, comme si ce qu'elle venait d'entendre n'eût été qu'un rêve, elle demanda s'il était bien vrai que le duc l'eût condamnée au supplice odieux des infâmes. Hugues lui répondit en hochant tristement la tête. Elle voulut alors savoir si le supplice devait avoir lieu sur l'heure. Hugues ayant répondu par le même signe muet :

Mais, mon enfant, son fils, n'en aura-t-il donc pas pitié?... Le tuera-t-il dans mon sein?... s'écria douloureusement Marie.

Hugues hésitait cette fois à répondre; mais enfin, voyant que par son silence il prolongeait les angoisses de la pauvre victime, il lui fit entendre que le duc considérait cet enfant comme le fruit du crime de sa mère, et qu'il fallait que la mère et l'enfant mourussent du même coup.

Marie reçut ce terrible aveu avec la pieuse résignation d'une sainte femme. Sachant qu'il n'y avait pas à résister aux ordres du duc, elle détacha son esprit des choses d'ici-bas, et ne songea plus dès lors qu'à faire son salut. Elle se confessa une seconde fois et pria Dieu pour son fils. Elle s'inclina ensuite devant le cénobite et reçut l'absolution finale de ses fautes; puis, à ce moment même, la porte s'étant de nouveau ouverte et le bourreau s'étant avancé, Marie marcha au-devant de lui, comme sainte Cécile allant au martyre, tenant sur sa poitrine un Christ d'ébène et récitant à voix basse :

« *Domine, ne in furore tuo arguas me; neque in irâ tuâ corripias me.* »

« Seigneur, ne me reprenez pas dans votre fureur et ne me châtiez pas dans votre colère. »

Tandis que Hugues disait, les mains jointes :

« *Lætamini in Domino, et exultate, justi :*
« *et gloriamini omnes recti corde.* »

« Réjouissez-vous, justes, dans le Seigneur,
« et soyez ravis de joie; et chantez ses louanges,
« vous tous qui avez le cœur droit. »

Le bourreau, la voyant ainsi préparée, lui demanda si elle n'avait rien à réclamer. Marie lui répondit d'une voix douce que ses dispositions dernières étaient prises, et que le pieux ermite, son confesseur, les avait reçues. Alors l'exécuteur s'approcha d'elle, dénoua ses beaux cheveux blonds qui roulèrent jusqu'à terre, l'enveloppant de toutes parts comme sainte Madeleine au rocher; il les prit d'une main, et les coupa de l'autre avec tant d'adresse, que Marie s'aperçut à peine qu'il venait de l'en dépouiller. Le bourreau la pria ensuite de s'agenouiller sur un carreau de tapisserie à glands d'or, ce qu'elle se hâta de faire; de poser sa tête sur un billot à bascule, ce qu'elle fit avec plus de répugnance, la vue de cet horrible instrument, qu'elle n'avait pas encore aperçu, la faisant, malgré elle, frissonner. A ce moment, Hugues, qui, jusque-là, n'avait cessé de l'exhorter et de l'encourager, voulut s'éloigner; des larmes coulaient silencieusement sur ses joues. Mais Marie étendit la main sans changer de posture, et le retenant par sa robe grise :

Mon père, lui dit-elle, au nom de Dieu, ne m'abandonnez pas!

Puis, elle ajouta d'une voix suppliante :

Mon père, priez pour lui!

Hugues resta, disant :

« *Cantet exultans chorus angelorum, cantet
« nunc aula cœlestium.* »

« Chœur des anges, entonnez avec allégresse
« vos cantiques sacrés; que la cour céleste les
« répète sans se lasser. »

Et Marie lui répondit aussitôt :

« *Gloria in excelsis!* »

« Gloire à Dieu, gloire au plus haut des
« cieux! »

Et elle ajouta, comme si elle eût achevé une prière :

« Mon Dieu, mon divin Sauveur, prenez
« en pitié son âme; pardonnez-lui, ô mon Dieu! »

Ce furent ses dernières paroles.

A la vue de cette jeune femme qui, âgée de vingt ans à peine, était si belle, si noble et si pieuse, le bourreau s'était arrêté, ému, indécis; mais, tout à coup se rappelant son terrible office, il profita du moment où, tout entière à son exaltation religieuse, elle oubliait sa position sur la terre pour élever son âme vers les cieux ; il leva sa puissante épée qui flamboya comme l'éclair et retomba lourdement.....

Hugues s'était incliné, le visage étendu sur la pierre : il se releva, les yeux inondés. Le bourreau ramassa la tête sanglante de Marie et la déposa dans un cercueil de bois noir que, sur un signe convenu, ses aides avaient apporté. Le cénobite s'approcha alors du cercueil, pria deux heures durant, à genoux devant; puis, la nuit était venue, il ensevelit lui-même le cadavre, posa pieusement à ses pieds la belle chevelure de Marie, sur son cœur le crucifix avec lequel elle était morte, et sur son front la couronne ducale, signe distinctif de son rang. Ce devoir accompli, et le cercueil étant refermé, il alla chercher deux religieux du vieux moutier d'Aufkirchen, et, sans leur dire la qualité de la personne défunte, il les pria de l'aider à la porter au dernier asile, ce qu'ils firent avec empressement.

Cependant le duc Louis n'avait pas tardé de reconnaître son erreur. Les dernières lignes de la fatale lettre dont il avait repris la lecture, lors de son retour sur le Rhin, lui avaient aussitôt dessillé les yeux; il avait compris toute la gravité de son inculpation, son injustice, son aveuglement. Honteux, repentant, il revint en hâte à Donawert, pensant pouvoir encore obtenir son pardon: dans son trouble, il avait oublié ce qui s'était passé; mais l'événement se chargea cruellement de le lui rappeler : lorsqu'il arriva, trop fidèle mandataire de ses ordres, le bourreau avait depuis trois jours exécuté son impitoyable mission. . . . .

. . . .

Le repentir de Louis fut si vif, que, dit le chroniqueur, quoiqu'il n'eût encore que trente-trois ans, ses cheveux blanchirent tout à coup, ses dents tombèrent dans une nuit, ses joues se couvrirent de rides, et sa tête fut à jamais agitée d'un tremblement convulsif. Ne sachant comment apaiser ses cuisants remords, il alla se jeter humblement aux pieds du pape

Alexandre IV, qui lui accorda la rémission de ses crimes, à condition toutefois qu'il ferait bâtir un monastère pour douze religieux de l'ordre de Saint-Bruno. Le duc Louis promit d'accéder à cette œuvre pie, et en effet il s'y conforma; seulement, comme il n'y avait point en Bavière de religieux de l'ordre prescrit, il fit présent du monastère aux moines de Citeaux, qui y envoyèrent douze délégués en leur nom.

C'est aujourd'hui l'abbaye de Furstenfeld.

A partir de cet événement, les Bavarois avaient eu le duc Louis en grande aversion; mais, à l'époque de sa mort, prenant en considération le bien qu'il avait fait au pays, ils se contentèrent de le surnommer *le Sévère*. Quant à nous, qui n'avons pas les mêmes motifs d'être indulgents envers sa mémoire, nous dirons qu'il eût plutôt mérité d'être surnommé *le Tigre*. Peut-être quelques lecteurs partageront-ils notre avis.

FIN DU PREMIER VOLUME.

TABLE DES MATIÈRES.

Avant-propos...................... .... page   1

CHAPITRE PREMIER.

Strasbourg. — M. Hammer. — Manière de voyager en Allemagne.— M. Chules.— Le Münster.— Le dîner du congrès — Les carpes du Rhin. — Les hirondelles de l'église. — Le chef-d'œuvre de Pigalle.—La Robertseau —L'arbre vert.— Le musée. — Les écoles. — Les lottes de Hongrie. — Le nouveau Philoxène.— Départ pour Kehl.   15

CHAPITRE II.

Le coche.— Le compagnon de route.— Le faux Rhin.— L'île des Epis. — Le tombeau de Desaix.— Le général Duhesme à Diersheim. — Louis XV et le *Mariage de Figaro*. — Kehl. — Influence de cette petite ville sur les communs voyageurs.— Le pont de bateaux.— Le Badois et le Limousin.— Origine des marquis de Bade.— L'alcide et le baron.   41

CHAPITRE III.

Rastadt. — Master Van-Hoop-Zanderfelden. — Étichon Ier et Saint-Wardin — Les tabatières de papier mâché. — Le château de la margrave Sibylle. — Le concierge Curtius.— Assassinat de trois ministres français.—Une surprise.—Le maître de poste.—La fête d'un centenaire.—Sa famille.—Le toast.—L'élixir de longue vie.—De Rastadt à Carlsruhe.   65

CHAPITRE IV.

Carlsruhe. — Le caprice d'un grand seigneur. — Le margrave Charles Guillaume et comte Frantz de Windeck.— Un déjeuner de dix mille francs.—L'ouistiti et le citronnier de la princesse Auguste.—Dourlach.— Vitellius. — Le tusculum de Cecinna.

—La croix de l'Ange. — Ephrem et Sarah. — Saint-Corbon et Sainte-Antonine. —Le lien maudit. —Pierre l'Hermite. 95

CHAPITRE V.

Le nouveau Benvenuto Cellini.— La Schwarzwald.—La maison du charbonnier — Pforzheim.— Son origine.— Erostrate et le marquis de Kliddesdale.—Vatel et Brenter.—Stuttgard.— La schlague abolie.— Le premier roi de Wurtemberg —Le fauteuil royal et le manteau. — La trinité des ventrus, Louis XVIII, lord Pembrowcke et M. de Caubreuil. 117

CHAPITRE VI.

De Stuttgard à Ulm.— Esslingen — La maison de Schiller.— Gœppingen. — Le pays des tourneurs. — Les ruines de Hohenstaufen. — La légende de Barberousse. — Le dernier rejeton d'un grand nom. — Conradin. — Élisabeth de Bavière.— Charles d'Anjou.—Le prétendant. — La défaite. — Clément IV.— La condamnation.— Le supplice. 145

CHAPITRE VII.

Geislingen — Son industrie.— Sa position — Les solliciteurs — Le postillon et ses chevaux. — Le Wolfenbuttelois. — Une exécution à Brunswick. — Les Français insultés. — Les cuirassiers. — Le général W***. — Le maréchal Davoust.— Les deux jeunes filles. — Le bourgmestre. — Leur requête. —Le bourreau.—Friderick Schoilz.—Le sursis.—La mort. 173

CHAPITRE VIII.

Les deux empereurs. — La réparation. — Le mystique château de Rodenstein. — Émeric III et le baron de Butelsbach. — Ulm. — La roue d'or. — Fritz. — Le wurst. — Le réveille-matin. — Les moines de Saint-Boniface. —La correction d'un grand roi. — Le maréchal Soult. — Berchol le canonnier. — Les fourches caudines. — Les escargots. — Le martyr. 197

CHAPITRE IX.

Les gardes du pont. — La Bavière. — Guntzbourg. — L'âble et l'étudiant. — Muhler et Laouée. — Le val de l'Aveugle. — Le comte de R***. — Le baron de K***. — Le duc de Z***. — Le duel. — La mort. — La vendette. — Gœtz. — Marie et Otto. — La fuite. — Le mendiant. — La cabane. — Le torrent. — Wolff. — L'hôpital. — Smolensk. 227

CHAPITRE X.

Burgau. — Zusmarzhausen. — Wertingen. — Murat. — Excelmans. — Wuillemen. — Augsbourg. — Le panorama. — Hubert Ghirardi et Adrien de Vries. — Frédéric II. — Les fontaines. — Auguste, Hercule et Mercure. — La vengeance de Guillaume V. — Charles-Quint. — Saint Bernard et le pharmacien. — Saint Ulric et les rats. — Les trois Mores. — M. Deuringer. 277

CHAPITRE XI.

La Fouggerie. — Mathias et Sabine — Le rêve. — La réalité — L'empereur et son hôte. — Le fagot de cannelle et l'allumette de quatre millions. — Dominique Custos interprété par de savants bibliographes. — Othon le Grand et les Huns. — Marente et son capitaine. — Guébhard d'Hardenfelds. — Mélane et Juval. — L'abbaye des Dames-Bleues. 321

CHAPITRE XII.

Munich. — Henri de Bavière, architecte. — Les 12,000 maçons La briqueterie de Schœffelar. — Le Coq d'or. — Les lits bavarois. — Notre-Dame. — Les seize distiques du duc Sigismond. — Le mausolée de Louis le Bavarois. — Le philanthrope Rumford. — Louis le Sévère et Marie de Brabant. — Le pape Alexandre IV et l'abbaye de Furstenfeld. 349

FIN DE LA TABLE DES MATIÈRES.

TROIS ANS

DE

PROMENADES EN EUROPE

ET EN ASIE.

Imprimerie de madame veuve BOUCHARD-HUZARD, rue de l'Éperon, 7.

TROIS ANS

DE PROMENADES

EN EUROPE

ET EN ASIE

PAR STANISLAS BELLANGER.

TOME DEUXIÈME.

PARIS

ARTHUS BERTRAND, LIBRAIRE-ÉDITEUR

LIBRAIRE DE LA SOCIÉTÉ DE GÉOGRAPHIE

23, RUE HAUTEFEUILLE.

1842

DE PARIS A BUCHAREST.

CHAPITRE PREMIER.

Ottfried — Les guides. — Ce que valent cinq minutes. — Saint-Michel. — Le prince Eugène. — Thorwaldsen — La margravine Adélaïde et saint Caïétan — Aloïs Senefelder. — La nouvelle chapelle. — L'ancienne résidence. — Gustave-Adolphe. — La gymnastique et la dynamique du digne prince Christophe. — Jost Kurowski. — La Pâque et les Juifs.

La première chose que nous fîmes, en sortant de Notre-Dame, fut de prendre un guide. Les guides à Munich ne manquent pas : nous en eûmes bientôt trouvé dix. Notre choix tomba sur un brave garçon de vingt-sept à vingt-huit ans, nommé Ottfried. Il se disait étudiant. Était-ce pour nous prévenir plus avantageusement en sa faveur, pour nous donner une plus haute idée de ses capacités cicéroniennes, ou pour nous engager à être plus généreux envers lui ? Je l'ignore. Ce qu'il y a de certain, c'est qu'il était étudiant. Sa famille, peu aisée, ne pouvant lui donner de quoi subvenir à ses besoins et faire ses études, il avait bravement accepté son sort : il s'était fait cicerone, et récoltait ainsi de sept à huit cents florins avec lesquels il vivotait à Munich. Il se levait à quatre heures, travaillait jusqu'à sept, allait au cours jusqu'à neuf, déjeunait quand il le pouvait, se faisait le servant des voyageurs de dix heures à cinq heures à peu près, et passait sa soirée en compagnie de ses amis, soit à la brasserie de Pschorr, soit au café de Schwabig. Il n'était jamais question chez lui du dîner; Ottfried en niait, d'ailleurs, l'existence. « Il est bien vrai, disait-il avec un « sang-froid antique, que le dîner est une de ces « choses dont on a toujours beaucoup parlé,

« mais aussi n'a-t-on pas toujours beaucoup
« parlé de la moralité des hommes ? et cepen-
« dant, qui a prouvé qu'elle existât quelque
« part, qu'elle ait même jamais existé? Allez,
« allez, croyez-moi, il faut, en définitive, ranger
« le diner, comme la licorne et comme la for-
« tune, au nombre des mythes, des choses émi-
« nemment fabuleuses. » Nous ne cherchâmes
pas à le dissuader, c'eût été lui rendre un mauvais service.

J'aime beaucoup les guides écrits, mais j'aime encore mieux les guides parlants. Bien qu'ils ne soient souvent pas plus exacts, le guide parlant que le guide écrit, et le guide écrit que le guide parlant, celui-ci a un avantage incontestable sur l'autre : il parle. Avez-vous une question quelconque à faire, une soudaine critique à soulever, le guide, à moins qu'il ne soit obtus comme Jocrisse, vous répond, et cela vous égaye. Et puis, d'ailleurs, apocryphes ou réelles, vous tirez toujours de lui une foule d'anecdotes que l'autre dédaignerait de vous communiquer. Le guide parlant a fait une étude spéciale de son métier; il tient sans cesse à votre disposition une aventure inconnue, une légende, une chronique, un conte fantastique ou une tradition locale, un trait d'histoire ou une nouvelle plus ou moins nouvelle. Et vous l'écoutez, c'est une *impression*.

L'Allemagne a cet avantage sur nous d'avoir donné naissance à des ciceroni pleins de tact, d'intelligence et de savoir. Les faits, les noms, les lieux, les dates, ils n'ignorent rien. Venez-vous à Paris, au contraire, vous trouvez des va-nu-pieds qui ne vous donneront pas beaucoup, mais qui, s'ils le peuvent, vous arracheront votre habit. Ils vous mèneront voir des choses qu'ils n'ont jamais vues eux-mêmes, ou qu'ils ont vues sans les voir : car il ne s'agit pas, pour bien voir, de voir seulement avec les yeux de la tête, il faut encore voir avec les yeux de l'âme et du cœur; or, le cicerone parisien n'a ni de ceci ni de cela, tandis que le cicerone allemand en est plein.

Ottfried était d'une gaieté proverbiale à Munich; il n'engendrait jamais de mélancolie, et savait sa ville sur le bout du doigt : ses monuments, ses places publiques, ses bibliothèques, ses jardins, ses musées, il récitait tout par cœur, sans se tromper. Si par événement il devenait aveugle, il n'en continuerait pas moins son état. Il est à jamais soudé à sa chaine, et ne trouve pas, l'heureux caractère! qu'elle soit trop lourde à porter. Il sera toute sa vie étudiant-cicerone : c'est sa croix de douleur ici-bas. Aussi, comme il n'ignore pas que tout chemin mène à Rome, et qu'il ne voit pas pourquoi, à quelques exceptions près, il n'en serait pas de même pour le paradis, espère-t-il qu'à force de guider des voyageurs dans ce bas monde, saint Julien, leur divin patron, voudra bien un jour l'en récompenser en le guidant un peu à son tour dans le royaume des cieux. C'est cet espoir qui le dirige; c'est son étoile, son soutien, son *ultima spes Trojæ*.

Nous avions à voir, à Munich, outre Notre-Dame, l'ancienne église des Jésuites, aujourd'hui église Saint-Michel; celles de Saint-Jean, de Saint-Pierre, de Saint-Louis, de Sainte-Anne et de Saint-Sauveur; celle des Théatins, dédiée à saint Caïétan; l'ancienne cour; le château du duc Max; l'ancienne et la nouvelle résidence du roi; le palais du prince Charles; celui du duc de Leuchtenberg; le monument de l'électeur Maximilien; le monument dédié aux braves de la haute Bavière; l'obélisque; le jardin botanique; le cabinet des médailles; la salle des antiques; la bibliothèque; l'observatoire; l'université; la glyptothèque; la pinacothèque; les collections particulières, au nombre de douze; l'hôtel de ville; l'hôtel des monnaies; l'hôtel des États; les prisons; les fonderies; l'arsenal; les casernes; les théâtres; les jardins, etc. etc., etc...

Nous demandâmes à Ottfried combien il faudrait de temps pour visiter convenablement ce que contenait cette nomenclature. - Il nous répondit qu'il ne faudrait pas moins de trois semaines.—Nous lui demandâmes comment il ferait, si, au lieu de trois semaines à dépenser, il n'avait que trois jours. — Il nous répondit, avec une sagacité merveilleuse, que, dans ce cas, il s'arrangerait de manière à voir le plus de choses possible, et que, de cette façon, il n'aurait rien à se reprocher. — Nous lui demandâmes enfin quel serait, pour voir le plus de choses possible, le point de départ qu'il adopterait.—Cette fois, il voulut savoir, avant de nous répondre, si nous avions confiance en lui.—Notre réponse l'ayant satisfait, il nous pria de vouloir bien l'attendre un instant, disant qu'il allait chercher chez lui ce qu'il appelait sa *boussole*, et nous assurant qu'avant cinq minutes il serait de retour.

Ces cinq minutes faillirent nous jeter dans les embarras de la police correctionnelle de Munich.

Cinq minutes dans la vie ordinaire d'un homme sont bien peu de chose; mais quand cet homme voyage, et que ses jours sont presque comptés, il est obligé de ne rien perdre, et, la montre à la main, de calculer minutieusement les douze heures que le soleil lui accorde, afin d'en faire utilement la répartition. Ainsi fîmes-nous, bien éloignés cependant de prévoir les graves conséquences auxquelles cela pouvait entraîner. Nous avions entendu vanter les bons gros cigares de Munich : nous résolûmes de leur faire subir un examen rigoureux; cela utiliserait agréablement nos cinq minutes. Hélas! nous étions loin de nous douter qu'en agissant ainsi nous commettions une imprudence des plus grandes! A peine ceux dont nous venions, le docteur et moi, de nous munir, étaient-ils allumés, que soudain, un homme tomba sur nous comme un agent de la rue de Jérusalem tombe sur un individu quelconque le jour d'une émeute. Cet homme était pourvu d'une encolure si particulière, que nous avions de suite deviné son emploi; mais il avait agi avec tant de brusquerie, qu'avant seulement que nous eussions eu le temps de nous reconnaître, nous étions en face de l'une de ces autorités municipales qui, chez nous, ont une lanterne à leur porte et des lunettes sur leur nez.

Nous commençâmes par nous plaindre haut de la façon tant soit peu brutale avec laquelle on nous avait arrêtés. On agit ainsi avec des voleurs, nous écriâmes-nous, mais avec de bons citoyens honnêtes et paisibles, on a des procédés plus humains. Cette réclamation faite, nous demandâmes le motif de notre arrestation ; il nous paraissait fort étrange qu'on ne nous l'eût pas fait sur-le-champ connaître.

—Messieurs, nous répondit séchement le magistrat, vous avez fumé sur la voie publique, ce qui vous met en contravention avec les ordonnances de police, lesquelles en font la défense expresse; partant donc, le devoir de mon agent était de vous amener devant moi, qui seul suis apte à vous satisfaire.

Comme il terminait en nous condamnant à payer l'amende, nous ne restâmes pas sans lui répliquer. Nous lui objectâmes d'abord qu'il avait tort de dire, en parlant de nous, *vous avez fumé;* qu'il eût dû dire *vous alliez,* vu que nos cigares n'exhalaient pas encore de fumée, au moment où son aide de camp s'était précipité la main ouverte sur nous : et pour preuve nous exhibâmes deux cigares, lesquels étaient aussi intacts que s'ils fussent sortis à l'instant même du bureau. Nous ajoutâmes ensuite que nous étions étrangers, et comme tels, peu au courant des us et coutumes de Munich; qu'il était bien possible que le roi de Bavière, dans l'intérêt du nerf olfactif des dames, eût interdit aux fumeurs, les rues, les places publiques et les promenades de sa capitale, mais que S. M. Louis-Philippe n'avait pas cru devoir pousser la galanterie jusque-là; que, chez nous, quand on voulait interdire une liberté quelconque dans les rues ou le long de certains bâtiments, on faisait imprimer sur une banderole de plâtre, ces mots consacrés : « *Défense de... etc., ou de... etc., sous peine d'amende.* » Et que nous n'avions rien vu de semblable à Munich. Nous terminâmes enfin en disant que le roi Louis IV, créateur des libertés de Munich, « *tutor urbis monachii per universum imperium,* » avait évidemment dû comprendre, dans ses libertés, celle de fumer où et quand il semblerait convenable aux amateurs du havane; que c'était donc forfaire à ses intentions que de nous attaquer ainsi, et que nous protestions contre ce qui, suivant nous, était un criant abus.

Notre plaidoirie avait été magnifique; mais nous n'en fûmes pas moins condamnés. Nous ne pûmes obtenir que le bénéfice des circonstances atténuantes, ce qui fit réduire notre amende de trois thalers à deux florins convention.

— Messieurs, un avis, nous dit ensuite le digne commissaire en encaissant notre argent : allez de ce pas chez Lentner, libraire connu sur la place. Il vous vendra un tout petit livre intitulé : « *Der Rathgeber für München in hauslich-polizeilichen verhältnissen.* » Ce petit livre est un *vade-mecum* indispensable ; je souhaite qu'il vous préserve de tout nouvel accident.

Au moment où nous sortions du prétoire, nous rencontrâmes Ottfried, qui, sa boussole à la main, s'y rendait après nous avoir cherché de tous côtés. Sa boussole c'était sa pipe. Nous lui demandâmes qui avait pu lui donner à penser que nous posions devant la justice. Il nous répondit que c'était un mot qu'avait vaguement prononcé le docteur : le mot cigare. Il regrettait vivement de nous avoir quittés, et d'être ainsi involontairement cause de notre mésaventure. Nous le consolâmes de notre mieux, après quoi il nous rappela que nous avions promis d'avoir confiance en lui, et nous partîmes aussitôt pour aller visiter l'église Saint-Michel.

Cette église fut fondée en 1583, par les soins du duc Guillaume IV, qui la destinait aux jésuites. Wolfgang Muller en fut l'architecte. Elle a 288 pieds de longueur sur 126 de largeur. Le chœur, l'un des plus beaux de tous les temples de Munich, est long de 84 pieds et large de 52. Gundelfinger dépensa tout son talent à le construire. Les voûtes, qui toutes convergent en berceau, sont d'une largeur étonnante; l'architecture est un mélange de corinthien et d'ionique, qui forme ce que l'on appela plus tard, si nous ne nous trompons, l'ordre italique. On y remarque le sentiment des nobles proportions et l'effet heureusement combiné des espaces. Une foule de statues et de peintures en font l'ornement. Parmi les premières, et couronnant le fronton de l'une des façades, se voit d'abord le Sauveur du monde; puis, au-dessous, lui faisant cortége, et habilement sculptés en marbre blanc, se tiennent fièrement rangés Othon, Théodo et Théodowalda, premiers princes de Bavière, baptisés par saint Rupert ; Charlemagne, et Othon Ier de Wittelsbach ; le roi Christian de Danemark, l'empereur Rupert, Louis-le-Bavarois, l'empereur Maximilien Ier, Louis de Brandebourg, Albert-le-Sage, Ferdinand, Charles V, et enfin le duc Guillaume IV, qui, en baissant un peu les yeux, aperçoit à ses pieds saint Michel écrasant Satan.

Saint-Michel était l'église de prédilection de la duchesse de Leuchtenberg : aussi voulut-elle que l'on y élevât un monument à la mémoire du prince Eugène, son époux. Elle confia l'exécution de ses désirs au grand sculpteur Torwaldsen. L'illustre Suédois fit choix lui-même d'un marbre de Carrare et prit sur-le-champ le ciseau. Son œuvre accomplie, et accomplie avec cet inimitable talent que chacun lui connait, il l'exposa aux yeux de la duchesse, qui versa des larmes de reconnaissance et de bonheur. Le duc est debout sur un socle blanc, ses armes à ses pieds.

La main gauche posée sur son cœur, il tient de la droite une couronne de laurier, double action qui s'explique par ces deux mots tracés au-dessous en français : « *Honneur et fidélité.* » A sa droite, la Muse de l'histoire burine les hauts faits de sa noble carrière, tandis qu'à sa gauche, le génie de la mort et celui de l'immortalité se tiennent étroitement unis. Eug. Mayer exécuta deux beaux anges qui supportent la table du socle, et un artiste, nommé Schlegel, grava dessus cette simple épitaphe :

Heic placide ossa cubant
Eugenii Napoleonis
Regis Italiæ vices quondam gerentis
Nat. lutet. parisior. D. III. sept. MDCCLXXXI.
Def. monachii. D. XXI febr. MDCCCXXIV.
Monumentum posuit vidua marens
Augusta Amalia
Max. Joseph. Bav. regis filia.

Ottfried nous contait un trait d'intrépidité du prince Eugène, au moment où se dessina devant nous l'église des Théatins. L'origine de ce temple est assez curieuse. En 1674, il y avait huit ans que l'électeur Ferdinand-Marie avait épousé la jeune et jolie margravine Adélaïde, et le ciel n'avait point encore daigné féconder leur union (style de complainte), lorsque, désespérée de sa stérilité, la princesse, prenant un eucologe et un calendrier complet, fit une prière à chacun des saints, les suppliant en particulier de vouloir bien intercéder pour elle auprès de Dieu. Mais, soit qu'ils eussent reçu des ordres contraires, soit que la margravine ne s'y fût pas prise assez adroitement pour captiver leurs bonnes grâces, tous les saints firent la sourde oreille. De plus en plus chagrinée et craignant que, si ce fâcheux état durait encore quelque temps, le prince, son auguste époux, se lassât de ne point avoir d'héritier et ne la répudiât, elle repassa son calendrier pour s'assurer si elle l'avait bien intégralement égrené. Et ce fut une céleste idée, car elle avait oublié l'un des bienheureux. C'était un pauvre petit saint nommé Caïétan. Il était si peu connu, si humble et si retiré entre deux grands saints qui l'écrasaient de leurs grands noms, que la margravine avait, sans aucune mauvaise intention, glissé sur le sien. Elle le pria donc avec plus de ferveur que jamais, promettant, s'il exauçait ses vœux les plus chers, de bâtir une superbe église et de la lui consacrer. Saint Caïétan, que l'oubli de la princesse avait mortifié, voulut d'abord imiter l'exemple de ses frères; mais ensuite, considérant que sa renommée avait besoin de s'étendre sur la terre, et ne voulant pas que l'on pût croire qu'il ne jouissait d'aucun crédit dans les cieux, il alla se prosterner aux pieds du père Éternel et obtint de lui ce qu'il désirait. Neuf mois après, jour pour jour, la margravine mettait au monde un garçon qui fut nommé Max-Emmanuel-Caïétan. Au comble de la joie, la princesse tint fidèlement sa promesse; elle appela à sa cour le Bolonais Barella, et lui commanda de bâtir l'église des Théatins. Saint Caïétan était sorti de cet ordre religieux. Le temple fut consacré le 8 juillet 1675, mais il ne put, tant il exigea de travaux, être achevé que sous Maximilien-Joseph, en 1767, par un architecte français nommé Convillers.

Cette église n'offre au regard aucun style

particulier. Tous les ordres y sont confondus à la manière du dix-huitième siècle. Cependant, quelques motifs d'ordre corinthien sont répandus çà et là dans l'intérieur, répondant davantage à ce goût d'élégance qui dégénéra aussi en stucatures superflues. Nous remarquâmes sur le maître autel un beau tableau de Zanchi, représentant la margravine et l'électeur, son époux, offrant tous les deux leur fils à saint Caïétan. Puis, un peu plus loin, une admirable toile du Tintoret (une Descente de Croix). Derrière le maître-autel est une enceinte réservée aux musiciens qui viennent y exécuter la belle musique d'Orlando Lasso, et derrière cette enceinte, la sépulture des princes de Bavière, y compris celle de l'empereur Charles VII et celle de l'impératrice Amélie. Conrad Ebrhard sculpta sur les murs de côté deux petits mausolées en marbre qui furent érigés, l'un à la mémoire du prince Maximilien, mort en 1803, à l'âge de trois ans, l'autre à la mémoire de la princesse Josephe-Maximilienne-Caroline, morte en 1821, à l'âge de douze ans. Le monument forme un élégant sarcophage antique, et l'on voit le jeune prince assoupi, les mains jointes, sur un lit de repos dont deux anges soutiennent les draperies. Le sculpteur a rendu d'une manière habile et touchante le moment où, saisie de douleur, la mère du pauvre enfant se précipite sur lui comme pour l'arracher à la mort. On distingue la crispation nerveuse de ses traits, l'anxiété violente de son beau visage, et les pleurs qui tombent de ses yeux.

Nous sortîmes des Théatins, nous dirigeant vers la nouvelle chapelle de la cour. Chemin faisant, Ottfried nous détaillait *grosso modo* les quelques églises que nous ne pourrions avoir le temps de visiter, lorsque tout à coup, ôtant sa casquette et la tenant à la main l'espace de trois pas, il la remit ensuite sur sa tête, sans nous dire un mot. Nous avions jeté autour de nous et au-dessus un regard circulaire, et nous n'avions vu ni homme, ni femme, ni saint dans sa niche, ni sainte sous sa grille, à qui pût s'adresser ce muet hommage : cela nous intriguait. Avec un guide, on n'est jamais indiscret. Nous demandâmes à Ottfried pourquoi il avait ôté sa casquette. Il nous répondit que c'était en l'honneur de l'un de ses parents. Puis, se retournant et nous montrant une humble maison :

— C'est ici, nous dit-il, qu'est né un homme célèbre, l'inventeur de la lithographie.

— Aloïs Senefelder?

— Lui-même, dit en se rengorgeant Ottfried. Voulez-vous savoir quelques particularités relatives à sa découverte?

— Volontiers.

— Aloïs était en 1800 un simple choriste du théâtre de Munich : du génie, de l'esprit, du courage, de l'âme et du cœur, Aloïs avait de tout ; il avait de tout, excepté de la fortune. L'industrie bouillonnait sans cesse dans sa tête, comme une lave dans un creuset de fer. Une fois à l'œuvre, toute la machine en lui petillait, toutes ses cornues morales travaillaient, et le feu sacré ronflait sous les alambics de son ingénieux cerveau. Il recherchait l'inconnu : c'était sa vie, sa pensée unique, son bonheur. Depuis longtemps il songeait à découvrir quelque mode d'impression plus expéditif, plus économique et plus parfait que le polytypage, qui pût satisfaire du même coup la gravure, le trait pour la musique, le dessin, l'architecture, la géométrie, la physique, l'histoire naturelle, etc. Déjà vingt fois de suite il avait tenté de mettre son projet à exécution, et vingt fois de suite il avait échoué ; mais, certain que ce qu'il tentait n'était pas une œuvre impossible, il n'en poursuivait pas moins son travail. Une seule chose pouvait l'arrêter : c'était la suppression des faibles avances que lui faisait, par affection, le directeur du théâtre. Et malheureusement, ces ressources, toutes modiques qu'elles fussent, elles allaient sans doute lui manquer; le protecteur se lassait, et le protégé sentait lui-même chanceler son courage, quand l'un de ses amis, nommé Schmidt, à qui il avait communiqué son projet, lui ayant apporté une pierre calcaire de Solnhofen, cela lui rendit du cœur. Cette pierre était très-compacte, d'une couleur grisâtre, sans taches ni nervures, d'un grain d'une telle finesse qu'il devait être facile de lui donner un poli parfait. Aloïs cria victoire en pressant la main de son ami.

Sans perdre une minute, il prit un ciseau, tailla sa pierre avec un soin paternel, gratta la surface avec une pierre ponce, et se mira dedans comme un amant enthousiaste dans les yeux noirs de sa bien-aimée. Un lapidaire n'eût pas regardé avec plus d'amour l'œuf fruste sorti de ses mains diamant pur : c'est que la pierre de Solnhofen était le *sine quâ non* du pauvre choriste; c'était sa *pierre d'achoppement*. Aloïs avait composé pour l'impression une encre de soude, de laque, de savon et de noir de fumée; et, pour le dessin, des crayons gras formés de suif, de cire et de noir de Francfort. Il tailla un crayon gras et une plume, afin d'essayer lequel de ces deux objets lui conviendrait le mieux. Avec la plume il dessina sur un coin de sa pierre une vue de fantaisie; avec le crayon, il fit le théâtre de Munich. Le crayon ayant mérité son choix, il effaça ses deux essais linéaires, refit un plan de l'ancienne Résidence, puis, le dessin terminé, il mouilla légèrement sa pierre, appliqua dessus une feuille de papier comme on fait chez les imprimeurs, et posa dessus, en guise de cylindre, un poids de cent kilos.

Au bout de trois minutes, il leva en tremblant sa presse; il n'avait pas une goutte de sang dans les veines, il frissonnait, il pâlissait tour à tour et rougissait d'émotion. Il ferma, malgré lui, les yeux. Quand il les rouvrit, il vit sur sa table une feuille sur le recto de laquelle s'était décalqué un dessin.... *quelconque.* Aloïs faillit sauter au plafond. Le problème était résolu, le grand œuvre était accompli, Aloïs était un lithographe, un inventeur, un grand homme! Un grand homme, lui!.... pauvre choriste inconnu!

Sans s'arrêter à ce premier succès, fruit de tant de veilles, de sacrifices et d'essais, il mouilla de nouveau sa pierre, roula dans son encre une sorte de tampon, et promena délicatement ce tampon sur la plaque. Le dessin, fait au crayon gras, prit parfaitement l'encre, qui ne laissa aucune tache sur les autres parties de la pierre. C'était une grande amélioration, mais elle ne suffisait pas; il fallait encore en éprouver le résultat. Aloïs réappliqua une seconde feuille de papier, la mit sous presse comme il avait déjà fait, et la retira avec un soin infini.

Dix minutes après, notre jeune homme courait comme un fou par les rues de Munich, portant d'une main sa lithographie, tandis que de l'autre il agitait victorieusement son chapeau en l'air. Arrivé chez le directeur du théâtre, il se précipita dans ses bras, en le remerciant mille fois de tous ses bons offices, et en lui montrant le premier-né de sa belle découverte.

. . . .

Le lendemain Aloïs donnait fièrement sa démission de choriste au théâtre [*].

. . . .

Tout intéressantes qu'elles fussent, les communications d'Ottfried touchaient à une question de priorité nationale qui nous semblait jusqu'à un certain point contestable. Nous ne

---

[*] Senefelder vint, quelques années après, s'établir à Paris, et y fonda une maison importante qui existe encore aujourd'hui, rue Richer.

crûmes pas devoir les accepter sans débats. Ottfried insistait avec éloquence.

—Pardon, lui dis-je en l'interrompant, mais, sans vouloir en rien porter atteinte à la réputation justement méritée de votre ingénieux parent, il me semble avoir vu quelque part que le professeur Mittérer possède un globe lithographique de 1582...

— C'est possible, répliqua vivement Ottfried.

—Et, ajoutai-je, que le professeur Mannlich attribue également à Simon Schmidt, l'ami d'Aloïs, cette importante invention.

— Je ne le nie pas

— Vous n'êtes pas ensuite sans savoir que Mulhouse, l'une de nos villes françaises manufacturières, fait valoir aussi quelques titres.

— Libre à elle ; mais qu'est-ce que cela prouve ?

—Vous avez raison, lui dis-je, ému de son aplomb, cela ne prouve rien.

Nous entrâmes dans la nouvelle chapelle.

La nouvelle chapelle est toute jeune, et doit sa naissance au roi Louis. Le conseiller d'architecture Léon de Klenze en fit le plan d'après les églises dites byzantines du onzième siècle. Sa première pierre fut posée le 2 juin 1826, à l'extrémité du château royal dont elle fait partie. Attentionné en toutes choses, le roi Louis ne songea pas seulement à préserver l'odorat des dames dans sa capitale, il voulut encore, dans sa chapelle, préserver leurs yeux. Il fit ses recommandations à M. de Klenze, qui, fidèle interprète de ses royales volontés, s'y prit de telle façon que la lumière ne vient d'aucun côté frapper le visage des fidèles. Aussi, reconnaissantes de ces aimables égards, les dames de la cour, voire même, dit-on, de la ville, ont-elles décidé par acclamation que le roi de Bavière n'était pas seulement un galant homme, mais qu'il était encore un homme fort galant.

La nouvelle chapelle est la Notre-Dame-de-Lorette de Munich. Elle est toute couverte de feuilles d'acanthe, de colonnettes, de fresques, de toiles inestimables, de dorures, de soieries, de marbres rares et de velours. Elle peut se vanter d'appartenir aux plus admirables créations de l'art de notre siècle, en admettant toutefois que cet art puisse être réputé admirable. Les niches, les voûtes, les autels, les absides, les arceaux, les colonnades, les murailles, tout est décoré de peintures signées H. Hess, Kock, Schrandolph et Muller, ce qui dispense de faire leur éloge. Ces grands artistes ont choisi pour texte l'ancien et le nouveau Testament, dont ils ont fidèlement reproduit la physionomie biblique.

De la nouvelle chapelle, et comme nous n'en étions qu'à deux pas, nous nous rendîmes à l'ancienne résidence du roi. Le duc Maximilien Ier en commença la construction en 1600, sur l'emplacement du château que le duc Albert IV avait fait élever cent quarante ans auparavant. Cet édifice jouissait alors d'une célébrité immense. A l'époque (1632) où Gustave-Adolphe entra, vainqueur, dans Munich, ce prince le trouva si grandiose, si riche et si beau, qu'il manifesta les regrets les plus vifs de ne pouvoir le transporter sur des cylindres à Stockholm. Un livre qui parut vers le même temps sous ce titre :

« *Triumphirendes Wundergebau*, etc., » le cite
comme la huitième merveille du monde, tandis
qu'aujourd'hui...

Ce beau palais, qui n'a pas moins de 580 pieds
de largeur sur 280 de profondeur, et qui est, par
conséquent, si vaste, que l'on a dit autrefois qu'il
pourrait loger tous les rois de la chrétienté,
était tout en marbre, si bien qu'on eût volontiers
pensé, en le voyant, que le marbre était la pierre
commune du pays et que la pierre en était le
marbre. Il n'y avait pas un coin, pas une niche,
pas une porte, une fenêtre, un chambranle,
une cheminée, un panneau, une plinthe ou
une frise, qui n'eût son buste ou ses reliefs. Le
salon des antiques, particulièrement, en contenait 354 en jaspe, en porphyre, en bronze ou
en marbre de toutes les couleurs, et tous représentaient ou des princes, ou des ducs, des marquis, des comtes, des barons, des chevaliers et
même des capitaines grecs ; ces derniers étant là
sans doute dans la prévision que deux siècles plus
tard viendrait un prince bavarois qui irait occuper
le trône des Hellènes. Deux galeries immenses

étaient ornées, celle-ci de cent portraits de personnages illustres par leur savoir; celle-là d'un plafond offrant le tableau synoptique des villes, rivières, châteaux et abbayes de la Bavière. Le roi de Suède, qui, quoique bon soldat, craignait le froid comme un Marseillais, remarqua particulièrement une belle cheminée de stuc. Elle était large, haute, profonde, ornementée avec goût, et l'on pouvait s'y chauffer à l'aise, les pieds sur les chenets. Ah!... fit-il en s'asseyant devant. Un officier de sa suite croyant interpréter fidèlement ce royal ah! s'avança aussitôt en disant : —« Sire, il eût été difficile de trouver des cylindres assez grands et assez forts pour emporter tout le palais, mais il n'en serait pas de même si Votre Majesté désirait avoir chez elle cette belle cheminée. —Taisez-vous, monsieur, lui répondit sévèrement le roi, vous me feriez commettre un sacrilége, et je ne veux pas qu'on puisse jamais me reprocher cette indigne action. »

Ce qui nous parut le plus curieux, dans l'une des cours intérieures, ce fut une fontaine dédiée au chef de la maison aujourd'hui régnante des princes de Bavière. Othon de Wittelsbach, coulé en airain, et armé de pied en cap, est posé sur un piédestal décoré de têtes de béliers, qui, comme les gargouilles et les mascarons au sommet des vieilles cathédrales, jettent l'eau de la fontaine à pleine bouche dans un joli bassin orné de huit statues. Ces statues représentent les quatre éléments : Vulcain avec une enclume, c'est-à-dire le feu ; Neptune avec un dauphin, c'est-à-dire l'eau ; Junon avec un paon magnifique, c'est-à-dire l'air ; Cérès avec des épis, c'est-à-dire la terre : puis, les quatre principaux fleuves du pays, l'Isar, l'Inn, le Lech et le Danube, le tout entouré de groupes de tritons, de dryades et d'hamadryades mêlés d'animaux aquatiques du plus singulier effet.

Enfin, en passant sous les arcades, entre le Brunnenhof et le Kappellenhof, nous remarquâmes une pierre énorme scellée avec une chaîne de fer, et trois grands clous enfoncés dans le mur les uns au-dessus des autres. Comme nous regardions attentivement ces objets, sans paraître comprendre quel intérêt historique, archéologique ou artistique ils pouvaient avoir, Ottfried nous fit approcher d'une tablette qui, posée dans le mur, comme le panneau d'une boiserie, nous expliqua leur valeur.

Cette tablette portait les dix-huit vers suivants :

> Als nach Christi geburt gezehlt war
> Vierzehnhundert neunzig jar
> Hat herzog Christoph hochgeboren
> Ein held aus Bayrn auserkoren
> Dein Stein gehebt von freyer Erdt
> Und weit geworffen ohn geferdt
> Wigt drey hundert vier und sechzig pfunt
> Des gibt der stein und schrifft urkunt.
>
> Drey nägel stehen hie vor augen
> Die mag ein jeder springer schauen,
> Der hochste zwelf schuech von der erdt
> Den hertzog Christoph ehrewerdt,
> Mit seinem fuess herab thet schlagen
> Kunrath lueff biss zum andern nagel
> Woll von der erdt zechenthalb schuech
> Neuntalben Philipp springer lueff
> Zum dritten nagel an der wandt.
> Wer höher springt, wirt thauch bekanndt.

Peut-être ces vers ne sont-ils pas ce qu'il y a de plus pur en fait d'allemand, de construction, d'orthographe et de ponctuation; mais à ceux qu'ils ne satisferaient pas nous répondrons que, strictes observateurs de ce qui est, nous avons copié textuellement. Nous ne nous sommes même pas permis de rétablir les points et virgules que le temps a cru devoir dévorer.

En voici la traduction littérale :

« Quatorze cent quatre-vingt-dix ans après
« la naissance du Christ, le digne prince Chris-
« tophe, héros né en Bavière, souleva cette
« pierre de terre et la jeta au loin sans difficulté.
« La pierre pesait 64 livres, comme l'histoire et
« la pierre elle-même le prouvent.

« Trois clous sont ici devant les yeux : tout
« sauteur doit les regarder ; le plus élevé est à
« 12 pieds de la terre : le digne prince Chris-
« tophe l'a atteint avec son pied. Conrad arriva
« jusqu'au deuxième, à 9 pieds $\frac{1}{2}$ de la terre.
« Philippe toucha le mur au troisième clou à
« 8 pieds $\frac{1}{2}$. Qui saute plus haut sera égale-
« ment connu. »

Tout ceci, quoique fort remarquable, ne valait pas ce qu'avait fait un siècle avant cette époque, le margrave de Bade, Rodolphe VII : aussi fûmes-nous curieux de voir si nous ne pourrions lutter avec le digne prince Christophe, en fait de gymnastique. Un fût de colonne, du volume environ de la pierre indiquée, gisait non loin de là ; le docteur le prit, le tourna sur l'un de ses angles, se cramponna sur deux saillies prononcées, puis posant ses pieds de façon à faire le point de résistance, il tira à lui avec toute la précision voulue par les lois de la dynamique. Le fût ne bougea pas; et cependant, il avait (le docteur) poussé un *han!* si formidable, que nous avions cru qu'il allait soulever du coup non-seulement le fût, mais encore le palais.

— Eh bien! lui dis-je en souriant.

— Que voulez que j'y fasse, cette pierre tient au sol!

— Vous croyez? repris-je en faisant tourner la pierre sur elle-même.

—Si elle ne tient pas au sol, elle pèse au moins le double de celle du digne prince Christophe.

Nous laissâmes au docteur cette satisfaction,

bien certains que nous ne serions pas plus herculéens que lui.

Nous passâmes à la seconde épreuve.

Il s'agissait de sauter plus haut que les trois clous enfoncés dans le mur. Nous nous sanglâmes avec nos foulards, comme des *riders* pour la course, puis, aspirant une dose d'haleine suffisante, nous nous élançâmes en même temps. Des clowns n'eussent pas été plus légers; Auriol en eût pâli de jalousie. Nous atteignîmes à peu près le même but : trente-huit pouces! Fiers de ce succès, nous plantâmes glorieusement notre clou, nous essayâmes une seconde fois, puis une troisième, puis une quatrième, espérant au moins de dépasser Conrad ou Philippe, mais cela n'allait plus, nous étions épuisés. A chaque saut nous baissions de deux pouces : aussi jugeâmes-nous prudent de nous arrêter. Si nous avions été jusqu'à la douzaine, je crois qu'au lieu d'atteindre les douze pieds du clou le plus élevé, nous n'eussions pas atteint douze pouces. Nous nous retirâmes humiliés.

Ottfried, qui avait bon cœur, chercha à nous

consoler. Il nous dit que nous n'étions pas les seuls auxquels ce malheur fût arrivé; qu'il ne croyait même pas que le digne prince Christophe eût jamais été détrôné. Cela nous retrempa. Il termina en nous racontant une dernière preuve de la force de ce héros bavarois. — Il se trouvait, dit Ottfried, au mariage du duc Georges de Bavière. Le duc épousait Hedwige, fille du roi de Pologne, Casimir. Les fiançailles se faisaient à Landshut; des fêtes magnifiques, des joutes sur terre et sur eau, des courses à pied et à cheval, des bals superbes, des concerts, des jeux de toute espèce allaient avoir lieu à cette occasion. Un grand tournoi devait dignement couronner ce beau jour. Des princes, des ducs, des hauts barons, y avaient été spécialement conviés.

Le 2 juin 1475, six cents personnages, parmi lesquels vingt-deux chevaliers armés pour le carrousel, étaient assemblés à Landshut. Les lices étaient préparées; on les ouvrit aussitôt et les hérauts vinrent proclamer un à un le nom des poursuivants d'armes. Parmi eux se trouvait un chevalier polonais, nommé Jost

Kurowski. Ce chevalier, qui, sur sa poitrine, portait les insignes de la *Société des Lézards*, fondée au douzième siècle par Nicolas et Jean de Rymk, et par Frédéric et Nicolas de Kitnow, prenait le titre imposant de *Komtur*. Il était d'une taille gigantesque, et se plaisait à railler les chevaliers allemands sur la manière dont ils maniaient la lance et l'épée. Ce fut lui qui, le premier, parut dans la lice. Profitant des règlements du tournoi qui ne permettaient qu'aux étrangers de provoquer quelqu'un autrement qu'à l'arme courtoise, il osa porter un défi de combat à fer émoulu, gageant mille florins d'or à l'écu. Tout le monde fut effrayé de sa haute stature; tel était même le prestige que sa vue seule exerçait sur l'assemblée, qu'aucun des poursuivants ne s'avançait pour relever son défi, lorsque, jaloux de montrer au noble étranger qu'il s'était trompé sur le compte des chevaliers allemands, et qu'ils savaient mieux qu'il ne l'avait cru se servir de leurs armes, le digne prince Christophe parut fièrement devant lui. En le voyant s'avancer la tête haute et le maintien assuré, l'empereur Frédéric, qui assistait à la fête et qui, bouillant de colère, allait lui-même monter à cheval pour venger l'outrage fait à l'honneur allemand, se leva et battit des mains, saluant le prince et l'encourageant. Les dames, voyant qu'il s'agissait d'une lutte dans laquelle le sang allait vraisemblablement couler, s'étaient retirées; seuls, les six cents conviés restaient dans des tribunes élevées en gradins.

Le prince Christophe alla toucher l'écusson de Jost Kurowski, ce qui voulait dire qu'il acceptait toutes ses conditions. Il avait remarqué, sans d'abord en rien dire, qu'il avait eu le soin de s'attacher avec de fortes courroies sur son cheval, afin sans doute de ne pas se laisser désarçonner; il lui demanda, en souriant, s'il était bien sûr d'avoir pris toutes ses mesures, à quoi le Komtur répondit en balbutiant quelques mots; puis, mettant sa lance en arrêt et voyant son adversaire disposé, il attendit le signal que devait donner l'empereur.

Ce fut alors un pénible moment d'angoisses,

pendant lequel le plus grand silence se fit parmi
la noble assemblée. Beaucoup, qui savaient la
force du prince de Bavière, pariaient pour lui ;
beaucoup d'autres, qui l'ignoraient, pariaient
contre, et cependant, il faut le dire, presque
toutes les sympathies lui étaient acquises. On
reprochait au chevalier polonais son arrogante
assurance et la fierté de son défi. L'issue du combat ne se fit pas longtemps attendre : le signal
donné, les deux champions s'élancèrent, soulevant autour d'eux un nuage de poussière qui
les déroba d'abord à tous les regards ; mais bientôt, le nuage s'étant dissipé, chacun regarda :
Jean Kuroswski était mort! Christophe l'avait,
d'un coup de pointe, soulevé précipitamment de
dessus sa selle, et laissé retomber sur l'arène, le
fer de sa lance planté dans son corps!

Notre journée était finie, la nuit s'avançait à
grands pas : nous nous dirigeâmes vers l'hôtel.
Nous trouvâmes la porte du *Coq d'or* encombrée
d'une foule de cockneys qui, traquant un petit
vieillard chenu, mal couvert et tristement recoquillé sur lui-même, semblaient se faire un

malin plaisir de le persécuter. Il n'opposait à leurs attaques que la plus impassible immobilité, et semblait chercher du coin de l'œil une issue pour fuir. Notre arrivée la lui présentant, il détala comme un lièvre, et bientôt nous l'eûmes perdu de vue. Je demandai alors à Ottfried, s'il savait ce qu'était cet homme, et pourquoi on le traitait ainsi. Il me répondit que cet homme était un Israélite, et que la petite tyrannie à laquelle il venait d'être en butte remontait à une vieille querelle qui, probablement, n'aurait jamais de terme à Munich.

Autrefois, dit-il, les Juifs occupaient tous une seule rue, la *Gruftgasse* d'aujourd'hui : à cette époque, elle portait leur nom. Ils vivaient là en communauté, n'ayant guère de rapport qu'entre eux, ou ne sortant que pour aller vendre le produit de leur industrie. On les exécrait. Cette animadversion allait même si loin, qu'on élevait les enfants dans la crainte également du diable et des Juifs. On avait soin d'éviter qu'ils n'eussent aucune communication avec eux. Les Juifs étaient des parias, et leur quartier était un lieu maudit à jamais. Cependant, quelque grandes qu'elles fussent déjà, ces mauvaises dispositions devaient encore augmenter : un événement malheureux en fut l'occasion. Non loin de la Gruftgasse, demeurait un riche marchand nommé Hasslinger. Ce marchand avait un tout jeune enfant, si blond, si rose et si frais, qu'il faisait la joie de sa mère et de son père, et l'admiration de leurs amis. On veillait sur lui comme on veille sur une pierre précieuse; une gouvernante devait ne pas le quitter d'un instant. Elle le devait, mais, comme toutes les gouvernantes du monde, elle ne le fit pas. Un jour que le marchand et sa femme étaient sortis chacun pour affaires, la gouvernante abandonna l'enfant à lui-même, et courut rejoindre un mégissier son amant. Comme le mégissier ne demeurait qu'à deux pas, elle avait laissé la porte entr'ouverte, espérant être bientôt de retour. Mais l'enfant ne l'attendit pas : il ne la vit pas plutôt sortie, que, sortant à son tour, il descendit dans la rue et entra dans le quartier des Juifs. De retour chez lui, le marchand ne trouva plus ni gouvernante ni enfant : l'un et l'autre avaient disparu. Il fit faire de suite des perquisitions, mais elles furent absolument inutiles; le pauvre enfant ne reparut plus, et depuis lors on n'entendit jamais parler de lui. Il est probable que la gouvernante, effrayée des conséquences que pouvait avoir son imprudence, avait pris la fuite.

Un an s'écoula.

On ne doutait pas à Munich que les Juifs n'eussent dérobé l'enfant; mais, comme on n'avait aucune preuve, on ne pouvait les attaquer sur de simples préventions. Rien ne semblait donc devoir éclaircir cette ténébreuse affaire, lorsqu'un Munichois, parent d'Hasslinger, résolut de s'employer à la pénétrer.— Son projet conçu, il se rendit à Ratisbonne où il savait qu'il y avait un grand sanhédrin. Il s'y présenta vêtu comme un juif, et exprima le désir de faire partie de la tribu. On lui demanda si c'était par vocation réelle, par calcul, ou seulement par curiosité qu'il désirait être admis? Il répondit que c'était par conviction. On lui demanda s'il se résoudrait à subir les épreuves exigées par les lois de Moïse et surtout celle de la circoncision? Il répondit que rien ne l'arrêterait. On lui demanda s'il se sentait assez de force et de ferveur pour vivre et mourir dans la foi qu'il aurait jurée? Il répondit que rien ne le ferait jamais changer, et, pour preuve de sa fermeté, il annonçait que son intention était d'aller se fixer au milieu des Juifs de Munich, afin, à son début dans la nouvelle voie religieuse où l'appelaient ses sentiments personnels, de partager leurs souffrances et leurs dangers ici-bas. Le nouvel adepte fut alors invité à se rendre à la synagogue, où le grand rabbin devait l'admettre.

Huit jours après, il revenait à Munich, portant une lettre adressée au chef religieux de cette ville avec invitation pressante de faire accueil favorable au nouvel enfant de Jacob. Jacques Pflug (c'était son nom), fut en effet reçu à bras ouverts. On fêta son arrivée avec joie, et chacun s'empressa à l'installer comme il convenait à sa position.

Cet avantage obtenu, le premier soin de Jacques

Pflug fut de s'attacher à gagner la confiance de ses coreligionnaires, à se faire aimer d'eux, à se faire respecter. Il y réussit promptement. Il chercha ensuite à s'insinuer dans leurs secrets, leurs us et coutumes; il y parvint encore aisément. Il était tout naturel qu'il désirât s'instruire de choses qui devaient dorénavant le concerner, et ses questions n'éveillèrent pas le moindre soupçon. Encouragé par le succès, Jacques Pflug tenta d'aller plus avant. Il savait les Juifs méfiants, rusés, pleins de pénétration et de finesse : il fit assaut d'astuce avec eux. Il les interrogea sur leur vie passée, leurs relations, leurs habitudes; il aborda la cause de l'aversion que leur portaient les chrétiens. A ce nom, les Juifs, transis, s'arrêtèrent; ils avaient au milieu d'eux un renégat, un ex-chrétien! Était-il prudent de lui confier?.... la haine l'emporta. Ne fallait-il pas, d'ailleurs, que tôt ou tard il sût ce qu'il désirait savoir? le lui cacher ne serait-ce pas l'exposer à des remords? ne pourrait-il pas renier sa foi jurée, ses engagements même, quelque sacrés qu'ils fussent devant Dieu? Les Juifs étaient trop heureux d'avoir conquis un chrétien, l'un de leurs ennemis jurés, pour en risquer si imprudemment la perte. Jacques Pflug n'ignora donc rien de ce qu'il désirait savoir : il sut leurs fêtes, leurs jeux, leurs cérémonies. La Pâque était leur fête la plus révérée; on y mangeait l'agneau blanc. Jacques Pflug apprit que la dernière avait été plus célèbre que toutes les précédentes; au lieu d'un agneau, on avait sacrifié un enfant!....

A cette révélation, Jacques Pflug pâlit et chancela; il sentit refluer le sang vers son cœur; mais néanmoins il eut assez de force pour se contenir et maîtriser sa vive émotion. Le soir venu, il sortit furtivement de chez lui, et alla prévenir Hasslinger avec lequel il se rendit chez le duc Rodolphe. Le duc les accueillit avec bienveillance et leur promit que prompte justice serait faite. Le lendemain, en effet, il fit arrêter tous les Juifs et les fit passer en jugement : ils étaient cent quatre vingt-un. Ils furent convaincus du crime qu'on leur imputait, et, le 6 août 1285, on les conduisit sur la plus grande place publique de la ville, où ils furent, jusqu'au dernier, brûlés vifs.

De nouveaux Juifs vinrent occuper le quartier des premiers, mais depuis lors on ne cessa de les persécuter. Sur eux rejaillissait l'animadversion qu'avaient inspirée leurs malheureux devanciers. L'empereur Louis, au douzième siècle, les greva de charges et d'impôts. Le duc Henri, ayant besoin de leurs richesses, leur accorda une trêve de quelques années; mais son fils Ludovic les chassa, au treizième siècle, après leur avoir fait rendre l'argent qu'ils avaient, disait-il, extorqué à son père, par une usure illégale. Depuis cette époque, ils ont passé par toutes les étamines du malheur, et n'ont eu un peu de repos qu'après la persécution qui tomba sur eux en 1715. Ils formèrent alors une colonie importante, et obtinrent l'autorisation de se faire construire une synagogue, qui ne fut achevée qu'en 1827, sous la direction de M. le conseiller d'architecture Métivier.

CHAPITRE II.

—

Le Théâtre-National.—Les Munichoises.—La Thérésienweise.
— Sésostris et le roi Louis — Les tireurs bavarois —Schlegel. — Saint-Louis — Le nouveau palais — Le poéte-roi — Les agréments de la couronne — Regrets, dédains, philosophie d'un grand monarque ici-bas.—Portraits du roi Louis et de la reine Thérèse. — Le suisse et Napoléon.

Nous avions congédié Ottfried; nous en eûmes bientôt du regret.

Ne sachant ou passer notre soirée, nous nous rendîmes au Théâtre-National. On jouait une charmante pièce : *Elle est folle!* Nous ne dirons rien de la pièce, mais nous parlerons de la salle.

La pièce perdait trop, à nos yeux, de son intérêt national, pour que nous pussions nous en occuper beaucoup; mais, par contre, la salle excita vivement notre admiration; non pas que nous entendions parler de son portique corinthien, de ses six rangs de loges étagées gracieusement au-dessus du parterre, ni de sa hauteur, ni de ses décors, ni de ses peintures; on sait de reste que M. Fischer, son architecte, est un homme habile et plein de goût : même observation relativement à l'orchestre, qui jouit d'une renommée assez grande et assez méritée, pour que nos humbles éloges lui soient parfaitement indifférents : nous voulons parler de l'assemblée. Le ravissant coup d'œil ! Nous savions bien déjà que les Munichoises étaient grandes, blondes, fraîches, jolies à ravir, les dents blanches, le buste parfait, la main moulée, la jambe à l'avenant, le pied... Mais nous étions loin encore de nous douter de toute leur richesse, sous ce rapport; on eût dit de la salle que c'était une vaste corbeille de fleurs. Quel éclat! quelle élégance! quelle fraîcheur !...

« Je ne suis plus étonné que le roi de Bavière

soit si galant, me dit à l'oreille le docteur, on le deviendrait à moins ! »

Et ce que nous disons des femmes du monde peut également, et à plus juste raison peut-être, s'appliquer encore aux femmes du peuple, aux ouvrières, aux grisettes. On dit que les plus belles femmes de l'Allemagne sont en Saxe : je crois plutôt qu'elles sont en Bavière. Nous n'avons pas rencontré à Munich un visage, un seul ! qui nous ait réellement déplu ; et nous entrions en hiver ! Qu'eût-ce donc été, si nous avions vu les Munichoises dans toute la splendeur du beau temps, à cette époque de l'année où la saison permet de mettre de côté ces vêtements épais qui cachent la femme aux regards des passants comme une odalisque aux yeux du giaour, et qui lui donnent une tournure souvent si lourde et si disgracieuse !

La Munichoise (qu'elle nous le pardonne) passe pour être de mœurs faciles; elle aime la danse, le galop, la valse, la valse surtout, elle en est folle. Elle accorde sans mauvaise grâce une légère faveur. Lui prenez-vous un baiser sur une joue, vite elle vous tend l'autre joue, afin que l'une ne soit pas jalouse de l'autre. Elle est amoureuse, passionnée, sincère et dévouée, de ce dévouement qui va quelquefois jusqu'au fanatisme. Et cependant, nous devons le dire, il y a chez elle moins de coquetterie que chez une Parisienne, moins de fougue que chez une Italienne, moins de jalousie que chez une Espagnole : elle tient un juste milieu.

Nous sortîmes du théâtre fascinés.

Nous passâmes une meilleure nuit que la nuit précédente : ne voulant pas s'exposer à de nouvelles tribulations, le docteur s'était fait sangler sur son lit comme un *bombé* sur le sien. Un bruit de voix confus nous réveilla en sursaut; nous mîmes le nez à la fenêtre, et vîmes la rue encombrée d'hommes, de femmes, d'enfants et de bestiaux. Nous demandâmes ce que cela signifiait : on nous répondit que cela signifiait que nous étions au troisième dimanche d'octobre, jour anniversaire d'une grande fête instituée en l'honneur du mariage de sa majesté le roi Louis avec sa majesté la reine Thérèse; que cette fête eût dû, suivant l'habitude, avoir lieu le premier dimanche du mois, mais que le mauvais temps l'avait deux fois de suite empêchée.

Satisfait de cette explication qu'avait bien voulu nous donner un voisin, honnête pâtissier dont la fenêtre était contiguë à la nôtre, nous ouvrîmes les yeux et regardâmes. Trois mille indigènes, pour le moins, formaient un cortége qui, parti comme une source de la *Thérésienweise*, c'est-à-dire la prairie de Sainte-Thérèse, allait, grossi par ses affluents, y retourner bientôt comme une mer. Cinq cents étudiants ouvraient la marche, suivis de musicos avec lesquels ils entonnaient à tue-tête l'hymne universitaire : « *Vom hohen Olymp...* » Après eux venaient les autorités municipales de Munich; puis, immédiatement à la suite des autorités, des chevaux, des vaches, des bœufs, des génisses, des taureaux, des mulets, des béliers, tous d'une si belle venue que M. Cornet de Caen en eût été stupéfié. — Le pâtissier, notre voisin, prétendit que, réunis aux autorités, ces animaux étaient ici l'emblème de la plus touchante harmonie;

nous laisserons au lecteur le soin d'interpréter à sa guise ce tableau digne de Léopold Robert. — Puis, venaient ensuite, des gerbes de blé, des fruits, des fleurs, comme dans la saison, des instruments aratoires de toutes sortes, des charrues Granger, des pelles Gandillot, des râteaux Spielmann, des pioches, des faux, des lochets, des grues tournantes et des jougs. Le peuple terminait pompeusement la marche, allant, comme toujours, fièrement et sans guide, et se grossissant à chaque pas des nouveaux curieux que lui jetaient sur son passage les rues devant lesquelles il passait. Des courses de chevaux, des luttes de tout genre, des tirs au blanc, à l'oiseau et au cerf, devaient avoir lieu dans la journée, suivis d'une distribution de prix donnés par le roi. En aucun temps de l'année, nous dit-on, la ville n'était aussi alègre, aussi animée, aussi étincelante.

Désireux de voir jusqu'où allait l'adresse des tireurs bavarois, nous descendîmes dans la rue et suivîmes le flot devenu déjà un torrent. Nous débouchâmes dans la prairie de Sainte-

Thérèse. Cette prairie, célèbre entre toutes, est située au bas d'une colline qui acquerra une bien plus haute renommée dans quelques années d'ici, alors que Schwanthaler, ce grand sculpteur dont nous avons déjà prononcé le nom, pourra mettre au jour la statue titanesque que lui a commandée le roi. Cette statue, représentant *la Bavière*, aura 54 pieds de hauteur et caressera du bout des doigts un lion néméen de 29 pieds, assis fièrement sur son train de derrière. L'exécution en bronze ne demandera pas moins de sept années, ensuite de quoi *la Bavière* sera hissée sur un quadrige placé lui-même sur le point culminant de la colline, dont la croupe portera un arc de triomphe dans le genre de celui de Constantin de Rome, lequel arc, orné de médaillons et de bas-reliefs rappelant l'histoire de la ville de Munich, abritera les statues de deux cents illustres Bavarois, guerriers, magistrats, artistes, hommes de lettres, négociants. — Décidément Sésostris était bien moins grand que le roi Louis; ses stèles et ses monolithes n'étaient que des jouets d'enfant.

Au moment où nous arrivâmes, les parties venaient de s'engager. Un mât d'une centaine de pieds de hauteur s'élançait fièrement dans les airs, et au haut de ce mât, la patte passée dans un fil, se voyait un pauvre oiseau qui, la cime étant trop aiguë pour qu'il pût se reposer dessus, était obligé de voltiger sans cesse à l'entour. Cinq jeunes gens, des plus célèbres tireurs, avaient pris des armes. Le signal donné, ils se disposèrent sans perdre un instant. La lice avait été choisie à l'avance, et les limites étaient arrêtées. Le premier qui tira passa de quelques pouces au-dessous du martyr; le second lui enleva trois plumes; le troisième glissa d'un pied par-dessus; le quatrième atteignit le mât sur le flanc; le cinquième enfin tira sans presque viser : l'oiseau ploya ses ailes et retomba le long du mât, mort! Cette lutte avait duré vingt minutes; elle fut accueillie de bravos. Un second martyr remplaça le premier. Le vainqueur, à son tour, devait débuter, ce droit lui était acquis : il visa cette fois plus attentivement. Au bruit de la détonation, chacun leva les yeux : au lieu de tomber, l'oiseau s'élevait dans les airs en battant de l'aile et en pepiant avec joie, comme pour remercier son libérateur. Voulant sans doute racheter la mort du premier, et éviter à celui-ci un plus long supplice, Schlegel (ainsi se nommait le vainqueur) avait visé le fil et l'avait adroitement tranché.

Cette seconde victoire souleva des contestations; la jalousie s'en mêla; deux des tireurs prétendirent que Schlegel ne devait qu'au hasard son succès. Schlegel demanda alors une troisième épreuve; mais on en redoutait sans doute trop l'issue, elle fut refusée. On passa au tir à la pomme. Une pomme, la plus petite que l'on put trouver, était suspendue par la queue à un fil imperceptible, lequel se rattachait lui-même à une corde placée transversalement d'un mât à un autre, sur une largeur de 30 pieds, et il s'agissait de la détacher adroitement. Cette seconde lutte, moins difficile au premier aspect que celle à l'oiseau, acquit bientôt plus d'importance à nos yeux, quand on nous en eut expliqué toutes les conditions. Il fallait d'abord tirer à cent cinquante pas, sans viser plus de trois secondes; et, comme le fil était complétement imperceptible, il était dit que, dans le cas où la rupture de ce fil aurait lieu, elle ne serait de nouveau attribuée qu'au hasard. Schlegel souscrivit, en souriant, à tout ce qu'on voulut. Il laissa, comme il avait fait déjà, tirer ses concurrents les premiers. Tous, habiles dans cet exercice, touchèrent le but, sans cependant l'emporter, ainsi que le prescrivait le règlement. Son tour arrivé, et voyant que la pomme était tellement morcelée qu'il n'en restait pas la valeur d'une moitié, Schlegel demanda qu'elle fût remplacée. Suivant les lois de la lutte, on pouvait le lui refuser; mais, heureux, cette fois, de pouvoir l'humilier, les quatre tireurs s'empressèrent d'acquiescer à ses désirs, tout en faisant remarquer aux juges que, s'il était bien vrai qu'il eût coupé le fil de l'oiseau, il ne demanderait pas à remplacer la pomme qui, toute déchiquetée qu'elle fût, représentait encore au moins cent fils réunis. Ce que voyant Schlegel, il ne releva pas l'observation, mais la pomme nouvelle placée, il voulut montrer d'une manière éclatante qu'il n'en avait point imposé. Il prit aussitôt son arme et tira sans ajuster, disant à voix haute : « *A la queue!* » Puis, bondissant comme un faon, il courut lui-même recevoir dans ses mains la pomme qui tomba sur le coup, et dont la queue se trouva en effet partagée, la moitié tenant encore à la pomme et l'autre moitié au fil.

Des hurras pleins d'enthousiasme saluèrent cette nouvelle victoire, et les quatre tireurs baissèrent la tête sans dire mot. Toutefois l'un d'eux, irrité, voulut défier Schlegel à une lutte particulière. Schlegel, que rien ne semblait effrayer, répondit qu'il accepterait volontiers, mais qu'il y mettrait une condition : c'est qu'au lieu d'une pomme on pendrait une grappe de raisin, et que les deux partners auraient à la dégarnir grain à grain, à peine par celui qui enlèverait deux grains à la fois de se reconnaître passible envers l'autre d'une amende de dix florins. Emporté par la rage, peut-être le tireur allait-il accepter ; mais, craignant pour lui une défaite presque certaine, ses amis le détournèrent aussitôt.

Schlegel reçut, pour prix de son adresse, une arquebuse en argent, une montre en or et cent florins neufs.

Nous employâmes le reste de notre journée à visiter l'église Saint-Louis et le nouveau palais du roi.

L'église Saint-Louis, commencée par Gærtner, en 1829, n'était pas encore achevée dix ans après, c'est-à-dire en 1839. Son caractère principal est le style italique moyen âge. Au-dessus du portique, vaste baie à laquelle conduisent de larges degrés, se dresse hardiment une façade de cent pieds, qui se divise, dans toute sa hauteur, en trois parties bien distinctes, à l'aide de deux frises formées de feuillages, de rocailles et de chicorées. Tout son ensemble est d'un aspect majestueux et d'une imposante harmonie. Une seule chose nous a paru fixer les yeux de la critique; c'est la chaux blanche dont on a (pour employer le terme technique) *emmargouillé* cette noble façade, sous le prétexte que la chaux doit, grâce à sa composition, recevoir du temps une teinte de marbre de Carrare. L. Schwanthaler sculpta pour elle sept admirables statues : *le Christ et les quatre évangélistes*, qui occupent cinq niches fouillées dans la partie du milieu; et *St. Pierre* et *St. Paul*, qui sont posés à droite et à gauche, sur les angles droits du sommet. Coquet jusque dans les moindres parties de son œuvre, Gærtner a, dit-on, décoré Saint-Louis d'une couverture d'ardoise fantastiquement coloriée, et formant de telles arabesques, que, vue du clocher, cette couverture a beaucoup de rapport avec un élégant tapis d'Aubusson. Nous aurions bien désiré visiter l'intérieur, mais, quelles que fussent nos instances, nous ne pûmes l'obtenir. On dressait, en ce moment même, les échafaudages destinés à Pierre Cornélius, et il était expressément défendu de laisser entrer les curieux. Nous fûmes obligés de nous contenter de ce que voulut bien nous confier l'un des préposés à la garde du portique, qui nous apprit que, voulant témoigner au roi combien il était sensible à l'amitié dont il l'honorait, le grand artiste avait résolu de décorer, *al fresco*, l'église de la plus grandiose de ses sublimes conceptions.

Une heure sonnait au moment où nous nous présentions à la porte du roi. Craignant de ne pas tomber un jour d'ouverture, nous avions eu le soin de nous rendre préalablement chez M. l'inspecteur royal Fischer, qui nous avait rassurés en nous disant que la cour était, en ce moment même, à Schleisheim, je crois, ou à Nymphenbourg, et que nous pourrions entrer sans difficulté. Nous passâmes donc librement, mais toutefois ne fut-ce pas sans être obligés d'imposer silence à nos répugnances. En voici la raison. Les huissiers royaux sont partout les mêmes, pleins de morgue, de sottise, et souvent même de grossièreté, ce qui, entre nous, donnerait une assez pauvre opinion des maîtres, si on leur faisait application de ce proverbe que chacun connaît trop pour que nous osions le répéter : or, comme nous ne sommes pas de caractère à endurer les insolences, de quelque part qu'elles nous viennent, il fallait que nous eussions beaucoup entendu vanter le palais du roi de Bavière pour que nous nous exposassions aux rebuffades de ses Kapoudgi-bachi. — Nous devons à la vérité de dire que nous ne fûmes pas trop mal accueillis.

Le nouveau palais, œuvre de Léon de Klenze, ressemble, extérieurement, aux Tuileries. Il est situé sur la place Maximilien-Joseph. Un pavillon de 135 pieds de hauteur le partage en deux. Nous entrâmes par l'ancienne résidence, et fûmes obligés de faire pendant cinq minutes antichambre dans une salle appelée la *Salle Noire*, nom que cette salle doit à ses festons de couleur brune, à ses décors, ses corniches, ses astragales, ses pilastres, ses lambris. Un quidam étant ensuite venu nous prévenir que nous pouvions visiter, nous montâmes par le grand escalier que Schwanthaler a orné des figures allégoriques des huit cercles du royaume, et nous arrivâmes devant une salle dont l'entrée est également décorée des divinités *Nike* et *Apteros*, symbole de la devise choisie, dit-on, par le roi : « Justice et fermeté. »

Les appartements se composent, pour le roi, de deux antichambres, d'une salle de service, de la salle du trône, d'une salle à manger, d'une salle de réception, d'une chambre de travail, d'un cabinet de toilette et d'une chambre à coucher; et, pour la reine, d'un même nombre de pièces. Puis, vient le second étage et le rez-de-chaussée. C'est ici que nous voudrions voir ces touristes blasés, qui semblent avoir pris pour guidon le *nil admirari* d'Horace, et qui s'en font une espèce d'honneur. Nous les mettrions au défi de rester froids devant les admirables choses étalées sous leurs pas. Si, comme l'a dit Raynal, les monuments sont les pages les plus éloquentes de l'histoire, un jour viendra où l'on dira du roi Louis, en voyant son beau palais, qu'il n'était pas seulement un grand poëte, mais encore qu'il était un artiste enthousiaste, et qu'il méritait à ce titre l'affection de ses contemporains. Et en effet, jamais un homme de mérite, quel qu'il soit, ne s'est, dit-on, vainement adressé à lui; ses belles galeries en sont du reste la preuve authentique, et nous serons des premiers à mettre en regard de quelques inoffensives plaisanteries notre admiration, chaque fois que nous en trouverons l'occasion.

Maintenant, comment entreprendre la description de ces richesses, et surtout par où commencer? Etablirons-nous une sorte de règle chronologique et procéderons-nous à petits pas? L'œuvre est difficile! Disons donc que tous les appartements regorgent de tableaux dont les sujets sont tirés, pour le roi, des poëtes grecs les plus populaires, Hésiode, Homère, Pindare, Anacréon, Eschyle, Sophocle, Aristophane, Théocrite, et, pour la reine, des poëtes allemands les plus distingués, Walther von der Wogelweide, Wolfram von Eschenbach, Burger, Klopstock, Wiéland, Gœthe, Schiller et Louis Tieck. Puis ensuite, à ceux qui pourraient paraître étonnés que nous ne soyons pas entrés dans de plus grands détails, nous répondrons par ceci, qu'il y a de par le monde des merveilles (et le palais du roi de Bavière est du nombre), que l'on conseille à ses amis d'aller voir, mais qu'il est impossible de leur raconter.

Trois choses nous avaient particulièrement frappés : la porte d'entrée principale, le cabinet du roi et la porte de sortie de la reine. A la porte d'entrée principale, nous nous étions arrêtés, nous rappelant involontairement ces paroles du roi-poëte, qui dénotent combien il détestait celui (Napoléon) auquel cependant il devait sa couronne :

Il s'adressait au palais impérial.

« As-tu donc été destiné à servir toujours de
« demeure à des brigands ? Là où trônaient
« jadis des empereurs, nichent aujourd'hui des
« vautours. »

Mais nous avions, malgré cela, passé outre, en nous rappelant le peu de cas qu'il semblait faire de cette couronne, alors que, dans une pièce que nous empruntons à William Duckett, il s'écriait :

« Me voilà roi !

« Qu'ai-je fait pour le devenir ? Suis-je venu
« au monde avec une flamme sur le front
« comme les génies de la théogonie païenne ?
« Ma naissance a-t-elle été marquée aux as-

« tres par quelques signes inattendus ? Les
« courtisans m'ont souvent répété que j'étais
« un messie, un envoyé de Dieu pour gouverner
« les hommes; et pourtant ma mère (et une
« mère aime à nous flatter) ne m'a jamais dit
« que le jour où elle m'a donné la lumière,
« l'air ait été plus doux, la terre plus riante,
« le soleil plus radieux.

« N'importe comment la couronne est tom-
« bée sur ma tête, il faut la mériter. J'y con-
« sens ; mais voyons à quel titre on a le droit de
« m'enchaîner aux obligations qu'elle impose.

« Ou j'étais né pour commander aux hommes,
« ou je tiens le pouvoir de leurs volontés. S'il
« m'est acquis de droit divin, qu'on se taise et
« qu'on obéisse. S'il m'est concédé, je ne le
« veux qu'autant qu'en échange des soucis qui
« l'accompagnent, on me laissera libre de vivre
« et de dépenser avec la liberté d'un autre
« homme.

« Puis-je encore, comme aux jours de mes
« premières années, revoler vers l'Italie ? m'as-
« seoir au bord des fraîches cascades de Tivoli ?

« rêver la nuit sous les ombres épaisses du
« Colysée, vieux géant qui a réalisé au delà
« de leurs espérances le vœu des Romains, puis-
« qu'il devait rester debout tant que Rome se-
« rait Rome? Où est la ville éternelle? le Forum ?
« le Jupiter qui tonne? Tout cela existe encore.
« Mais le Forum retentit du beuglement des
« taureaux; le Tibre doré ne porte que quel-
« ques barques de pauvres marins ; Jupiter ne
« tonne plus. Je reviens à notre fiction. — Con-
« sentiriez-vous à me laisser traverser, voya-
« geur inconnu, toutes les régions consacrées
« par des monuments de gloire ou des souve-
« nirs poétiques? Mantoue et ses lacs ? Ségeste
« et ses berceaux d'orangers ? Palerme et ses
« verts platanes ? Pæstum et ses roses ? Me ren-
« drez-vous le Vésuve qui jette des flammes ?
« les soirées délicieuses de l'Italie? mes rêveuses
« promenades au bord de l'Arno ? me rendrez-
« vous encore tout cela? Non ! je ne dois voir
« la nature que dans les jardins sablés de Mu-
« nich, à travers les stores de mon carrosse. Je
« vous l'ai dit, me voilà roi !...

« ..... Mais au moins, vous me laisserez l'a-
« mour. Quand une jeune fille jettera ses longs
« regards voilés vers moi, quand sa main fris-
« sonnera dans la mienne, que son souffle effleu-
« rera mon visage, me permettrez-vous de
« sentir mon cœur battre à tant de charmes ?
« Non ! la calomnie empoisonnera mes chas-
« tes embrassements; l'amour divin sera une
« flamme adultère; je dois voir sans émotion la
« beauté, son sourire et ses larmes. L'ignorez-
« vous ? me voilà roi !...

« Mais l'amitié sera-t-elle aussi bannie du
« pacte que je contracte aujourd'hui? Mes amis
« d'enfance, mes compagnons de voyage, et ces
« autres amis, plus chers encore, qui combattent
« pour la plus sainte des causes, souffrira-t-on,
« que je leur tende une main protectrice?...
« Résignez-vous, vous n'avez plus d'amis. Au
« rocher où je suis enchaîné, une faveur est une
« injustice; un service rendu au malheur, une
« faiblesse qui compromet ma dignité. Souffrez !
« vous voilà roi !...

« Hommes cruels, qui jetez un homme au feu

« et qui lui demandez ensuite : êtes-vous sur
« des roses? reprenez votre royauté, disputez-
« vous ce haillon de pourpre, cette couronne
« qui excite votre envie, ce sceptre, fléau de
« malheur; reprenez tout. Eh quoi ! ni souve-
« nir du passé, ni amour, ni amitié, ni recon-
« naissance : que suis-je donc? Répondez, vous
« êtes roi !... »

Quelles belles et nobles pensées! quelle étude pour les grands de la terre! quelle humilité! quelle amertume ! quelle vérité grande, chaleureuse et triste en même temps ! quelle poésie ! Et c'est véritablement un roi, le roi Louis, auquel sont échappées ces critiques amères, douloureuses et naïves. Voilà bien qui bouleverse toutes nos idées à l'égard de certains rois ici-bas. Pauvres monarques, vous êtes donc bien à plaindre !

Mais, en résumé, qu'est-ce donc que ce roi qui écrit et qui pense ainsi? qui tient à une moitié de pont, le pont d'Ulm, et qui repousse avec tant de dédain sa couronne? qui s'est écrié naguère dans sa déception :

« J'ai toujours admiré le peuple : il croit
« que les rois sont, comme au temps de Salo-
« mon, occupés à deviner des énigmes avec la
« reine Sabe, à cette époque où, portant la boule
« du monde dans la main droite, le sceptre dans la
« gauche et la couronne sur la tête, ils passaient
« la journée dans cette magnifique attitude. Hé-
« las! le trône est un siége bien dur; la cou-
« ronne, un poids qui écrase ; le sceptre, un fer
« rouge !.... »

A notre entrée dans son cabinet, de nouvelles impressions s'emparèrent de nous. Nous admirâmes d'abord les peintures qui sont tirées des tragédies de Sophocle, et dont le savant docteur Ernest Foërster a donné une description didactique des plus estimées, puis nos regards rencontrèrent un portrait du roi. Le roi Louis était vêtu en costume de feld-maréchal, et portait trois décorations : deux sur sa poitrine, une au revers de son uniforme. Il nous parut d'une taille ordinaire. Son attitude est martiale : chez un poëte, un philosophe, un rêveur, cela est étrange, cela nous surprit. Son visage sévère est plein d'expression, ses traits sont fortement caractérisés; ses cheveux, frisés par le vent, occupent librement les sommités de son large front. Deux moustaches couronnent sa lèvre supérieure, et une impériale descend sur la fossette de son menton. Pas de barbe, pas de favoris. Il devait assurément poser ainsi le jour où il s'écria :

« Levez-vous, Allemands, levez-vous, et brisez
« les chaines qu'un Corse vous a imposées! Il dé-
« pend encore de vous de sauver votre liberté;
« usez de votre force, demeurée immobile et
« paralysée, pendant que la perte de la patrie
« s'accélère avec celle de la liberté. Combattant
« pour celui qui vous subjugue, vous avez des
« armes pour égorger vos frères ! »

Du portrait du roi, nos yeux se portèrent sur celui de la reine, placé à côté. La reine, excellente et digne femme, est entourée de vrais amis. Au lieu de prendre son portrait sur la toile, voyons celui qu'a fait d'elle le roi, son époux, dans un charmant sonnet intitulé bourgeoisement :

A MA FEMME.

« Douce comme un ange; d'une bonté toujours
« égale; calme comme l'azur des cieux; tout
« amour et fidélité; image de la vertu et de la
« grâce dans tout son éclat, voilà ton por-
« trait.

« Ton cœur, qui ne brûle et n'a jamais brûlé
« que pour ce qui est généreux, ne connaît point
« l'amer repentir. Que la candeur règne tou-
« jours dans ton âme, et te procure chaque jour
« de nouvelles joies !

« Tel un ruisseau limpide, favori du prin-
« temps, serpente doucement au milieu des
« prairies émaillées de fleurs;

« Telle s'écoule, au sein de la paix de l'âme, ta
« vie, qui tient déjà au ciel par tes pensées. »

Qui n'aimerait la bonne reine Thérèse, sur ce portrait d'autant moins flatté, que les maris sont généralement, envers leurs femmes, peu flatteurs?

Du portrait de la reine, nous retombâmes sur le bureau du roi son époux. C'est dans l'arrangement intérieur et dans la disposition des choses que l'on reconnaît la vie de l'homme, ses goûts, ses habitudes, ses passions, son caractère, en un mot. Nous savions déjà que le roi Louis s'éveillait Schiller à la main, et disant de lui, en guise de prière : « O grand homme! quelquefois « je pense que d'autres ont pu t'égaler; mais, dès « que je relis tes ouvrages, je m'aperçois de mon « erreur. Non, Schiller! jamais personne ne « parla au cœur comme toi; il semble que tu « converses avec le Très-Haut. Je me sens sans « cesse attiré vers toi par un charme inexprima- « ble. » Et qu'il s'endormait lisant Gœthe, afin de pouvoir rêver de ces douces joies de la terre qui lui étaient refusées. Cela nous apprenait quelque chose, mais ne nous disait pas assez. Nous cherchâmes encore : ici reposaient les œuvres de l'historien Jean de Müller. — Jean de Müller était l'ami particulier du roi Louis, qui pleura longtemps sa fin prématurée. — Là étaient des vers. Je me penchai vers la table, et lus rapidement : ces vers étaient adressés, les uns au baron Guillaume de Hompesch, ministre des finances de Bavière, mort le 9 décembre 1809; les autres, au comte Frédéric-Lothaire de Stadion, ministre plénipotentiaire d'Autriche près la cour de Bavière, mort le 9 décembre 1810 : étrange coïncidence qui affecta d'autant plus douloureusement le fils de Maximilien, que ces deux hommes d'État étaient, avec Müller, ses amis dévoués.

Ces vers étaient manuscrits. Si je pouvais les prendre, m'en emparer furtivement, serait-ce un vol ? Un autographe royal n'est pas ce qu'il y a de plus rare par le temps qui court, mais quand cet autographe vient d'un poète, le roi s'efface pour faire place à l'homme de génie, et alors il a sa valeur. — J'étendis la main, je la retirai, je l'étendis de nouveau, je la retirai encore, je n'osais; un scrupule m'arrêtait. — Bah! voler un roi, ce n'est pas voler, me dis-je enfin comme pour vaincre mes hésitations et pour calmer les cris de ma conscience, et j'allais mettre la main sur la feuille. Je cherchais une excuse dans mon admiration, dans mon enthousiasme; je me disais que ces deux passions sont, même dans leur égarement, de nobles sentiments. Je ne songeais pas que c'est en faisant raisonner ainsi les hommes que le diable se fait tant de damnés ! L'apparition inattendue d'un huissier sauva mon âme de l'enfer. Obligé de renoncer à Satan, j'avisai à obtenir une compensation. Je passai du mortel au véniel. Je pris mon calepin, mon crayon, puis profitant d'un moment où l'huissier regardait sautiller dans la cour des bandes de pierrots, je lus et je copiai ou plutôt je sténographiai ce qui suit :

« La vie est un combat, une lutte qui n'a ja« mais de fin, qui jamais n'est exempte ni d'in« quiétudes, ni de soucis. »

Pensée philosophique d'une bien haute portée.

Puis, plus bas :

« Hompesch ! ô mon ami ! une tristesse pro« fonde accable mon cœur quand ton souvenir « me revient à l'esprit. Depuis l'heure où la mort « est venue te frapper, bien des années se sont « écoulées ; j'ai appris à connaître les hommes, « et.... »

Les pierrots ne me permirent pas d'en écrire

plus long; ne trouvant rien à becqueter chez le roi, ils étaient, tout d'une volée, partis pour des lieux plus hospitaliers, et l'huissier s'était retourné. Nous fûmes obligés de porter plus loin nos pas.

Tout, dans ce palais, parle du roi Louis : le bâtiment en lui-même, les galeries, les tableaux, les poésies, tout jusqu'à la loge du gros suisse : ce fut là que nous attendait notre troisième impression. En sortant de chez la reine, on descend un large et bel escalier en spirale qui vous mène au portail dit de l'Ouest, lequel est soumis à la surveillance du cerbère dont nous venons de parler. Ce cerbère nous fit entrer chez lui, je ne sais plus trop pourquoi, mais nous n'y fîmes pas un long séjour; mieux eût valu même que nous n'y fussions pas entrés du tout. Sur sa cheminée pendait une image; image est bien le mot : gros papier, gros dessin, grosse peinture, grosse tournure, et cela affectait la physionomie de Napoléon! Au-dessus, au-dessous, autour de cette misérable charge, se lisait imprimé cet odieux pamphlet :

I.

« La puissance de ce tyran avait atteint son
« apogée ; il tenait l'Europe enlacée dans ses
« bras, comme les serpents tenaient Laocoon.
« Le monde semblait avoir subi le joug du
« glaive. »

II.

« Une ruine inévitable menaçait ceux qui ne
« gardaient point le silence. Le désespoir était
« partout, dans tous les cœurs, quand tout à
« coup commença une vie nouvelle. Des hom-
« mes généreux ont vaincu celui qui était la
« honte de l'humanité. »

III.

« Ils avaient de bonne heure répandu dans les
« cœurs les semences qui plus tard devaient pro-
« duire la victoire et la gloire. Que notre recon-
« naissance pour eux soit sans bornes ! »

IV.

« Ceux qui ranimèrent l'amour de la patrie
« dans les cœurs allemands, qui restèrent iné-
« branlables dans les voies de la justice, brille-
« ront à jamais du plus glorieux éclat. »

Et de ce pamphlet, quel en était l'auteur?....
Le roi Louis ! ... Nous sortîmes profondément
affligés, et ne pûmes revenir de cette fâcheuse
impression que lorsque Ottfried nous eut dit que
nous avions tort de nous en formaliser. Suivant
lui, c'était une boutade dont le roi-poëte s'était
sans doute rendu coupable dans l'un de ces
moments de mauvaise humeur où il s'écriait, en
parlant de son propre pays :

« Bavière, tu ressembles à un nageur mala-
« droit; tu prends bien ton élan, mais tu retombes
« aussitôt. »

CHAPITRE III.

—

Le monument du roi Maximilien-Joseph Ier. — Les Bavarois morts en Russie en 1812. — Les arcades du jardin de la cour. — La glyptothèque et la pinacothèque. — Munich renversé. — La terre faisant une pirouette sur elle-même. — De la bibliothèque royale à Munich et de la bibliothèque royale à Paris. — Le docteur Fulvius Fleischmann.

Il nous restait encore une bonne heure de jour : nous en profitâmes pour jeter, en courant, un coup d'œil sur le monument du roi Maximilien-Joseph Ier, qui venait à peine d'être livré au public. Ce monument, situé sur le beau square qui porte le nom de celui à qui il est consacré, regarde, si nos souvenirs ne nous sont pas infidèles, le nouveau palais, tourne le dos à la poste, présente au grand théâtre le flanc droit, et le flanc gauche à l'hôtel des monnaies. Rauch de Berlin en a fait le modèle, Stiegelmayer l'a fondu en airain, et Léon de Klenze l'a architectoniquement disposé. MM. Soyez et Ingé, de Paris, seraient enchantés qu'il fût sorti de leurs immenses ateliers. Les majestueux édifices au milieu desquels il s'élève semblent fiers de le posséder : la maison rouge lui fait les yeux doux, le grand théâtre lui sourit, la poste le contemple avec émotion, et le nouveau palais lui rend une sorte d'hommage en tenant sans cesse béante à ses pieds la grande porte de son pavillon. Il n'est pas jusqu'à la statue elle-même, pièce principale de ce royal monument, qui ne paraisse heureuse de passer aussi splendidement à la postérité. Cette statue, haute de douze pieds, a, dit-on, pour premier mérite, d'être d'une ressemblance frappante avec celui qu'elle est chargée de représenter. Elle repose sur un triple socle de granit gris décoré de reliefs magnifiques, et quatre lions, espèces de molosses, sont quadrangulairement couchés à ses pieds, tous les quatre séparés : au midi, par la Félicité, munie d'une corne d'abondance; au nord, par la Bavière portant le socle; à l'est et à l'ouest, par de superbes trophées. Les reliefs ont trait à la vie de Maximilien. Le panneau du sud représente Hercule, Diké, Minerve et Cérès, c'est-à-dire la force, la justice, la sagesse, la prospérité ; le panneau de l'est représente le roi délivrant à la Bavière inclinée devant lui la charte de sa constitution et disant, le sourire sur les lèvres :

" Die Liebe meines Volkes ist das Glück meines Herzens und soll der Ruhm meines Thrones seyn. „

« *L'amour de mon peuple fait le bonheur de mon cœur et doit être la gloire de mon trône.* »

Puis enfin, au-dessous de l'une et de l'autre de ces deux charmantes pages, se voient le génie de l'humanité rétablissant l'harmonie entre les deux confessions chrétiennes, placées sous les espèces d'un évêque catholique et d'un ministre évangélique, et l'activité se faisant jour dans les arts, sous les espèces également d'un architecte, d'un sculpteur et d'un peintre.

« Mieux vaut tard que jamais, » dit un vieil axiome. En 1831, se rappelant que des phalanges bavaroises étaient restées ensevelies dans les neiges de la Russie, lors de la campagne de 1812, le roi Louis forma le projet de perpétuer leur souvenir. Il consulta à cet égard Stiegelmayer et de Klenze. Consulter des artistes, patriotes, hommes de cœur, c'était aller au-devant d'un écho. En effet, Stiegelmayer et de Klenze adoptèrent avec empressement la généreuse proposition du monarque. Il ne s'agissait plus que de déterminer le genre de perpétuation. Ils réunirent à cet effet ce qu'ils avaient chacun de génie dans la tête, et, le 18 octobre 1833, apparut aux yeux du peuple émerveillé toujours de ces solennités nationales, un obélisque d'airain qui se dressait, comme un cippe, au milieu de la place Caroline. Cet obélisque a en hauteur ce qu'il a en largeur à sa base : cent pieds ! Un double socle en marbre lui sert d'assise, et est orné de couronnes de chêne et de cyprès, accrochées à des têtes de béliers.

Ottfried, qui avait voulu qu'en sortant du palais nous vinssions faire une petite station à ce monument patriotique, écrivit lui-même sur notre album l'inscription suivante gravée sur ses quatre faces :

« *Aux* 30,000 *Bavarois qui ont péri dans la guerre de Russie. — Élevé par Louis I*er*, roi de Bavière. — Achevé le* 18 *octobre* 1833*. — Eux aussi ils sont morts pour la délivrance de la patrie.* »

Les réverbères s'allumaient au moment où nous entrions chez Boëttel, restaurateur français en renom à Munich. Boëttel nous servit en compatriote, et j'avoue que nous éprouvâmes un véritable plaisir à retrouver notre cuisine française. Nous étions déjà passablement fatigués du *wurst,* du *knachtwurch,* de la *sauer-kraut,* du *speisenmeise,* du *rettig,* et de ce potage liquide que les Allemands appellent *brenn-zupp,* et qui n'est qu'un odieux brouet. Près de notre table se trouvait juxtaposée une autre table, laquelle était occupée par deux jeunes gens qui parlaient français. Cela nous fit plaisir; le français est si rare à Munich! L'un d'eux disait que les Autrichiens s'étaient naguère emparés de Munich, et qu'ils y seraient peut-être définitivement restés, si les Français ne se fussent chargés de les expulser. En effet, reprit l'autre, si je me le rappelle bien, ce fut, je ne sais plus trop quel jour du mois d'octobre 1805, que le fameux maréchal Bernadotte, et le brave général Kellermann y entrèrent accompagnés du général bavarois de Wrède. Effrayé de leur approche, le feld-maréchal autrichien Kienmayer évacua la ville, et prit position derrière l'Isar, à l'endroit où viennent s'embrancher les routes de Wasserbourg et de Braunaw. Les Français et les Bavarois traversèrent Munich tambour battant et enseignes déployées; partout les habitants les accueillaient avec de grandes acclamations de joie et de reconnaissance; ils bénissaient surtout les Français, leurs libérateurs. Bernadotte poursuivit l'ennemi, et ne lui laissa de trêve qu'après l'avoir refoulé, battu, et lui avoir fait 800 prisonniers qu'il ramena triomphalement à Munich.

Ces jeunes gens parlaient avec un entraînement, une chaleur, une conviction tels que nous fûmes heureux de les entendre. Nous demandâmes s'ils étaient Français : on nous répondit qu'ils étaient Bavarois. Nous les quittâmes doublement enchantés.

La première question que nous fit le lendemain Ottfried, en nous abordant, fut celle-ci :

— Votre intention est-elle bien réellement de ne plus rester qu'un jour à Munich?

Nous répondîmes affirmativement.

— Alors, je vous plains.

— Vous nous plaignez de quoi?

— De partir sans voir la Pynacothèque et la Glyptothèque.

— C'est donc quelque chose de bien beau?

— C'est merveilleux, c'est prodigieux, c'est miraculeux!

— Que ne nous y avez-vous menés tout de suite?

— J'avais mes raisons; c'était ma réserve; j'espérais avec cela vous retenir. Je le répète, je vous plains. Je ne puis vous proposer d'aller visiter le jardin anglais, ni le jardin de la cour, ni le jardin botanique; vous avez chez vous, à Versailles, à Saint-Cloud, m'a-t-on dit, à Neuilly, à Trianon, à Marly, sinon mieux au moins aussi bien. Les belles créations du général Thompson, fondateur du premier de ces jardins; celles de l'électeur Maximilien, fondateur du second; et enfin les habiles dispositions de M. Desrouvray, autrefois jardinier en chef de votre Brunoy, et fondateur du troisième, n'auraient sans doute pas assez de succès auprès de vous; et puis d'ailleurs, la saison n'est guère favorable. Il y a bien les belles arcades du jardin de la cour, des fresques superbes, des scènes magnifiques, pleines de talent, de verve, de vie, d'enthousiasme, de passion même, tout cela sorti des pinceaux de notre grand Cornélius, de Sturmer, de Schorn, de Foltz, de Charles Hermann, de Lindenschmidtt, de Gassen, de Kaulbach et de tant d'autres, tous ses éléves, le grand artiste! ses amis, ses compatriotes, ses émules : mais vous êtes déjà assez mal prévenus contre le roi Louis ; il n'est pas nécessaire que, par cette vue, j'augmente encore vos mauvaises dispositions pour lui.

— Mauvaises n'est pas le mot, dit le docteur; nous ne sommes pas rancuneux. Est-ce que le roi Louis se serait rendu coupable envers nous d'un grand crime?

— Je le crois bien! Il a fait peindre l'histoire de son pays en seize tableaux, seize chefs-d'œuvre!

— C'était naturel : qu'y a-t-il là qui puisse nous blesser ?

— Si vous voyiez le quinzième tableau, vous ne me le demanderiez plus.

— Il est donc bien terrible?

— Ah !!...

— Vous ne pouvez nous en dire un mot?

— Ce ne serait guère convenable à moi.

— Bast! vous le direz tout bas.

— Pour que vous, vous le redisiez tout haut, n'est-il pas vrai?

— Que vous importe! Ce ne sera peut-être que dans quelques années d'ici. Et puis d'ailleurs, qui nous empêcherait de l'aller voir sans vous?

— Vous avez raison. Sachez donc que ce tableau, l'une des merveilles de D. Monten, représente la bataille d'Arcis-sur-Aube en 1814. Tandis que la ville se tord en crépitant au milieu des flammes, un régiment de gardes à cheval la cerne de toutes parts, l'attaque, la presse, et l'on aperçoit sur les derniers plans les princes de Taxis et de Lœwenstein, le général Rechberg et le major Besserer, à la tête desquels se tient le vieux maréchal de Wrède qui semble chanter à ses soldats, pour les animer contre les Français, cette dernière strophe d'une chanson guerrière de Koerner :

> Hört ihr's, schon jauchzt es uns donnernd entgegen!
> Brüder hinein in den blitzenden Regen! „

« Entendez-vous les cris d'allégresse que nous envoie la foudre, compagnons! en avant sous la pluie enflammée! »

— Comment, dis-je, c'est le maréchal de Wrède qui chante cela? ce même maréchal qui, neuf ans avant ce jour néfaste, entrait dans Munich avec Bernadotte et Kellermann?

— Hélas! le roi l'a voulu ainsi.

— Je comprends que vous ne soyez pas disposé à nous mener aux arcades du jardin de la cour. Mais alors, que ferons-nous de notre journée? Si nous traversions.... vous savez?

— La Pinacothèque et la Glyptothèque? je le veux bien; mais vous en aurez du regret.

Nous traversâmes et nous fûmes éblouis...

. . . .

Pinacothèque et Glyptothèque sont deux mots grecs composés : le premier signifie cabinet de peinture, le second, cabinet de pierres gravées. Qui n'eût pas été ébloui? Nous avions, pendant deux heures, parcouru dix salles différentes, et passé en revue mille pages magnifiques au bas desquelles se détachaient, en lettres d'or, ces grands noms :

« GIORGIONE, CARLO-DOLCE, MICHEL COXIE, ALBERT DURER, VAN-DYCK, ANNIBAL CARRACHE, VÉRONÈSE, CIGOLI, GÉRARD DOW, CHAMPAGNE, FRA BARTHOLOMEO, JEAN EYCK, HOLBEIN, LÉONARD

DE VINCI, CLAUDE LORRAIN, MIERIS, MURILLO, RAPHAEL SANZIO, VAN ASSEN, LE PERRUGIN, QUAGLIO, METZU, GUIDO RENI, VELASQUEZ, TITIEN, RUBENS, TENIERS, RUYSDAEL, JOSEPH VERNET, ZURBARAN, WOUVERMANS, JULES ROMAIN, BASSANO, POUSSIN, JEAN DE MEDEM, TERBURG, VANDERVELD, JEAN DE VRIES, SASSOFERATO, LE DOMINIQUIN, MAITRE WILHELM DE COLOGNE, VANDER-WERFF, PAUL POTTER, JEAN DE MABUZE, FLINCK, CIGNANI, CLAUDE COELLO, JEAN DE CALCAR, CHARLES DUJARDIN, ALBERT KNYP, HOBBEMA, CARAVAGE, HENRI DE VOYS. »

C'est-à-dire, toutes les époques, toutes les écoles, tous les talents, tous les pays, les hommes et les faits, réunis, confondus comme il convenait à ces grands génies.

Et la Glyptothèque ! Que l'on veuille bien se représenter tout ce que la sculpture, la fonderie, l'ornementation, le moulage, la plastique, l'esprit, l'âme, le cœur, les mains, les doigts, les nerfs, peuvent concevoir et exécuter de plus ingénieux, de plus coquet, de plus séduisant, de plus accompli : le tout en marbre noir, blanc, bleu, vert, jaune, gris, blanc, d'Egine, de Paros, de Carrare, de Pentelikos ; en rosso antico, en basalte, en airain, en pierre à chaux, en albâtre, en argent, en pierre fine et en or ; l'art égyptien, l'art antique, l'art grec, l'art romain, l'art étrusque, l'art indien, l'art moderne, Phidias, Praxitèle, Scopas, Nicolo Pisano, Michel-Ange, Buonarrotti, Canova, Thorwaldsen, Schwanthaler, Schadow, Rauch, Salvator, Da Carli, etc., etc.

Nous conseillerons fort à ceux qui, par égard pour leur tête et leurs yeux, ne voudront pas, comme nous, voir synoptiquement la Glyptothèque et la Pinacothèque, d'aller s'installer à Munich pendant un bon mois, et de se faire accompagner ou d'Ottfried l'étudiant, ou du docteur Ernest Foërster.

Quand nous arrivâmes à la bibliothèque, qui devait clore le cours de nos visites à Munich, nous avions encore la vue tellement fatiguée, qu'il nous sembla que les rayons dansaient, et que les volumes avaient la tête renversée. Le bibliothécaire, qui marchait sur ses mains comme feu Mazurier, nous ouvrit la porte avec l'un de ses pieds, et nous salua du talon. Munich était sens dessus dessous, la terre avait fait une pirouette sur elle-même; il n'y avait que le docteur et moi qui fussions restés debout. L'étrange hallucination! L'un des employés, remarquant avec inquiétude que nos jambes flageolaient, et s'imaginant sans doute que nous sortions d'autre part, nous fit, le manant qu'il était, la grossière injure de nous offrir poliment des siéges; nous les repoussâmes d'un geste superbe! Il demeura confondu.

A Paris, la bibliothèque royale est ouverte à tous venants de neuf heures à trois heures, tandis qu'à Munich elle ne l'est que de huit heures à une heure, ce qui fait soixante minutes de perte pour les studiosi : mais cela n'empêche pas que, des deux bibliothèques, celle de Munich ne soit de beaucoup préférable. Si l'on vous y rogne une heure, on vous la fait bien regagner, et au delà, par la complaisance, le savoir-vivre et l'empressement avec lequel on vous sert ce que vous désirez. Il n'est livre, manuscrit, incunable ou librette que l'on ne connaisse, et que l'on ne vous délivre avec une promptitude féerique. Vous n'avez que le temps de désirer, et bien juste celui d'exprimer votre désir; encore souvent vous a-t-on compris avant de vous avoir entendu. Voilà qui s'appelle du zèle. Chaque employé est une bibliothèque ambulante composée de huit cent mille volumes, tous casés de telle façon que ceux qui les portent n'ont plus qu'à lever la main pour les prendre et les déposer devant vous. —Un visage rose, des cheveux blonds, des dents blanches, le sourire stéréotypé sur ses lèvres, un costume luisant de propreté, une antilopéenne légèreté dans les jambes, voilà de quoi se compose physiquement un employé à Munich : tandis qu'à Paris vous trouvez pour pendant le revers complet de la médaille. Ce que nous disons là n'est peut-être pas très-patriotique, mais à qui la faute? L'employé bibliothécaire, à Paris, semble toujours avoir passé sa nuit chez Musard. Il a le visage noir, les cheveux noirs, les dents noires, le sourire flasque, le costume sombre, la goutte dans les jambes, et l'oreille aussi niaisement dure que la mémoire rétive à l'appel, et la tête maigrement meublée. Ne lui demandez pas un renseignement, un livre quelconque, un opuscule si nouveau qu'il soit; il ne sait rien, ne connaît rien, ne possède rien. A l'entendre, la bibliothèque royale n'a pas mille volumes; sortez-le de sa petite consommation quotidienne, il n'y est plus. Que si, par hasard, vous devez l'envoyer courir, comme un rat, dans les hautes frises du plafond, regardez de quel œil il vous foudroiera! Bienheureux encore s'il ne vous renvoie pas à son chef, qui vous dit alors d'un air magnifiquement affairé : « On cherchera votre ouvrage, on en prendra note, revenez dans huit jours. » ou bien : « Cet ouvrage, monsieur, la bibliothèque ne le possède pas. » ou bien : « Monsieur, vous vous serez sans doute trompé de titre. » ou bien encore : « Cherchez, monsieur, cherchez dans ces catalogues, et donnez-moi par écrit ce que vous désirez. » — Il faut faire la besogne de ces messieurs. — Vous cherchez, vous feuilletez, vous trouvez, vous écrivez, vous remettez, vous attendez, vous attendez encore, vous attendez toujours, trois heures sonnent, et vous sortez aussi peu avancé que devant. Vous revenez le lendemain, c'est la même chose, pour changer ; le surlendemain, les jours suivants, allez toujours, ne vous fatiguez pas, Paris ne s'est pas fait en un mois ; mais, au moins, a-t-il fini par se faire, tandis que la bibliothèque ne vous donne jamais ce dont vous avez besoin.

Mais laissons-là cette question si grave, quoique nous l'ayons abordée si légèrement, et, comme dit la pastorale Mme Deshoulières, revenons à nos moutons.

La bibliothèque de Munich, qui occupe une partie de l'ancien collége des jésuites, en attendant que Gœrtner ait achevé le vaste bâtiment qu'il construit à son intention dans la rue démocratiquement appelée Louis, a, pour voisine, l'église Saint-Michel. Elle doit la pose, non de sa première pierre, mais bien de son premier volume, au duc Albert V, et l'électeur Charles Théodore lui donna un si rapide accroissement, qu'elle s'augmenta sur une proportion de deux cent cinquante mille volumes par année. Elle contient aujourd'hui l'une des plus riches collections de l'Allemagne, 1,900 manuscrits, 1,300 incunables, 50 ouvrages laborieusement gravés sur bois, des brochures, des gravures, des cartes et des plans.

Le docteur est esclave de son métier. Sans cesse à la piste de ce qui peut l'éclairer dans la spécialité qu'il a adoptée, il va furetant, bouquinant, traduisant, exprimant, commentant, devinant, composant tout ce qui semble lui offrir quelque fait nouveau. Tous les bouquinistes de France et de Navarre le connaissent. Il cherche le *spécifique unique* qui, quoi qu'on ait dit, est encore plongé dans ses limbes. Dieu le lui fasse en chemin rencontrer! L'un de ses yeux étant tombé par hasard sur un petit bouquin poudreux, jaunâtre, gluant, rongé, racorni, recoquillé, illisible, intitulé comme ceci : « Mvlieris infirmitates....., etc., par le docteur Fulvius Fleischmann, » il le saisit avidement. A ce moment, l'ayant regardé, je le vis pâlir.—Qu'avez-vous donc? lui dis-je.—Rien.... l'émotion.—Est-ce que vous avez trouvé la recette de l'onguent providentiel, *Dei panacea?*—Du tout, j'ai trouvé.... ce que j'ai trouvé, je vous le dirai ce soir.

En attendant cette importante communication, et comme je voyais qu'il se disposait à *parcourir* son docte confrère, tout en soutenant une vespérie à ce sujet avec l'un des habitués de la bibliothèque, je lui fis signe que j'allais l'attendre au *Coq d'or*, et je sortis.

—Eh bien? lui dis-je, quand il fut de retour.

—Eh bien, je me suis grossièrement trompé.

— Comment cela?

— Mon confrère est un charlatan.

—Vous m'étonnez!

—Au lieu d'étudier les maladies de la femme au point de vue physique, il les a étudiées au point de vue moral : au lieu du corps, le cœur.

— Il a peut-être eu raison; les unes sont souvent la conséquence rationnelle des autres.

—Oui, s'il en eût tiré des déductions concluantes; non, en ce sens qu'il a purement raconté. Au lieu d'un livre physiologico-médical, il a fait un recueil d'historiettes à l'usage des filles majeures et sensibles. Je le répète, c'est un charlatan. Ce qui m'indigne le plus, c'est qu'il a osé écrire cela en latin. Savez-vous ce que me disait ce monsieur? Il me disait que Fulvius était un grand homme; il le comparait à Ambroise Paré, rien que cela! Et pourquoi était-ce un grand homme? parce qu'il avait écrit un ouvrage du plus haut mérite (le volume que je tenais). Et pourquoi cet ouvrage était-il du plus haut mérite? parce que personne ne pouvait le comprendre. Et pourquoi personne ne pouvait-il le comprendre? parce que, loin d'être du Tacite raffiné, comme le prétendait ce monsieur, c'était un latin barbare, un mélange de carthaginois, de sarrasin, d'étrusque, de gaulois, de volsque, de je ne saurais dire quoi, qui n'a ni nom, ni forme, ni expression, ni couleur.

— Eh ! le moyen ne manque pas d'habileté. La recette est fort bonne; elle s'est perpétuée. Il y a beaucoup de gens qui, de nos jours, y ont recours, et beaucoup d'autres gens qui pensent à leur égard, comme votre monsieur à l'égard du docteur Fleischmann. En agissant comme il a agi, ils sont d'autant plus grands qu'ils sont moins compris, et ils passent ainsi d'âge en âge, toujours grandissant. Ainsi, par exemple, si le bouquin de Fulvius vaut aujourd'hui cent florins, dans cent ans d'ici, il en vaudra mille, et dans trois cents ans, passé à l'état hiéroglyphique, il sera hors de prix. Çà, de votre confrère, vous n'avez donc rien recueilli?

— Rien, sinon l'épigraphe de l'une de ses historiettes; encore cette épigraphe, qui formule un des axiomes les plus vrais, n'est-elle pas de son invention; la voici :

Mulier quæ sola cogitat, malè cogitat.

CHAPITRE IV.

Le marchand de sangsues. — M. Ch*** D***. — Parsdorf. — Hohenlinden. — Le Xénophon français. — Haag et Mühldorf. — Le municipe romain. — Alt-OEtting et la chapelle du Mariahilfberg. — Les maladies taxées. — Le rhume opiniâtre. — Liburnin et Bertrade. — Le duc Odilon. — Les deux jumeaux. — Walram et Théodulphe. — Retina. — Le doigt de Dieu.

Nous allions descendre pour aller retenir nos places à la diligence de Linz, lorsque nous vîmes entrer un marchand de sangsues. Un marchand de sangsues est un homme comme un autre ; sinon qu'il a quelquefois de plus qu'un autre de l'esprit, de l'instruction, de l'enjouement ;

comme, par exemple, dans le cas dont il est question. Notre inconnu était un jeune homme de trente ans, d'un visage agréable, et d'une tournure distinguée. Il se nommait Ch*** D***, d'Amiens, et faisait tous les ans un voyage en Hongrie, seul pays de l'Europe dont les marais produisissent encore quelques milliers de cet horrible petit ver endobranche auquel nous devons tant de services. M. Ch*** D*** avait fait ses études, et était même bachelier, ni plus ni moins que s'il eût dû devenir un jour avoué, notaire ou ministre. Il s'ennuyait, nous dit-il, de voyager seul. Ayant appris que nous suivions la même route que lui, il venait obligeamment nous offrir deux places dans sa voiture, s'engageant à nous conduire *franco* jusqu'à Vienne. — Il eût été difficile de trouver un roulage plus accommodant et surtout plus agréable; nous acceptâmes donc (de compatriote à compatriote cela se fait sans hésitation), mais ce fut à deux conditions : d'abord, ne payant pas de frais de route, nous tenions à faire ceux des hôtelleries; ensuite nous désirions nous arrêter dix minutes au plus dans les bourgs, et une heure au moins dans les villes, chaque fois que la localité serait quelque peu digne d'intérêt. M. Ch*** D*** fit beaucoup de difficultés pour accepter la première de ces conditions ; quant à la seconde, il y souscrivit avec d'autant plus d'empressement, que, sachant le but de notre voyage, il allait lui-même nous offrir ce que nous demandions.

Ces points préliminaires entendus, nous arrêtâmes le départ. Il fut fixé au lendemain matin six heures, heure précise; puis, nous descendîmes dans la cour où M. Ch*** D*** voulut nous montrer le phaéton de ses sangsues. C'était une petite voiture oblongue, à quatre roues, propre, élégante même, supérieurement suspendue, et confortablement garnie. Elle avait identiquement la forme d'un dauphin : la tête représentée par le cabriolet, la queue par la cuvette des sangsues, et les nageoires par les roues. La cuvette, vaste baignoire de six pieds, était recouverte d'un treillis à mailles fines au-dessus duquel régnait une couverture doublée de ouate.

L'intérieur contenait un lit de mousse qui invitait au sommeil. Sur l'observation que je fis que l'on voyagerait fort agréablement, sur cette mousse, M. Ch*** D*** me dit que cela lui était arrivé plus de vingt fois, et que, du reste, il ne tiendrait qu'à moi d'en juger. Je le remerciai de son obligeance, et m'inscrivis aussitôt.

Le lendemain, à l'heure dite, nous étions sur pied. Ottfried nous attendait déjà dans l'une des salles de l'hôtel. Nous lui fîmes nos adieux, le cœur tout gros de regrets et de tristesse : c'était un si brave garçon ! Nous primes l'engagement de lui adresser ceux de nos amis que leurs pas porteraient à Munich, après quoi nous montâmes en voiture, un peu serrés, pour cause de chevrières et de manteaux, mais n'osant beaucoup nous plaindre, vu qu'il faisait un froid de Sibérie. Deux chevaux fringants piaffaient en nous attendant; nous partîmes brûlant le pavé du roi Louis.

Nous courions avec tant de fougue que, ne sachant à quoi attribuer cette vélocité si peu d'usage dans le pays, nous allions en faire l'observation à M. Ch*** D***, quand lui-même, souriant à notre étonnement, nous montra sur le côté droit de sa voiture une espèce de sacoche en fil de fer, à poste fixe et à cadenas de cuivre, dans laquelle soubresautaient des kreutzers. C'était l'argument *ad rem;* avec un semblable topique, Rossinante eût trouvé du vif-argent dans ses jambes.

Quoiqu'il fît à peine jour, nous remarquâmes qu'en prenant par la route de Braunaw, nous passions sous un bel arc de triomphe élevé en l'honneur des Français, à l'époque où l'électorat de Bavière fut érigé en royaume; puis, sur un pont en pierre formé de dix arches elliptiques, et garni de parapets en bronze habilement fondus. Le jour nous surprit dans tout son luxe à Parsdorf: — Parsdorf est un pauvre petit hameau qui doit le souvenir de son nom à l'armistice qui y fut conclu le 15 juillet 1800, et l'établissement de sa poste royale aux trois kilomètres qui le séparent de Munich. — Après lui vient Hohenlinden, autre hameau célèbre par la victoire que le Xénophon français, Moreau, remporta sur les Autrichiens, le 3 décembre 1800.—Puis enfin Haag, dont les plaines immenses ont conservé l'empreinte du piétinement de notre imposante cavalerie, et dont le vaste horizon semble encore noyé dans la fumée de nos canons.

Suivant notre itinéraire, nous devions nous arrêter à Mildhorff ou Mühldorff, vieux municipe romain que l'on rencontre immédiatement après Haag, et qui se vante de posséder les ruines d'un *burg* bâti par le procurateur Tullius Servilius; mais comme, en définitive, une fois que l'on a vu de l'œil et toisé du pied son pont Danubien, cette petite ville, vieillotte sans être gothique, n'a plus rien à vous offrir, en fait de curiosités, qu'une porte voûtée à l'antique, et, dont les voussures sont fouillées d'hiéroglyphes que les 1300 habitants de Mühldorff ont la rage de vouloir être la nomenclature des attributions etnarchiques de Tullius (ce qui nous semble assez apocryphe), nous levâmes le nez, pour la forme, en passant dessous au petit pas, et nous continuâmes notre route vers Ampfing, où nous ne tardâmes pas d'arriver.

Place aussi peu importante qu'elle est fière, Ampfing semble se cacher au fond d'une vallée comme pour éviter d'apprendre aux étrangers, non pas de quelle manière Frédéric d'Autriche y battit, au quatorzième siècle, Louis IV de Bavière, mais bien de quelle rude façon les Français lui donnèrent sur les ongles, il y a quarante et un ans. Elle n'est qu'à une poste et demie d'Alt-OEtting, que sa miraculeuse chapelle a mis en grand renom, et qui a ruiné ainsi, sans pitié, le crédit de celle que l'on voit près d'Ilzstadt sur le sommet du Mariahilfberg.

On sait que cette chapelle (celle du Mariahilfberg) était pour les Bavarois ce qu'est la Mecque pour les Musulmans : un lieu saint, révéré, où tout bon Bavarois devait se rendre au moins une fois dans sa vie. Fragilité des choses d'ici-bas! Alt-OEtting a paru, un boiteux s'est trouvé dont l'entorse cessa par hasard le jour même où il faisait ses dévotions à cette chapelle débutante, et de suite le peuple émerveillé cria dans sa joie : « *Hosanna!* » Et c'en fut assez pour faire ou-

blier le Mariahilfberg. Pauvre Mariahilfberg!...
C'est qu'aussi les guérisons obtenues à la chapelle d'Alt-OEtting, sa rivale, étaient vraiment merveilleuses : venait-il un aveugle, soit d'accident, soit même de naissance, il s'en retournait chez lui sans chien et sans guide. Le paralytique sortait de là ingambe comme un faon, et le goutteux soutenait que la goutte n'avait jamais existé. Les goitreux y laissaient leurs goitres, les scrofuleux leurs écrouelles, les épileptiques leurs convulsions, les hydrophobes leur rage, les lépreux, les dartreux, les galeux leurs différentes affections : Alt-OEtting était devenu le réceptacle des misères humaines à deux cents lieues à la ronde. Et voyez jusqu'où va la ferveur de l'homme et son enthousiasme! Craignant que ce ne fût pas assez d'en parler, et de promulguer partout ses miracles, le desservant de la chapelle décréta, autant pour le présent que pour l'avenir, un nouveau mode de réclame. La chapelle, de forme octogone et de style mauresque (chose assez peu orthodoxe), est surmontée d'un clocher pointu comme un mina-

ret. Deux galeries voûtées et soutenues par des colonnades, lui servent d'escorte. On plaça sous cette galerie un artiste, auquel, moyennant une faible rétribution, chaque pèlerin dut, avant de se retirer, faire faire son portrait et celui de la maladie dont il était atteint. Ledit portrait, peinturluré Dieu sait comme, était encadré par le même artiste, qui se chargeait en outre de rédiger au bas le procès-verbal de la guérison; puis, il était accroché pieusement à l'une des colonnades des galeries, *ad optimum posteritatis exemplum*. — Notre-Dame de Liesse et Notre-Dame d'Atocha n'en sont jamais arrivées à ce perfectionnement.

Je demandai si cette coutume existait encore : on me répondit qu'elle était plus en vigueur que jamais. Curieux de vérifier jusqu'à point cela pouvait être exact, et désirant d'ailleurs me défaire d'un rhume opiniâtre qu'il me serait infiniment agréable d'y laisser en passant, je descendis de voiture, et m'acheminai vers la chapelle où je déposai ce que je devais; car il est bon de dire que toutes les maladies y sont taxées suivant leur nature et leur gravité : tant pour les fièvres, maligne, putride ou intermittente, tant pour la jaunisse, tant pour la migraine, les amauroses, la surdité, la calvitie, l'hydrocèle, la claudication, l'hypocophosie, les exostoses, le myopisme, les concrétions rénales ou cystiques, l'idiotisme, les fluxions, l'opisthotonos, la courbature, la gastro-entérite, l'hypocondrie, le croup, la névralgie, la duodeno-hépatite, voire même le rhume et les cors aux pieds. Avis aux affligés. La *corona Veneris* pour les hommes, pour les femmes l'*hystérie*, et pour tout le monde l'*idiotisme*, étaient hors de prix ! Et cependant, comme les colonnades étaient couvertes des images traditionnelles de ces maladies, force me fut bien de croire que, depuis quelques années, il en avait été guéri une quantité prodigieuse ; ce qui, entre nous soit dit, m'amena par induction à faire de singulières réflexions sur la moralité des gens du pays, et me fit juger que, quoi qu'ils fassent, ils n'en sont pas moins encore un peu de la race du démon.... *dæmonii prolis*.

— Eh bien, me dit le docteur, en me voyant revenir, ce rhume?

Je toussai pour m'assurer où il en était.

— Eh bien, ce rhume, répondis-je ensuite, satisfait de mon épreuve, il est guéri, complétement guéri.

Le docteur se mit à rire, d'un rire incrédule. Je n'insistai point. J'avais vu du premier coup d'œil que c'était par jalousie de métier, et je respectai ce sentiment, du reste, assez naturel; mais je n'en restai pas moins convaincu, avec M. Ch*** D***, que je devais ma guérison plutôt à mon pèlerinage qu'à l'infusion de violette et de bourrache, légèrement additionnée d'opium, que me faisait depuis trois jours avaler le docteur.

Nous nous arrêtâmes à Marktl pour déjeuner, et ce fut seulement alors que je m'aperçus d'un oubli grave relatif à un point réglementaire de la chapelle d'Alt-OEtting : à savoir, de faire peindre ma guérison. Je le regrettai d'autant plus que j'aurais été fort désireux de voir sous quelle forme l'artiste eût peint un rhume opiniâtre.

Marktl est la patrie de deux jumeaux à jamais célèbres.

En 745, époque à laquelle régnaient sur les Bavarois le duc Odilon, de la grande lignée des Agilolfingiens, et, sur le monde chrétien, le pape Zacharie, vivaient à Marktl, qui s'appelait alors *Markt*, c'est-à-dire *marché*, et non, comme aujourd'hui, Marktl avec un *l*, ce qui ne signifie plus rien, vivaient, dis-je, deux bonnes gens, un homme et une femme. Tous les deux étaient vanniers de leur état, et pas riches. Ils croyaient fermement en Dieu, en la Vierge, en son fils, et ne doutaient pas, comme nous avons l'audace d'en douter actuellement, qu'il n'y eût dans l'Église de ces mystères sur lesquels l'esprit de l'homme ne peut jamais s'appesantir sans pécher. Aussi voyaient-ils s'écouler leurs jours dans la plus parfaite félicité. Une seule douleur avait attristé les premières années de leur mariage : le ciel leur avait donné, d'un seul coup, deux fils, deux jumeaux; mais ces deux enfants chéris, semblables à *Rita* et à *Christina*, se tenaient unis par l'épaule. Longtemps Liburnin (ainsi se nommait le vannier) et Bertrade (ainsi se nommait la vannière) s'étaient plaints, à voix basse, du malheur qui pesait sur eux, longtemps ils en avaient déploré la fatalité; mais enfin, comprenant que, si l'Église a ses mystères, la nature a aussi les siens, et qu'il est souvent aussi difficile d'expliquer ceux-ci que de pénétrer dans ceux-là, ils avaient humblement baissé la tête et s'étaient soumis, sans murmurer davantage, aux divins décrets de la Providence. Bertrade avait même été plus loin. Prévoyant que ces enfants seraient, selon toute probabilité, le seul fruit de ses entrailles, elle s'était pieusement inclinée devant la vierge Marie, en la priant de les lui conserver; et, sensible à sa prière, la mère de Dieu les avait fait vivre pleins de force et de beauté.

Les deux bonnes gens élevèrent leurs jumeaux jusqu'à l'âge de dix ans, sans exiger d'eux le moindre travail; mais enfin, sentant qu'ils ne pourraient longtemps les nourrir ainsi, qu'ils gagnaient à peine de quoi subvenir à leurs propres besoins, et que plus ils avanceraient en âge, plus leurs forces diminueraient, et leurs ressources avec elles, ils résolurent de leur apprendre la vannerie. Si l'état n'était pas lucratif, il était sûr; en le pratiquant, on ne mourrait pas de faim. Les deux frères, Walram et Théodulphe, consultés à cet égard, répondirent qu'ils ne demandaient pas mieux que de travailler; mais, la vannerie ne leur souriant guère, ils exprimèrent le désir de faire autre chose. Liburnin et Bertrade furent effrayés de cette prétention. Ils ne comprenaient pas, simples qu'ils étaient, que l'on pût faire autre chose que ce qu'avaient fait un père et une mère, et, avant ceux-ci, des aïeux; cela leur semblait d'une inqualifiable imprudence. Toutefois, comme ils adoraient leurs enfants et qu'ils les savaient fort pieux, ils firent réflexion : peut-être cette idée leur venait-elle du Très-Haut; peut-être avaient-ils une mission particulière à remplir; peut-être la fortune, les honneurs, qui sait? les attendaient-ils, et il ne fallait pas, le cas échéant, entraver leur brillant essor.

Ils voulurent savoir ce que les jumeaux désiraient apprendre. Les jumeaux répondirent que c'était l'état d'armurier, et comme les bonnes gens hochaient négativement la tête, tant Walram et Théodulphe leur semblaient peu faits pour ce rude métier, ceux-ci leur montrèrent une collection d'armes et d'armures de toutes sortes, des piques, des lances, des haches, des épées, des cimiers, des heaumes, des casques, des hauberts, des brassards, des boucliers, des cottes, des gantelets, des cuirasses, en un mot vingt panoplies superbes, et prêtes à servir. A cette vue, éblouis, ne sachant où et comment ils avaient pu forger tant de merveilles, car toutes ces armes étaient d'un travail exquis, et ne doutant plus que leurs enfants ne fussent inspirés, ou que le ciel ne les eût dotés de la sorte par compensation au malheur qu'ils avaient d'être ainsi liés éternellement l'un à l'autre, Liburnin et Bertrade s'inclinèrent dévotement en disant, avec des larmes de reconnaissance dans les yeux : « Mon Dieu, que ta volonté soit faite!» Et le jour même, Walram et Théodulphe furent installés armuriers.

Or, ce qu'ils avaient fait en secret, et alors que tout leur manquait, ils devaient nécessairement beaucoup mieux le faire encore, maintenant qu'ils étaient libres, et pouvaient travailler au grand jour, avec des forges, des enclumes, des marteaux et des pinces, car les bonnes gens s'étaient ruinés pour leur acheter tous les outils nécessaires. Les deux jumeaux se mirent donc à l'œuvre, et travaillèrent avec tant de cœur et de courage, qu'ils firent, sans que personne le leur eût appris, ce que d'autres, plus anciens qu'eux et plus expérimentés, n'eussent jamais exécuté. Aussi leur réputation grandit-elle rapidement. Ils n'avaient d'abord fourni que de simples chevaliers, puis des barons, puis des comtes; mais bientôt, leur nom se répandant, on vit arriver chez eux les princes, les rois, les empereurs. Le duc Odilon, le premier, avait donné l'exemple; après lui vinrent successivement les ducs de Spolète et de Bénévent, le roi des Lombards,

Didier, et l'empereur des Francs, Pépin-le-Bref. Des Saxons, des Bretons, des Huns, des Rugiens, des Danois étaient également accourus, demandant, quel qu'en fût le prix, des armures; mais les jumeaux les leur refusèrent. Outre, d'abord, qu'ils ne pouvaient suffire à toutes les commandes, ils ne voulaient travailler que pour les fervents sectateurs du Christ; or, les Saxons, les Bretons, les Huns, les Rugiens, les Danois étant encore païens, et adorant, pour la plupart, au lieu du Fils de Dieu, l'idole Irmensul, les jeunes armuriers eussent craint d'engager leur salut en besognant pour ces réprouvés.

Plusieurs années s'écoulèrent ainsi. Quoique Walram et Théodulphe ne pussent pas fabriquer beaucoup, voulant tout faire par eux-mêmes, et qu'ils n'exigeassent pas un grand salaire de leurs peines, l'abondance n'en régnait pas moins au logis. Leur premier soin, en voyant venir la prospérité, avait été de condamner Liburnin et Bertrade à cesser l'état qu'ils exerçaient depuis tantôt un demi-siècle, et, soumis aux vo-

lontés de leurs enfants, pensant toujours qu'elles
leur venaient du Très-Haut, les deux bonnes
gens n'avaient pas cru devoir aller en appel. Ils
commençaient d'ailleurs à se faire vieux; ils touchaient à cette époque de la vie où l'on éprouve le
besoin de ce *far niente* pendant lequel les souvenirs remontent doucement vers le passé, comme
pour échapper à l'avenir, et il leur semblait fort
séduisant, après avoir tant croisé d'osier, de se
croiser un peu eux-mêmes les jambes et les bras.
Boire, manger, dormir, rêver, prier, promener,
telle était donc leur occupation de chaque jour,
et chaque jour ils s'en réjouissaient, trouvant que
cet emploi était des plus faciles à remplir. Ils
faisaient à Markt des envieux, et, sans s'inquiéter
du péché véniel, ils en éprouvaient quelque
joie. — C'est qu'on aime généralement mieux
faire envie que pitié. — Mais à côté de cela, ils
étaient si bons pour les pauvres, si charitables
et si empressés, que jamais leur porte n'avait
été fermée aux malheureux du canton, et que,
tout en les enviant, on excusait leur faiblesse.

On les aimait, on les respectait, on les appelait, comme nous les appelons nous-mêmes : les bonnes gens.

Ce fut vers ce temps que leur passa par l'esprit la plus hardie et la plus antireligieuse idée. L'ambition, ce monstre insatiable, qui cause tant de chutes et tant de larmes, en fut l'origine. Liburnin et Bertrade s'étaient aperçus que, par rapport à la disposition de leurs épaules, les deux jumeaux ne pouvaient travailler en même temps sans que l'un ne nuisît aux mouvements de l'autre. Un jour donc, les voyant debout, devant un étau, celui-ci limant une hampe, tandis que celui-là le regardait faire, inactif, les deux bonnes gens se demandèrent s'il ne serait pas possible de remédier à cette inaction : ils feraient alors besogne double, profit double, et la maison en ressentirait les heureux effets. Plus d'aisance, plus de bonheur... Hélas! pas toujours. — Quoi qu'il en soit, cette idée ayant germé dans leur tête, ils avisèrent au moyen de la mettre à exécution. Le moyen, il était tout simple; les deux jumeaux n'étaient unis l'un à l'autre que par l'épiderme (au moins le jugeaient-ils ainsi), leur sang, leurs chairs, leurs veines, leurs existences, en un mot, n'avaient rien de commun : qui donc empêcherait de les détacher? Ne serait-ce pas, d'ailleurs, aller au-devant de leurs désirs, que de les rendre à la liberté? Pauvres enfants! si par malheur l'un d'eux venait à mourir, que deviendrait l'autre, ainsi rivé au corps de son frère? Il le suivrait donc, vivant, au tombeau !... Sans perdre de temps, ils communiquèrent leur réflexion aux jumeaux.

Les jumeaux, surpris de l'étrangeté de l'ouverture, la repoussèrent d'abord avec énergie: il leur semblait qu'en les séparant, eux qui avaient toujours vécu l'un à côté de l'autre, n'ayant qu'une même pensée, qu'un même désir, qu'un même but, on allait les précipiter dans une voie toute nouvelle, qui froisserait les droits de la nature, et qui, sans nul doute, ne leur conviendrait jamais aussi bien que celle dans laquelle on les avait élevés jusqu'à ce jour; mais, ensuite, réfléchissant aux conséquences graves que pouvait avoir cette fatale adhérence, et pensant que plus ils avançaient en âge, et plus elle devenait indissoluble, et plus elle entraînait d'inconvénients, de dangers même, ils n'hésitèrent plus. Une circonstance particulière corrobora leur résolution. A Markt, non loin de leur forge, habitaient un pauvre homme et sa fille. Le pauvre homme se nommait Warnfrid, et sa fille Retina. Retina était jeune, belle, pieuse, pauvre : les deux jumeaux s'étaient aperçus en même temps qu'ils l'aimaient d'un même amour, ardent et sincère. Mais, comment lui faire agréer des vœux que l'un ou l'autre des deux frères ne pouvait seul lui exprimer ? Il faudrait donc qu'ils renonçassent, n'étant pas libres, à posséder jamais Retina!.... Ils ne purent se faire à cette idée. Si Retina, se dirent-ils, doit appartenir à quelqu'un, faisons que ce soit à l'un de nous deux, et non à un rival étranger. Le lendemain même, leurs dispositions étant prises, ils embrassèrent leur père et leur mère, et partirent, promettant de revenir avant peu. Ils avaient appris qu'un *mire* français, nommé Jehan Guy, habitait, en ce moment même, Reginenburg *. Jehan Guy était un homme de grande réputation, et ils allaient par-devers lui se faire opérer.

Cependant Liburnin et Bertrade ne les virent pas s'éloigner sans éprouver un indéfinissable serrement de cœur. Il leur sembla qu'ils agissaient contrairement aux volontés de Dieu, et qu'ils commettaient une faute grave dont ils seraient tôt ou tard sévèrement punis. La nuit étant venue, les deux vieillards se couchèrent, espérant, par le sommeil, échapper aux inquiétudes qui les obsédaient. Ils s'endormirent, en effet, mais ils ne furent pas pour cela plus tranquilles. Leur sommeil fut troublé par des apparitions effrayantes. Un autre incident vint augmenter leurs terreurs. Sept jours s'étaient écoulés depuis le départ des jumeaux, lorsque, vers le milieu de la nuit, Liburnin s'éveilla en sursaut, appelant Bertrade à voix basse, tandis que Bertrade, éveillée du même coup, lui répondait en tremblant. Devant eux se

* Ratisbonne.

détachait, sur la muraille, une langue de feu ardente, et sur cette langue se lisaient ces mots :

« *Quod Deus conjunxit, homo non separet.* »

Pour le vannier et sa bonne vieille femme, ces mots n'étaient que du grimoire; mais, malgré cela, pressentant qu'ils devaient contenir des menaces imminentes, ils n'osèrent refermer les yeux. Le jour venu, ils coururent en demander l'explication au desservant du village. Le desservant du village, qui n'était guère plus savant qu'eux, avait de l'amour-propre. Ne voulant pas qu'ils le soupçonnassent d'ignorance, il inventa un prétexte pour éluder de leur répondre, et il termina en leur conseillant de se rendre à Pons-OEni, où ils trouveraient trois doctes et saints personnages qui, seuls, disait-il, avaient le droit de les tirer d'embarras. Liburnin et Bertrade se rendirent au lieu indiqué. Comme ils allaient y entrer, voyant venir à eux, le rochet sur l'épaule, et le bourdon à la main, trois vieillards à la barbe blanche et au visage imposant, et ne doutant pas que ce ne fussent ceux qu'ils avaient à consulter, ils s'inclinèrent sur leurs pas, et leur contèrent leur apparition. Les trois pèlerins étaient l'abbé de Lauresheim, l'abbé de Jumiéges et l'abbé du Mont-Cassin. Ils se consultèrent ensemble, puis, ayant interrogé le vannier et sa femme, et en ayant appris les particularités relatives à leurs enfants, ils répondirent que ce que la langue de feu portait signifiait ceci :

« *L'homme ne peut impunément séparer ce qu'il a plu à Dieu d'unir.* »

Mortellement effrayés de ces paroles, Liburnin et Bertrade revinrent de suite au village, bien résolus de se rendre à Reginenburg, afin, s'il en était temps encore, d'arrêter l'opération qu'ils avaient eux-mêmes conseillée; mais quelle ne fut pas leur surprise de trouver, en rentrant, les deux frères qui les attendaient. L'opération avait été faite, et avait parfaitement réussi. Ils étaient libres maintenant, et venaient reprendre leurs travaux. La joie, dit-on, tue; les bonnes gens pensèrent en mourir. Ils se dirent que ce qu'ils avaient souffert, de même que l'apparition, n'était probablement que des épreuves auxquelles il avait plu à Dieu de les soumettre. Ils coururent immédiatement à l'église, et prièrent toute la journée sans interruption. Cet acte pieux accompli, ils sortirent, et rencontrèrent les jumeaux qui leur déclarèrent qu'avant de frapper de nouveau sur l'enclume, ils voulaient pourvoir à l'établissement de l'un d'eux. Ils leur firent alors part de l'amour qu'ils avaient mutuellement conçu pour Retina, leur voisine; leur intention était de tirer au sort à qui l'obtiendrait. Les bonnes gens pouvaient-ils se montrer difficiles? Deux glands de fer et d'acier furent donc sur-le-champ jetés dans la bombe d'un casque, le gland d'acier devant désigner le vainqueur. Toutefois, comme les deux jeunes maîtres avaient trop l'habitude de se servir des métaux pour qu'un simple attouchement ne les guidât pas l'un ou l'autre, il fut résolu que le vannier et sa femme procéderaient seuls au tirage, Liburnin pour Walram, et Bertrade pour Théodulphe.

Le sort favorisa Théodulphe.

Aussitôt, et sans que Walram parût affecté du succès qu'avait obtenu son frère, il se rendit avec lui à la cabane du pauvre homme pour lui demander la main de Retina. Le pauvre homme, ainsi que l'indique la qualification sous laquelle nous le désignons ici, n'était pas des plus opulents, et pas des plus difficiles ; il était loin de s'attendre à ce que sa fille dût jamais trouver un aussi beau parti que Théodulphe; il donna sans se faire prier son consentement au mariage.

Les noces se firent avec une pompe inusitée dans le pays, et huit jours après les forges ronflaient avec une nouvelle ardeur.

Trois mois s'écoulèrent.

L'intimité la plus franche et la plus cordiale régnait, comme toujours, chez les jumeaux armuriers. Rien n'était, en apparence, changé ; la besogne venait de plus belle, et la fortune suivait la besogne. Leur renommée, doublée par la perfection avec laquelle ils confectionnaient leurs armures, courait par le monde, attirant plus que jamais chez eux les plus grands seigneurs de la terre. Tout semblait donc sourire à leurs vœux.

Un événement, bien innocent en lui-même, vint culbuter ce bonheur d'un seul coup.—Les deux jumeaux étaient d'une ressemblance étonnante; si étonnante que Liburnin et Bertrade s'y trompaient eux-mêmes, et qu'il leur arrivait fréquemment d'appeler Walram Théodulphe, et Théodulphe Walram. Aussi, n'en pouvait-il être autrement de Retina. Et en effet, souvent déjà elle avait pris son frère pour son mari, et son mari pour son frère, et, chaque fois que cette méprise lui arrivait, elle s'écriait, en riant, qu'il fallait que Walram portât un costume différent de celui de Théodulphe, ou que, tout au moins, il prît une marque distinctive; mais, comme s'il se fût plu à cette plaisanterie, Walram éludait toujours de se conformer à la prescription. Un jour, le croyant sorti, Retina descendit à la forge en marchant sur la pointe du pied; une personne seule travaillait. Ne doutant pas que ce ne soit son mari, elle s'approche : l'ouvrier lui tournait le dos, assis devant une chainette qu'il était occupé à polir. La jeune femme lui passe coquettement ses mains sur les yeux, puis sans s'arrêter au frémissement subit qu'il semble éprouver, elle se penche à l'une de ses oreilles, lui glisse trois mots à voix basse, et s'éloigne légère comme une biche, la joie dans l'âme et le rouge au front....

Quand Théodulphe rentra, il trouva son frère évanoui. Ne voulant appeler personne à son aide, afin de ne pas jeter l'alarme dans la maison, il lui prodigua seul tous les soins qu'il crut capables de le faire revenir. Walram ouvrit des yeux hagards, effrayés, et bientôt deux larmes, se faisant jour sous ses paupières brûlées par la fièvre, descendirent silencieusement sur ses joues. Théodulphe voulut alors savoir à quoi il devait attribuer l'évanouissement de Walram; mais celui-ci s'étant obstiné à garder le silence, son frère remit à plus tard à l'interroger. Hélas! il ne devait que trop tôt en connaître la cause. Retina, croyant toujours n'avoir parlé qu'à son mari, lui répéta le soir même ce qu'elle avait dit à Walram. Or, ce qu'elle avait dit comme par surprise à Walram, n'osant le lui révéler en face, par suite de cet admirable instinct de pudeur qui guide les jeunes femmes dans toutes leurs actions, même les plus naturelles, c'était que bientôt elle deviendrait mère... C'en fut assez pour éclairer Théodulphe. Il ressentit vivement le contre-coup du choc qu'avait éprouvé son malheureux frère. Le triste tableau des poignantes déceptions du passé, et des affligeantes douleurs de l'avenir, se déroula subitement devant lui. Walram aimait toujours Retina, et les trois mois qui venaient de s'écouler avaient été trois mois d'abnégation sublime et de supplice; ce supplice avait lentement miné toutes ses forces, et la déclaration bien inoffensive de Retina avait achevé de les épuiser.

La position des deux jumeaux offrait cela d'étrange qu'ils ne pouvaient aimer l'un sans l'autre, vivre, agir et respirer l'air, sans que cette vie, cette agitation, cet air, leur fussent communs à tous deux. Un lien sympathique les unissait étroitement. Priver l'un de telle ou telle chose, c'était priver l'autre; ils devaient marcher ensemble et *un* dans la voie que le ciel leur avait tracée, et tous les deux tomber en même temps. La nature, en créant deux corps, n'avait créé qu'un seul cœur, qu'une seule âme, qu'une seule existence : or, Théodulphe et Walram ne pouvaient aimer qu'un seul et même objet. La psychologie a quelquefois signalé de ces unions bizarres, inexplicables et cependant bien réelles.

Le lendemain de ce jour, les deux jumeaux descendirent ensemble à leur forge; mais, au lieu de travailler, comme d'habitude, tous deux ils se regardèrent, émus, le cœur gonflé, les yeux pleins de pleurs; et pourtant, de part et d'autre, ils ne s'étaient encore rien dit. Sur leurs visages seuls se lisaient les effets violents de la douleur contre laquelle ils se débattaient. Le surlendemain, les fourneaux demeurèrent éteints. Comme un torrent rompant violemment ses digues et se répandant de tous côtés, un désespoir morne et rapide avait inondé leur cœur. L'avenir était un abîme que le temps creusait sous leurs pas; tenter une lutte, ce serait souffrir sans espoir, et d'ailleurs ils ne le pouvaient plus....

Huit jours après, surprise de ne point entendre

résonner le bruit de leurs marteaux, Retina descendit, inquiète, auprès d'eux. Plusieurs fois déjà quelques soupçons lui étaient venus, mais trop vagues encore pour qu'elle pût y faire sérieusement attention. Elle était loin de s'attendre au dénoûment tragique qu'ils devaient avoir! La forge offrait l'aspect de son désordre habituel : ici du fer et de l'acier, du cuivre et du plomb; là des marteaux et des pelles, des pinces et des limes; ailleurs des armes inachevées, des lames d'épées, des fers de lance, des mailles et des masses. Retina enveloppa, d'un coup d'œil rapide, tous ces différents objets; puis, son regard s'abaissant derrière une enclume, sur un groupe qu'elle n'avait pas encore aperçu, elle tomba défaillante, sans voix dans la gorge, sans larmes dans les yeux. Walram gisait, privé de vie, sur le pavé noir de la forge, et Théodulphe, incliné sur lui, pâle et immobile, mourait de la mort même de Walram.

Tous les deux avaient alors vingt et un ans.

Moins de six mois après ce jour à jamais néfaste, Liburnin et Bertrade, qui, en voyant leurs enfants ainsi frappés du même coup, s'étaient rappelé leur apparition nocturne, et avaient reconnu le doigt de Dieu qui les punissait, Liburnin et Bertrade étaient redevenus plus misérables qu'auparavant, et, pour comble de malheur, le feu du ciel tombant sur leur maisonnette l'avait brûlée entièrement, ruinant ainsi leurs dernières ressources, c'est-à-dire quelques menus objets dont, à défaut d'économies, ils auraient pu tirer parti. Trop vieux maintenant pour reprendre la vannerie, ils furent obligés d'aller mendier leur pain de porte en porte, suivis de Retina qui elle-même portait dans ses bras son enfant, ne pouvant filer pour vivre et le nourrir.

CHAPITRE V.

—

Le lit de mousse. — Les politzéï. — Le Pfarrgericht. — L'interrogatoire. — Le verdict. — Braunaw. — L'Autriche et les Autrichiens. — Une heureuse surprise. — L'avicule perlière. — Reid. — Le colonel Montbrun et le général Beaumont. — Linz. — Le Schloss. — Le gouverneur Heberstorf. — Le supplice. — Conrad Wolner. — Keppler et Archimède.

Je m'étais inscrit pour essayer du lit de mousse de la cuvette aux sangsues, et je ne voulais pas que ce fût en vain. Profitant du relais que nous faisions à Marktl, je me glissai dans le fond de la baignoire, bien éloigné de m'attendre à la mésaventure que cela devait m'occasionner. J'avais eu le soin de dégarnir la baignoire de son traversin ouaté, dont je m'étais fait un fort moelleux oreiller : je m'y installai comme si j'eusse été chez moi, le dos sur la mousse, et les yeux tendus vers le ciel, qui m'envoyait sa lumière moirée par les anneaux du treillis. Il y a quelque chose de voluptueux à voyager ainsi face à face avec l'immensité de la nature, à se sentir entraîné, tantôt bondissant dans la plaine, tantôt roulant dans le fond des vallées, ou gravissant les collines, et tellement bien suspendu que l'on suit toutes les ondulations de la terre, sans en ressentir les cahots. Je ne plaignis plus les sangsues ; elles ne pouvaient s'expatrier plus agréablement ; je reconnus que l'on avait mis tout en œuvre pour leur procurer la locomotion la plus douce. Il me sembla, pour mon compte, que je voyageais sur les montagnes russes. Aussi en éprouvai-je bientôt les effets ; je fermai les yeux comme si l'on m'eût tendrement bercé. Quand je les rouvris, la baignoire se dandinait sur elle-même par un mouvement d'oscillation semblable à celui d'une nacelle sur les flots, ou d'une vieille berline qui vient de s'arrêter brusquement. Je demandai de quoi il était question : personne ne daigna me répondre ; je repris d'une note plus élevée; cette fois, on me répondit que nous entrions à Braunaw. Je m'étais endormi Bavarois, je me réveillais Autrichien.

Je me trouvais si bien ainsi, chaudement calfeutré, livré à moi-même, rêvant de toutes choses et de rien, qu'il fallut que le docteur vint par trois fois me répéter que Braunaw était un lieu où l'on dînait d'ordinaire, à l'heure où nous y arrivions, pour que je me décidasse à me lever. Et encore, me faisant application de cet axiome, « qui dort, dîne, » allais-je peut-être me laisser indolemment retomber, lorsque deux politzéï aux blancs uniformes s'étant approchés, je ne pus demeurer plus longtemps. Ces braves gens, habitués à voir passer M. Ch*** D***, et ne trouvant toujours dans sa voiture que de la mousse, avaient fini par ne plus même y regarder. Mais, cette fois, ayant cru entendre sortir du fond de la baignoire un bruit inaccou-

tumé, cela les avait mis en éveil. Si M. Ch*** D***
en eût été à son retour de Hongrie, ils auraient pu croire que ce bruit provenait des sangsues s'insurrectionnant ; mais, au lieu d'en revenir, il y allait, et il y allait en traversant Vienne!
il fallait donc qu'il fût en contravention : on
peut ne pas commettre une seule faute pendant
dix années, et la onzième, succomber. Partant de
ce dilemme fort prudent et fort rationnel, les
politzéï s'approchent. (La voiture, sur leur ordre,
s'était arrêtée.) Ils grimpent chacun sur les
roues, se penchent, plongent avidement des
yeux dans le fond de la baignoire... à ce moment, ma tête pointait sous le grillage que j'allais soulever. Un homme!... Ce mot terrible
est à peine sorti de leur bouche, répété vingt
fois de proche en proche, comme le *wer-da*
d'une sentinelle en faction, que la voiture est
cernée par une foule d'Autrichiens sortis de
terre. Le poste prend les armes, la troupe se
met aussitôt sur pied, la garnison entière s'émeut
et se dispose à sortir, c'est un *tolle* général ; le
tocsin chante, le canon gronde, les trompettes

sonnent, les tambours battent, les soldats jurent, les douaniers grognent, les passants crient, les gamins braillent, les vieilles femmes geignent, les bouledogues hurlent, les caniches jappent, les chats gris miaulent, et tout cela, pourquoi? pour un homme trouvé dans le fond d'une baignoire, un homme endormi, et qui ne demanderait pas mieux que de continuer son somme, dût-il même ne pas diner de la journée! En vérité, il fallait venir en Autriche pour y trouver des paniques aussi solidement conditionnées!

En un instant, je suis happé, tiré de ma baignoire et appréhendé. On m'entraine au corps de garde, comme on eût fait d'un brigand, par le collet de mon habit, on m'entoure de près, on me fait des menaces effrayantes, et de gros yeux dévorants; on me tiraille en tous sens, on me donne des coups de crosse, et même des coups de sabre, sur le plat; la porte est fermée, verrouillée, cadenassée, les sentinelles sont doublées et le poste est triplé; douze officiers se rassemblent, se consultent, m'examinent, m'étudient; le chef du *Pfarrgericht* supérieur, ou tribunal paroissial, est sur-le-champ convoqué, tandis que, d'un autre côté, mes compagnons de voyage sont gardés à vue, et que la voiture est mise sous le scellé d'un planton placé à distance, comme si cette voiture eût renfermé une machine infernale prête à éclater.

—Voilà, medis-je, un heureux début dans les États de sa majesté l'empereur Ferdinand ; pour peu que cela se renouvelle à l'entrée de chaque ville, cette petite scène nous promet une promenade fort récréative.

Il n'est personne qui ne sache par soi-même ou par ouï-dire avec quelle paternelle sollicitude la police et les douanes d'Autriche traitent les voyageurs ; c'est à faire reculer le plus intrépide touriste et le plus inoffensif commerçant. Peut-être pourrait-on signaler quelques exceptions, mais elles sont fort rares : si vous êtes Anglais, par exemple, Hollandais ou Cochinchinois, vous passez ; mais, si vous venez de France, d'Italie ou de Pologne, ou d'Espagne, garde à vous ! Garde à vous surtout, si, une fois entré au corps de garde, qui n'est guère chauffé et dont les physionomies rébarbatives sont peu rassurantes, vous tremblez de froid ou d'effroi, si votre regard dévie du regard inquisiteur qui vous scrute, si vous êtes porteur d'un *Béranger*, d'un *Lamennais*, d'un *Journal du Peuple*, d'un *paquet d'allumettes chimiques* (quoique l'invention nous en vienne d'Allemagne), ou de tout autre insigne mis à l'index en Autriche; vous tombez dans le domaine du politzéï. Cet estimable agent vous annonce alors que, bien qu'il vous reste encore dix, quinze, vingt, cent, deux cents lieues à faire, plus ou moins, votre voyage est terminé : ce disant, il vous met les menottes aux mains. Vous pouvez protester (toutefois faut-il que ce soit à voix basse), vos protestations ne changeront rien à l'ordre établi; vous avez encouru la tour d'Olmutz, la forteresse de Closembourg ou les cachots du Spielberg..., partant, vous irez.

Je dus subir une question de deux heures, pendant lesquelles j'eus beaucoup de peine à faire comprendre comme quoi nous avions fait la rencontre à Munich de M. Ch*** D***, et comme quoi M. Ch*** D*** nous avait offert de nous mener à Vienne, ce que nous avions cavalièrement accepté; comme quoi il avait voulu nous montrer l'équipage qu'il nous destinait, ce qui m'avait mis à même de remarquer une cuvette à sangsues dont il m'avait tant vanté les qualités particulières, que je m'étais inscrit, sans façon, pour en juger par moi-même; comme quoi m'y étant blotti à Marktl, le sommeil m'y avait presque subitement surpris; comme quoi enfin, obéissant aux sommations du docteur, j'allais en sortir au moment où les politzéï m'avaient découvert.

Mes observations ouïes et consignées, on procéda (ce que l'on eût bien dû faire tout de suite) au dépouillement de mon passe-port; puis, à l'examen, pièce à pièce, des objets que contenait ma malle; puis, ensuite, à la visite domiciliaire de mes poches; lesquels passe-port, objets et poches s'étant trouvés parfaitement en règle, on alla confronter mon interrogatoire avec celui de mes compagnons d'infortune; on explora également leurs poches, leurs bottes et leurs malles, on retourna sens dessus dessous la voiture, la mousse et les coussins, après quoi toutes choses ayant été déclarées hautement conformes aux réglements de la douane et de la police urbaine de Braunaw, il fut reconnu que je n'étais pas entré en fraude, que mon intention n'avait jamais été telle, et que j'étais pur de tout soupçon pouvant donner à penser que je venais en Autriche pour soulever l'empire et culbuter M. de Metternich.

Sur ce, le poste s'ouvrit, la garde s'écarta, je pus m'éloigner, mais toutefois fut-ce en recevant l'injonction de ne pas, sous peine de cachot, demeurer plus de cinquante minutes à Braunaw. J'estimai que les Autrichiens étaient très-prudents, et je me retirai en bénissant leur police. Quand le duc de Modène, me dis-je, tenait quelqu'un comme suspect, il ne lui donnait que vingt-quatre heures pour traverser ses États : or, quoique ces États ne soient guère plus grands qu'un département français, il agissait encore moins largement que les suppôts autrichiens. En sept minutes on pouvait traverser Braunaw,

Cette ville, qui est fort ancienne, à en juger par les noms de *Braunavia, Braunodurum* ou *Brundunum* que lui donnèrent, j'ignore à quelle occasion, les Romains, est fortifiée sur une rivière nommée l'Inn. Elle a la physionomie géométrique de Sarrebourg. Le 29 octobre 1805, le duc de Montebello arriva devant ses murs à la tête de son corps d'armée. Sachant que les Autrichiens l'avaient évacuée, et ne doutant pas qu'elle ne dût rien renfermer de précieux, il allait, sans y entrer, continuer sa route, se dirigeant sur Vienne, et laissant à l'empereur, qui venait après lui, le soin d'y jeter quelques centaines d'hommes : mais les murmures de ses soldats le firent changer de résolution, et bien lui en prit. Depuis tantôt deux jours et trois nuits qu'ils marchaient, se battant sans cesse et mangeant rarement, les grenadiers étaient épuisés, les cavaliers ne se tenaient plus, et manquaient tous de munitions de guerre. Il n'eût donc pas été prudent *de brûler la politesse* (suivant l'expression du grognard) à une place qui, quelque abandonnée qu'elle fût, n'en devait pas moins contenir encore de quoi réconforter un petit corps d'armée. Les Autrichiens n'étaient pas des Scythes, ils ne comblaient pas les puits derrière eux. — Tous les ponts étaient poliment baissés, comme si les Français eussent été d'un moment à l'autre attendus. Le maréchal entre et trouve quarante mille rations prêtes à être distribuées, mille sacs de farine, cinquante-cinq pièces de canon, des mortiers et des obusiers approvisionnés, cent milliers de poudre et de cartouches, des balles et du plomb, le tout protégé de mille fusils dépourvus de leurs soldats. Il faut en convenir, c'était trop galamment faire les choses; le maréchal et ses braves n'eurent qu'à déployer leurs serviettes et à se mettre à table, ce qu'ils firent en portant un toast en l'honneur des Autrichiens, leurs amphitryons.

Napoléon arriva au moment même où, en guise de dessert, les grenadiers bourraient de cartouches leurs gibernes; et, à cette vue, comme à celle de ses remparts et de ses retranchements magnifiques, reconnaissant que Braunaw était l'une de ses plus belles et de ses plus utiles acquisitions, il fit de cette place le quartier général de son armée, lui donnant pour gouverneur le général Lauriston, qui revenait de Cadix, où il était débarqué après avoir assisté au funeste combat de Trafalgar.

Braunaw produit des pêcheurs qui produisent des barques pour la navigation de la Salzbach, laquelle produit de son côté des moules que la conchyliologie désigne sous le nom scientifique de *mulette margaritifère ;* en voici la raison. La moule, petite bête fort intelligente, a pour ennemi mortel un ver aquatique, qui la poursuit sans cesse, cherchant à trouer la coquille dans laquelle elle se renferme. Fatiguée de ses poursuites, la moule s'arrête, laisse percer son enveloppe, puis elle se hâte de sécréter une matière calcaire, qui remplit la brèche pratiquée par le ver. Cette sécrétion forme un tubercule d'un si bel orient, que les lapidaires le recherchent avec soin. L'Ilz et plusieurs autres petits fleuves réputés partagent avec la Salzbach le privilége de posséder ce précieux mollusque. Linné rapporte qu'il produit beaucoup plus de perles que la fameuse *avicule perlière* de l'océan indien ; mais il ajoute que cela tient à ce que les courants de l'Inde contiennent moins de vers que ceux de l'Allemagne.

Fidèles à notre parole, et sachant que les Autrichiens ne le seraient pas moins à la leur, nous quittâmes Braunaw, huit minutes, montre en main, avant l'expiration du délai qu'ils nous avaient accordé. Nous avions fort mal dîné, comme cela devait être, mais par contre, nous avions beaucoup gagné dans leur opinion.

Un mot maintenant sur l'Autriche et sur les habitants de ce beau pays.

L'Autriche, ou, pour parler géographiquement, l'archiduché d'Autriche est ce que les anciens nommaient la Haute-Pannonie. Son nom vient de celui que lui donnaient les peuples occidentaux, *OEsterreich*, c'est-à-dire, terre orientale. La Hongrie à l'est, la Bavière à l'ouest, au nord la Moravie et la Styrie au midi, forment ses frontières. Elle est divisée en deux parties bien distinctes : la haute et la basse ; la première, en deçà du Danube ; l'autre, au delà. Charlemagne, le premier, s'occupa de son organisation intérieure ; il la divisa en comtés. Après lui, Henri l'Oiseleur, voulant empêcher les Hongrois de s'y installer, l'érigea en margraviat, et en donna l'investiture à son neveu, Léopold l'Illustre, fils d'Albert et petit-fils de Henri, descendant des comtes de Bebpergen, qui sortaient des plus anciens ducs de Souabe. — Léopold chassa les Hongrois, et épousa la fille de l'empereur, Richarde. — Frédéric Barberousse fit de l'Autriche un duché, par lettres patentes, le 17 septembre 1156, et lui envoya pour duc, Henri II, fils de Léopold V, dit le Saint.

C'est à cette époque qu'il faut faire remonter la maison d'Autriche aujourd'hui régnante. Il y a dix opinions différentes touchant cette maison. Nous n'entreprendrons point de les rapporter. elles sont, pour la plupart, si absurdes, qu'elles ne valent pas l'honneur d'une réfutation. Charles-Quint disait avec raison qu'il faisait plus de cas de la vertu et de la gloire, que d'une généalogie dont l'ancienneté et l'illustration étaient

incertaines. Laissons donc de côté les billevesées
de ces d'Hoziers espagnols qui, croyant flatter le
grand empereur, s'étaient attachés à faire sortir
la maison d'Autriche du cheval de Troie, et
même à faire remonter ses prédécesseurs jusqu'à Noé. Contentons-nous d'adopter la version
suivante, la moins ampoulée et la plus sincère :
le roi de Bohême, Ottocare, s'étant emparé du
duché, et ayant refusé, pour ce fait, de prêter
hommage à Rodolphe de Hapsbourg, Rodolphe
lui livra bataille, le tua, se réempara de l'Autriche, et y installa sa famille, qui devint la
souche réelle de la maison impériale de nos
jours. - En 1477, Frédéric-le-Pacifique érigea
l'Autriche en archiduché, et en fit présent à
son fils, Maximilien, qui fut élu roi des Romains, et dont l'héritier devint empereur sous
le nom de Rodolphe II, en 1576. — En 1657,
parut Léopold Ier, qui frappa les Juifs d'un
ostracisme aussi rigoureux qu'injuste. — En
1740, une femme à jamais célèbre, Marie-Thérèse, reçut l'investiture des États d'Autriche.
—On sait ce qu'est devenu depuis lors ce vaste

et puissant empire, dont le trône est en ce moment occupé par l'empereur Ferdinand Ier.

Les Autrichiens sont généralement bons, affables, hospitaliers, industrieux, peut-être un peu fiers, mais généreux à l'excès, et braves comme des lions. Ils naissent musiciens et fumeurs. Ils jouent, pendant leur enfance, avec une pipe de Francfort et un piano de Ratisbonne : aussi ne faut-il point s'étonner que parmi eux se soient trouvées tant de célébrités lyriques, et, en première ligne, l'auteur de *Don Juan*, Mozart, qui, à dix ans, composait déjà de petites pièces, comme s'il eût pressenti que la mort, devant de bonne heure frapper à sa porte, lui faisait une loi de se hâter; Gluck, le père d'*Alceste* et d'*Iphigénie*, le plus grand compositeur de son siècle; enfin Joseph Haydn, ce fils d'un simple charron, qui eut pour premier maître son père, et qui mit au monde la *Création*, le chef-d'œuvre des *Oratorio*.

L'amour et ses vertigineuses fureurs ne troubla jamais leur sommeil. On dit même que c'est à l'espèce de dédain avec lequel ils traitent cette importante partie de la vie de l'homme, qu'il faut attribuer les fougueuses passions des Autrichiennes, et notamment des Viennoises, qui, sous ce rapport, sont des plus justement réputées. Les Viennoises ont à cœur de prouver que, chez elles, les sens ne dorment jamais. Pas de plus énergiques, et, à la fois, de plus gracieux soldats à Cythère. Leur emportement va même souvent si loin, qu'il a son mauvais côté. On sait, à cet égard, le mot de Joseph II. L'un de ses ministres le priait de laisser ouvrir à Vienne des maisons de tolérance, comme à Paris et à Londres : « A quoi bon ? lui répondit le monarque, qui, peu de jours auparavant, avait été maltraité de Vénus et en conservait rancune, il n'y a qu'à faire un toit sur la ville. »

Les premiers jalons que nous devions rencontrer en sortant étaient deux villages, Scharding et Siegarding, tous les deux vantés pour leurs fruits et leurs villageoises; celles-ci, blanches, blondes, fraîches; ceux-là succulents; mais des raisons du moment nous ayant obligés à prendre une autre voie, nous embouchâmes la route d'Altheim, de Reid et de Nied-Haag, que nous trouvâmes enfouis sous la neige, comme des guémars de Lapons.

Reid, que les indigènes appellent sans vergogne un bourg, est une petite ville qui possède deux mille habitants, lesquels sont assis sur deux petits fleuves fort paisibles : l'Obeirach et la Breitach. Les Français, les Autrichiens et les Russes, cette trinité formidable de qui, en 1805, le canon retentissait de tous côtés, se livrèrent bataille dans ses champs de seigle et dans ses prairies. Il nous sembla, en traversant au milieu de cette nature morte aujourd'hui, tandis qu'autrefois elle avait été si bruyamment animée, entendre encore sonner dans le lointain le clairon victorieux du 1er régiment de chasseurs de l'intrépide colonel Montbrun, et entrevoir, dans les lignes brumeuses du couchant, les mouvements habiles du 8e dragons, que dirigeait le général Beaumont. Un tumulus, espèce de *cave viator*, surmonté d'une petite croix penchée par le temps et rongée par la pluie, nous apprit qu'à cet endroit même un maréchal des logis dont la mousse a mangé le nom, ayant eu le poignet tranché par un boulet, comme un épi par une faux, dit à Murat qui passait devant lui, et qui regardait son affreuse blessure : « Je regrette ma main, parce qu'elle ne pourra plus servir l'empereur! »

De Reid à Lambach, il y a une courte distance que nous eûmes bientôt franchie. Lambach, petite ville sans apparence aucune, fait bien peu de bruit en Autriche; n'était même son vieux château qui, perché comme une aire sur le haut d'un mont escarpé, sert de retraite à des bénédictins laborieux, je ne sais trop si l'on songerait à son existence. Comme toujours, comme partout, elle nous rappela l'un des faits d'armes de nos grandes conquêtes de l'empire : Murat culbutant les Autrichiens et les Russes dans le fond d'un chemin creux, et les écrasant sous sa petite botte de maroquin rouge brodée d'or.

Ne voyant pas le moindre point curieux capable de nous y retenir, nous continuâmes de marcher, laissant à notre droite la route de Saltzbourg, et remontant à gauche vers Welz, ancien castrum romain connu jadis sous le nom d'*O-vila*; puis, de Welz, et voulant mettre à profit un clair de lune splendide comme un météore, nous activâmes notre postillon qui, emporté par l'espoir des kreutzers, nous emporta lui-même d'un trait jusqu'à Linz, où nous arrivâmes tout haletants.

Nous avions souvent ouï parler des *Nachtwachter*, ou gardiens de nuit, qui, disait-on, avaient l'habitude, en Allemagne, de se promener par les rues des villes, en criant d'une voix forte cette antique et lugubre formule : « Il est minuit ! éteignez vos feux et priez pour les âmes du purgatoire ! » Et cependant, nous n'en avions jamais entendu aucun. Ce bonheur nous attendait à Linz. Au moment où nous franchissions le mur d'octroi de cette grande ville, trois horloges tintaient en même temps, éparpillant dans l'air leurs notes enrhumées, puis trois voix tristes et monotones hurlèrent lentement ces paroles : « Dormez, dormez tranquilles, habitants de ces lieux; le feu n'est point dans la ville, tout ici est paisible; dormez, dormez tranquilles, nous veillons sur vous *! » Ces voix, dont la puissance devait aisément parvenir jusqu'aux habitations les plus éloignées, partaient des trois hauts clochers dont les horloges venaient à l'instant même de bêler. — Nous trouvâmes fort extraordinaire que l'on eût institué des gardes tout exprès pour rassurer les habitants en les effrayant; car, en effet, grâce à l'heure où s'exécute leur service, et grâce surtout aux ténèbres, la voix de ces hommes acquiert un développement et un éclat métallique si rauque et si infernal, qu'on serait tenté, lorsqu'ils vous réveillent en sursaut, tout en vous disant de dormir, de les prendre pour des voleurs.

Linz, qui, suivant quelques historiens, serait l'*Aredate* de Ptolémée, et, suivant d'autres, une cité romaine que l'empereur Aurélien nom-

---

* Il y a, dit-on encore, une chanson féodale intitulée « Chanson de minuit des veilleurs. » En voici le refrain :

« Bon peuple, assez veiller et boire,
« Ferme ta porte, éteins ton feu,
« Couche-toi, prie et chante : gloire
« A l'empereur, au pape, à Dieu ! »,

mait *Lyncium* et *Lyncia* ou *Lentia*, Linz est une belle et noble ville, une ancienne capitale de la haute Autriche. Outre son magnifique pont, elle possède de belles places, de belles rues, de belles maisons, de belles fabriques et de belles femmes. Telle est même sa réputation sur ce dernier point, qu'elle fait proverbialement loi dans le monde. Les femmes de Linz, grisettes ou marquises, ont, pour nous servir du mot d'un enthousiaste, une taille junonique, à laquelle nous ajouterons, pour complément, un buste parfait, une peau satinée, une bouche enivrante, des dents fines et blanches, des yeux de courtisane, des cheveux longs et noirs.

Favorisée par sa navigation danubienne, et par ses deux foires, chacune de quatorze jours, Linz fait un commerce considérable en draperies, casimirs, lainages, tapis, cotons, futaines, bonneterie, miroirs, cartes à jouer, quincaillerie, etc., etc.

Ce que, malgré l'heure avancée, nous pûmes y noter de plus remarquable, ce fut son vieux château, espèce de schloss qui ne vit plus que par la tradition, mais qui pourtant, de même qu'elle, est impérissable. Ce château, dont la tête branle et dont les pieds vacillent comme ceux d'un homme ivre, cache les rides de son front sous un superbe manteau décrépit. Il doit sa fondation aux Romains. Un fait mémorable, le siége qu'eut à y soutenir, au seizième siècle, le gouverneur Heberstorf, contre les paysans révoltés, l'a rendu à jamais célèbre.

Heberstorf, bête féroce de la nature de Gessler, exerçait sur le pays placé sous sa direction le despotisme le plus cruel. La justice n'avait jamais trouvé accès auprès de lui; jamais la pitié n'avait éveillé son cœur. Il inventait des vexations, des tortures, et personne, tant était grand son crédit, n'osait porter ses plaintes au pied du trône. On savait que le murmure amenait la mort à sa suite, et l'on souffrait en silence. Toutefois la colère du peuple ressemble au volcan : longtemps elle fermente et bouillonne, longtemps elle brûle sur elle-même; puis enfin, vient un jour où, ne pouvant contenir ses justes colères, elle petille, éclate et vomit ses laves dévorantes, qui retombent engloutissant ceux qui les ont bravées de trop près. Heberstorf en fit la sévère épreuve.

Un jour, à la suite d'une orgie dans laquelle il s'était, comme d'habitude, distingué par son intempérance et l'obscénité de ses paroles, il rentra chez lui la tête échauffée et pleine de la plus folle et la plus impraticable idée. Il s'agissait de se faire construire un château avec ces cailloux de silex que chez nous nous nommons *pierre à fusil*. Or, comme il était présumable qu'il ne s'en trouverait pas une assez grande quantité dans le pays pour satisfaire au but que se proposait Heberstorf; que, dans tous les cas, il faudrait un temps trop considérable, ou un corps d'ouvriers trop nombreux pour les ramasser; et qu'enfin Heberstorf entendait que son château ne lui coutât pas un florin, il eut recours à un expédient : il décréta une loi de capitation portant que chaque habitant, hommes, femmes, enfants, vieillards, des villes, villages et hameaux dépendant de sa juridiction, serait tenu d'apporter chaque jour, ou de faire apporter, en un endroit désigné, autant de cailloux que cet habitant aurait d'années dans son âge; et cela, jusqu'à ce que le gouverneur ou ses délégués eussent jugé que le tas était assez élevé. De cette façon, Heberstorf brisait les obstacles; et puis d'ailleurs, que lui importaient la sueur du malheureux, sa misère, ses souffrances! Dix préposés devaient monter la garde autour d'un enclos dans le milieu duquel il fallait que les pierres fussent versées, et ces préposés avaient mission de noter le nom des habitants imposés, afin que personne ne pût éviter de fournir son contingent quotidien.

Les choses s'exécutèrent ainsi que l'avait voulu le farouche gouverneur; car, sachant que des réclamations avaient été hasardées, il avait fait partout publier à son de trompe que quiconque ne satisferait pas à ses prescriptions serait, pour la première fois, passible d'une amende de cinquante groschen; pour la seconde fois, frappé de cent coups de bâton sous la plante des pieds, et, pour la troisième, puni de mort et coupé de son corps en autant de morceaux qu'il eût dû apporter de pierres, pour ces morceaux être employés à la construction du château : et comme l'on savait qu'il tenait sa parole, on courbait la tête, on obéissait.

Duclos a dit quelque part que les esclaves seuls ont fait et feront toujours les tyrans. Les Autrichiens pensaient de même. Ils savaient aussi que la tyrannie ne peut s'établir que sur des peuples fanatiques ou corrompus; or, comme ils n'étaient ni fanatiques, ni, bien moins encore, corrompus, ils résolurent, dussent-ils tous mourir, de secouer le joug infâme qui pesait sur eux. Le supplice atroce d'un villageois détermina l'explosion. Ce villageois, nommé Conrad Wolner, du hameau de Kleinberg, l'un des plus éloignés du cercle, était chargé d'une nombreuse famille. Tant qu'il avait trouvé des pierres dans les environs de son village, il n'avait proféré aucune plainte; il ramassait sa contribution quotidienne, et, afin que cela ne portât aucun préjudice à ses travaux de la journée, qui seuls donnaient de quoi vivre à lui et aux siens, il l'apportait pendant la nuit au lieu indiqué.

apporter, en un endroit désigné, autant de cailloux que cet habitant aurait d'années dans son âge; et cela, jusqu'à ce que le gouverneur ou ses délégués eussent jugé que le tas était assez élevé. De cette façon, Heberstorf brisait les obstacles; et puis d'ailleurs, que lui importaient la sueur du malheureux, sa misère, ses souffrances! Dix préposés devaient monter la garde autour d'un enclos dans le milieu duquel il fallait que les pierres fussent versées, et ces préposés avaient mission de noter le nom des habitants imposés, afin que personne ne pût éviter de fournir son contingent quotidien.

Les choses s'exécutèrent ainsi que l'avait voulu le farouche gouverneur; car, sachant que des réclamations avaient été hasardées, il avait fait partout publier à son de trompe que quiconque ne satisferait pas à ses prescriptions serait, pour la première fois, passible d'une amende de cinquante groschen; pour la seconde fois, frappé de cent coups de bâton sous la plante des pieds, et, pour la troisième, puni de mort et coupé de son corps en autant de morceaux qu'il transigeait jamais avec sa conscience, et marchait, selon une locution usitée, son cœur sur la main. Un homme ainsi trempé était redoutable. Le faire mourir, serait-ce remédier au mal? Heberstorf voulut avant tout tenter de vaincre son obstination.

Conrad avait les pieds tellement enflés et meurtris, qu'il ne pouvait marcher seul; deux hommes l'apportèrent sur un brancard et l'étendirent à terre en l'adossant à un mur.

—Eh bien, lui dit Heberstorf, d'un ton moitié sévère et moitié patelin, sans toutefois paraître ému de la pâleur mortelle qui couvrait ses traits, c'est donc toi qui, le premier, refuses d'obéir?

—Monseigneur, j'ai une mère infirme, un père âgé, et sept enfants, tous jeunes, à nourrir, répondit humblement Conrad : ils n'ont que moi pour soutien. Si j'abandonne des travaux qui me rapportent à peine du pain, pour me livrer à d'autres travaux qui ne me rapporteront rien du tout, que voulez-vous qu'ils deviennent?

—Ne connais-tu pas mes ordres? la loi a-t-elle été faite pour toi seulement? ne sais-tu pas qu'il faut avant tout se soumettre? d'ailleurs, tu n'ignores pas que la capitation ne doit avoir qu'un temps.

— J'en conviens, monseigneur, mais ce temps, quelque court qu'il soit, est encore trop long pour des malheureux que vient tourmenter la faim.

—Il s'agit bien de cela! Le devoir est une impérieuse nécessité à laquelle il faut que chacun sacrifie; c'est Dieu qui nous l'a prescrit.

—Dieu n'a pas voulu, répliqua sévèrement Wolner, que l'homme exigeât de son semblable plus que celui-ci ne pouvait lui donner.

—Ton intention, coquin, serait-elle donc de m'offenser? s'écria tout à coup Heberstorf, revenant à son naturel.

—Que Dieu m'en préserve!

—Çà, manant, tu as commis une infraction grave, tu as audacieusement forfait à mes volontés; les mauvais exemples sont pernicieux, il faut en réprimer le débordement ; tu dois donc être puni.

Il s'arrêta un moment comme pour laisser à ses paroles le temps de produire leur effet, puis il reprit, en appuyant lentement sur les mots :

— Mais si, par une faveur spéciale, je te pardonnais, ne t'emploierais-tu pas à détruire le fâcheux effet qu'a dû produire ton insubordination?

— Monseigneur, répondit Conrad d'une voix calme et ferme, lorsqu'il y a deux jours je cessai d'apporter ma capitation, je vous le jure, ce ne fut pas pour m'insurger contre vous; et la preuve, c'est que j'ai acquitté l'amende qu'il vous a plu de décréter ; c'est, ajouta Conrad, en montrant ses pieds qu'entouraient des bandelettes à travers lesquelles perçait un sang noir, c'est que j'ai subi le châtiment porté par la loi. Je n'ai refusé que parce qu'il fallait opter entre ma famille et vous. Si donc c'est un crime que de préférer la vie des siens aux.... caprices d'un maître exigeant, livrez-moi, monseigneur, aux mains du bourreau, car je ne serai pas plus en état de vous satisfaire demain qu'aujourd'hui.

Au mot caprice, Heberstorf, aigri déjà par le sang-froid du villageois, bondit de fureur sur son siége; une hache était pendue sur la muraille, à portée de sa main : il la saisit, s'élança vers Wolner, et levant son arme sur sa tête :

—Misérable! s'écria-t-il, tu oses me braver!

Wolner, impassible comme un marbre, le regarda dédaigneusement, et lui dit d'une voix presque railleuse :

—Et qui donc, monseigneur, peut vous arrêter?

—Tu vas le savoir, répondit Heberstorf, en retournant à son siége. Écoute : une dernière fois, refuses-tu toujours de m'obéir?

—Toujours.

—Si tu aimais, comme tu le dis, les tiens, tu ne me résisterais pas ainsi.

— Vous croyez, monseigneur? Eh bien, expliquons-nous donc, car je suis loin de partager votre avis. Si je vous obéis, que deviendront mes enfants? ils mourront de faim, n'est-il pas vrai? si je vous résiste, leur sort ne sera-t-il pas le même? Allez, allez, monseigneur, mieux vaut encore qu'ils meurent avec moi; ils pourront au moins rendre service à leur pays.

— Que veux-tu dire?

— Je veux dire que le jour où je tomberai et où ils tomberont, sera un grand jour, un jour de délivrance et de bonheur.

— Vraiment!

Wolner hocha affirmativement la tête.

Il y eut un instant de silence pendant lequel Heberstorf examina avec attention la rude physionomie de sa victime. Le sang, refluant de son cœur à son front, avait fait disparaître sa pâleur; une sorte d'animation fébrile reparaissait sur ses joues.

— Je suis curieux d'en faire l'épreuve, s'écria soudain le tyran, comme s'il eût répondu à la menaçante logique de Conrad. Toutefois, voulant que ceux qui seraient tentés de t'imiter, sachent bien à quoi ils s'exposent, je vais, faisant exception à mes règlements, essayer sur toi d'une correction toute nouvelle.

Heberstorf, en disant ces mots, était allé ouvrir une fenêtre par la baie de laquelle on apercevait au dehors un vaste hangar qui abritait une machine dressée en forme de manége.

— Regarde, dit-il à Conrad, en la lui montrant, voici l'œuvre d'un homme habile. Cette machine va t'user les jambes jusqu'au tronc !

Et sur l'un de ses gestes, deux gardes parurent.

— Monseigneur, dit en se levant le villageois, prenez garde ! La vengeance du peuple sera d'autant plus terrible et plus impitoyable que vous aurez été plus cruel ! Vous subirez par la tête ce que vous m'aurez fait subir par les pieds !

— Obéis-moi !

— Jamais.

— Qu'il soit donc fait ainsi que je l'ai résolu.

Heberstorf avait le génie de Phalaris. Voyant que Wolner allait s'affaisser, sans forces, sur lui-même, il fit un signe, et les deux gardes se jetèrent brutalement sur lui. Ils lui emboîtèrent les jambes dans deux brodequins de bois, et le corps dans une cuirasse d'acier noir, les deux objets, brodequins et cuirasse, se rejoignant au niveau des hanches ; ils le firent passer sous deux bretelles de fer, faisant ressort, et pesant sur ses épaules de façon à ce qu'il restât debout sans fléchir ; puis, deux chevaux vigoureux ayant été attelés aux bretelles qui, elles-mêmes, tenaient à deux bras solides sortis de l'arbre à pivot du manége, on les fit partir au galop. Les pieds de Conrad traînaient sur une plaque de fer à vives arêtes, et telle était la rapidité de la course, que les brodequins s'usaient en même temps que les pieds, et qu'il fallut moins de dix minutes pour que l'épouvantable exécution d'Heberstorf fût menée à sa fin. Wolner n'avait poussé qu'un seul cri ; le cri de la mort qui était venue le délivrer de ses souffrances avant que l'horrible machine ne l'eût dévoré !...

Cependant les événements ne tardèrent pas à prouver que Conrad avait prédit juste en annonçant au gouverneur ce qui devait lui arriver. Le lendemain même, on vint lui dire que, de ses dix préposés, cinq étaient tombés sous le poignard des paysans, et que les cinq autres étaient blessés mortellement. On ajoutait que les révoltés avaient résolu de marcher en masse sur le château de Linz et de s'en emparer. Ils devaient se réunir le soir même au lieu où, la veille encore, ils apportaient leur silex. Heberstorf, voulant s'assurer par lui-même de la véracité de ces rapports, partit seul, armé jusqu'aux dents, et vint se poster derrière un rocher à travers les interstices duquel il pouvait aisément tout voir sans être découvert.

C'était par une froide soirée des derniers jours de l'automne; la lune, entourée d'un large halo, éclairait lugubrement la campagne; un silence de mort régnait partout, interrompu seulement, de temps à autre, par le cri plaintif d'un oiseau de nuit, ou par les aboiements lointains d'un chien-loup. Heberstorf attendait depuis longtemps en vain. Ne doutant pas qu'il n'eût été induit en erreur, il allait se lever et rentrer chez lui, quand tout à coup un bruit sourd comme celui des vagues brisant mollement sur les grèves attira toute son attention. Ce bruit semblait sortir du fond d'un ravin opposé à l'endroit où il s'était embusqué. Il se coucha à plat ventre, collant son oreille sur la terre, et écoutant avec anxiété. Le bruit, d'abord indistinct, devint bientôt perceptible : c'étaient des pas d'hommes. Ils s'avançaient dans la direction du réservoir au silex. Quand le gouverneur se releva, un étrange spectacle s'offrit à ses regards : trois mille paysans environ, hommes, femmes, enfants, vieillards, se tenaient debout, autour de l'enclos, les femmes ramassant des pierres et les passant aux enfants qui les donnaient aux vieillards, lesquels les remettaient aux hommes, tandis que ceux-ci s'en servaient pour garnir des armes ou charger des frondes. A chaque instant, de nouveaux paysans arrivaient, se joignant aux premiers, leur serrant la main et les embrassant. En moins d'une heure, le groupe augmenta tellement qu'il y eut bientôt plus de dix mille insurgés. Heberstorf alors commença à ressentir une certaine frayeur. Il songea d'abord à rentrer à Linz, afin de donner l'alarme, mais le désir d'apprendre

par lui-même leurs dispositions le retint.
La lune, subitement cachée dans ses limbes, avait dérobé tous les objets à sa vue; il n'entendait plus que le murmure des paysans qui, en s'abordant, s'interpellaient par un qui-vive de prudence. Au bout de dix minutes, la lune reparut. Le nombre des paysans avait encore augmenté. Tous, cette fois, étaient inclinés, la tête nue, priant à voix basse, tandis qu'un homme, qu'à l'infule blanche qui ceignait sa tête, il reconnut pour un prêtre, promenant un christ au-dessus d'eux, bénissait leurs armes. La bénédiction achevée, ils se levèrent; trois d'entre eux, trois jeunes gens, posèrent sur leurs épaules, réunies en triangle, une sorte de bouclier sur lequel monta un vieillard. La lune donnait en plein sur le groupe. Heberstorf reconnut sans peine le vieillard; c'était le père de Conrad. Une barbe blanche couvrait sa poitrine, et des sanglots semblaient douloureusement sortir de son cœur. Autour de lui priaient, en pleurant, deux femmes, la mère et la femme de Conrad; l'une

vieille et infirme, l'autre, jeune et jolie. Elles tenaient chacune dans leurs bras trois enfants ; le septième, trop jeune encore pour sortir, avait sans doute été laissé aux soins d'une voisine. Le vieillard prononça quelques mots qui furent couverts par un hurra plus sourd et menaçant qu'éclatant; puis, comme la nuit tirait à sa fin, et que les insurgés voulaient attaquer le château avant le jour, ils se mirent en route en criant vengeance! Le vieillard ouvrait la marche, suivi du prêtre qui coopérait à leur entreprise ; puis venaient après eux cinq hommes, portant, au bout d'une pique, cinq têtes, celles des préposés mis à mort. Les vieillards et les femmes restaient autour de l'enclos, afin de prier Dieu qu'il favorisât l'expédition des paysans.

Heberstorf n'eut que le temps de fuir par des chemins détournés. Quand il arriva, les ponts étaient levés, les herses baissées, et cinq cents paysans cernaient déjà la place, demandant avec des cris frénétiques qu'on leur livrât le gouverneur. Voyant qu'il fallait renoncer à entrer, il arracha ses broderies, retourna son pourpoint, ses hauts-de-chausses, puis comme il n'eût pu, sans danger, gagner la campagne, il se faufila dans l'une des ruelles de la ville, et parvint à gagner la maison de l'un de ses affidés, dans laquelle il se réfugia. Une fois là, et craignant moins pour sa vie que s'il eût été dans le château même, il songea à organiser un plan de défense. Il fit demander des secours à l'empereur, qui s'empressa de lui en envoyer. Alors commença une guerre intestine qui dura longtemps sans que, de part et d'autre, la patience des combattants parût devoir se lasser. La fureur des villageois semblait même s'accroître en raison des difficultés qui renaissaient sans cesse sous leurs pas. Au bout de six mois, cependant, voyant qu'ils pouvaient ainsi languir indéfiniment sans obtenir plus de succès, ils résolurent d'en finir par un coup de main audacieux. Ils avaient appris que le gouverneur ne se trouvait point dans le château, et, à force de le chercher de tous côtés dans la ville, ils étaient parvenus à découvrir la maison où il se cachait. Le soir même, ils entourèrent cette maison d'énormes fascines,

jetèrent dessus des masses de paille imbibées de matières inflammables, et le père de Conrad, bravant les coups d'arquebuse et les viretons qui pleuvaient sur lui, voulut lui-même y mettre le feu. Par un heureux hasard, les murailles se trouvaient isolées; deux cents paysans les entouraient, formant un triple cordon; personne ne pouvait fuir sans être aperçu. Heberstorf allait donc être brûlé vif, à moins qu'il ne se rendît à merci. . . . .
. . . .

Cependant la flamme, activée par un vent du nord, se tordait sur les flancs épais de la maison, sans les avoir encore entamés; mais bientôt, touchant aux parties hautes et boisées, elle allait commencer l'œuvre de sa destruction. Quelques minutes encore, et le bâtiment ne sera plus qu'un vaste brasier, phare immense, aux terribles clartés duquel s'accomplira la vengeance la plus légitime!..... Chose étrange! malgré l'imminence du péril, tout à l'intérieur reste aussi calme que s'il n'était pas habité. Aucun bruit ne se fait entendre, aucun visage n'apparaît. Si le gouverneur s'y trouvait, ne chercherait-il donc pas à fuir, à demander grâce, à implorer son pardon? Craignant qu'on ne les eût trompés, ou qu'ils ne fussent le jouet d'une ruse, l'un des insurgés prend le parti de s'assurer par lui-même du fait. Une fenêtre basse est fermée, il saute sur l'un des murs que le feu n'a pas encore visités, enfonce violemment la fenêtre, s'élance, une hache au poing, dans une salle vide, gravit rapidement vingt marches d'un escalier qui se trouve devant lui, et arrive en face d'une pièce au milieu de laquelle se tenait un homme seul. Cet homme, ayant pour siége un banc de bois, était accoudé sur une méchante table, son front dans l'une de ses mains. Autour de lui gisaient pêle-mêle des papiers, des moitiés de livres, des instruments d'astronomie, des bouquins, un pot de grès, un flambeau de bois et une lampe. De la main qu'il avait de libre, il traçait des chiffres sur un papier imprimé.

Le paysan s'est d'abord arrêté, surpris de voir un homme travailler aussi tranquillement au milieu du tumulte et du danger qui l'entoure. Mais bientôt, réfléchissant que cet homme ne peut être que le gouverneur qui, pour se soustraire à ses coups, aura pris cette posture et cet air profondément occupé, il court à lui, le saisit par les cheveux, et le renversant violemment à terre :

—Monseigneur, lui dit-il, le feu vous réclame; ne l'entendez-vous donc pas crépiter?

—Qui parle de feu? dit d'une voix émue l'inconnu.

—Moi, monseigneur, moi! répond avec rage le paysan; mais il ne vous brûlera pas vivant, je le jure, car c'est moi qui veux vous jeter à ses flammes, et je ne vous y jetterai qu'après vous avoir fendu la tête jusqu'au cou. A genoux donc, monseigneur!

—Mon ami, reprend l'étranger en cherchant doucement à se dégager, tu te méprends sans doute; je ne suis point un seigneur, je suis tout simplement Jean Keppler.

Puis il ajoute, comme Archimède à l'envoyé de Marcellus :

—Je corrige mes traités d'astronomie; tiens,

voici les épreuves de mon *Prodrome* ; c'est un livre que je fais imprimer ici, et dans lequel je prouve *que les carrés des révolutions sont comme les cubes des distances.* Je n'ai pas un seul instant à perdre, vois-tu, car Tycho-Brahé et Galilée comptent sur moi, et..... mais que vois-je, grand Dieu ! du feu ! le feu est à la maison, et je n'en savais rien ! au secours, au secours !... Mon ami.... mon ami, prends ces papiers, s'écrie Keppler, que le paysan avait lâché pour s'élancer dehors, prends-les, sauve mes traités, sauve mon *Prodrome*, sauve mes épreuves...

Mais l'insurgé avait bien autre chose à faire qu'à s'occuper de paperasses qui ne l'intéressaient en rien. Au moment où la flamme, dardant ses langues de feu par la fenêtre, menaçait de lui fermer toute issue, ce cri : « Le voilà, voilà le gouverneur ! sus au tyran, sus au meurtrier de Conrad, sus, sus, sus ! » ce cri était venu tout à coup lui démontrer son erreur. Heberstorf occupait la même maison que Keppler : se voyant pris comme dans un piége, et, ne voulant pas plus tomber aux mains de ses ennemis que brûler vivant, il avait, à force de chercher, trouvé une issue souterraine par laquelle il était sorti. Le paysan arriva assez à temps encore pour être témoin de sa fuite. Le gouverneur, en s'échappant, s'était emparé du cheval d'une sentinelle qu'il avait surprise ; il se dirigeait, rapide comme le vent, vers le château, où il espérait pouvoir trouver quelques secours. Un intrépide villageois, du village même de Wolner, le poursuivait ventre à terre; mais le tyran avait sur lui tant d'avance, qu'il semblait presque impossible qu'il pût le rattraper, lorsque le cheval d'Heberstorf s'étant abattu en franchissant un bras torrentueux de la Traun, les chances tournèrent contre lui. Le villageois prit ses mesures, franchit la petite rivière sans fléchir ; puis, tirant un sabre à longue lame, qu'il portait pendu à l'arçon de sa selle, il le fit voltiger autour de sa tête comme pour lui donner plus de fouet et de puissance, et en frappa vivement deux fois le gouverneur. Au même instant Heberstorf se remettait en selle. Il reçut les coups de telle façon que son corps, coupé en deux, vers la ceinture, tomba lourdement à terre, et que ses jambes restèrent sur le dos du cheval qui les emporta dans les bois.

Et ainsi se trouva en partie accomplie la prédiction de Wolner.

Fier de sa victoire, le villageois trancha comme un Arabe, la tête d'Heberstorf et revint triomphalement vers les siens. Il les trouva occupés à comprimer les ravages du feu. Guidés par le paysan qui tenait à réparer ses torts involontaires envers l'illustre astronome, ils parvinrent à l'arracher à la mort, mais ils ne purent sauver la majeure partie de ses ouvrages, que la flamme avait déjà calcinés.

CHAPITRE VI.

L'Anisia des Romains.— Le carambolage.— Le mezzo-termine. — Le château de la baronne Chichita.— Strengberg. — Oudinot, Murat, Colbert, Lauriston. — L'hôtellerie. — La Kelleresse. — L'abbaye de Mœlck. — Le mur du Diable. — Une éclipse. — Le carcere duro de Richard Cœur-de-Lion. —Léopold d'Autriche et le maître de chapelle.

La distance qui, comme un trait d'union, sépare Lintz de Mœlck, étape où nous désirions nous arrêter quelques heures, forme un polygramme dont les angles saillants et les angles rentrants sont occupés par une petite ville et trois bourgs : en tout 4,800 habitants. — La petite ville se nomme Ens, et les bourgs se nomment Strengberg, Amstetten et Kemmelbach. — Ens, qui n'est rien moins que l'une des plus anciennes et des plus vénérables cités fortes de l'Autriche, ainsi que le prouve le joli nom d'*Anisia* ou d'*Enseium-Civitas* que lui donnaient les Romains, Ens est située sur une montagne, laquelle est si élevée et si ardue, que, vue de sa base, elle semble trouer la nappe argentée des cieux. Jaloux de la savoir si près de Dieu, tandis qu'ils en étaient, eux, si éloignés à jamais, les Avares la renversèrent sans pitié. Ne pouvant semer du sel sur ses ruines aux assises trop vives et trop rocailleuses, ils y mirent le feu. Ce feu brûla trente-deux ans. Au bout de ce temps, les Bavarois, exaspérés, se levèrent, firent, pour l'éteindre, la chaine depuis le Danube jusqu'à Ens, culbutèrent les Avares dans les ravins qui ceignent la base de la ville d'un triple réseau ; puis, demandant à la montagne, sur le sinciput de laquelle elle se trouvait pittoresquement posée, les pierres nécessaires à sa réédification, ils se mirent à l'œuvre, taillant eux-mêmes, toisant, déblayant, creusant, ajustant, façonnant, maçonnant et faisant si bien et si activement les choses, que l'Anisia des Césars releva bientôt sa tête noircie par les flammes, sortant comme le phénix de ses cendres, et, comme lui, plus forte que jamais.—Ceci se passait en l'an 900 de l'ère chrétienne. — A la vue de cette œuvre imposante, les Avares se le tinrent pour bien dit; ils ne reparurent plus de ce côté.

Au moment où nous traversions le forum d'Ens, nous fîmes un si beau carambolage les uns sur les autres, que le docteur et moi nous nous réveillâmes en disant, d'une voix altérée: Qu'est-ce? M. Ch*** D*** nous examinait avec sollicitude. Il nous répondit que c'était lui-même, qui, bien qu'il fût trois heures du matin, étant obligé d'avoir continuellement l'œil au guet, ne pouvait dormir. Voulant nous montrer une chose fort intéressante, et n'osant nous réveiller d'un coup de coude, il avait confié ce soin à une borne, sur l'épaule de laquelle il venait de faire passer son cabriolet : de là le carambolage. Nous trouvâmes son *mezzo-termine* des plus ingénieux, et nous regardâmes dans la direction qu'il nous indiquait, à l'aide de sa canne.

Il ne faisait pas jour, mais on ne pouvait non plus dire qu'il fît nuit ; le ciel avait revêtu l'un de ses manteaux nébuleux dans le clair-obscur desquels les objets se détachent, sans pourtant que leurs formes se trouvent positivement accusées. Une masse noire se dressait, à gauche, dans une vaste plaine hémisphérique : on eût dit d'un tumulum gigantesque. M. Ch*** D*** ayant exprimé le regret qu'au lieu d'être trois heures du matin, il ne fût pas trois heures du soir, nous lui demandâmes le pourquoi.

—C'est, nous dit-il, que vous eussiez joui d'une vue dans la délicieuse zone de laquelle se pavane une propriété superbe.

—Cette masse noire, peut-être?

—Positivement. Le château de la baronne Chichita.

—Pardon : vous dites ?

—Je dis de la baronne Chichita.

—Ce nom est autrichien?

— Très-pur.

— C'est original! Pourriez-vous vous faire le Saint-Allais de son blason?

— Parfaitement.

— Alors, parlez, nous vous écoutons.

M. Ch*** D*** parut recueillir, en courant, ses souvenirs, puis il nous conta ce qui suit :

— Il y a quinze mois environ, se déclara en Autriche une fièvre endémique, qui, depuis lors, a fait de par le monde d'effrayants progrès. Cette fièvre, que le macairisme, d'où elle ressort, n'a pas encore baptisée et classée, offre des symptômes que la diagnostique a résumés ainsi : « Forte démangeaison de s'enrichir, quels qu'en soient les procédés, partout et toujours. » Maladie morale étayée sur ce vertueux axiome : « Le succès justifie les moyens. » Mme de Slapinsky, soixante-dix-neuf ans, grande, maigre et barbue, le port encore noble, la voix en crécelle, le nez à tabac, le spencer couleur de *caca-dauphin*, fut subitement attaquée de cette fièvre. Mme de Slapinsky possédait deux terres, l'une portant son nom, l'autre celui de Neupegg.

Ces deux terres produisaient net 20,000 florins de rente. C'était plus qu'il n'en fallait, assurément, pour faire vivre d'une manière honorable Mme de Slapinsky et mademoiselle Chichita, sa chienne de prédilection, son amie, sa compagne, la confidente de ses soucis et de ses joies. Mme de Slapinsky en jugea autrement. Elle jugea, cette digne dame, que, si elle pouvait doubler ses rentes, cela lui conviendrait à merveille; et puis, d'ailleurs, ne fallait-il pas qu'elle songeât à l'avenir! Non pas pour ses héritiers, elle n'en avait point d'autres que sa bien-aimée Chichita, mais pour elle-même.

Il y a des gens qui ne veulent pas croire, comme le croyait Napoléon, que l'avenir n'est que dans le sein de Dieu. Ils poussent l'athéisme jusqu'à prendre la vie pour un globe autour duquel ils tournent, vieillissant d'abord, jusqu'à certaines limites reconnues, puis, ces limites franchies, rajeunissant à mesure qu'ils se rapprochent du point d'où ils sont partis. Mme de Slapinsky était de ces athées. Elle écrivit à Francfort, le grand entrepôt des banquiers dévoués aux opérations magiques, et mit ses deux domaines en loterie.

Vous n'avez pas été, messieurs, observa M. Ch*** D***, sans recevoir, par l'entremise des journaux, les circulaires germaniques ; elles pleuvaient à Paris. Personne, suivant leur substance, ne devait perdre ; tous les souscripteurs à 20 francs le billet, devaient gagner quelque chose, ne fût-ce qu'un pied de peuplier, un paysan, ou l'un de ces intéressants volatiles que nous nommons vulgairement dindon. C'était magnifique! En ce temps-là, la *flouerie* (pardonnez-moi le mot) était loin d'être arrivée à son apogée, elle y marchait. Beaucoup se laissèrent prendre à sa glu, et la poste fut, en moins de six semaines, envahie par une crue subite de lettres portant, par le courrier de Strasbourg à Francfort, vingt, quarante, quatre-vingts, cent, deux cents francs, plus ou moins, suivant le degré d'enthousiasme des souscripteurs. La loterie Slapinsky avait tellement de vogue, que chacun s'en arrachait les billets, et que la baronne ne put qu'à grand'peine en conserver un pour elle, et un pour son amie Chichita. Elle s'était judicieusement dit qu'en agissant de la sorte, elle se réservait deux chances de plus, celle de son billet et celle du billet de sa jeune compagne; car si celle-ci venait à gagner, la baronne participerait évidemment au bénéfice, puisqu'entre elles deux tout était commun.

Le jour du tirage arriva. Vingt mille cœurs battirent à se rompre en même temps. On courut aux informations... Fortune! c'est bien avec juste raison que l'on t'a placé un bandeau sur les yeux !... Le sort avait favorisé Chichita !...

Mme de Slapinsky en éprouva une émotion si violente que son bonheur l'emporta. Elle mourut tenant sa chienne, son amie, sa compagne, son héritière dans ses bras sur son cœur.—Lord Edgerton, le plus grand canophile de la Grande-Bretagne, eût voulu mourir ainsi. —Or, comme les seigneuries de la vieille et noble dame octroyaient à leur possesseur des titres de noblesse, mademoiselle Chichita devint bien et dûment baronne de Neupegg et de Slapinsky.

M. Ch*** D*** laissa à notre profond étonnement le temps de se manifester, puis, reprenant son curieux récit :

— Lors du dernier voyage que je fis en Hongrie, nous dit-il, j'étais accompagné de l'un de mes frères. L'essieu de notre voiture se rompit au moment même où nous arrivions à Ens. Ne sachant à quoi employer les deux heures que cet accident nous donnait, nous allions sortir pour aller n'importe où, quand, la vue de ce château nous ayant frappés, nous demandâmes le nom de son propriétaire. On nous répondit, comme je vous l'ai répondu tout à l'heure, que ce propriétaire se nommait la baronne Chichita. Ce nom étrange nous frappa.

A cette époque, il n'était pas encore question de l'aventure dont vous venez d'entendre le récit; les Autrichiens, jaloux de leur réputation d'hommes de sens, avaient mis tout en œuvre pour qu'elle ne dépassât pas leurs frontières.

On affirmait que la baronne portait ses quatorze quartiers bien en règle, sur *champ d'azur écartelé de gueules à trois pommes de sinople*, et qu'ainsi elle était aussi noble que pas homme de France, d'Angleterre ou d'Allemagne. Cela piqua notre curiosité. Nous résolûmes d'aller, à titre de voyageurs, déposer nos humbles hommages à ses pieds.

Ce parti pris, Gustave et moi nous nous faisons beaux (Gustave, messieurs, c'était mon frère), nous mettons même des gants jaunes, et nous partons, guidés par un Ensenois. Il faut dix minutes pour aller de la ville au château ; la route est superbe ; nous arrivons.

Une large et belle avenue de marronniers d'Inde centenaires conduit devant une grille tordue en fuseaux, et couronnée d'écussons. Deux douves pleines d'eau verdâtre s'échappent, en faisant l'ellipse, de chaque côté de cette grille, et vont embrasser étroitement le manoir. Les grilles s'ouvrent poussées par le guide ; nous suivons. Une grande cour, dont les pavés sont entièrement encadrés par l'herbe ; à droite, deux remises, sous lesquelles se reposent deux berlines armoriées ; à gauche, deux écuries qui, dans leur pénombre, laissent entrevoir quatre chevaux; devant nous, un bâtiment gothique s'il en fut, deux étages, deux tourelles, deux rangs de fenêtres trilobées, des faisceaux sculptés sur les murs, des armes et des bustes ; au-dessus, des pignons, au bas, des perrons : voilà ce qui frappe tout d'abord nos regards en entrant. Un silence lugubre règne partout. Il fait froid plus qu'ailleurs dans ce sombre et vénérable castel. On dirait que le soleil ne vient jamais le réchauffer. L'humidité ronge sa base, chassant au-dessus de sa tête une mousse grasse, qui bientôt donnera naissance aux liserons, lesquels, d'accord avec les crevasses, grimperont avant peu jusqu'aux toits.

Nous montons le perron du milieu : sept marches. Une porte cintrée est devant nous, fermée. N'ayant pas, comme les chevaliers errants d'autrefois, un olifant de cuivre pendu à notre ceinturon, nous sonnons. La sonnette, espèce de beffroi monstre, résonne comme une cloche dans le corps d'une église. Cette particularité, toute simple qu'elle soit, cause un moment, rapide du reste, d'émotion. La porte s'ouvre, un heiduque paraît. Il a la figure consternée. Nous exposons le sujet de notre visite. L'heiduque s'éloigne silencieusement, et revient au bout de trois minutes disant que madame la baronne est gravement indisposée, mais que, cependant, comme nous sommes étrangers, elle consent à nous recevoir. Son médecin nous recommande d'être circonspects. Nous promettons tout ce que l'on désire, puis nous suivons l'heiduque.

Il nous fait traverser trois pièces, toutes les trois somptueusement meublées. Dans la première, nous trouvons un valet, espèce de *puer abigemuscas*, dont l'emploi au château est de ne rien faire. Dans la seconde, un autre valet qui dort sans s'occuper des allants et des venants. Dans la troisième se tiennent, chuchotant, trois jeunes filles; elles sont là attendant toujours une occupation quelconque. Nous examinions leur sourire fripon, quand deux battants de porte s'étant cérémonieusement ouverts, et l'heiduque ayant jeté pompeusement nos noms dans un salon magnifique, nous entrâmes.

D'un coup d'œil rapide nous eûmes inventorié ce salon : devant nous, cheminée haute, large, profonde, l'âtre occupé par une souche de chêne, que léchait, en petillant, une flamme éclatante; à droite et à gauche, de grandes fenêtres percées dans un mur d'une épaisseur de huit pieds, rideaux en damas jaunes, fanés par le temps; au pourtour, des siéges de toutes sortes, tordus, cannelés, sculptés à jour ou évidés en plein bois; sous les pieds, un tapis de Saxe, genre des Gobelins, à grands sujets religieux et profanes; au plafond, des saints, des anges, des fleurs, des Grâces, des Ris, des Amours et des Faunes, la Fable et la Bible; enfin sur les panneaux, boiserie vénérable, fleuronnée, travaillée, ciselée du parquet aux frises, reposaient les portraits de famille des hauts barons du manoir. C'étaient vingt chevaliers teutons équipés comme pour la guerre des croisades. Ils semblaient tous laisser tomber un regard désolé sur un meuble qui gisait au milieu de la pièce, et de leurs lèvres pâles s'échappaient ces mots : « Fallait-il tant s'illustrer pour arriver là! » L'un d'eux, surtout, dont le regard venait sans doute de rencontrer à l'instant même le regard d'un objet animé sur le meuble en question, disait, avec une mimique des plus éloquentes, comme Jésus à la sœur coupable de Lazare : « *Noli me tangere !* »

Or, le meuble et l'objet, quels étaient-ils ?

Le meuble était un canapé en point de Hongrie, et l'objet était une petite chienne blanche qui, en nous apercevant, s'élança, furieuse, du fond d'une masse de coussins ouatés et brodés, tourna autour de nos jambes en les flairant et en jappillant, l'oreille droite et la queue relevée, tandis qu'un personnage d'un certain âge, gravement étendu dans un fauteuil à dos droit, disait d'une voix respectueuse : « Baronne, baronne, venez ici, baronne, vous allez vous fatiguer ! »

Je vous laisse, messieurs, ajouta M. Ch*** D***, à juger de notre stupéfaction. La petite bête, qui nous mordillait fort *caninement* les mollets, n'était rien moins que la noble baronne de Slapinsky et Neupegg, l'héritière des chevaliers teutons, et le personnage inconnu était son médecin !

—Vraiment, dimes-nous, voyant que notre compagnon de voyage avait achevé son excentrique *impression*, nous sommes bien fâchés que vous ne nous ayez pas dit cela plus tôt ; nous serions restés une heure à Ens pour aller, comme vous, saluer la baronne.

—Hélas!

—Plait-il?

— La pauvre baronne n'est plus! Je ne sais s'il faut attribuer sa mort à l'imprudence qu'elle commit en s'élançant étourdiment de dessus sa couche vers nos jambes ; le fait est qu'elle a succombé à un refroidissement.

— L'infortunée! Et quel est l'heureux mortel qui a hérité de ses fiefs ?

—Son fils ainé, le baron Azor Chichita de Slapinsky et de Neupegg, superbe caniche de trois ans. . . . .

. . . .

Strengberg, qui gît perdu dans le fond d'un angle rentrant, regarde avec envie Ens : c'est que les Strengbergeois sont confus, en levant la tête, d'apercevoir les Ensenois, leurs voisins, si près du soleil et du paradis; ils s'imaginent, les pauvres bonnes gens, que le ciel les ayant ainsi plongés dans l'ombre épaisse d'un vallon, ils ont un pied dans l'enfer. Ens est pour eux un cauchemar.

Amstetten nous ramena, comme tant de fois déjà cela nous était arrivé, sur un champ de bataille, au milieu duquel nos généraux avaient, du bout de leurs épées, gravé sur la terre forte leurs grands noms. Ainsi reparurent devant nous, vivants, marchant à la gloire et tous les jours grandissant, Murat, cet homme extraordinaire, dont l'heur et le malheur furent si rapides et si éclatants; Oudinot, qui, dans une charge des plus brillantes, renversa quinze cents Austro-Russes que ses soldats relevèrent prisonniers; Lannes et son deuxième corps, forçant un ennemi redoutable (l'avant-garde autrichienne) et le refoulant devant lui; Édouard Colbert, s'élançant, avec sa bravoure habituelle, à la tête de son valeureux régiment (le 29ᵉ de chasseurs), écrasant la cavalerie qui lui faisait face, et faisant cinq cents hulans prisonniers.

C'est dans cette dernière et mémorable action que fit ses preuves le fils de l'un de nos officiers généraux les plus distingués, Lauriston. Ce jeune homme, à peine âgé de dix-huit ans, sortait des pages de l'empereur, et brûlait de se faire remarquer. Il manœuvrait inactif au côté droit de son général, épiant l'occasion de marcher en avant, quand tout à coup, voyant l'action vivement engagée, il s'élance, fond comme la foudre sur l'un des officiers ennemis, que depuis longtemps il observe, et l'attaque énergiquement, le sabre à la main. Cet officier, vieux soldat blanchi dans les camps, était un colonel de hulans d'une taille colossale et d'un courage éprouvé. En voyant venir à lui un si jeune homme que l'était alors Lauriston, un imberbe, un sourire dédaigneux plissa légèrement ses lèvres : on eût dit Ajax se refusant d'abord à combattre le fils d'Anthémias, Simoïsius. Mais bientôt, réfléchissant qu'en France, tous les enfants, du jour où ils prennent les armes, deviennent des héros, il se disposa à lui faire bon accueil. De son côté, Lauriston s'était aperçu de l'hésitation dédaigneuse de son redoutable adversaire. Il avait senti le rouge monter à son front. Impatient de donner au colonel la mesure de ce qu'il sait faire, il le presse, le harcèle, évite adroitement ses coups, semble même fuir, pour mieux tromper sa confiance, puis, au même instant, voyant arriver, à bride abattue, le général Colbert qui lui crie : « Courage, courage, mon ami! » et comprenant que le moment favorable est venu, il fait brusquement volte-face, revient sur le colonel, surpris de tant d'audace, et le force à lui rendre son sabre.

Simoïsius avait vaincu le puissant Ajax.

Fier des débuts de son jeune et intrépide aide de camp, Édouard Colbert mit aussitôt pied à terre et l'embrassa cordialement. Il le présenta lui-même à l'empereur, qui, heureux de montrer au général le cas qu'il faisait de sa personne et de celle de ses protégés, fit sur-le-champ Lauriston chevalier.

Comment deux Français, parcourant un théâtre aussi glorieux pour les armes de leur pays, ne seraient-ils pas émus, électrisés, fiers aussi? Il nous sembla que les arbres parlaient, que les ravins, les buissons, les oiseaux nous murmuraient à l'oreille ces grandes épopées impériales, dont l'un de nos amis * s'est fait avec un si juste succès l'historien.

Kemmelbach n'a qu'une rue proportionnément longue comme son nom. Ce village nous séparait de Mœlck, où nous arrivâmes vers une heure de l'après-midi.

Notre premier soin, en entrant, à droite, dans l'immense salle d'une maison qui portait pour enseigne un grand lama de fer-blanc, chargé de représenter un agneau pascal foulant sous ses pieds cette hospitalière épigraphe : « Soyez le bienvenu! » notre premier soin, dis-je, fut de nous réfugier auprès d'un poêle monstre; puis, au bout d'un instant pendant lequel nous était revenue la parole que nous avait ôtée le froid, de prendre langue avec une grande et belle Kelleresse de vingt ans. La Kelleresse (servante) dé-

* Émile Marco de Saint-Hilaire.

ploya pour nous le plus gracieux de ses sourires, et nous montra un dentier si parfait, que Désirabode et Pernet en eussent exigé, sortant de leurs mains, le poids en diamants? Comprenant ensuite, avec un tact merveilleux, que nous avions un appétit sur lequel la rigueur de la saison n'avait en rien méchamment influé, elle couvrit la table d'une nappe blanche, déposa dessus trois couverts, trois flacons (du Schalksberg, excellent vin de Franconie), trois petits pains, et enfin trois plats différents, omelette, salade et jambon. Le poêle ronflait, le vent hurlait au dehors, la neige fouettait les vitres et se fondait, la Kelleresse avait une mine des plus réjouissantes, nous étions seuls, libres comme l'air, plus libres que l'air, en ce moment surtout; nous nous mîmes joyeusement à table et dépeçâmes. Vingt minutes après, du dîner il ne restait rien; omelette, salade et jambon avaient disparu. Le gastwirth devait être fort satisfait de nous, et la gastwirthesse aussi.

Nous avions résolu de coucher à Mœlck : or, comme il nous restait deux bonnes heures de jour, nous avisâmes à les employer. Notre guide, consulté, portait cette description laconique : « Mœlck, bourg, abbaye, 750 habitants. » Le bourg ressemblait à un bourg, plus ou moins; les habitants se chauffaient tranquillement chez eux ; restait donc, à notre choix, l'abbaye : nous décidâmes que nous la visiterions.

Cette abbaye, célèbre entre toutes, est située, comme le bourg auquel elle prête son nom, dans la basse Autriche, sur le haut d'une montagne dont le point culminant s'avance, d'un côté, sur le Danube, et de l'autre côté, sur le grand lama. Cluvier veut qu'elle se soit d'abord appelée Nomaleck : la cause? Cluvier est un Tacite des plus abstraits; il semble qu'il faille avec lui comprendre à demi-mot. Quoi qu'il en soit, elle commande tous les environs : je dis commande, parce qu'elle est fortifiée, et que, ne voulant pas se soumettre, en 1612, aux volontés réglementaires de l'empire, elle soutint, avec un succès qui consolida sa suzeraineté dans le pays, le siége que lui firent subir les États d'Autriche et la Bohême réunis. Elle ne voulut relever que du saint-siége, et l'on assure que, bien que l'abbé qui en est seigneur n'ait plus la puissance dont jouissaient ses prédécesseurs avant les guerres de religion, il conserve néanmoins encore la préséance dans toutes les diètes du pays d'au-dessous de l'Ens.

Lazino prétend que les Bénédictins qui l'occupent actuellement y ont été établis par Léopold II et Albert III, qui leur cédèrent gratuitement le château où ces princes résidaient eux-mêmes.

Enfin, quoique nous ne soyons pas des mieux pilotés relativement à son origine, il faut croire qu'elle remonte bien avant dans la nuit des siècles, puisque deux historiens recommandables ont prétendu qu'elle avait d'abord été l'une des plus importantes forteresses des Romains, et que, sans refluer si loin, l'on remarque dans son église, la plus richement dotée de l'Autriche, le tombeau de Colmann, datant de 1014. Colmann était un prince du sang des rois d'Écosse, qui, tout prince qu'il fût, ayant commis l'imprudence de partir de chez lui sans passe-port, et de passer par Mœlck pour se rendre à Jérusalem, sous les habits d'un pèlerin, fut arrêté par un gouverneur ombrageux, lié, jugé, condamné comme un vil espion, et, comme tel, pendu haut et court.

L'ensemble de l'abbaye présente au coup d'œil deux ailes dont le vaste parallélogramme pourrait, à l'occasion, contenir aisément 3,000 hommes; et cependant, douze religieux, à peine, l'occupaient alors. A sa tête, avançant entre les deux ailes principales, et formant comme un point de jonction, se voit une superbe chapelle surmontée de deux clochers et d'une tour, qui sont tellement incrustés de dorures, qu'ils rivalisent, dit-on, avec le soleil. Ne pouvant vérifier le fait, par la raison que la neige dérobait tous les objets à nos regards, nous fûmes obligés de croire aveuglément.

Nous gravimes, sans trop nous presser, la montagne. Arrivés à la porte de l'abbaye, nous appelâmes. Un moine accourut, ouvrit un petit guichet sur le treillis duquel il appliqua l'un de ses yeux, nous examina des pieds à la tête; puis, de cet examen visuel, étant sans doute resulté pour lui que nous n'appartenions en aucune façon à *ce sexe charmant* que les règlements du monastère consignent vertueusement à la grille, il nous demanda, suivant l'usage, qui nous étions, d'où nous venions, ce que nous voulions. Comme nous tenions à lui donner de nos intentions et de nos personnes une idée des plus favorables, nous exhibâmes nos passe-ports. C'en fut assez. Nous avions passé par-devant la loupe d'un préfet de police, partant nous n'étions ni des intrus ni des vagabonds. Le moine referma sur nous son guichet et nous donna dix minutes de réflexion que nous employâmes à trouver le temps long. Il reparut ensuite, ouvrant une petite porte latérale, et nous annonçant que le révérend abbé nous permettait de visiter son royaume; faveur dont nous dûmes, comme cela se pratique d'ordinaire, paraître des plus satisfaits. Nous trouvâmes dans la cour un frère lai qui devait nous servir de cicerone.

Nous le saluâmes, ce qui le fit rougir, et lui demandâmes à voir ce qu'il y avait de plus intéressant. Le digne jeune homme s'inclina et nous fit monter dans une pièce haute où nous trouvâmes un médailler digne de fixer l'attention des numismates. De là nous entrâmes dans une salle remplie de curiosités d'histoire naturelle ; puis enfin, l'on nous fit passer dans la bibliothèque, ce selamlick des Bénédictins. Il serait, je crois, difficile de trouver une plus belle et plus riche collection d'ouvrages. Nous n'en ferons pas le catalogue ; il suffira, pour se faire une idée de cette fortune bibliographique, de se rappeler que les Bénédictins sont les hommes les plus érudits du globe et surtout les plus laborieux.

Nous traversâmes une pièce dans laquelle Napoléon, qui voulait tout voir, était venu se reposer avec son état-major, après les affaires de Lintz et de Braunaw. Quelqu'un nous ayant beaucoup vanté les caves comme une merveille de perforation, nous exprimâmes le désir de les visiter. Nous savions, en outre, qu'à l'époque où l'armée française avait, pendant cinq jours, défilé dans la grande rue de Mœlck, sous la conduite du général Coëhorn, les Bénédictins, mis forcément à contribution, avaient dû percer leurs foudres, et verser aux troupes altérées, (sans que cela diminuât de moitié seulement la provision de l'abbaye), trois cent mille pintes d'un petit vin blanc de Spitz, aussi méritant, dans son genre, que le vin rouge du Clos-Vougeot, et cette circonstance augmentait encore notre curiosité. Mais, quelque peu échauffante que fût la saison, et quelque peu buveurs que nous parussions nous-mêmes, nous fûmes obstinément refusés. Nous étions Français, partant sévèrement exclus.

Un magnifique spectacle nous consola de cet échec. Je veux parler de l'admirable vue qui, de la plus haute tour du monastère, embrasse un horizon de quinze à vingt lieues. Rien de plus beau que ces grands tableaux si largement dessinés par la puissante main de la nature, et disposés çà et là sur le chemin des hommes, comme pour leur apprendre combien ils sont petits en face de ces imposantes œuvres, et combien ils devraient être humbles ici-bas!

Rien qui porte à la réflexion, de la réflexion à la mélancolie, de la mélancolie à la croyance religieuse, et de la croyance religieuse à l'exaltation, comme ces pages sublimes échappées au pinceau de Dieu. Ces ravins et ces fleuves, ces torrents et ces hommes, ces campagnes, ces rochers, ces troupeaux, c'est à faire rêver du matin au soir, c'est à occuper toute la vie, c'est à faire vivre deux fois! Nous restâmes muets, frappés d'admiration, de stupeur.

Quoique l'atmosphère fût entièrement constellée par la neige que tordait, en l'enlevant, une âpre bise du nord plein, et dérobât ainsi à nos regards la majeure partie des objets de détail, nous pouvions encore distinguer aisément les principales parties du tableau. A nos pieds se déroulaient de vastes champs couverts d'ondulations nébuleuses; au nord, le château vinicole de Spitz et ses enclos artistement étagés; au sud, les ruines encore belles de Schoënbuhel, qui, jadis, servaient de retraite aux bergers, et qui, maintenant, sont envahies par les viornes et les ronces, les joubarbes, les lézards, lorsque luit le soleil sur ses murs ; bien avant vers l'est, et couronnant une montagne, le majestueux couvent de Gottwich, dont les innombrables fenêtres cintrées se détachaient sur leurs murs blancs comme de sombres gueules de canons; à l'ouest, les restes romantiques du fameux château de Durnstein, le *carcere duro* de Richard Cœur-de-Lion ; enfin venait, tranchant en deux cet amphithéâtre, le Danube, ce frère aîné du grand Rhin.

Tel qu'un puissant potentat marchant au milieu de ses trop humbles sujets, le fleuve s'avançait avec une lente majesté, portant, en guise de couronne, sur sa tête, des monticules de glaçons chargés de givre. Morne et tranquille, comme si l'hiver eût paralysé ses forces et imposé silence à sa voix, d'ordinaire tonnante et terrible, il descendait sans bruit jusqu'aux abords du célèbre mur connu sous le nom de *Mur du Diable (Teufelsmaüer)*, mais une fois là, sa despotique colère éclatait. Ce mur, que la tradition locale attribue à un caprice d'Asmodée, lequel, forcé de renoncer à séduire une jeune fille des environs, aurait voulu barrer le Danube, afin de le faire refluer sur les terres de Gerwinigia et les engloutir, ce que Dieu aurait empêché, ce mur n'est autre chose qu'un amas de roches siliceuses, à pointes sillées et solides. Il offre l'aspect d'un monstrueux hérisson de mer, dont les piquants s'avancent de tous côtés dans les eaux du fleuve, semblables aux menaçantes baïonnettes d'un bataillon carré d'infanterie.

Ne pouvant, quels que soient ses titaniques efforts, l'obliger à lui céder entièrement le passage, le Danube rompt brusquement ses flots courroucés sur ses côtes, et glisse à droite et à gauche en murmurant contre lui d'épouvantables menaces. A l'heure où nous le suivions dans son cours, il le heurtait violemment et amoncelait autour de sa base, des troncs d'arbre, des barques brisées, des algues marines et d'énormes racines, sans que rien pût détacher de ses flancs, durcis sans doute par le feu calcinant des enfers, le moindre fragment.

La neige s'était arrêtée, laissant au brouillard nébuleux du fleuve et des campagnes engourdies, le soin d'unir le ciel à la terre (pour dire comme les poëtes), que nous étions encore là, le docteur et moi, entortillés dans nos manteaux, immobiles comme des statues de marbre, plongeant du regard dans l'immensité de la nature, contemplant avec un muet ravissement ce grand chef-d'œuvre que rien ne peut égaler, et oubliant que la bise du soir nous glaçait les pieds et le visage. Un claquement de dents lamentable nous fit remonter du fond des limbes terrestres au sein desquels nous étions plongés, sur le sommet de la tour qui nous servait de belvéder. C'était notre pauvre guide. Le malheureux, accroupi dans un coin, et roulé sur lui-même comme un cloporte effrayé, cherchait en vain à combattre le froid. Caché seulement sous sa robe, il pouvait périr victime de son dévouement. Je touchai l'épaule du docteur, qui, pas plus que moi, ne s'était aperçu que nous rêvions, debout, sous la température hiémale des Lapons, et nous nous retournâmes pour descendre.

Au moment où nous posions le pied sur la première marche de l'escalier en vrille par lequel nous étions montés, nous aperçûmes encore une fois les ruines de Durnstein. Cette vue nous reporta subitement au temps des croisades. Les six cents ans qui nous en éloignent tombèrent devant nous comme par enchantement.

Parmi les princes chrétiens qui, en 1190, étaient allés croiser en terre sainte pour acquérir *los et renom*, et mériter le royaume des cieux, se faisait remarquer, sinon par son ardeur religieuse et son zèle, au moins par sa haute stature et l'élégante beauté de son visage, l'archiduc d'Autriche Léopold. Ce prince, désirant gagner l'amitié du roi d'Angleterre, Richard Cœur-de-Lion, dont les valeureux exploits remplissaient alors le monde, avait mis pour cela tout en œuvre. De son côté, trop bon politique pour refuser les avances de l'un de ses alliés, le monarque anglais avait répondu aux vœux de l'archiduc en l'honorant d'une distinction toute particulière. Mais les événements ne tardèrent pas à rompre ces liens, formés seulement sous les auspices peu sincères de l'intérêt et du raisonnement. Leur manière d'être et d'agir différait d'ailleurs trop essentiellement pour que Léopold et Richard sympathisassent bien longtemps ensemble. Le premier, homme non pas sans courage, mais sans énergie et livré presque exclusivement aux plaisirs de la table et des femmes, ne pouvait plaire au second, soldat rude, sobre, intrépide, qui, sans repousser l'amour et ses distractions, songeait avant tout à bien se battre, à dominer, à illustrer son peuple et son nom. Déjà une sorte d'aversion instinctive les avait éloignés l'un de l'autre, sans que cependant ils eussent ouvertement rompu en visière, lorsqu'un incident, peu important en lui-même, vint les séparer à jamais.

Richard, en sa qualité de chef des croisés, jouissait partout d'un droit de préséance dont il usait largement. Léopold résolut de se soustraire à ce qu'il appelait ce honteux vasselage, et de se relever ainsi aux yeux des croisés. Il profita du moment où il crut que Richard, malade, retenu sans forces sous sa tente, ne pouvait sortir, et fit planter ses deux aigles, surbaissés de gueules à la fasce d'argent, à côté des trois lions passants *.

A cette nouvelle, Richard sentit bouillonner la colère dans son cœur. Ne tenant compte ni des observations de ses médecins, ni des remontrances de son favori**, il s'élança fougueusement de dessus sa couche, se porta, vêtu à peine, dans la direction du mont, le gravit avec impétuosité, courut à l'étendard autrichien, l'arracha vivement de terre et le foula sous ses pieds.

Léopold fut tellement offensé de ce sanglant outrage, qu'il résolut d'en tirer vengeance. Toutefois, cédant aux observations du roi de France, qui, pas plus que lui, n'aimait Richard, mais qui, par prudence, tolérait son brutal orgueil, il patienta, attendant que la guerre sainte fût avant tout terminée et lui offrît une occasion favorable.

---

* Armoiries que Richard avait fait broder sur sa bannière.
** Sir Thomas de Multon, seigneur de Gisland, que les Normands nommaient lord de Vaux.

Deux ans s'écoulèrent.

Au bout de ce temps, Richard, qu'avaient successivement abandonné ses alliés, les uns parce qu'ils étaient fatigués de ses manières hautaines, les autres, comme le roi de France, parce qu'ils étaient jaloux de sa popularité, Richard, resté seul à la tête d'une puissante armée, avait volé de victoires en victoires. Ses soldats faisaient des prodiges. Saladin, le plus courageux et le plus habile monarque de la Palestine, cherchait en vain à entraver ses succès. Deux cent mille hommes venaient de prendre la fuite devant lui, laissant en son pouvoir trente mille cavaliers. Ascalon lui ouvrait ses portes, et comme cette place était le dernier jalon de Saint-Jean-d'Acre à Jérusalem; que du haut de ses minarets, Cœur-de-Lion entrevoyait les brillantes tours de la cité sainte, le but de ses désirs, il allait marcher vers elle et y porter ses quartiers.

Sur ces entrefaites, une sédition menaçante l'obligea de renoncer pour le moment, à ses ambitieux desseins. La noble ardeur de ses troupes était épuisée; les fatigues, la faim, la soif, avaient lassé leur courage et anéanti leurs forces. Beaucoup demandaient le repos, beaucoup même voulaient revoir leurs foyers et abandonner une terre trop ingrate. Richard comprit qu'il fallait mettre un terme à ses conquêtes favorites. Peut-être, en persistant, finirait-il lui-même par succomber : les revers arrivent plus rapidement que les succès. Il fit offrir un accommodement à Saladin, par suite duquel une trêve de trois ans fut conclue; après quoi, il songea à revenir en Angleterre et partit en effet quelques jours après.

Ne voulant pas traverser la France, dans la crainte de tomber aux mains de Philippe-Auguste, dont il redoutait la haine depuis qu'il avait refusé sa sœur, Adélaïde, pour épouser la fille du roi de Navarre, Bérengère, il était allé s'embarquer sur l'Adriatique. Bientôt la fortune se déclara contre lui. Surpris par une affreuse tempête, il fut jeté sur les plages arides d'Aquilée. Alors il changea son itinéraire. Il résolut de traverser l'Allemagne sous les habits d'un pèlerin. Mais ses façons brusques et impérieuses ne s'alliaient guère avec l'humilité de son costume; elles éveillèrent des soupçons. Le gouverneur d'Istrie, comte de Waab, se mit lui-même à le poursuivre. Richard fut obligé de dévier de sa route directe, et de remonter vers l'Autriche.

A son arrivée à Vienne, de nouveaux dangers l'assaillirent : ses folles dépenses attirèrent l'attention sur lui. Un jour que, dans une taverne, il prenait son repas, un Juif vint s'asseoir à ses côtés. Richard lia conversation avec lui. Le Juif était porteur d'une épée damasquinée si belle et si riche, que personne n'avait encore osé la lui acheter. Richard s'informa du prix, et la paya sans marchander un instant. Cette imprudence fut cause de sa perte. Le duc d'Autriche, instruit de cette prodigalité, voulut voir le riche pèlerin qui s'était donné une arme que Léopold lui-même avait trouvée d'un prix trop élevé. Il se rendit à la taverne, reconnut sans peine son ennemi mortel, et le fit sur-le-champ arrêter.

A quelques pas de Brunn (Moravie), et à

six lieues de Vienne, se voit un vieux manoir nommé Greïfeinstein. Ce manoir, assis sur la croupe d'une montagne qui borde à pic le Danube, a un aspect formidable. Son origine doit remonter aux mémorables époques de la puissance germanique. Sa sombre physionomie rappelle les phases les plus terribles du féodalisme autrichien. Il appartient aujourd'hui au prince de Lichstenstein, l'un des plus opulents seigneurs de l'empire. Son nom, Greïfeinstein, signifie « toucher, prendre la pierre » ce qui lui vient de ce que chaque chevalier noble était obligé, avant d'entrer au château, de témoigner de son allégeance pour le seigneur de l'endroit, en ôtant son bicoquet de feutre, et en touchant avec respect une large pierre qui existe encore aujourd'hui, et au milieu de laquelle se voit distinctement l'empreinte d'une main gantée.

La porte principale est comme celle d'une ancienne prison, cintrée et si basse, qu'à moins de ressembler au petit roi de Chana, lequel n'avait que trois pieds et huit pouces, il serait impossible de passer dessous sans se baisser. Un étroit guichet est béant, comme un œil de bœuf, à sa partie inférieure, veuf de son double treillis.

La porte franchie, on se trouve dans un vestibule informe, ouvrant, à gauche, sur les souterrains, changés actuellement en caves; à droite sur l'escalier principal, au bas duquel se cramponnent audacieusement des liserons. En face paraît la cour intérieure, triste et vaste place humide et glaciale, au milieu de laquelle on a taillé, dans le roc vif, un large bassin destiné à recueillir les eaux pluviales, dont on est, pour cause, fort avare. Plus loin, dans un angle, s'aperçoit une pièce obscure et déserte. Jadis c'était l'arsenal, aujourd'hui c'est l'écurie unique du castel. Elle est garnie de râteliers et de mangeoires pour huit à dix chevaux.

Partout le sol est abrupte. Un corps de garde intérieur sert de logement au concierge, brave homme qui semble aussi vieux que les vieilles pierres confiées à sa garde. Le premier étage du bâtiment principal sert de cuisine et d'office; c'est au deuxième et dernier étage que sont les appartements les plus beaux, meublés gothiquement, et composés de grandes pièces éclairées de tous les côtés par de longues fenêtres étranglées, dont les vitraux, peints à l'antique, répandent partout de tristes clartés. De ces fenêtres, on jouit d'une vue magnifique comme étendue et variété de sites. Ici ce sont les monts Cétices ou Campanium, vulgairement appelés, celui-ci le Kahlemberg, celui-là le Léopoldsberg, cet autre le Reisemberg, cet autre enfin le Cobenzel. Tous ces monts se distinguent par la vigueur de leur sol et la vigoureuse végétation de leurs forêts, leurs vignes et leurs prés. Tous sont couverts d'habitations délicieuses. Leur base, en remontant le Danube, depuis Greïfeinstein, forme un golfe admirable garni de campagnes aussi gaies que fertiles, tandis qu'en descendant jusqu'à Nusdorff, non loin de Vienne, le fleuve est bordé par les derniers échelons de la montagne, qui ont à peine laissé à la route une largeur suffisante pour que les voitures y puissent passer sans danger.

De l'autre côté du Danube s'étend une grande plaine, bornée, à l'horizon, par des montagnes très-élevées, dont les plus rapprochées sont le Bissamberg et le Kreutzanstein que couronne une forteresse devant laquelle se sont arrêtés les Suédois, guidés par Gustave-Adolphe, vers la fin du règne d'Anne d'Autriche et le commencement du règne de Louis XIV.

Les appartements de maître visités, on traverse une terrasse qui conduit à une tour carrée, aux deux étages de laquelle on parvient au moyen d'un escalier extérieur, en bois, qui n'existait certainement pas à l'époque où cette tour était un cachot.

Ce fut dans le château de Greïfeinstein que Léopold fit renfermer son illustre prisonnier. Une cage en bois, scellée solidement dans le mur de la pièce qui est au niveau de la terrasse, était réservée à Richard. Cette cage rappelle celle du cardinal La Balue. Elle avait six pieds de longueur sur deux seulement de largeur et cinq de hauteur; de façon que le monarque, étant d'une taille plus élevée que le commun des hommes, devait se tenir continuellement assis ou couché. Deux gardes, placés de chaque côté de sa cage, et relevés de quart d'heure en quart d'heure, avaient l'ordre de veiller sur lui, et de le piquer du fer de leurs pertuisanes, afin de l'empêcher de dormir.

On montre aux curieux cette cage. Elle est encore placée à l'endroit que nous venons d'indiquer. En 1833, un Anglais, M. Stephenson, non content de graver son nom sur l'un des barreaux, en emporta un petit morceau comme relique.

Immédiatement au-dessous de cette pièce étaient les oubliettes. On y communiquait par une petite trappe de dix-huit pouces sur dix, qui existe encore, et par laquelle, à l'aide d'une chaîne de fer, on descendait la victime condamnée à y mourir de faim. Cet abominable lieu, privé d'air et de jour, a été ouvert au niveau de la cour intérieure, il y a trente-trois ans, lors de la bataille de Wagram, et l'on y a trouvé un squelette entier couché sur un lit d'ossements d'un pied d'épaisseur.

Richard resta renfermé à Greïfeinstein depuis le 20 décembre jusqu'au 10 mars. A cette époque, le lâche empereur Henri VI, qui lui gardait rancune de ce qu'il avait fait alliance avec Tancrède de Sicile, son ennemi personnel, Henri VI, disons-nous, ayant demandé qu'il lui fût livré, Léopold accéda de suite à ses désirs, et Cœur-de-Lion passa de sa cage de bois dans les sombres donjons de Durnstein.

Cependant, ne le voyant pas revenir, et ne recevant de lui aucune nouvelle, ses amis s'étaient vivement préoccupés de sa longue absence. Quelques-uns, inquiets sur son sort, parlaient d'aller à sa recherche. Un Français, son maître de chapelle, qui lui était particulièrement dévoué, offrit de partir au nom de tous. Son offre fut acceptée avec enthousiasme. Blondel (c'était son nom) alla s'embarquer à Portsmouth. Sa mission devait s'accomplir dans le plus strict secret, car Richard n'avait pas seulement pour ennemis les rois, ses anciens alliés, il avait encore, au cœur même de ses États, son frère Jean-sans-Terre. Jean convoitait la succession de Cœur-de-Lion. Il eût appris sa mort avec une grande joie, et peut-être, s'il eût pu le prévoir, se serait-il opposé au départ du maître de chapelle.

Le bâtiment que montait Blondel, frété tout exprès pour lui, devait le porter d'abord en Terre Sainte. Blondel avait pensé que le roi, changeant d'avis, avait pu retourner sur ses pas. Mais il ne tarda pas à reconnaître son erreur. La Palestine était fort tranquille; Richard n'y avait point reparu. Alors, prenant comme son maître le déguisement d'un pèlerin, il revint en Occident, parcourut la Russie, la Pologne, la Bohême et l'Autriche, jurant de ne pas revoir l'Angleterre avant qu'il n'eût appris ce qu'était devenu Richard.

Un an s'écoula ainsi.

Blondel avait minutieusement exploré la plus grande partie de l'Allemagne, et le succès n'avait point encore répondu à son attente. Rien n'avait pu le mettre sur les traces de son maître, et cependant, il n'en persistait pas moins dans sa résolution. Une voix secrète lui disait que Richard n'était point mort, comme on avait cherché, depuis peu, à en répandre le bruit;

qu'il languissait sans doute au fond d'une prison, attendant que ses amis vinssent le délivrer.

Une chose affligeait Blondel, c'était l'indifférence avec laquelle la nouvelle de cette mort avait été accueillie. A peine si, dans l'Europe, elle avait causé quelque sensation. Les plus chauds partisans de Richard, ceux qui avaient si vivement applaudi au projet du maître de chapelle, et favorisé jusqu'à ce jour ses démarches, commençaient eux-mêmes à devenir beaucoup moins zélés. Le temps, passant sur leur première ardeur, en refroidissait sans doute les élans généreux, et l'éloignement achevait l'œuvre.

C'est alors que, si l'on en croit Sedaine et Grétry, Blondel se serait écrié, le cœur plein d'amertume :

>O Richard! ô mon roi!
>L'univers t'abandonne ;
>Sur la terre il n'est que moi
>Qui s'intéresse à ta personne.

Un jour, se trouvant dans les environs d'un village appelé Lozeinstein, où Henri VI avait un château, il demanda, sans avoir l'air d'y attacher beaucoup d'importance, si ce château était habité. On lui répondit affirmativement. Depuis longtemps on y retenait prisonnier un grand personnage. Il fit de nouvelles questions à cet égard : mais, comme on hésitait à y satisfaire, craignant de se trahir, il ne songea plus qu'à s'assurer par lui-même des qualités du captif. S'il en croyait ses pressentiments, ce captif était le roi d'Angleterre. Outre d'abord que Lozeinstein se trouvait sur les terres de l'un des ennemis les plus acharnés de Richard, l'aspect du château, ses redoutes, ses fossés, ses bastions, les sentinelles qui se promenaient au sommet des tours, le mystère avec lequel on semblait cacher le nom du prisonnier, tout venait en aide à ses soupçons.

Il dressa en conséquence ses batteries. Il s'installa pour quelque temps dans le village, afin de s'y faire connaître et de pouvoir, sans crainte d'être arrêté, parcourir à l'aise tous les environs. Ce premier pas fait, Blondel se procura, non pas comme le dit l'opéra-comique, un violon, mais bien une harpe, et vint rôder autour du château, puis, quand il se crut assez près des murs pour que sa voix pût parvenir jusqu'au sommet du plus haut donjon, il entonna, en s'accompagnant, la célèbre romance :

> Une fièvre brûlante
> Un jour me terrassait.

Si l'on en croit toujours Sedaine et Grétry, cette romance, qu'il avait exprès choisie, était du maître de chapelle et de son roi. Ils l'avaient jadis composée en collaboration, car Richard était fou de musique et excellent musicien. Si donc Cœur-de-Lion était bien réellement le prisonnier du manoir, les couplets de Blondel devaient monter jusqu'à lui et l'engager à se faire connaître. Blondel n'eut pas longtemps à languir : une voix bien connue, quoique affaiblie par les souffrances, sans doute, lui répondit aussitôt :

> Un regard de ma belle
> Fait, dans mon tendre cœur,
> A la peine cruelle
> Succéder le bonheur.

Blondel n'en voulut pas entendre plus long.

Au comble de la joie, il retourna au village, et repartit en hâte pour l'Angleterre, afin d'aller y réveiller l'ardeur des amis du roi. Des négociations furent aussitôt entamées. Henri VI, sollicité par les ennemis de Richard, tenait à le garder prisonnier. Il demandait une somme si énorme, qu'il était impossible que l'Angleterre pût jamais la fournir. Mais enfin la cupidité chez lui l'emporta. Il finit par rabattre de ses prétentions, et consentit à rendre le monarque anglais moyennant deux cent cinquante mille marcs d'argent, que la reine mère, Éléonore de Guienne, lui envoya sur-le-champ.

La délivrance de Richard eut lieu à Metz le 12 mai 1194. Toute la haute noblesse de l'Allemagne assistait à cette cérémonie, qui se fit avec une pompe imposante et digne du souverain.

CHAPITRE VII.

Une éclipse. — Saint-Pölten. — M. de Roquelaure jugeant Vienne. — Origine de cette ville. — Saint Severin. — Soliman Ier. — Jean de Zapol. — Un proverbe turc. — Charles-Quint. — Le grand vizir Cara Moustapha. — Siége de Vienne. — Jean Sobieski. — Léopold Ier. — Le croc du comte Jean de Daun. — L'étendard de Mahomet. — Kemper et le trésor.

Nous désirions, avant de sortir de l'abbaye, aller en personne remercier le révérend abbé; mais nous ne pûmes obtenir cette satisfaction : le révérend était en ce moment même en prières : or, comme il nous arrivait trop peu souvent de servir Dieu nous-mêmes, mécréants que nous sommes, pour que nous dérangeassions ceux qui avaient cette vertu céleste, nous n'insistâmes point. Nous franchissions la grille quand une antiphonie des plus imposantes vint tout à coup frapper nos oreilles : c'étaient les Bénédictins qui entonnaient le *Veni sancte Spiritus*.....

De retour au *Grand Lama*, n'y trouvant pas M. Ch*** D***, nous demandâmes où il était. On nous répondit qu'on l'ignorait; on le croyait avec nous. Nous l'appelâmes de tous côtés, nous parcourûmes la maison; ce fut en vain, il s'était éclipsé. Nous sortîmes dans la rue, nous visitâmes le village, frappant à toutes les portes, interrogeant, regardant; personne n'avait entendu parler de lui, on ne l'avait même pas entrevu. Inquiets, nous revînmes à l'auberge. Il nous avait souvent vanté son amour pour le *patinage*, il portait même toujours une paire de patins avec lui : serait-il, par hasard, allé patiner? La chose était bien possible, mais alors que n'était-il de retour au logis? La nuit était venue depuis près d'une heure : on ne patine guère aux étoiles, et à plus forte raison quand il n'y en a pas; or le ciel était épais comme du plomb ! Aurait-il donc eu le malheur de défoncer la glace et de sombrer ? Quelques bouts de câble goudronnés, provenant d'un dampshiff que le père du gastwirth possédait sur le Danube, pendaient au plafond, comme des serpents empaillés; nous les aveignimes, les allumâmes et partimes, allant à sa recherche, et ne sachant de quel côté d'abord diriger nos pas. La neige recommençait à tomber, le vent gardait un complet silence, et les campagnes étaient plongées dans ce calme plat au milieu duquel les bruits les plus faibles deviennent perceptibles. Il fut convenu que l'un de nous appellerait jusqu'à ce que ses poumons refusassent de faire le service, et que l'autre reprendrait immédiatement après lui; car M. Ch*** D*** pouvait bien n'être qu'égaré, et alors nos appels devaient l'avertir et la lumière de nos torches le guider.

Nous nous livrions à ce lugubre exercice depuis trois bonnes heures, et rien ne nous avait répondu ; rien que les mugissements du Danube heurtant le *Mur du Diable*, ou que le cri sinistre d'une hulotte, gros oiseau ténébreux que les Allemands nomment hou-hou. Les rives glacées du grand fleuve, les étangs, les marais, les moindres flaques d'eau connues dans le pays, à plus d'un mille à l'entour, nous avions tout vu, tout exploré, tout sondé même, et tout sondé sans succès. Nous mourions de froid, nous n'y tenions plus; à peine osions-nous encore ouvrir la bouche pour appeler, lever les jambes pour marcher, tendre les bras pour agiter nos torches qui s'éteignaient. Le rôle de candélabre ambulant et de porte-voix ne nous souriait plus.

Un peu d'égoïsme, en pareil cas, est bien pardonnable. Nous songeâmes que, quelque intéressant qu'il fût pour nous de sauver M. Ch*** D***, il n'était pas moins intéressant, toujours pour nous, de nous sauver nous-mêmes, si nous tenions à ne pas geler. Nous avions fait ce que l'humanité nous commandait de faire, on ne pouvait nous en demander davantage. Nous reprimes donc, sans plus tarder, le chemin de Mœlck, où nous rentrâmes consternés. Un grand feu petillait dans le poêle en nous attendant. Il était deux heures du matin.

Nous trouvâmes l'auberge envahie par de braves gens qui, non moins étonnés que nous de la singulière disparition de notre compagnon de route, s'en entretenaient à voix basse. Chacun faisait des suppositions et des commentaires à perte de vue. Voyant que nos recherches n'avaient rien produit, quelques-uns prirent le parti de se retirer, tandis que d'autres, et ce fut le plus grand nombre, ne voulant pas s'être levés pour rien, demandèrent des vidercomes et de la bière, devant lesquels ils s'attablèrent en bourrant leur pipe et en devisant.

La nuit s'écoula ainsi.

Le jour arrivé, nous fîmes une nouvelle battue : elle n'amena aucun résultat. Cela tournait décidément au tragique, on ne pouvait en douter maintenant, il y avait eu submersion ou assassinat, car il n'était pas présumable que M. Ch*** D*** eût pris les devants, et nous eût laissé sa voiture sur les bras.

Ne pouvant, en toute hypothèse, nous résoudre à demeurer plus longtemps à Mœlck, nous envoyâmes chercher une autorité quelconque, afin de faire dresser procès-verbal de l'événement. L'autorité arrivée, on fit une enquête, on consigna nos dépositions, après quoi, la voiture, contenu et contenant, ayant été mise en fourrière, nous nous disposâmes à prendre la chaise du *Postbate* qui devait passer à trois heures.

A trois heures, le cornet du postillon se fit en effet reconnaître ; il n'y avait pas de place, il fallait attendre au lendemain. Furieux du contre-temps, nous rentrions dans l'auberge, quand il nous sembla entendre un bruit tout à fait nouveau. Ce bruit sortait du parquet de la salle; on eût dit d'un rat rongeant une noix sèche, ou d'un menuisier jouant du vilebrequin. Que pouvait-ce être? Encore quelque mystérieux incident? Nous regardâmes la gastwirthesse, elle pâlissait!... Est-ce que, par hasard, ceci se rattacherait à la disparition, plus que bizarre, de notre compagnon de voyage? Les vues de Dieu sont impénétrables!...... nous n'eûmes pas longtemps la chair de poule. Le parquet frissonna pendant deux minutes, puis, tout à coup, s'ouvrant sur un espace d'un pouce de circonférence, il livra passage à une gouge qui, comme une asperge, pointa d'un pied sur le sol. Que signifiait cet instrument pacifique et d'où provenait-il? Il provenait de la cave; mais, qui pouvait le faire agir ainsi? Le tonnelier se serait-il trompé et aurait-il fait une bonde au plafond de la cave, croyant le faire à une tonne?..... Une voix souterraine vint nous tirer d'embarras. Elle disait :

— C'est assez de plaisanterie, j'espère! Voyons (ici une effroyable expression), ouvrez-moi !

Nous faillimes tomber à la renverse de stupeur. Cette voix souterraine, c'était celle de M. Ch*** D***! Nous l'eûmes bientôt sorti de sa prison, mais, voyant qui l'avait délivré, il fit une grimace affreuse. Nous ne pûmes jamais obtenir de lui d'explication. Il semblait redouter d'aborder le sujet. Il se hâta de faire ses préparatifs de départ, donna deux ducats de tringkeld à la Kelleresse, et garda obstinément le silence jusqu'à Saint-Pölten, où nous arrivâmes à la nuit tombante. Là, nous tentâmes une nouvelle démarche, nous voulions à toute force savoir la cause de sa singulière séquestration : nous ne pûmes l'obtenir. Ce ne fut que deux ans après que l'énigme nous fut expliquée.

Il paraîtrait que notre compagnon de route avait les passions vives et pressantes, et qu'il serait subitement tombé amoureux fou de la Kelleresse, qui, comme nous l'avons dit, était une jeune, jolie et robuste paysanne. Ne pouvant la rencontrer un instant seule, il l'avait suivie à la cave, afin de lui démontrer par A plus B sa passion, mais la paysanne, ne se souciant pas d'apprendre ainsi les mathématiques, l'avait brusquement renfermé sous clef, pour qu'il pût méditer à l'aise sur Bezout.

Croyant qu'il ne s'agissait que d'une niche, le bouillant Picard avait d'abord pris la chose en riant; mais ensuite, voyant que la plaisanterie dépassait les bornes, et que sa détention se prolongeait, il s'était mis, bravant les ténèbres (car on l'avait impoliment laissé sans lumière), à chercher lui-même une issue. Malheureusement il ne connaissait pas plus les aides du logis que le cœur de sa Dulcinée, et il avait passé toute sa nuit à parcourir cinq grandes caves. Il eût bien appelé à son aide, mais l'amour-propre le retenait; on n'aime pas à avouer des mystifications du genre de celle dont il était la victime.

Le jour venu, il s'était décidé à tenter ses dernières ressources : elles consistaient à empiler trois tonneaux, à grimper dessus et à faire un trou, à l'aide d'une gouge fortuitement tombée sous sa main, pour, par ce trou, tenter d'émouvoir la pitié du geôlier.

On sait son nouvel échec. M. Ch*** D*** ne nous croyait pas là; aussi, n'osant se plaindre, vu que les rieurs n'eussent pas été de son côté, donna-t-il, comme nous l'avons dit, deux ducats d'or à la Kelleresse, afin qu'elle se tût. On voit que sa volonté à cet égard fut scrupuleusement observée.

Si toutes les filles savaient protéger leur vertu

au même prix, beaucoup d'elles useraient du moyen, et la morale publique serait sauvée.

Saint-Pölten, ou Saint-Hippolyte, est une petite ville de haute fondation. En 652, des moines de Saint-Augustin y firent bâtir une abbaye qui fut détruite cent ans après; aujourd'hui elle repose, tranquille et joyeuse, entre deux lignes imposantes, le Danube et le Wiener-Wald. Des champs cultivés, des prairies, des jardins l'enlacent de toutes parts et lui donnent un charmant aspect. Comme rien ne nous y retenait, nous n'y restâmes, malgré la nuit, que le temps nécessaire pour changer de chevaux, après quoi nous continuâmes de marcher, traversant, sans presque les voir, trois villages, Perschling, Siegardskirchen et Buckersdorf, impatients que nous étions d'arriver à Vienne. . . . .
. . . .

Notre première pensée, en entrant dans cette capitale par le Mariahilf, fut pour le duc de Roquelaure. Roquelaure avait souvent de l'esprit, quand il le voulait, mais souvent aussi son esprit n'était que du cynisme. Le roi lui demandant ce qu'il pensait de Vienne, il lui répondit qu'il comparait cette ville à certaine partie physique d'une vieille femme. Pourquoi? Là est le piquant et le cynisme de l'à-propos. Nous ne le répéterons qu'à l'oreille de ceux qui voudront le savoir. — Quoi qu'il en soit, Louis XIV, à qui le mot plaisait, se prit à rire de bon cœur; Mme de Maintenon seule eut le mauvais esprit de s'en formaliser. Elle crut voir une allusion offensante là où le bouffon du prince n'avait cherché qu'un bon mot. Pauvre favorite! — Un comédien obscur, séduit par le genre, voulut greffer en Autriche la plaisanterie de Roquelaure; mais mal lui en prit. L'esprit français, au delà du Rhin, n'a pas de sève : le novateur alla mûrir pendant trois ans en prison.

Vienne est une ville célèbre entre toutes; son origine est des plus anciennes. Les uns veulent que ses premiers fondateurs aient été des pêcheurs nommés Wendes, qui habitaient autrefois l'ancienne Norique et la Pannonie; les autres, que ce soient des légions romaines qui, sous la conduite de Fabianus, seraient demeurées plusieurs mois sur son emplacement, et lui auraient donné indifféremment le nom de *Windewon* (habitations des Wendes), à cause du voisinage de ces peuples, ou de *Fabiana*, en l'honneur de leur général. Quelques-uns enfin prétendent qu'elle fut fondée par un roi des Ruges ou Rugiens (Goths dégénérés) connu sous le nom de *Fava*, qui lui aurait légué son nom, dont la corruption aurait fait insensiblement *Favia, Viana, Viena, Wien, Vienne*. — Quant à nous, sans vouloir épurer à fond la question, nous dirons que tous ces étymologistes nous semblent avoir raison. Nous nous appuyons sur ceci, que les Latins, et Tacite en tête, habiles en pareille matière, appelaient autrefois la Vienne de nos jours, tantôt *Ala-Faviana*, tantôt *Castra-Fabiana*, tantôt encore *Flavianum-Juliabona*, et souvent enfin *Windum* ou *Windobona*, de telle façon que chacun des fondateurs prétendus pouvait être satisfait.

Wien, comme disent les Allemands, passa successivement aux mains des Goths, des Huns, des Avares, des Alains, des Hérules. Comme ces barbares étaient idolâtres, et ne voulaient d'autre bible que l'Edda, d'autre dieu qu'Odin, d'autre ciel enfin que le ciel du Walhalla, un moine d'Afrique, saint Severin, imagina de les convertir. Il quitta exprès son petit ermitage, vint à pied de la Numidie dans la Pannonie, et commença son œuvre évangélique. Mais bientôt, s'apercevant du peu de succès de ses démarches, et l'attribuant à son isolement, il fit bâtir, à une lieue de Vienne, à Heiligenstadt, un monastère dans lequel il appela ses plus fervents sectateurs. La mort vint malheureusement le surprendre au milieu de sa pieuse entreprise; il succomba le 8 janvier 482.

Trois siècles après, Charlemagne parut. Ce prince n'ignorait pas les tentatives de saint Severin; aussi, comme il était loin de posséder la patiente ferveur du pieux cénobite, résolut-il, non pas de convertir, mais de chasser au loin les Barbares. A cet effet, il descendit, par le Danube, au centre de leurs possessions, les attaqua, les battit, et les refoula jusques à Raab, et même au delà, en Hongrie. Il revint ensuite sur ses pas, partagea son vaste empire en districts connus sous le nom de *Gaue*, et leur donna à chacun un comte ou gouverneur appelé *Gaugraf*.

Aucun événement bien remarquable ne se passa à Vienne pendant les cinq cents ans qui s'écoulèrent depuis cette époque jusqu'à celle où elle devint, en 1500, la demeure des empereurs dans la personne de Maximilien. Comme toutes les villes naissantes et bien exposées, elle avait suivi une marche ascendante, s'agrandissant tous les jours, prenant des forces et s'embellissant, devenant importante, et par son commerce, et par ses relations. En 1198, Léopold VII lui avait octroyé un droit d'entrepôt et une municipalité; en 1237, déclarée ville impériale, elle avait reçu une école latine, considérée comme la première souche de l'Université; en 1358, le duc Rodolphe IV avait fondé l'Université même; en 1490, le roi Mathias de Hongrie y était venu rendre l'âme après l'avoir occupée en maître. Mais ce fut bien autre chose encore, à dater du jour où la monarchie autrichienne en fit le siége de l'empire : sa physionomie topographique prit, trois fois plus rapidement que par le passé, un développement admirable. Vienne devint le foyer des arts et des sciences de l'Allemagne; elle reçut d'immenses priviléges, et la noblesse entière en fit son séjour. Alors s'élevèrent dans ses murs des palais, des casernes, des hôpitaux, des maladreries, qui tous rayonnaient autour de *la Burg*, ce vaste point de mire impérial qu'avait élevé, au treizième siècle, le duc Léopold.

Soliman Ier assiégea Vienne en 1529; voici à quelle occasion :

La mort de Louis II, tué misérablement à Mohacz, laissait la couronne de Hongrie en face de deux compétiteurs influents : Jean de Zapol ou Zapolsky, waïwode de Transylvanie, et Ferdinand Ier, beau-frère de Louis II. Jean de Zapol s'était fait élire par les magnats réunis en corps à Sthulweissembourg, mais Ferdinand Ier avait été solennellement couronné à Presbourg. Or, comme Presbourg est pour la Hongrie ce qu'était jadis pour la France Reims, une ville sainte, hors laquelle les rois ne peuvent se faire légitimement sanctionner, il en résultait que les titres de Ferdinand avaient plus de valeur que ceux du waïwode.

Ainsi déçu dans ses espérances, Jean de Zapol eut recours à la force. Il fit appel à l'empereur de Turquie, lui promettant, s'il le faisait rentrer dans ses droits, de lui payer une forte contribution annuelle. Soliman Ier parut d'abord hésiter. Ce prince, le plus grand monarque d'un siècle où l'on vit paraître Charles-Quint, Henri VIII et François Ier, était dévoré d'une insatiable ambition. Il eût préféré garder une neutralité armée, contempler à l'aise la querelle des rivaux, et souffler sourdement la haine, afin, si l'occasion se présentait, de mettre à profit leur ruine. Soliman Ier était la personnification du fameux proverbe turc : « *Adroit à rompre un œuf contre un autre sans se salir les mains.* » Mais enfin, comprenant qu'il fallait prendre un parti quelconque, il accéda aux propositions du waïwode, et s'avança en Hongrie à la tête de 300,000 hommes. Partout, sur son passage, les portes s'ouvraient, les populations baissaient humblement la tête, et les grandes villes venaient au-devant de lui. Il arriva ainsi jusqu'à Bude, qu'il cerna, et dont, pour la punir de sa résistance, il fit passer la garnison au fil de l'épée, n'épargnant que le gouverneur, Nadasti, qu'il renvoya sain et sauf en Autriche. Nadasti fut le premier qui apporta à Vienne la nouvelle de l'apparition prochaine du sultan ; car Soliman, qui ne faisait jamais à demi les choses, avait non-seulement placé le waïwode sur le trône de Hongrie, en lui remettant les clefs de Bude, mais encore il venait assiéger chez lui Ferdinand.

Ainsi prévenu, l'archiduc ne perdit pas un instant. Il ne possédait pas plus de 8,000 hommes de troupes effectives, et Vienne était dans un état de défense déplorable, entourée seulement d'un fossé boueux et d'une muraille délabrée. Il fit élever rapidement des remparts de terre, bordés de solides palissades, ordonna de raser les maisons qui avoisinaient de trop près ces remparts, de dépaver toutes les rues, d'ôter partout les toits de bois, de mettre le feu aux fau-

bourgs, et de faire sortir les bouches inutiles :
les femmes, les enfants, les vieillards.

Douze jours après, 200,000 hommes le bloquaient. Ses forces, y compris le concours des bourgeois valides, s'élevaient à 21,000 combattants. Le siége commença. L'intention du sultan était d'emporter Vienne à coups de canon; aussi, comme il attendait une formidable artillerie qui devait lui venir en remontant le Danube, engagea-t-il froidement les premières attaques; mais bientôt il fut obligé de modifier ses plans. Le gouverneur de Presbourg, prévenu du passage, avait fait pointer sur les bords du fleuve les canons de sa place, et coulé à fond ou mis en déroute toute l'artillerie ottomane.

Soliman eut alors recours aux mines et fit donner trois assauts. Le comte de Salm lui tint vigoureusement tête; soixante mille Turcs jonchèrent le terrain. Furieux de ces échecs, il envoya l'ordre aux commandants des places hongroises dans lesquelles il avait laissé des troupes, de lui amener sur-le-champ ces renforts. Dans sa fougueuse impatience, il voulait forcer la ville à se rendre à merci; puis, de là, aigri par la colère et entraîné par l'ardeur, porter plus loin ses armes habituellement victorieuses. Un nouvel ennemi, contre lequel on ne pouvait lutter, les neiges et les pluies, le forcèrent à ajourner ses projets. Il leva le siége le 14 octobre, et ne revint en Autriche que cinq ans après.

Soliman Ier, doué d'une activité prodigieuse, avait mis les instants à profit. Il ne rêvait pas moins que la domination du monde; une monarchie universelle seule pouvait combler ses désirs. Il reparut en Hongrie en 1531, battit Ferdinand à Gradisca, ce qui mit à sa disposition l'Esclavonie tout entière, puis il arriva une seconde fois jusqu'à Vienne, dans laquelle, malgré les fortifications imposantes dont cette place avait été entourée, il eût peut-être pénétré, pour de là aller inonder l'Europe, et la soumettre aux lois de Mahomet, si celui-là même que tourmentait alors la même ambition, Charles-Quint, ne se fût présenté sur ces entrefaites, amenant avec lui 120,000 hommes exercés. Le sultan avait, comme la première fois, 200,000 fantassins aguerris et 50,000 cavaliers. Étonnés de se rencontrer ainsi face à face, et surtout si bien escortés, les deux empereurs n'osèrent se mesurer. C'eût été engager une partie trop forte; ils se retirèrent l'un et l'autre sans avoir donné le signal du combat.

La mort de Jean de Zapol rappela Soliman Ier en Hongrie. Cette fois, il ne s'agissait pas seulement de repousser Ferdinand, il fallait encore entraver les empiétements de Charles-Quint. Le sultan avait pour cela besoin d'un allié fidèle; il écrivit à François Ier qui agréa ses ouvertures à ce sujet. Déjà des relations secrètes avaient eu lieu entre les deux souverains, un traité de paix et d'alliance avait été signé le 3 du mois de *chaban* 941 (février 1535) par Jean de Laforest, pour la France, et pour la Turquie, par Khaïr-Eddyn. Ce traité reçut une sanction publique, officielle, et, depuis lors, la Porte et la France demeurèrent amies et sincèrement dévouées l'une à l'autre.

Nous n'entreprendrons pas maintenant de

rapporter les différentes expéditions que fit, contre la Hongrie, celui auquel la postérité conféra le titre glorieux de *Kanouny* (législateur). Ces expéditions, qui ne s'élevèrent pas à moins de treize, étaient motivées par la suzeraineté que la Porte exerçait sur ce pays, sans cesse révolté. Nous terminerons cet aperçu historique par le récit de la dernière et importante tentative que les Turcs firent sur Vienne, sous le règne de Mahomet IV.

Ce prince, que sa passion pour la chasse fit surnommer *Haradj* (chasseur), poussé par son grand-vizir, Cara-Moustapha, successeur du vieux Koproli, l'émule et l'ami du cardinal Richelieu, avait conçu tout à coup l'idée de mettre à exécution les grands projets de Soliman. Le comte Émeric Tekely, waïwode de Transylvanie, qui venait de lever l'étendard de la révolte, l'y encourageait. Il rassembla une nombreuse armée, et la remit aux ordres de Cara, en lui enjoignant de se diriger sur Vienne à marches forcées. Mais l'empereur fut bientôt instruit de ces dispositions. Le duc de Lorraine qui, pour éclairer le pays, s'était porté en Hongrie, se hâta de revenir sur ses pas. En s'avançant davantage, il risquait d'être enveloppé par l'ennemi. Il prit position entre la Raab et la Rabnitz, disposé à disputer d'abord vigoureusement ce passage; puis ensuite, il se retira dans l'ile de Tabor. Là, il apprit que l'armée ottomane, après avoir surpris plusieurs forteresses telles que Neuhausel, Agria, Cassovie, et avoir fourni des secours au waïwode, se dirigeait sur Altenbourg et Peterwardein. Jamais, disaient les rapports, on n'avait vu un aussi formidable développement de troupes. L'empereur, effrayé, assembla ses ministres, leur déclara son intention de se retirer, et en effet, le 7 juillet 1683, il partit lâchement pour Lintz, suivi des siens et de sa cour.

On ne saurait peindre l'effet que produisit cette honteuse fuite; elle jeta la perturbation dans la ville. Le soir même, 60,000 habitants, s'exagérant la gravité et l'imminence du péril, sortirent précipitamment, abandonnant leurs logis, leurs bijoux, leurs fortunes. Tel fut, dit Lazius, l'empressement de chacun à fuir, que, dans moins de quelques heures, la ville sembla totalement déserte; on ne rencontrait plus personne dans les rues, et l'on eût dit, à voir cette grande ville ainsi isolée, une nécropole immense subitement peuplée par la mort.

Cependant la population entière n'avait pas cédé à ce funeste exemple. Le 12 juillet, le prince Charles entra dans la place avec 10,000 hommes, fit, aidé du gouverneur Rudinger, appel aux habitants qui restaient, les confia aux soins habiles du comte Balthazar de Staremberg, puis il se retira dans la nuit du 13, suivi d'un corps de dragons dont il pouvait beaucoup plus avantageusement utiliser les services à l'extérieur que dans la place même. Au point du jour, il aperçut les Turcs logés sur les hauteurs du Wisseberg. Ils semblaient disposés à commencer de suite les hostilités. Et en effet, le lendemain, 14 juillet, ils étaient campés dans la forêt de Laa, d'où ils entamèrent aussitôt leurs feux. Ils incendièrent d'abord la maison des *Favorites*, qui pouvait gêner leurs opérations. Ensuite, servis par une puissante artillerie, ils battirent en brèche la porte impériale, et parvinrent à se loger dans l'une des tranchées.

Alors se déclara promptement pour eux la fortune. Ils combattaient avec tant d'ardeur, bombardant la ville sur tous les points à la fois, que la garnison sentit faiblir son courage. Les palais des nobles, restés debout dans Léopoldstat, avaient été coup sur coup rasés; les hôpitaux, les casernes, les monuments tombaient sous une mitraille incessante. Tous les efforts des Turcs tendaient à faire sauter l'arsenal; s'ils y parvenaient, Vienne ne pourrait résister plus longtemps. La rigueur avec laquelle ils tenaient le blocus aggravait encore la position déjà si précaire des malheureux assiégés. Trente mille Janissaires, trop bien appuyés pour craindre que le prince Charles, avec ses dragons, pût inquiéter leurs manœuvres, couvraient étroitement la place et déployaient une vigilance excessive. Personne ne pouvait approcher des murs, de sorte que le gouverneur, aux abois, ne recevait aucune nouvelle de l'extérieur. Il était à craindre que, désespérés, les habitants ne se rendissent; leurs forces s'épuisaient, et, avec elles, tombait leur énergie naguère redoutable. Quelques jours encore d'une lutte aussi désastreuse et ils succombaient. Un miracle seul pouvait peut-être maintenant les sauver.

Ce miracle, un simple soldat le fit. Ce soldat, nommé Jérôme Zweitlinger, était un homme intrépide et dévoué. Le 21 juillet, au matin, il parvint à pénétrer dans la ville, après avoir traversé à la nage, sous le feu de la mousqueterie turque, les quatre bras du Danube, qui étaient barrés, le dernier surtout, par une chaîne dont chaque anneau pesait trente-cinq livres. Jérôme portait, pendues à son cou, des lettres qui recommandaient au gouverneur de tenir encore quelque temps; des secours arrivaient, le roi de Pologne, Jean Sobieski, s'avançait.

Ces lettres ranimèrent le courage de la garnison; mais il lui fallut payer par de terribles épreuves ce bonheur presque inespéré. Instruit également de l'arrivée prochaine du belliqueux Sobieski, et sachant que s'il paraissait avant que l'étendard du prophète ne flottât sur les tours de Saint-Étienne, il serait difficile aux Turcs de s'emparer de Vienne, Cara-Moustapha avait songé à le prévenir.

Le 22 juillet, il fit pointer toutes ses batteries vers le bastion du Danube. C'était l'un des points de la place les plus faibles; s'il parvenait à l'abattre, il entrait incontinent dans la ville. Il ordonna ensuite de multiplier partout l'artillerie. En un instant ses ordres étaient exécutés; les boulets, les bombes, les grenades pleuvaient sur Vienne comme la grêle, criblant les murailles et défonçant les maisons, portant partout le ravage et la mort. Et malgré cela, ranimés par les nouvelles qu'ils avaient reçues, les habitants oubliaient maintenant leurs misères pour venir prier Dieu au pied des autels.

Ce fut alors que se passa l'un de ces faits terribles dont l'histoire offre peu d'exemples. Le 31 juillet, exaspérés par la résistance qu'on leur opposait, les assiégeants poussèrent leurs travaux jusqu'aux abords de la contrescarpe, et s'approchèrent tellement des Viennois, que les soldats des deux partis se battaient souvent corps à corps avec les pieux des palissades qu'ils avaient arrachés, et que les assiégés eurent recours à une arme nouvelle, récemment inventée par le comte Jean de Daun.

Cette arme consistait en un long croc de fer à pression. Les Viennois en firent un tel usage, saisissant les Turcs par le cou, les attirant entre les palissades, et leur tranchant la tête à coups de faux, ou la leur écrasant à coups de pierres, que, voyant qu'il ne pourrait les forcer à se rendre tant que l'un d'eux tiendrait sur la brèche, et qu'il perdait sans résultat ses troupes les meilleures, Cara-Moustapha prit le parti de se retirer, et d'aller attendre l'ennemi en rase campagne, afin de lui livrer un combat général.

Cette subite résolution sauva Vienne. Le 11 septembre, les assiégés saluèrent avec enivrement l'arrivée des troupes auxiliaires, qui descendaient des hauteurs du mont Kalemberg. Le 12, Jean Sobieski fit son entrée dans la ville, et se rendit de suite à la chapelle de Saint-Léopold, le seul temple qui n'eût pas souffert. Il y entendit la messe et voulut lui-même la servir, tenant ses bras étendus en croix, hors les moments où le desservant avait besoin de ses offices. Il communia ensuite et fit donner la bénédiction à toute son armée, puis il se leva, disant à voix haute : « Nous pouvons marcher maintenant avec une entière assurance que Dieu nous assistera. »

L'armée polonaise, renforcée de celle qu'avaient amenée de leur côté les électeurs de Saxe et de Bohême, se porta, sans perdre de temps, à la rencontre des Turcs. En voyant la belle tenue des troupes fédérées, l'un des généraux ottomans, Sélim Ghéraï, s'écria : « Jean Sobieski doit se trouver là ! » Tant on savait avec quel ordre et quelle précision marchaient toujours les Polonais en temps de guerre. — L'action s'engagea. Le premier choc, de part et d'autre, fut terrible; les deux ennemis avaient à cœur, celui-ci de vaincre un guerrier puissant, celui-là de soutenir sa vieille renommée. Mais l'exclamation de Sélim avait produit un effet immense, en circulant dans les rangs des Turcs. Frappés d'épouvante, sans que rien eût motivé d'ailleurs cette panique, ils se retirèrent inopinément au delà du Danube, laissant seulement, pour protéger leur retraite, la cavalerie de Sélim, cette belle et noble réserve, qui n'a jamais eu dans le monde de rivale. Cara-Moustapha, le premier, oubliant que le lacet des *Muets* l'attendait à son retour à Constantinople *, avait donné un triste exemple à ses troupes, en abandonnant le terrain.

Les Impériaux profitèrent de ce désarroi imprévu. Ils s'emparèrent du camp des Turcs, dans lequel ils trouvèrent, outre l'étendard du prophète et celui du général en chef, des tentes richement garnies, des équipages de toutes sortes, des munitions de guerre et de bouche, une artillerie de cent trente pièces et de quarante mortiers. L'action n'avait pas duré longtemps, mais elle avait été meurtrière; les Turcs s'étaient

* Il ne fut pas étranglé, mais décapité à Belgrade, et le sultan envoya sa tête à Jean Sobieski

battus avec ce courage et cette impétuosité qu'ils déploient toujours en abordant l'ennemi, et les Polonais ne le leur en avaient rien cédé.

Des deux côtés les pertes furent énormes. On ne put au juste évaluer celle des Turcs, mais les Impériaux eurent à déplorer la mort du prince Thomas de Crouï, du comte de Trausmandorf, et d'un jeune et vaillant capitaine de hussards, nommé Potocki.

Aussitôt que l'empereur apprit qu'il pouvait rentrer tranquillement dans sa capitale, il s'embarqua sur le Danube, et arriva le 14 septembre à Vienne.

Léopold n'était pas seulement lâche, il était encore orgueilleux et jaloux. Il haïssait ouvertement Sobieski. Sachant que c'était à lui qu'il était redevable du salut de sa monarchie, il demandait à ceux qui l'entouraient comment il fallait qu'il le reçût : « A bras ouverts! » lui répondit le duc de Lorraine. Et comme, malgré cela, il lui faisait un accueil des plus froids, et le remerciait en termes fort peu gracieux, le roi de Pologne lui fit sentir sa sottise, en lui répliquant avec esprit : « Je suis flatté, mon frère, de vous avoir rendu ce léger service. »

Léopold fit aussitôt chanter un *Te Deum*, par l'évêque de Neustadt, avec toute la solennité possible ; puis, foulant aux pieds toute pudeur, il ordonna de graver sur le haut de la porte par laquelle il était rentré la fameuse devise de Frédéric III :

A. E. I. O. V.
(Sic.)
Austriæ est imperare orbi universo.

. . . .

Le lendemain, Jean Sobieski lui fit offrir, par le grand chancelier de son royaume, Zalusky, l'étendard de Cara-Moustapha. Cet étendard était de crin de cheval marin, travaillé à l'aiguille et broché de fleurs et d'arabesques. La pomme était formée de pierreries, et la hampe couverte de feuilles d'or. En même temps, ajoute le P. d'Avrigny, le roi envoya l'abbé Denhof à Rome présenter à Innocent XI l'étendard de Mahomet. Le milieu de cet étendard

était de brocart or à fond rouge, le tour de brocart argent à fond vert, et les lambrequins de brocart incarnat et argent, le tout relevé de diamants et de rubis. On y lisait ces mots consacrés, brodés en lettres arabes : « *La illahe illa Allah! Mohammed resul Allah!* »—« Il n'y a point d'autre Dieu que le seul Dieu, et Mahomet est l'envoyé de Dieu! » On lisait encore dans les rebords : « Plaise à Dieu nous assister
« avec un secours puissant. C'est lui qui a mis
« un repos dans le cœur des fidèles pour forti-
« fier leur foi. » Le bâton de l'étendard était surmonté d'une pomme d'or massive avec des houppes de soie verte et des filigranes d'argent artistement disposés.

On cite le fait suivant comme l'un des incidents les plus curieux de ce siége mémorable :

Le 23 août, un ingénieur nommé Kemper, travaillant à une contre-mine sous la porte du château, y trouva un cercueil d'étain rempli de pièces d'or et d'argent, de bijoux et de pierreries; et une boîte aussi d'étain renfermant un parchemin sur lequel on lisait, en vieux caractères :

« *Gaudebis, si inveneris, videbis, tacebis, sed
« orabis, pugnabis, ædificabis; non hodie, nec
« cras, sed quia universus equus; turris erecta
« et armata : diversa ordinata arma.* Rolland.
« et Hung. Mog. posuit. »

Quelques bibliographes, pensant avoir deviné la pensée du dépositaire, prétendirent que, doué de prescience, il annonçait d'une manière évidente que l'on trouverait son trésor pendant le siége de Vienne. Ils expliquèrent ainsi son billet, dont le contenu mystérieux ne contribua pas peu à relever le moral des assiégés :

« Tu te réjouiras si tu trouves ce trésor. Tu
« admireras ces richesses, et tu ne découvriras à
« personne ta bonne fortune. Tu rendras grâce
« à Dieu, et tu combattras contre les ennemis de
« son nom. Tu te serviras de ce trésor pour
« bâtir des églises, mais ce ne sera pas de sitôt,
« parce que l'armée ottomane assiége la ville et
« y lève ses étendards de queues de cheval. At-
« tends que Vienne ait repoussé ses ennemis par
« la force de ses bastions et de ses soldats, et

« par le secours de divers princes qui se réu-
« niront à eux. »

Les bibliographes ne disent pas quel emploi Kemper a fait de sa trouvaille.

En 1688, les rues de Vienne furent pour la première fois éclairées. — En 1700 parut une gazette qui porta son nom. — En 1740 eut lieu dans ses murs l'avénement au trône de Marie-Thérèse. — En 1797 fut ordonnée une levée de troupes urbaines destinée à arrêter la marche des Français. — En 1805 l'armée française y entra. — En 1810 y furent célébrées les fiançailles de l'archiduchesse Marie-Louise avec Napoléon. — En 1814 le landgrave de Fürstenberg y fit son entrée, précédé de *cent sept postillons*, qui sonnaient ensemble du cor. Le landgrave apportait la nouvelle du traité de paix conclu avec Louis XVIII.

Aujourd'hui Vienne est l'une des cités de l'Allemagne les plus belles, les plus somptueuses et les plus heureusement dotées.

CHAPITRE VIII.

—

L'Aigle noir. — La carte de sûreté. — Saint-Étienne. — Le mendiant et le bloc de granit. — Jean Capistran et Jean Cuspinianus Speisshammer. — La comtesse de Palfi. — Le Wirtschaf. — M. de H***. — L'inconnu. — M. G***. — Le quiproquo. — Mme B*** H***. — La mission intime. — Là heïlwagen. — Départ pour la Hongrie.

La première chose que nous fîmes, en arrivant, fut de remercier vivement M. Ch***D***, de lui donner nos adresses à Paris, puis d'aller nous loger à *l'Aigle noir*, dans Leopoldstadt. Nous serions bien descendus de suite chez M. de H***, dont l'hôtel était à deux pas, et qui devait certainement nous avoir devancés de plusieurs jours; mais, comme je ne pouvais décemment me permettre cette liberté grande, quoi qu'en dit le docteur, et que le docteur, en bon compagnon, ne voulait pas m'abandonner à moi-même, nous y renonçâmes pour l'instant.

Nos malles déballées et nos barbes faites, nous nous rendîmes chez le baron. Il était sorti. Nous portâmes de là nos pas vers la préfecture de police, afin de faire savoir à M. de Metternich que nous étions arrivés, et prendre une carte de sûreté. On appelle ainsi une petite pancarte de papier gris-bleu, sur laquelle sont imprimées, en allemand, en français et en italien, les obligations du voyageur pendant son séjour dans la capitale de l'Autriche. Sans cette pancarte, qui lui coûte environ cinq francs, et qu'il est obligé de renouveler tous les huit jours, il ne peut vivre tranquillement à Vienne ; l'air y est malsain, et sent d'une lieue le Spielberg.

La préfecture de police nous demanda nos noms, prénoms, âges, qualités, intentions, puis, quand elle nous eut bien daguerréotypés, qu'elle crut avoir la certitude de notre bonne foi, elle nous délivra sa pancarte en papier gris-bleu. Cinq minutes après nous flânions.

L'espèce humaine, il faut en convenir, a quelquefois bien de l'instinct! Nos premières visites étaient d'ordinaire pour les cathédrales, quand il y en avait : *trahit sua quemque voluptas* : était-ce par sentiment religieux, ou pour amour du vrai beau? Notre instinct nous mena juste en face de celle de Vienne, dans laquelle nous entrâmes aussitôt.

Saint-Etienne (c'est son nom) fut fondée, en 1144, par Henri II, surnommé Jasomir ou Jasomirgot. L'architecte se nommait Pilgram. Comme il n'y avait pas d'emplacement digne de l'importance que l'on voulait lui donner, dans l'intérieur de la ville, on l'éleva en dehors, près des murs. Le feu du ciel la brûla deux fois, en 1258 et en 1270, et deux fois on la reconstruisit. En 1359, le duc Rodolphe XIV fit bâtir en pierre la tour pyramidale qui lui sert de clocher. C'est du haut de cette tour, qui a 425 pieds d'élévation, que l'on embrasse en partie l'Autriche. En

1529, Saint-Étienne faillit encore être brûlée, mais, cette fois, c'eût été par le feu des hommes, si les bourgeois, inquiets, ne s'en fussent mêlés. C'était à l'époque où, comme nous venons de le dire, Soliman Ier faisait le siége de Vienne. Les bourgeois se rendirent en députation vers lui, le priant avec instances de faire épargner la basilique. Le sultan les reçut gracieusement, et leur promit de céder à leurs vœux, pourvu toutefois qu'ils accédassent eux-mêmes à une condition : ce fut que l'on placerait au sommet de la tour un immense croissant et une étoile du plus gros volume, afin que, reconnaissant les insignes de leur pays, les Turcs dirigeassent leurs feux d'un autre côté. Les bourgeois y souscrivirent aussitôt, et n'eurent pas lieu de s'en repentir. Plus tard, le siége étant levé, ils crurent devoir, par reconnaissance, laisser subsister l'étoile et le croissant, mais le bigot empereur Léopold les fit brutalement arracher.

Saint-Étienne, dont l'archevêque avait naguère, et a, je crois, encore, le titre de prince de l'empire, Saint-Étienne est d'une architecture gothique des plus remarquables. Elle a 346 pieds de longueur sur 220 pieds de largeur et 79 pieds de hauteur, sous sa voûte. C'est l'une des plus belles basiliques qui se puissent voir. Sa construction, svelte et hardie, prend une physionomie plus noble et plus imposante encore par l'isolement dans lequel elle se trouve, isolement qui permet à l'œil d'embrasser ses vastes dimensions. Sur les murailles extérieures se voient des bas-reliefs, des images, des ornements coquets et gracieux, des statues, des pierres sépulcrales, des figurines sculptées avec art, des niches, des fenêtres à meneaux et des colonnettes. Puis, sur les flancs de sa tour, au sommet de laquelle on monte par 700 marches en bois et en pierre, des feuilles, des fleurs, des dentelles travaillées en pierre et découpées avec une merveilleuse ténuité.

Nous remarquâmes le tableau de son maître-autel, peint par Book, sur des lames d'étain. Un mendiant, qui voulait un kreutzer, nous indiqua, au bas d'une porte latérale, un bloc de granit. Ce bloc, qui repose là depuis 400 ans, a servi de siége à un saint. Son nom? Le mendiant l'avait oublié. Comme il était d'usage que tous les fidèles, avant de tremper leurs doigts dans le bénitier, vinssent toucher le bloc et se signer, nous ne crûmes pas devoir déroger à cette habitude. Nous fûmes surpris de trouver la place où l'on pose le doigt usée déjà à la profondeur d'un bon pouce : nous n'aurions pas cru que le frottement d'un corps mou pût avoir autant d'action sur une matière aussi dure que le granit.

Satisfait de nos largesses, et voulant voir si nous étions capables de recommencer, le mendiant nous fit ensuite tourner sur la gauche, et nous montra une chaire en pierre, du haut de laquelle Jean Capistran répandait *la parole de vie* sur ses nombreux auditeurs, en 1451. Jean Capistran était tellement éloquent, que l'église ne pouvait contenir la foule avide de recueillir ses prédications.

Saint-Étienne renferme plusieurs tombeaux remarquables. Le plus intéressant de tous, sinon le plus magnifique, est celui de Jean Cuspinianus Speisshammer. Jean Speisshammer était à la fois bourgmestre de Vienne, historien, philosophe, médecin, poëte et orateur distingué. Il dort aujourd'hui en paix, côte à côte avec le prince Eugène de Savoie.

Quand nous sortîmes de la basilique, la nuit, pour nous servir de l'expression métaphorique d'un homme justement illustre, ouvrait sa main pleine de fumée, et promenait lentement son immense estompe sur la ville. Nous entrâmes dans un restaurant dont le nom importe fort peu au lecteur, nous dinâmes, ce qui l'intéresse encore moins, puis, le dîner fini, nous reprimes le chemin de *l'Aigle noir*, afin d'aller nous livrer au repos. Mais il était écrit quelque part que nous ne nous coucherions pas de sitôt.

Nous n'eûmes pas fait cent pas dans la rue, que nous nous trouvâmes arrêtés. Deux mille personnes encombraient la porte d'un hôtel. On est curieux en voyage, on est badaud même, on veut tout voir, tout entendre, tout savoir. Nous allâmes aux informations : il s'agissait d'un décès. Une grande dame, la comtesse de Palfi, née princesse de Ligne *, venait de mourir à 63 ans, après quatre jours de maladie.

Le peuple entrait dans l'hôtel, nous suivîmes le peuple. La défunte, exposée au milieu de sa salle à manger, transformée *ad hoc* en chapelle ardente, était couchée dans un cercueil de bois d'acajou, fermant soigneusement à clef, et orné d'incrustations et de cuivreries rococo, au milieu desquelles étaient entrelacées les armes de sa maison. Sa tête reposait sur deux coussins de soie ; son visage était découvert et ses yeux étaient fermés comme ceux d'une personne endormie. Sur ses lèvres errait un sourire. Elle avait été embaumée. Ses bras, ses jambes et son corps, enveloppés de bandes de serge fine et de flanelle, n'étaient pas rassemblés comme le sont ceux des momies égyptiennes. La comtesse avait voulu qu'on l'habillât, après sa mort, comme elle l'était de son vivant. Elle portait une robe de satin noir, des bas blancs, des souliers de pou-de-soie noirs, avec

---

* Sœur de la comtesse Flore de Spiegel, et tante du prince de Ligne actuel, résidant à Bruxelles.

des cordons autour de la jambe, des gants blancs, une collerette en point d'Angleterre, un bonnet semblable, entouré de rubans, et enfin un tour de cheveux bouclé avec soin. Sur sa poitrine était un crucifix en argent massif, dans ses mains un chapelet d'ivoire, et l'ordre de Marie-Thérèse à ses pieds.

Le cercueil, élevé sur une estrade de trois marches, était entouré de vingt cierges allumés, et, à sa partie inférieure, se voyait une urne en cuivre doré, renfermant le cœur de la défunte.

Nous achevions notre examen, lorsque, les prêtres étant arrivés, on lui couvrit le visage avec un sachet d'aromates fortement attaché autour de sa tête et de son cou. Le cercueil fut placé dans une bière en cuivre rouge solidement soudée, et déposé dans un second cercueil d'acajou garni de vis et de clous, puis, dix minutes après, on le porta sur une voiture attelée de six chevaux noirs richement caparaçonnés. Les restes de la comtesse roulèrent ainsi vers la terre seigneuriale où reposent ses glorieux ancêtres, et quant à nous, le docteur et moi, nous nous éloignâmes en murmurant cet apophthegme philosophique :

> Et le riche et le pauvre, et le faible et le fort,
> Vont tous également des douleurs à la mort.

A la mort! on ne se serait guère douté qu'elle venait de passer dans le quartier. La maison la plus voisine de l'hôtel de la comtesse de Palfi était occupée par un honnête horloger qui, ce soir-là même, donnait un *Wirtschaf*. Un Wirtschaf est une sorte de bal masqué dans lequel chacun est vêtu suivant que lui a ordonné le sort, c'est-à-dire un billet tiré dans une loterie, huit jours à l'avance. Le premier Wirtschaf connu en Allemagne eut lieu en 1667, à l'occasion du mariage de la princesse Marie de Danemarck avec le duc de Holstein. Le roi de Danemarck se costuma en seigneur polonais, la reine en coupeuse de bourse, le prince héritier en garçon barbier, le duc de Holstein en marchand de toile, l'ambassadeur de Hollande en capitaine de vaisseau, etc., etc.

Le lendemain, vers dix heures, nous entendîmes gratter à notre porte. C'était M. de H***. Il savait que le docteur amenait un ami, et il venait nous chercher avec sa voiture. Il était indigné que nous eussions passé une nuit à l'hôtel. Le docteur parvint peu à peu à l'apaiser; quant à moi, j'avais bien envie de faire encore résistance, mais je dus aussitôt y renoncer. Je reconnus d'un coup d'œil que le baron était l'un de ces hommes avec lesquels il ne faut jamais dire non. Et puis, d'ailleurs, il y mettait tant de bonne grâce, qu'il eût été du dernier mauvais goût de refuser.

Sur l'un de ses gestes, deux grands laquais s'avancèrent, prirent nos malles, et nous dûmes descendre, monter en voiture, pour de là rouler vers l'hôtel de notre Mécène, où nous arrivâmes en deux sauts.

Mme de H*** était déjà levée. Elle avait voulu recevoir elle-même son *libérateur*. Je vis que le docteur ne me l'avait pas trop vantée; elle était jeune et belle dans toute l'acception du mot. Elle nous fit l'accueil le plus gracieux, et fut surtout pour moi d'une bonté charmante; et, à vrai dire, il me fallait cela pour que j'oubliasse ce que je continuais d'appeler *mon indiscrétion*. Ses deux enfants s'étaient pendus au cou du docteur, qui, en face de cette reconnaissance si naïve, si sincère et si spontanée, eut toutes les peines du monde à contenir sa vive émotion.

L'hôtel de H*** était une de ces sombres et fantasmatiques maisons comme il en existe peu maintenant. De grandes pièces, de grands meubles, de grandes cours, de grands chevaux, de grandes voitures, de grands valets, en un mot, un luxe plus confortable qu'élégant Mais, comme on s'y sentait à l'aise! Comme on devait y vivre, et y bien vivre surtout! Quelle bonne, aimable et affectueuse hospitalité! Il me sembla voir écrit partout sur les murs cet admirable précepte :

Ici

On s'éveille, on se lève, on s'habille et l'on sort;
On rentre, on dîne, on soupe, on se couche et l'on dort.

— Une fois pour toutes, messieurs, nous dit

le baron, avec la cordialité la plus franche, chez moi, liberté pleine et entière. Point d'obligations, point d'étiquette, point de gêne, en un mot. Nous allons, nous venons, nous sortons, nous rentrons, et pourvu que nous nous retrouvions à l'heure des repas, nous sommes contents. Cela vous va-t-il?

Épicure eût été enchanté; nous ne pouvions pas faire moins que lui.

— Et pour commencer, reprit notre hôte, je vous laisse visiter Vienne seuls. Je ne sais rien de plus niais que d'imposer aux autres ses impressions. Vous avez ici une voiture, des chevaux de selle, choisissez. Quand vous serez fatigués de courir à l'aventure, et que vous croirez avoir tout vu, vous me ferez signe, et alors je suis à votre disposition. Est-ce convenu?

Nous remerciâmes avec effusion.

— Un dernier mot, ajouta M. de H***, nous voyant disposés de suite à sortir : réservez quelques monuments, n'est-ce pas?

L'observation était inutile, nous nous serions bien donné de garde d'en voir aucun sans un guide : or, quel meilleur cicerone eussions-nous pu prendre qu'un Viennois, et un Viennois aimable, instruit, spirituel et posé de telle façon qu'avec lui nous pouvions entrer partout?

..... Nous eûmes bientôt vu ce que nous pouvions voir, et revînmes alors au baron. Il était tard ce jour-là, nous remîmes nos excursions au lendemain. Nous convînmes que nous les ferions au hasard, c'est-à-dire que nous irions droit devant nous, à pied, nous arrêtant à chaque endroit qui nous paraîtrait digne d'intérêt. C'est le meilleur moyen de tout voir, et surtout de voir avec fruit. En voyage, si l'on prévient l'imagination, on gâte presque toujours les objets, on leur ôte tout au moins beaucoup de leur valeur. Il faut laisser aux choses la soudaineté du coup d'œil, c'est leur parure, leur luxe, leur beauté.

Hélas! l'homme propose et Dieu dispose, a dit un bien vieil axiome. Cet axiome est vrai

Le lendemain, je fus réveillé par un inconnu. C'était un jeune homme de trente-cinq à trente-six ans, petit, maigre et fort bien planté sur ses jambes. Il avait le visage décoré de moustaches fabuleuses.

— Monsieur, dit-il en me saluant, je suis M. G***.

C'était bien possible, mais je l'ignorais. Je ne lui en indiquai pas moins un siége, et m'excusai de le recevoir ainsi.

— Monsieur, poursuivit-il, j'arrive de Paris.

— Ah! monsieur vient de Paris?

— Oui, monsieur; j'ai eu l'honneur de voir une dame que vous connaissez, Mme B*** H***. Elle m'a fortement recommandé de ne pas perdre un seul instant, et du reste...

— C'est très-aimable à elle.

— Aussi suis-je accouru de suite vous demander votre heure.

— Quelle heure, s'il vous plaît ?

— L'heure à laquelle vous désirez que nous partions demain ?

— Demain ? Monsieur, vous m'excuserez, mais en vérité je ne sais trop si je dors, si je rêve, ou si je suis éveillé. Vous me parlez de partir, et nous venons à peine d'arriver. Vous-même, monsieur, avez-vous bien eu le temps de vous reconnaître?

—Je l'avoue, c'est un peu précipité, mais la saison nous pousse l'épée dans les reins, et si vous tenez à traverser sain et sauf les Krappacks.....

— Les Alpes tyroliennes, voulez-vous dire?

— Non, monsieur, non, les Alpes tyroliennes sont à l'est, et nous, nous allons à l'ouest; or, on prend généralement fort peu le chemin du Tyrol pour aller de Vienne en Valachie.

Cette fois, je me soulevai sur un coude, et regardai attentivement M. G***. Je n'y étais plus. Je me frottai les yeux, ils étaient ouverts. Si nous eussions été dans un hôtel garni, j'aurais pensé que mon visiteur s'était trompé de chambre; mais ici, chez le baron!... Aurais-je donc affaire à un fou? Je résolus d'éclaircir la chose.

— Je vous demande une seconde fois pardon, monsieur, lui dis-je, mais je crois que nous ne nous entendons pas.

— Monsieur n'a donc pas lu les lettres que

je lui ai apportées hier? Eh! en effet, ajouta-t-il en prenant sur la table deux plis que je n'avais pas aperçus la veille, tant j'étais rentré fatigué, voilà mes deux missives parfaitement intactes.

C'était une lettre de mon père et une lettre de M*** B*** H***.

Mon père, désirant avoir des renseignements positifs sur les affaires d'un frère de ma mère, mort consul de France, à son poste, me chargeait de ce soin. Il savait que M*** B*** H*** avait de vastes relations commerciales avec la Turquie, et s'était adressé à elle, la priant de me donner toutes les indications nécessaires. Alors M*** B*** H*** avait eu l'extrême obligeance de m'envoyer, par la poste, M. G***, qui, positivement, retournait en Valachie, où il était depuis plusieurs années déjà établi.

Le quiproquo éclairci, je priai M. G*** de vouloir bien recevoir mes excuses, après quoi, revenant à la question principale, je lui demandai s'il croyait qu'il fût bien urgent que nous partissions sur-le-champ. Il me répondit qu'il connaissait assez le pays pour être certain que nous éprouverions déjà beaucoup de difficultés en ne perdant pas une minute, et que, si nous tardions encore, nous serions probablement obligés de rester longtemps à Kronstadt. Il tombait en effet tant de neige depuis une quinzaine de jours, que les routes devaient en être couvertes à plusieurs pieds de hauteur. Que serait-ce donc au cœur des montagnes, là où elle tombe presque incessamment, pendant la mauvaise saison !

M. G*** me prévenait que j'avais à choisir entre deux départs de la *heïlwagen* (diligence impériale), celui du matin et celui du soir : j'optai pour celui du soir. Ce n'était pas que j'eusse intention de beaucoup profiter du faible répit que m'accordait la journée dans laquelle nous entrions, non plus que de celle du lendemain ; mais il me fallait faire viser mon passe-port et pourvoir à quelques achats indispensables, et je n'avais que bien juste le temps nécessaire. M. G*** se chargeant obligeamment d'aller retenir nos deux places, je m'occupai de mes préparatifs.

Quand le docteur entra, il me trouva tout pensif. Je songeais à la singularité des événements. J'étais parti pour trois mois, et voilà que maintenant m'arrivaient des ordres qui m'éloignaient pour.... savais-je combien de temps? peut-être trois ans!

—Mon ami, me dit-il joyeusement, voici le programme de nos excursions aux environs de Vienne; car nous venons de décider, le baron et moi, que nous verrions l'extérieur avant l'intérieur, ceci pour cause de saison. Nous disons donc que nous verrons Baden, Laxembourg, Wagram (c'est un peu loin, mais nous avons d'excellents poneys), Austerlitz, l'île de Lobau, Schœnbrunn.... Nous commençons par Schœnbrunn; cela vous fait-il plaisir? Mais qu'avez-vous donc avec votre air rêveur comme un frère morave?

—J'ai, mon cher docteur, que je vous quitte, que je pars, que...

— Vous avez déjà le mal du pays?

—Du tout. Je vais en Turquie.

—Pas possible!

—Rien de plus vrai.

—Vous choisissez bien votre temps.

— Ce n'est pas moi qui choisis, c'est mon père. Il profite, dit-il, de ce que je suis à deux pas de Bucharest (360 lieues) pour m'y envoyer, pour m'y donner une petite mission.

—Bien du plaisir. Et vous partez?

—Demain.

M. de H***, à qui j'exposai mes raisons, en comprit de suite l'importance, et ne chercha pas à me retenir ; c'eût été augmenter mes regrets : non pas que je regrettasse le voyage en lui-même, bien au contraire, j'en étais charmé; je ne regrettais que la précipitation avec laquelle il me fallait le faire, et cependant, j'en sentais la nécessité. Le baron me fit plusieurs fois promettre de revenir par Vienne, et d'accepter l'hospitalité chez lui, ce que j'eus lieu de réaliser plus tard.

— Parbleu, dis-je au docteur, une idée!... vous devriez bien venir avec moi! Il est sans doute fort agréable d'avoir un compagnon de route qui connaisse le pays, la langue et les

habitants, et, à cet égard, j'apprécie beaucoup
M. G*** ; mais en sera-t-il de même sous tous
les autres rapports? Vous le savez, Shakspeare
l'a dit :

> *Pour converser et voyager ensemble,*
> *Pour être amis et de bons compagnons,*
> *Il faut avoir, tous les deux, ce me semble,*
> *Même esprit, mêmes mœurs, mêmes affections.*

Or, qui dit que mon caractère sympathisera
bien avec celui de M. G*** ?

Et mes malades ? me dit M. A***.

— Ils attendront.

Je ne pus le décider. Le docteur était inébranlable, et à bien prendre, on ne pouvait
guère lui en savoir mauvais gré. On peut faire
300 lieues sans que cela vous dérange beaucoup,
mais 600 !.....

Le lendemain soir, tout étant prêt, nous
montâmes, à sept heures, dans la heïlwagen
impériale, et deux jours après, nous étions à
Bude.

Un mot maintenant, avant de faire un kilomètre de plus.

Peut-être trouvera-t-on étrange que nous passions aussi lestement sur Vienne, l'un des points les plus intéressants du voyage. Comme il en sera de même de la Hongrie et de la Transylvanie, contrées cependant fort curieuses, nous prierons le lecteur de vouloir bien d'abord se reporter au titre de l'ouvrage, et ensuite de considérer que nous ne voulons écrire que ce que nous avons réellement vu, copiant jour par jour, heure par heure, et les lui transmettant tels, nos impressions diverses, nos souvenirs. Enfin, nous lui ferons observer que ces deux volumes ne sont pour ainsi dire qu'une introduction. Quatre autres volumes suivront bientôt leurs aînés, et nous mettront à même de revenir avec empressement sur les lieux que la rapidité forcée de la promenade nous empêche de visiter aujourd'hui aussi complétement que nous désirerions.

CHAPITRE IX.

Bude et Pesth. — Le courrier de famille. — M. Déra. — Le Danube. — Étymologie du mot hussard. — Le régiment du prince Esterhazy. — Un cheval de 50,000 francs. — Les voituriers à Pesth — Le Schlavaque.— Monsieur, votre nez gèle! — Stock. — La wehrgeld ou rançon du meurtre. — Dougoz. — La Konak. — Le locandier. — Slo-Velik.

Bude, ou Ofen, est une ancienne ville située sur la rive droite du Danube, immédiatement au bas d'une montagne qui semble la repousser dans le fleuve, et dont les hauteurs sont couronnées par deux palais non pas imposants, mais bien importants : celui du comte de Chandor, gendre de M. de Metternich, et celui du prince palatin, frère de François 1er, et oncle de l'empereur actuel. Bude était autrefois la capitale de la basse Hongrie. Elle a cédé ses titres et ses droits à Pesth, sa rivale, qui est venue s'établir immédiatement en face de ses quais, sur l'autre rive du Danube.

Deux fâcheuses nouvelles nous y attendaient : la première concernait un Français, la seconde le Danube. Le Français, courrier de famille ordinaire, venait, nous dit-on, d'être gelé en traversant les Balkans. Il était depuis deux jours à l'hôpital. Nous nous rendîmes de suite auprès de lui. Peut-être la vue de deux compatriotes lui ferait-elle plaisir, et puis enfin il pouvait avoir quelque petit service à réclamer de nous. C'était un jeune homme d'une trentaine d'années. Nous le trouvâmes pâle et mourant sur son lit de douleurs. A peine s'il put nous parler. Ses yeux sortaient de sa tête, ouverts outre mesure, sans expression, sans chaleur. Ses cheveux tombaient par poignées, et la chair de ses bras, de ses jambes, de ses oreilles et de ses joues, inerte et sans vie, se détachait comme une pâte molle, par lambeaux. Privé absolument de sang, de force, d'énergie, ni physique, ni morale, cet infortuné ressemblait plutôt à un squelette qu'à un être vivant. Nous demandâmes au chirurgien qui le soignait si nous pouvions lui être de quelque utilité. Il nous répondit qu'avant vingt-quatre heures il serait enterré.

Nous sortîmes de l'hôpital, profondément affligés. Je ne sais ce que j'aurais donné pour n'y point être venu. De ma vie je n'oublierai ce cruel tableau; j'en fus longtemps affecté; il me revenait sans cesse à l'esprit. Et nous allions nous-mêmes traverser bientôt, non pas les Balkans, mais, ce qui revient au même, les Krappacks! la perspective était rassurante!

Quant au Danube, il charriait des montagnes de glaçons tels, que pour éviter qu'il n'entraînât le pont de bateaux qui unit Bude à Pesth, sur une largeur de 500 toises environ, on avait dû l'enlever précipitamment. Or, comme il fallait indispensablement que nous fissions la traversée, et que nous n'avions pas d'autre voie de communication, force nous était d'attendre que le grand fleuve voulût bien consentir à *prendre*. On espérait du reste qu'il s'y déciderait avant peu, mais cependant on ne pensait pas que ce pût être avant que la nuit n'eût produit sur lui son effet.

De retour à la poste, nous trouvâmes un ami de M. G***, qui, sachant, je ne sais comment, notre arrivée, venait nous chercher pour dîner. Cet ami était un officier de hussards, nommé Déra. Il s'exprimait fort bien en français. Nous le suivîmes avec d'autant plus de plaisir que nous étions enchantés de trouver l'emploi de notre soirée. M. Déra avait une physionomie vraiment martiale : des cheveux noirs, une barbe touffue et le teint bistré d'un Arabe. Il affectionnait les Français. Son amitié pour eux venait de ce qu'en 1814, il avait emporté de France un impérissable souvenir, un magnifique coup de sabre sur la joue. Il estimait particulièrement le *grognard* qui l'avait ainsi décoré. Il nous traita en garçon, dans sa chambre. Nous y trouvâmes pour meubles quatre chaises, un divan, un lit de bourre, une table, trente pipes, trente bouteilles de vins divers, dont moitié au moins de Tokay, tout cela au milieu d'une pièce de vingt pieds carrés, ayant, en guise de tenture, huit cents pistolets, fusils, sabres, yatagans, arbalètes, flèches, masses d'armes, haches d'abordage et de sapeurs. Aux quatre angles se tenaient debout, la lance à la main, et la visière rabattue, quatre chevaliers bardés de fer. M. Déra leva la courte-pointe de son lit : il était appuyé sur quatre petits obusiers! Enfin, il nous fit regarder au plafond : des épées, des plastrons, des fleurets, des espadons, des masques de fer, des gantelets, des brassards, des heaumes et des cottes de mailles en occupaient la surface. C'était bien là la véritable demeure d'un soldat hongrois, d'un Spartiate! Je ne me rappelle pas avoir jamais vu rien de pareil; je me crus au musée de Saint-Thomas-d'Aquin.

Nous passâmes une soirée charmante. Si nous eussions été aussi près de Bucharest que nous en étions loin, M. Déra nous eût fait regretter que le Danube ne pût encore nous barrer le passage pendant quelques jours. J'ai peu rencontré de convives dont l'*humour* et le *vis comica* fussent aussi parfaits. Il nous conta une foule d'aventures et d'anecdotes d'un spirituel de fort bon aloi. Ce fut lui qui nous apprit que le mot *hussard,* ce mot que nous avons importé en France, signifie *vingtième.* Il provient de ce que, d'après les lois du pays, vingt laboureurs de chaque canton sont obligés de fournir, pour la cavalerie hongroise, un cavalier monté et équipé à leurs frais. Son régiment, à lui, appartenait au Crésus de la Hongrie, le richissime prince Esterhazy. Il était composé de cinq cents hommes ayant tous le grade d'officier. — On sait qu'il n'est rien d'aussi fier et d'aussi vain qu'un noble hongrois : le prince Esterhazy surpassait tous ses compatriotes, sous ce rapport. L'uniforme de son régiment était véritablement somptueux.

Comme nous exprimions le désir d'en juger

par nous-mêmes, M. Déra s'empressa d'endosser le sien. Il se composait d'un justaucorps en drap fin écarlate, et d'un pantalon bleu collant, les deux objets brodés sur toutes les coutures en argent bruni ; d'une veste garnie de tresses de même métal, et couverte, sur la poitrine, de broderies en or, les parements des manches recouverts de martre zibeline, et retroussés par des torsades en or mat. Autour de son col flottait une peau de léopard passant de l'épaule gauche sous le bras droit où elle s'agrafait au moyen de fortes griffes en argent massif. Le kolbach était en martre pareille aux parements, garni d'une grosse torsade et d'un gland d'or, surmonté d'une aigrette que retenait, à sa base, une belle rosace en argent. Enfin ses bottes étaient jaunes, à retroussis, marquées aux genoux d'un gland d'or.

Que l'on juge de l'effet que devaient produire cinq cents hommes ainsi vêtus, montés sur des chevaux blancs dont le harnais, le mors, les chaînettes et les étriers, étaient en argent massif, et la housse en peau tigrée magnifique! et surtout lorsqu'à leur tête s'avançait un colonel dont l'uniforme était brodé, non pas en argent, mais en diamants purs!

Le prince Esterhazy, père du dernier ambassadeur d'Autriche à Londres, avait dépensé six millions de florins pour son uniforme seulement. Il venait à la cour de l'empereur dans une voiture attelée de six chevaux ferrés en argent massif, et couverts de pierres précieuses. Des coureurs, vêtus avec un luxe écrasant, tenaient les chevaux par la bride pour modérer leur ardeur.

Beaucoup de personnes, peut-être, connaissent le trait du fils (l'ambassadeur) lors de son dernier séjour à Londres, il y a environ douze ans. Il est d'une si rare excentricité, que nous n'hésitons pas à le rapporter ici. — Un cheval de la plus grande beauté était à vendre; on en voulait 50,000 francs! Les Anglais, riches et présomptueux comme le sont assez souvent d'ordinaire les *gentlemen* opulents, prétendaient qu'à eux seuls il appartenait d'acquérir un tel animal. Présent à cette scène et piqué au vif, le jeune prince résolut de leur prouver, séance tenante, leur erreur. Il s'avance vers le valet qui tenait le cheval, lui ordonne de le lui amener, l'examine un instant, l'achète et lui casse la tête d'un coup de pistolet, en disant avec un sang-froid superbe aux gentlemen stupéfiés « que dorénavant ils jugeraient mieux de ses ressources; qu'un noble hongrois pouvait acheter et perdre un cheval de 50,000 francs. » Puis, donnant 100 ducats de pourboire au valet, il s'éloigna sans ajouter un mot de plus.

Minuit sonnait au moment où nous quittions M. Déra. Nous jetâmes en passant un regard sur le fleuve, il semblait dormir, ses glaces étaient arrêtées. Serait-il donc déjà pris? Si nous osions!.... Peut-être y aurait-il beaucoup d'imprudence! De sourds craquements, d'ailleurs, nous avertissaient que les eaux glacées étaient encore en travail : nous préférâmes attendre au lendemain.

Le lendemain, à l'aube du jour, nous pûmes nous aventurer. De lourds chariots traversaient déjà, précédés, suivis, entourés d'une population curieuse, et rien n'annonçait qu'il y eût le moindre danger. Des industriels rasaient les collines et comblaient les profondes vallées que les glaces, en s'accumulant, avaient partout dessinées. Ils allaient établir un service de traineaux, non-seulement pour passer d'une rive à l'autre les habitants de Bude et de Pesth, mais encore pour promener les amateurs sur le fleuve.

Nous prîmes un traîneau servi par un jeune maître vigoureux, et fûmes bientôt à l'autre bord.

Pesth, que les Esclavons nomment *Pessy* et les Hongrois *Pesth*, est l'une des plus belles villes de l'Allemagne. On dirait, à voir sa physionomie toute blanche et toute juvénile, toute noble et gracieuse, tout aristocratique, toute coquette et toute florissante, qu'elle vient à peine d'être fondée, si l'on ne savait que les Hérules, puis après eux les Rugiens, puis après eux les Magyars l'ont bâtie sur l'emplacement même d'un ancien castrum romain, nommé, par Ammien-Marcellin, *Contra* ou *Transacincum*, et qu'enfin les Turcs l'ont prise et brûlée deux fois, en 1604 et en 1684.

Quelque désireux que je fusse de la visiter, je dus, comme pour Vienne, remettre à plus tard ce plaisir. Il eût été par trop imprudent de s'amuser en route, tandis que nous avions trois cent cinquante lieues à faire, avec un froid de vingt degrés, par des chemins horribles et qui devaient le devenir encore davantage vers la mi-décembre ou les premiers jours de janvier. M. G*** savait les mesures qu'il nous fallait prendre, je m'abandonnai à lui, et m'estimai fort heureux de l'avoir pour guide.

Il fit porter nos effets au *Weissenschiff* (bateau blanc) où nous devions déjeuner. De là, nous nous dirigeâmes vers une grande place nommée... qu'importe le nom? Cette place était le lieu où stationnaient les voituriers de Pesth à Kronstadt. De vastes hangars la couvraient. Sous ces hangars étaient entassés pêle-mêle cent chariots, cinq cents chevaux et leurs conducteurs. Il n'y avait qu'à choisir.

Nous eussions bien pris la poste autrichienne, mais deux raisons majeures nous en détournaient : la première, c'est qu'il eût fallu attendre une huitaine de jours, la poste ne faisant le trajet que deux fois par mois; la seconde, c'est qu'elle est si mal construite et si mal servie, si cahoteuse et si durement rembourrée, que, parmi les voyageurs assez confiants pour se jucher dans sa boîte, il en est peu qu'elle rende au complet. Beaucoup perdent avec elle un œil, une tête ou un bras.

Nous fimes donc le tour de la place, afin d'examiner les attelages. Il y avait là des chevaux de tous les pays, hongrois, transylvains, galliciens, buckowiens, tartares, valaques, serviens, schlavaques, illyriens, bohêmes, polonais. Les uns, la corne lisse, noirâtre, arrondie, bien fouillée, étaient des hongrois; les autres, les genoux décharnés et parfaitement emboîtés, étaient des valaques; ceux-ci, les paturons courts et lunés avec un art admirable, étaient des serviens; ceux-là, les jambes effilées, la poitrine large, l'échine tremblotante, étaient des bohêmes. Plus loin, les chevaux tartares se reconnaissaient à leur croupe, leur corsage long, leurs flancs émus et leur poil luisant comme l'ébène; les buckoviens, les schlavaques, les illyriens, les polonais, tous se distinguant par un signe quelconque facile à saisir.

Nos vues se fixèrent sur un vieux Schlavaque. Son attelage était composé de huit têtes, qui nous parurent merveilleusement accouplées. C'étaient huit balzans pleins de feu et d'ardeur, ayant le cou d'une petite mais gracieuse et solide arcade, les jambes sèches, nerveuses et flexibles, la crinière rougeâtre et crépue. A la voix du maître, ils dressaient l'oreille et ouvraient fièrement les naseaux, creusant du pied le sol et hennissant d'impatience. C'était d'un bon signe.

Nous prîmes à part le Schlavaque, et lui demandâmes son prix de Pesth à Kronstadt. Notre homme voulait d'abord trente ducats; mais enfin, voyant que nous le menacions de porter plus loin nos bagages, il se rabattit de moitié, et consentit à nous prendre pour ce que j'aurais payé seul, si je n'avais eu M. G***.

Le marché conclu et le *bacchis* (pourboire) accepté, ce qui équivalait à l'acte le mieux cimenté d'un notaire, nous convînmes de l'heure du départ. Quand on a résolu de ne plus rester dans un lieu, le mieux est de s'en éloigner tout de suite; rien n'est insipide comme l'attente du moment auquel on doit monter en voiture. Nous allâmes donc déjeuner, afin de partir aussitôt après. Le voiturier était à notre dévotion, il nous appartenait jusqu'à Kronstadt, lui, son chariot et ses huit balzans; nous le quittâmes en lui disant de venir nous prendre au *Weissenschiff*.

Le trajet de la place à l'hôtel faillit me coûter cher. Peu s'en fallut que je n'y perdisse cette partie du visage à laquelle doit tenir tout homme qui s'estime : je veux parler d'une pièce capitale, le nez! Il faisait un froid horrible; le vent soufflait avec âpreté dans les grandes rues de Pesth, et la neige gelée criait sous nos pieds.

Malgré le soin avec lequel je me ratatinais dans ma pelisse, je ne parvenais pas à combattre victorieusement la température, quand tout à coup, un inconnu, qui passait près de moi en courant, me dit d'une voix fortement enrouée : « *Monsieur, votre nez gèle!* » A ce mot terrible, que j'avais déjà entendu dix fois prononcer, je me précipitai vivement ventre à terre, creusant la neige à deux mains, comme si j'eusse voulu la dévorer. J'en pris une poignée, et, sans m'inquiéter de sa dureté, je m'en frottai la partie menacée avec l'énergie du désespoir. C'est le seul remède applicable dans cette circonstance, où, par une bizarrerie de la nature, celui qui souffre est le dernier à s'apercevoir du danger auquel il est exposé.

Au bout de trois minutes, j'avais le nez enflammé comme le dos rugueux d'un homard, mais au moins il était sauvé. Je me retournai alors pour remercier l'inconnu..... il avait disparu. J'estimai que ce devait être un Russe, car il n'y a qu'un Russe qui puisse être aussi indifférent à une politesse. Les Moscovites sont, en effet, tellement habitués à se rendre réciproquement ce petit service, que, s'ils devaient s'arrêter pour se saluer, chaque fois qu'il leur arrive de s'apostropher ainsi, ils risqueraient fort de perdre, en les décoiffant, leurs oreilles pour sauver leur nez : or, bien qu'on tienne à celui-ci, on n'en a pas moins d'affection pour celles-là. Aussi est-il convenu chez eux qu'on se contentera de s'avertir.

A l'heure dite, le Schlavaque parut. Curieux de voir jusqu'où allait sa confiance dans son équipage, nous parûmes douter que ses huit balzans, tout jeunes et vigoureux qu'ils étaient, pussent nous conduire de Pesth à Kronstadt, c'est-à-dire nous faire faire un trajet de près de 300 lieues. Ce doute l'offensa. Il nous pria d'approcher de sa voiture, et nous fit remarquer qu'elle était déjà chargée de fers et de fontes pour Temeswar et Peterwardein. S'il n'avait que nous à conduire, non-seulement il nous mènerait à bon port, nous dit-il, mais encore il nous ferait marcher jour et nuit, sans arrêter plus d'une heure par étape de cinq lieues, juste le temps nécessaire pour que ses chevaux pussent boire et manger. Satisfaits dès lors de son assurance, nous n'insistâmes pas. Nous étions convaincus.

Jusqu'ici j'ai négligé de mettre en scène un personnage qui, cependant, joue un rôle assez important dans notre odyssée pour mériter une mention. Il s'agit d'un dogue de Styrie, nommé *Stock* (prononcez bâton!). Stock était un intéressant et judicieux animal. Le jour où nous eûmes l'honneur de faire sa connaissance, il prenait sa cinquième année. Sa tête camuse portait des yeux forbanesques, de gros naseaux fuyant en arrière, des oreilles écourtées en forme de cornet, et une gueule dont la mâchoire inférieure s'avançait sans cesse en avant, bordée d'un cuir noir et frangé, au milieu duquel brillaient, comme des perles, des dents de fer. Cette tête tenait à son corps par un cou court, épais et charnu, lequel était lui-même suivi d'un râble formé de muscles, d'une queue en nerf de bœuf desséché, de deux cuisses troussées et tendues, de deux jarrets d'acier trempés pour la course, et de quatre pattes sans cesse en éveil.

Stock appartenait à ces bonnes et solides natures de chiens dont l'espèce dégénère tous les jours; il avait évidemment dû, comme disent les canophiles, téter près du cœur. Son nom lui venait de ce qu'ayant toujours eu beaucoup de raideur dans le caractère, il avait été soumis dès son bas âge, à un instrument qui, seul, contrariait avec succès ses mauvais penchants, le bâton. M. G*** prétendait avoir usé deux cents triques de chêne sur son dos; aussi, malgré sa physionomie dévorante, était-il doux, tranquille et affable, à moins que son maître ne lui permit de revenir pour un moment à son naturel, ce qu'il faisait alors avec une joie turbulente.

Stock était d'habitude fort peu liant, il choisissait ses amis. Comme nous devions faire une longue route ensemble, et que je pouvais avoir besoin de ses services, je m'attachai à gagner ses bonnes grâces, et je dois dire que j'y réussis. Quelques os de poulets, pas trop dégarnis, me valurent sa reconnaissance et son dévouement.

Il pouvait être deux heures, quand le Schlavaque, qui venait d'attacher nos malles de chaque côté de sa voiture, lourde charrette à quatre roues, couverte en roseaux et semblable, à peu de chose près, aux massives voitures des meuniers, nous engagea à monter. Nous obtempérâmes de suite à ses désirs. Nous nous casâmes le moins mal possible sur deux bottes de maïs, faisant office de banquettes; nous étendîmes sur nos genoux deux peaux d'ours ; nous suppliâmes Stock de se coucher à nos pieds, en guise de chaufferette, ce qu'il fit avec une grâce véritablement touchante, après quoi, nous fîmes signe à notre homme de partir. . . . .
. . . . Nos débuts dans la terre classique du féodalisme pur sang furent

des plus heureux. Au bout de neuf jours de marche, nous avions traversé une bonne partie de la Hongrie, et nous allions en sortir, sans avoir pu *être atteints* du moindre événement, quand se présentèrent deux faits qui, quelque insignifiants qu'ils puissent paraître, doivent néanmoins trouver leur place dans ce récit.

L'un de ces faits a rapport à une vieille coutume judiciaire que les anciens Germains nommaient la *Wehrgeld* ou *Rançon du meurtre*. Quand un assassinat avait été commis quelque part, sans que l'on pût savoir par qui, on enterrait la victime en lui passant au cou une corde dont le bout sortait de terre. Trois jours après, on déterrait le cadavre. Chaque habitant du village devait le traîner par la ville l'espace de dix pas, répétant à voix haute une imprécation terrible prononcée solennellement par le juge, et celui-là était réputé le coupable entre les mains de qui la blessure s'ouvrait pour laisser couler un sang accusateur. Toutefois, malgré leur ferveur, n'étant pas assez convaincus de l'infaillibilité de cette épreuve pour y croire aveuglément, les habitants laissaient à l'accusé la faculté de racheter par une amende proportionnée à l'importance de ses ressources, la peine qu'il avait encourue. S'il refusait de s'y soumettre, sa famille, solidaire de son crime, devait s'exécuter à sa place, et quant à lui, il était honteusement chassé du canton pour ne plus jamais y rentrer.

Cette coutume, que les Barbares avaient importée en Allemagne, y subsista jusqu'à l'époque où Frédéric II accourut de Naples, pour réprimer la révolte de son fils, en 1236. Frédéric réforma les lois sur la paix publique et abolit la Wehrgeld, qui se réfugia alors dans quelques bourgades de la Hongrie et de la Transylvanie, à la suite des émigrés Saxons, que l'on y rencontre à chaque pas.

Le jour où nous traversâmes le petit village de Gartdzy, deux cents paysans traînaient sans pitié une pauvre jeune femme, assassinée sans que l'on sût par qui. Plus de la moitié du village avait déjà subi l'épreuve, et le meurtrier n'était pas encore connu. Nous ne jugeâmes pas à propos d'assister jusqu'à la fin à l'horrible exécution de cette cérémonie.

Voici maintenant l'autre fait :

On sait combien certaines parties de la Hongrie sont stériles, incultes et désertes. On y fait souvent dix, quinze et même vingt lieues de suite sans rencontrer un village, une maison, un arbre, un oiseau. Ce sont d'immenses steppes couvertes, l'été, de sable jaune et de mousse blanche, et l'hiver, de neige durcie par le vent. Bien heureux le voyageur qui, dans la saison rigoureuse, trouve, après une longue et fatigante étape, un hangar pour abriter sa voiture, un puits non gelé pour donner à boire à ses chevaux, et, dans une misérable bicoque, un poêle de terre pour se chauffer lui-même et passer la nuit.

Nous venions donc de faire, d'une seule traite, douze bonnes lieues, et déjà le jour baissait sans que nous eussions rien rencontré. Un silence lugubre régnait partout. Rien n'interrompait la triste uniformité de cette nature morte et sauvage, qui jetait dans l'âme le découragement.

Fatigués par l'éblouissante réverbération de la neige, nos yeux se fermaient d'eux-mêmes, et nos paupières s'appesantissaient sans que nous cherchassions à nous soustraire à ce sommeil *éveillé* (si je puis me servir de cette expression); quand tout à coup Dougoz (le Schlavaque) s'écria de la voix retentissante du marin signalant la terre :

— *Gospodini, ouna koukia, ouna konak!* *

— *Ouna konak*, demanda sur-le-champ M. G***, *djéié?*

— *Ondjé!* répondit le Schlavaque en étendant la main vers le levant.

— *Odmo spriet, mo Dougoz, spriet, spriet!*

Et M. G*** faisait sonner sa bourse dans sa main.

Il n'en fallut pas davantage pour stimuler l'ardeur de notre voiturier.

---

* — Messieurs, une maison, une auberge!
— Une auberge, où cela?
— Là!
— Allons, en avant, mon Dougoz, en avant, en avant!

Les Schlavaques ont l'intelligence plus développée que je ne pensais. En moins de dix minutes, et quoique nous en fussions encore assez éloignés, nous arrivions en face de l'auberge. C'était une grande et vaste maison, isolée, sans portes ni fenêtres, et possédant pour tout meuble, une table longue faite d'un arbre à peine équarri. Le *lokandier* (aubergiste), nommé *Slo-Velik*, c'est-à-dire *Grand-Mauvais*, portait une physionomie qui justifiait parfaitement son nom. Il n'avait pas moins de six pieds. Son front, son nez, sa bouche et son menton formaient un redan flanqué de deux yeux creux et vifs comme ceux d'un vautour; ses cheveux, d'un blond fauve, tombaient sur ses épaules bombées et trapues; enfin, une paire de moustaches, qu'il attachait derrière ses oreilles, un cou nerveux, des bras, des mains, des jambes à l'avenant, complétaient exactement son portrait. Il tenait l'auberge avec sa mère, qui, par un contraste étrange et frappant, était aussi petite et chenue qu'il était haut et robuste.

Il fit d'abord des difficultés pour nous recevoir, prétendant que ce n'était pas l'heure à laquelle les *Poutniki* (voyageurs) bien intentionnés arrivaient ; mais ensuite, ayant reconnu Dougoz, il se laissa persuader. J'avoue que nous le trouvâmes prodigieusement orgueilleux de penser que des voyageurs pouvaient s'arrêter chez lui avec de mauvaises intentions : mauvaises intentions de quoi? De le voler? le malheureux! De l'assassiner? mais dans quel but?

Nous ne songeâmes pas à lui demander à souper. Nous sortîmes d'une valise un reste de jambon, des noix sèches et de l'absinthe. Nous le priâmes seulement de nous donner de l'eau et du pain, et nous nous emparâmes de la table, qui, notre repas expédié, devait nous servir de lit.

Une heure après, n'ayant rien de mieux à faire qu'à dormir, nous étendîmes nos pelisses l'une à côté de l'autre, nous engageâmes Stock à aller rejoindre Dougoz, avec lequel il pourrait s'entendre pour partager la paille de ses chevaux, et nous nous couchâmes, heureux de sommeiller sous un toit.

Mais ce bonheur ne devait pas durer longtemps. Vers les deux heures du matin, nous fûmes réveillés en sursaut. Nous nous levâmes d'un bond et prêtâmes l'oreille ; plus rien ne bougeait. Il nous semblait cependant avoir été frappés d'un grand bruit ; le choc d'un corps lourd tombant pesamment à terre. Serions-nous le jouet de quelque cauchemar? Tous les deux en même temps, ce n'était pas possible.

— *Koétalo?** demanda vivement M. G***.

Des gémissements sortirent de la chambre voisine.

— *Koétalo?* répéta plus haut M. G***.

Ne recevant pas de réponse, il saute sur ses pistolets, les arme, et m'invite à en faire autant. La réception que nous a faite Slo-Velik nous revient à l'esprit ; ses craintes à lui-même nous donnent des soupçons. Cet homme ne cacherait-il pas son jeu? Ne serait-ce pas un misérable qui aurait pris pour tactique de refuser sa porte aux voyageurs, afin de les mieux attirer? L'isolement de son auberge favoriserait supérieurement ses

---

* Qui est là ?

projets; il lui serait si facile d'assassiner ses hôtes, et de faire disparaître les traces de son crime! Qui nous dit ensuite qu'il est seul? Peut-être a-t-il des complices cachés quelque part, prêts à lui venir en aide au moindre signal?

En ce moment critique, nous regrettâmes deux choses : d'avoir éloigné Stock, et d'avoir éteint notre lumière. Nous aurions dû par précaution garder l'un, et laisser brûler l'autre toute la nuit. Nous n'avions plus qu'une ressource, dans le cas où nous serions surpris par le nombre, c'était de faire usage des quatre coups dont nous pouvions disposer, et de sauter ensuite par la fenêtre pour aller rejoindre Dougoz.

Une réflexion soudaine augmenta nos perplexités : les gémissements, d'où venaient-ils? Ne seraient-ce pas ceux d'un voyageur qui nous aurait précédés?

Trois longues heures s'écoulèrent ainsi. Nous ne vimes rien paraître. Averti par notre qui-vive, et craignant que nous ne fussions trop bien sur nos gardes, peut-être le lokandier avait-il jugé prudent de renoncer à nous. Je laisse à penser l'affreuse nuit que nous passâmes ainsi, debout, l'oreille au guet, retenant notre haleine, et comprimant les battements de notre cœur!

A l'aube du jour, je m'avançai doucement vers la porte qui donnait entrée dans la pièce voisine. Les ais en étaient assez mal joints pour que l'on pût voir à travers ce qui se passait de l'autre côté. Alors nous fut expliquée notre alerte. Les paysans hongrois n'ont d'autres lits que les bancs qui leur servent de siége. Pendant l'été, ils s'étendent dessus sans changer de vêtements; pendant l'hiver, ils grimpent sur leurs poêles dont la chaleur les endort. Slo-Velik avait agi comme tout le monde; il s'était huché sur le sien, et y serait paisiblement demeuré jusqu'au jour, s'il n'eût bu, la veille, outre mesure, avec sa mère et Dougoz. Le pauvre diable, électrisé sans doute par l'absinthe de notre guide, avait tant gesticulé, qu'il était tombé du haut de son poêle sur la terre humide de la chambre, où il avait, après quelques plaintes sourdes, continué de dormir. Il n'eût pas mieux reposé sur un bon lit de plume. A deux pas de lui ronflaient merveilleusement sa mère et Dougoz.

CHAPITRE X.

—

Tomornik. — Venus robusta, magnifica Venus. — Les progrès de la civilisation en Hongrie. — La Renaissance du baptême. — Le pope de Betskeretz. — Le ménestrier Michalaki. — La Ora et la Serbeaska. — Le Joupouiné et le rakiou. — Temeswar. — Les bains à vapeur. — La Transylvanie. — Les rotten-boroughs. — Esquisses. — Kronstadt à la course.

Boileau a dit quelque part : « Le vrai peut quelquefois n'être pas vraisemblable, » et Boileau avait raison. Rien de plus exact, aujourd'hui surtout. Je n'oublierai jamais, à cet égard, l'incroyable aventure dont nous fûmes les héros, dans le petit village de Tomornik. Harassés de fatigue et grelottant de froid, comme cela nous arrivait du reste régulièrement tous les jours, nous venions, M. G*** et moi, de nous blottir près d'un poêle, dans le ventre duquel une corde de bois eût été largement à l'aise. Nous attendions que l'on vînt nous dire où nous pourrions nous retirer pour la nuit. L'auberge nous semblait beaucoup mieux tenue que les précédentes ne nous l'avaient paru jusqu'alors ; cela nous étonnait. On était empressé auprès de nous, on nous offrait du vin, du Tokay, voire même des vivres à choisir ; nous n'en revenions pas. Est-ce que par hasard nous rentrerions en Europe? demandai-je à mon compagnon de voyage. — Attendez, me répondit-il, vous allez bien voir autre chose. — La civilisation a donc passé par ici? — Vous en jugerez tout à l'heure. — Nous n'attendîmes pas longtemps. On vint nous prévenir que notre chambre était prête : ce mot *notre chambre* acheva de me confondre. Nous suivîmes l'hôtesse. Ses manières étaient polies et affables. Elle nous conduisit dans une pièce où nous trouvâmes des murs blancs, des lits blancs, des draps blancs, un poêle blanc, ronflant de toutes ses forces, et deux jeunes filles coquettement vêtues. L'hôtesse se retira en nous disant en allemand : « *Gut ein nacht!* » A quoi nous répondîmes chacun par ces mots : « *Ich danken,* » ce qui veut tout simplement dire : « *Bonne nuit. — Je vous remercie.* » Puis, nous regardâmes les jeunes filles. Notre étonnement s'accrut encore, s'il était possible. Ces jeunes filles n'étaient pas seulement jeunes et coquettement vêtues, elles étaient encore jolies à ravir. Des cheveux blonds soyeux, formant un double bandeau par devant, et un chignon gracieux par derrière, donnaient à leurs frais et charmants visages quelque chose de fort séduisant; des yeux bleus, des dents blanches, un nez légèrement retroussé, des formes rondes et peut-être un peu luxurieuses, une taille de guêpe, flexible et voluptueuse comme celle d'une almée, les voilà enfin telles qu'elles s'offraient à nos regards.

(Ici, prière au lecteur de vouloir bien nous pardonner *la légèreté* des détails dans lesquels nous sommes obligés d'entrer. Nous faisons de *l'ethnographie* et non de *l'imagination.*)

Nos jeunes filles disposaient les lits. Voyant que leur besogne traînait un peu en longueur, et sentant le sommeil me gagner, je me préparais, pour perdre le moins de temps possible, à ôter ma pelisse, mes bottes, mon habit, mon.... que ne peut-on pas ôter devant des servantes d'auberge? quand l'une d'elles (la plus jolie, ma foi!), qui avait fini, venant s'accouder sur le dos de ma chaise, me dit en souriant, de ce sourire profondément assassin qui jette le trouble dans les sens..... ce qu'elle me dit, elle me le dit en allemand, or, je ne puis le redire en français ; il y a des choses qui perdent trop à être traduites. Elle me dit donc d'une voix doucement caressante : « Meinherr, wollen sie schlafen mit mir ? »

A cette époque, je n'étais pas encore très-ferré sur la langue de Gœthe et de Klopstock. Je demandai à M. G*** ce que cette jeune fille désirait. — Il me répondit qu'elle désirait savoir si j'étais frileux. Dans ce cas, elle m'offrait de réchauffer mes pieds avec... — Eh bien, dis-je,

voyant son hésitation, avec? — Avec les siens.
— Je fus stupéfié, c'est-à-dire, en termes plus clairs, qu'elle voulait.... Quel excès de philanthropie ! M. G*** ne m'avait pas trompé, la civilisation était en effet passée dans ces bourgades éloignées, et y avait empreint son cachet. J'avais un instant pensé que, déloyal interprète, il faisait dire à la pauvre fille le contraire de ce qu'elle exprimait; mais comme je portais toujours sur moi un *pocket-dictionary*, français et allemand, j'y avais eu aussitôt recours et m'étais convaincu qu'il ne m'en imposait point. Sans doute l'autre jeune fille allait en faire autant que sa compagne.

Je laissai M. G*** agir à sa volonté; quant à moi, tout frileux que je suis, et sujet au rhume, je me rappelais trop bien que Christophe Colomb ne nous avait pas seulement rapporté de ses voyages la découverte d'un nouveau monde; je remerciai ma belle de ses excellents offices, et la renvoyai en lui donnant cinq zwantzigs.

Je dois dire que M. G*** ne se montra pas moins chaste.

— Ah çà, lui dis-je, quand elles furent parties, m'expliquerez-vous ce que signifie cette comédie?

— Comment! mais ce n'est point une comédie.

— Ce n'est pas vous qui avez été recruter ces deux femmes?

— Pas le moins du monde; elles appartiennent à l'auberge : c'est l'habitude du pays.

— Allons donc! me prenez-vous pour un... je ne dirai pas le mot?

— Je vous répète que c'est l'habitude du pays. Vous avez remarqué, n'est-il pas vrai, la richesse de formes dont ces jeunes femmes sont pourvues; vous avez admiré leur fraîcheur, leur élégance même et leur piquante..... corruption, car, il faut bien le dire, elles sont piquantes et naïves jusques au milieu du vice. Eh bien, de Presbourg à Belgrade, sur la côte illyrienne ou slavonne surtout, à Eroceny, Adony, Pentile, Paks, Tolna, Szechsard, Battazesk, Szecheso, Mohacz, Herzog, Laskafeld, Essegg, Werra, Wutkowar, Oppatowatz, Illow, Czerewitz et

Peterwardein, c'est à qui, dans les hôtelleries un peu confortables, possédera les plus belles femmes du pays. La concurrence est venue jusqu'ici. On amorce ainsi sa maison. Si vous eussiez gardé ces jeunes filles, demain vous auriez vu sur votre note : « *Für ein eiderdunen, zwey gulden.* »

— Ce qui veut dire ? demandai-je.

— Ce qui veut dire : « *Pour un édredon, deux florins !* »

J'eus lieu de m'assurer que M. G*** disait vrai. Ce fut, à partir de Tomornik, tous les soirs la même aventure. Et plus nous avancions, plus nous remarquions que les femmes étaient belles, et les auberges bien tenues. Je savais déjà que l'on trouvait un spécimen de ce luxe sensuel à Vienne et à Pesth, là où, dans les hôtels les mieux réputés, les kellners vous offrent de faire trouver, le soir, par hasard, dans votre chambre, une beauté apprivoisée ; mais je ne croyais pas que la Transylvanie pût être, sous ce rapport moral, en progrès. Ce qui m'étonna le plus, ce ne fut pas seulement l'action de ces jeunes filles en elle-même, ce fut l'espèce d'ingénuité charmante avec laquelle elles nous firent leurs offres de service. On eût dit qu'elles s'étaient vouées de tout cœur à ce généreux emploi, et qu'elles l'exécutaient avec un dévouement naturel. Le vice n'entrait pour rien dans leur fait.

Ce fut ainsi que nous atteignîmes Peterwardein, petite ville qui, toute peu importante qu'elle soit, n'en est pas moins la capitale de l'Esclavonie. N'ayant rien de curieux à y voir, nous n'y restâmes que le temps nécessaire à Dougoz pour opérer la livraison des fers qu'il portait. De là, traversant le Danube, pour prendre à travers les terres, nous arrivâmes bientôt en vue de Betskeretz, petit hameau situé aux portes de Temeswar. Dougoz avait encore besoin d'y faire une courte station.

Ce jour-là, c'était une grande fête : la *Renaissance du baptême*. Il pouvait être deux heures, et les cérémonies du matin étaient à peu près achevées depuis midi; mais nous pûmes assister à celles du soir, qui piquèrent vivement notre curiosité. La place publique était encombrée de villageois. Nous vimes venir dans notre direction un homme qui coiffé, d'une espèce de *sombrero*, était couvert d'une peau de mouton de Hongrie négligemment jetée sur ses épaules. Sous son feutre il portait un *fess* (coiffure turque, serre-tête), et sous sa peau de mouton un justaucorps de daim brut. Son pantalon bouffait comme celui d'un mamelouck, et sa chaussure, appelée *tchizmé*, ressemblait aux bottes molles des Lapons. Il était d'une taille au-dessus de l'ordinaire, et sa physionomie noble et imposante respirait la franchise, la douceur et la loyauté. D'épaisses moustaches ombrageaient ses lèvres, se confondant avec une barbe courte et chaude comme celle de ces belles têtes qu'a illustrées Velasquez. Enfin il tenait à la main droite un bâton de houx surmonté d'une petite croix de buis.

Cet homme, c'était le pope * de Betskeretz.

Dès qu'il parut sur la place, un flot de peuple se précipita à sa rencontre, et chacun se rangea.

* Cure.

circulairement : les enfants en avant, les vieillards après eux, puis les femmes, les jeunes gens, les hommes faits. Debout, au milieu de cette foule empressée et religieusement silencieuse, il la contempla un instant. Il éleva lentement sa petite croix! A la vue de ce symbole sacré des apôtres, tous les villageois s'agenouillèrent, malgré la violence d'un vent âcre, nommé *borra*, et l'intensité de la neige qui, depuis une heure, ne cessait de tomber. C'était le moment solennel! Il prit le goupillon des mains d'un jeune garçon qui le suivait partout, et commença sa bénédiction. Cette pieuse action accomplie, tous les assistants vinrent tour à tour baiser le revers de sa main, comme chez nous les fidèles le fond de la patène.

Rien n'est plus naïf et plus spontané que l'action de ces braves campagnards accourant tous au-devant de leur pasteur, et s'inclinant devant lui comme devant la divinité elle-même; implorant la faveur de toucher ses vêtements et sa main comme autrefois la femme pécheresse ceux de Jésus! Nous fûmes édifiés. Nous nous reportâmes à cette époque, de sainte mémoire, où les prophètes bénissaient en pleine campagne les Hébreux. M. G*** lui-même, tout Amalécite qu'il soit, ne put se défendre d'une admiration instinctive. Nouveau Sicambre, il se découvrit et inclina le front. C'est qu'il y avait dans le maintien du pope tant de franchise et tant de dignité, qu'il était impossible de ne pas se laisser entraîner.

Dougoz s'était agenouillé des premiers, et avait reçu la bénédiction. Le pope, ne nous voyant point approcher avec lui, s'informa de nos qualités. Sur la réponse qui lui fut faite que nous étions Français, catholiques romains et non grecs, il sourit, vint à notre rencontre, et nous présenta non pas sa main, mais sa petite croix de buis. Nous la baisâmes sans hésitation.

La cérémonie achevée, les villageois se gardèrent bien de manifester leur joie par de bruyantes acclamations, ainsi que c'est assez l'usage dans nos hameaux de France, à la sortie des offices, ils attendirent que le pope se fût retiré. Avant de se séparer d'eux, il leur adressa quelques paroles affectueuses, et cent voix n'en formant qu'une, lui répondirent par ces mots d'une simplicité patriarcale : « Adieu, mon père! » Les vieillards l'accompagnèrent jusqu'à la porte de son presbytère, tandis que, sur un signe amical de sa main, les jeunes gens se disposaient à terminer la journée par des danses et des libations.

Un ménétrier, que nous entendîmes appeler Michalaki, parut. Il était armé d'un *viora*, espèce de viole albanaise, qui rend un son semblable à celui que produirait une paire de pincettes frottée sur une crémaillère. Un essaim de jeunes filles l'entourait se tenant par la main, dansant et chantant jusqu'à perdre haleine. Venaient ensuite quatre artistes, munis chacun, celui-ci d'un *cobza*, ou tambour de basque, celui-là d'un *muscal*, ou pipeau de joncs noirs, cet autre d'une *tchempai*, musette à pression, le dernier enfin d'une *flouïer*, ou petite flûte de Pan. Tous ensemble exécutaient le concerto le moins harmonieux, pour ne pas dire plus, qu'il fût donné à l'espèce humaine d'écouter. Et pourtant, ils semblaient obtenir un bien grand succès ! Il fallait donc que le plaisir de la danse eût rendu les Mœlibées et les Amaryllis de l'endroit singulièrement indulgents !

Au bout d'une heure de cette rude besogne l'orchestre s'était arrêté, mais ce n'était que pour respirer un peu, car en nous apercevant il reprit de plus belle ses bruyants accords, ce qui combla de bonheur l'assemblée. Les exécutants s'étaient juchés sur un talus de neige battue dressé en forme de tréteaux. Ils retroussèrent leurs manches jusqu'au coude, comme s'ils eussent été au cœur de l'été, s'ingurgitèrent une tschutten de *rakiou* *, et se remirent aussitôt à l'œuvre. Leur répertoire, isolément exécuté, consistait en un air, qui se composait lui-même de deux notes. Tous y déployèrent tant de conscience, que ce devint bientôt un effroyable charivari.

Comment maintenant exprimer l'exaltation

---

* Le rakiou est une liqueur de prunes et de raisins sauvages. Elle tient un peu du genièvre. On en fait une grande consommation en Transylvanie et en Moldo-Valachie.

des danseurs? Elle devint si fougueuse et si échevelée, que chacun semblait avoir perdu la raison, et que Stock lui-même, électrisé, ne put modérer son enthousiasme. Il partit d'un long hurlement qui, par paranthèse, ne fut pas trop mal accueilli. Peut-être les Transylvano-Valaques, comme Musard, trouvaient-ils de l'harmonie dans la confusion des sons les plus opposés. — Arrivés au paroxisme de leur joie, ils se prirent la main, se disposèrent en rond, s'enlacèrent les bras et se frappèrent en mesure les talons. C'est ainsi que s'exécute la *ora*, ou danse nationale. Ils entamèrent ensuite, d'un commun accord, une *serbeaska* ou danse slave. Cette danse consiste à sauter, se baisser, se relever, se pencher, se contorsionner, grimacer, chanter, hurler même, et faire mille autres gentillesses du même goût. Bref, le vertige n'eut de terme qu'au moment où, épuisés, artistes et danseurs tombèrent haletants les uns sur les autres.

De notre côté, sans y avoir pris part autrement que des yeux, nous n'en pouvions plus.

Tout ce mouvement nous avait brisé les jambes et les bras. Nous nous rendîmes sous un hangar où s'étaient rassemblés une vingtaine de villageois. Deux hommes, couchés à terre, portaient transversalement sur leurs épaules un large plateau couvert de liqueurs et de lard cru. Nous demandâmes pourquoi ces hommes se tenaient ainsi, et surtout par le froid qu'il faisait. On nous répondit que c'était un pari. Ils avaient parié un *oka* (deux livres un quart) de vin de Tokay qu'ils resteraient là, pendant une bonne heure, sans bouger ni dire un seul mot. Ce pari nous parut un acte de folie. Il y avait de quoi geler dix fois, eût-on du trois-six dans les veines! Cependant nous ne nous permîmes pas la moindre observation.

Au moment où nous allions nous retirer, le *Joupouiné* (maître du lieu) remplit de rakiou une petite fiole de verre blanc pouvant environ contenir un verre à Champagne. Il l'effleura des lèvres et vint nous la présenter. Cet homme avait un visage couleur de terre glaise et prodigieusement barbu. Il est douteux que Stock eût bu après lui sans y regarder à deux fois. Nous ne pouvions guère être moins dégoûtés. Pourtant la réflexion l'emporta. Nous songeâmes que l'intention du Joupouiné avait évidemment été de nous faire les honneurs de chez lui, que le refuser ce serait le mortifier : nous avalâmes le rakiou. Ce petit sacrifice fait, et ne voulant pas nous exposer à de nouveaux honneurs du même genre, nous nous informâmes de la route qu'il fallait prendre pour aller directement à Temeswar, puis, ayant prévenu Dougoz qu'il nous rejoindrait dans cette ville, nous partîmes aussitôt à pied, comblant ainsi Stock, qui souhaitait vivement de s'assurer si ses pattes pouvaient encore fonctionner, mais qui, par discrétion, n'avait osé manifester, devant nous, son envie.

Temeswar, où nous arrivâmes sans encombre, est la capitale du bannat qui porte son nom. Cette ville, dont la position n'a rien d'agréable, et dont les environs marécageux sont malsains, est autant turque que hongroise, ce qui s'explique par le long séjour qu'y ont fait les Ottomans depuis 1551, époque à laquelle Soliman Ier s'en empara, jusqu'en 1716, époque à laquelle le prince Eugène la reprit. D'Anville se trompe en prétendant qu'elle est bâtie sur l'emplacement de l'ancienne *Thybiscus*, où fut, dit-il, exilé Ovide. Ovide fut exilé dans la Sarmatie, sur les bords du Pont-Euxin, et non en Hongrie.

Temeswar, que les Valaques appellent *Timisioara*, compte dans ses murs douze mille habitants, tous, ou à peu près, Rasciens et Allemands. Comme il était trop tard pour que nous pussions visiter sa cathédrale gothique, sa maison de ville, sa synagogue et son lazaret, nous nous rendîmes aux bains à vapeur, et nous rentrâmes ensuite à l'hôtel.

Les bains méritent quelques mots. Ce sont de grandes salles rondes pavées circulairement, sur un espace de trois pieds, en briques brunes sous lesquelles se trouve un fourneau continuellement allumé. A un signal donné, dix robinets s'ouvrent et laissent jaillir de tous côtés une eau tiède qui, en glissant sur les briques, s'élève en vapeur intense et vous enveloppe de toutes parts. Ces bains viennent des Turcs, leurs fondateurs dans le pays. Ils ont le grand mérite de délasser des fatigues d'une longue route ; mais ils sont loin de valoir ceux de Constantinople.

Il ne faisait pas encore jour quand Dougoz vint nous réveiller. Nous dormions si bien que cela nous mit de mauvaise humeur. Toutefois, considérant que nous lui avions nous-mêmes recommandé de ne pas perdre inutilement une minute, nous nous levâmes et le rejoignîmes sans plus murmurer. Un espoir, d'ailleurs, nous restait : c'était de pouvoir continuer, sur le chariot, la partie dans laquelle nous étions si bien engagés un instant auparavant, mais le froid du matin ne voulut jamais nous le permettre. Le jour nous prit dans tout son luxe à Kiszeto, et la nuit nous revint à Lugosch. Deux jours après, nous entrions dans l'*Erdely-Orzag* des Hongrois, et la *Dacia-Consularis-Mediterranea* des Romains.

La Transylvanie est l'un des pays les plus originaux que nous ayons vus. Trois peuples différents s'en sont rendus maîtres, se divisant et se subdivisant à l'infini. Ce sont d'abord des Saxons venus à la suite d'Elwige, sœur cadette de l'empereur d'Allemagne Henri II, à l'époque (1143) où cette princesse épousa Étienne, roi de Hongrie; puis, des Sicules, ou Pactzinacites amenés par Attila, et si tristement célèbres sous le nom de Szecklers, dans l'horrible guet-à-pens de Rastadt; enfin des Valaques. On peut, dire à juste titre de cette contrée magnifique, « que Rome n'est plus dans Rome, » car elle contient moins de Transylvaniens, proprement dits, que d'étrangers. La métamorphose a dévoré l'indigène; il n'existe plus qu'en souvenir.

Les Saxons se reconnaissent à leurs jolies maisonnettes blanchies au lait de chaux. Chez ces peuples règne toujours l'amour de l'ordre et de la propreté. Les Sicules occupent des habitations recrépies de terre glaise et de glaïeuls hachés. Les Valaques, enfin, se cachent sous des toits de chaume ou de paille qui, entassés les uns sur les autres, donnent à leurs villages l'aspect de ces bourgades que les Anglais nomment *rotten-boroughs*, c'est-à-dire *bourgs pourris*.

Par curiosité, nous pénétrâmes dans l'un de ces derniers. Après avoir poussé une porte à claire-voie, qui se referma subitement sur nous, nous nous trouvâmes dans une presque obscurité, espèce de pénombre à laquelle nos yeux eurent tout d'abord peine à se faire. Le peu de jour qui pût éclairer cet intérieur jaillissait, comme des traînées de lumière, par une myriade de trous criblant la muraille, et formant, si je puis m'exprimer ainsi, autant de siphons dans lesquels le vent venait rugir.

Cette habitation était façonnée à la manière des chalets suisses, moins le pittoresque. Elle se composait d'une seule pièce dans laquelle se tenaient pêle-mêle les gens et leurs bêtes. Nous n'y vîmes ni lit, ni table, ni siége, ni meuble de quelque nature que ce soit. Au milieu, dans un trou creusé en terre, à un pied environ de profondeur, brûlait en petillant un assez bon feu de bouse de vache desséchée, et autour de ce feu s'étaient accroupis deux femmes, un homme et quatre jeunes enfants, tous enveloppés de peaux de mouton non tannées. Jamais la hutte d'un Mosquitos ou d'un Namaquois n'offrit rien de plus sauvage et de plus révoltant. Nous nous demandâmes comment ces pauvres êtres pouvaient respirer au milieu de l'épaisse fumée qui voltigeait autour d'eux, n'ayant d'autre issue que le toit de paille ou les trous du mur. Personne ne s'était levé à notre entrée, personne ne nous adressa la parole, à peine si l'on fit attention à nous.

La famille commençait un repas ainsi composé : un morceau de lard jeté sans apprêt au milieu des cendres, et retiré brûlé, mais non cuit; une pâte épaisse, semblable au pain de son donné, dans nos campagnes, à nos chiens; un tschutten d'absinthe rouge baptisée. Tous ces malheureux mangeaient avec une avidité gloutonne.

Nous allions sortir, quand la porte s'ouvrit, poussée par les cornes d'un bouc, et nous vîmes successivement entrer, outre le bouc, deux porcs énormes, une vache noire, une douzaine de

poules, des chapons, des dindons, des canards.
Ce bétail, conduit par un petit pâtre à moitié nu,
vint se vautrer ou se percher au milieu de la
hutte et jusque sur l'épaule des villageois, sans
que ceux-ci en parussent le moins du monde
étonnés. La vache se prit à mugir, tandis que les
porcs grouinaient, que les poules gloussaient en
se becquetant, et que les canards, lancés à leur
tour, exécutaient leur kan-kan. Seul, le bouc ne
disait rien ; il se grattait voluptueusement la tête
le long de la muraille et paraissait tout joyeux.

Nous nous éloignâmes, l'esprit préoccupé de
cette étrange existence, doutant presque de sa
réalité. Peut-être même l'eussions-nous tout à
fait considérée comme un rêve, si un second
tableau, plus surprenant encore que le premier,
ne fût venu s'offrir, au moment même, à
nos regards. Un homme et deux femmes s'avançaient ensemble de notre côté. L'homme
pouvait avoir trente ans. Grand, bien fait et
d'une physionomie animée, il portait sur ses
épaules un tonneau énorme, qu'il maintenait en
équilibre d'une seule main. Les deux femmes

avaient de dix-huit à vingt ans, la tête nue, les pieds nus, et le corps couvert d'une simple chemise écrue.

—Si, dis-je à M. G***, elles sont aussi légèrement vêtues au cœur de l'hiver, comment doivent-elles donc l'être au cœur de l'été?

Nous nous arrêtâmes pour les regarder. Ce que nous voyions bouleversait nos idées. J'en étais à me demander si nous ne faisions pas erreur en croyant au froid. Elles marchaient au milieu de la neige comme elles eussent marché dans un salon couvert d'un tapis, tenant chacune un seau à la main, causant, riant, sautant d'un pied sur l'autre, et paraissant défier les rigueurs de la saison. Il fallait donc qu'un sang bien chaud coulât dans leurs veines! que les transitions du temps eussent bien peu d'action sur leur robuste santé!

Elles allaient ainsi, demi-nues, tirer de l'eau d'un puits dont la margelle et les abords étaient couverts d'un pied de glace. Elles y restèrent, sans manifester la moindre souffrance, le temps nécessaire pour emplir la tonne de leur compagnon et les deux seaux qu'elles tenaient. Quand elles furent parties, nous nous approchâmes et ne pûmes retenir un frisson : la glace portait l'empreinte de leurs pieds!

Par suite de leur fusion avec les premiers Valaques, ou, ce qui revient au même, des premiers Valaques avec eux, ils ont, à quelques différences près, conservé le costume, le langage et les mœurs de ces descendants des Daces. Les Transylvano-Valaques ont peut-être moins d'aménité dans les manières et moins de dévouement, mais ils sont plus laborieux, plus sobres et plus forts. Quant aux femmes, elles ne le cèdent en rien aux hommes, sous tous les rapports. Elles sont grandes, fraîches, accortes, d'une gaieté communicative, et d'une constitution de fer. Nous n'avons pas rencontré, pendant une promenade de huit jours, un seul être, parmi eux, bossu de naissance, ou poitrinaire, ou rachitique, ou boiteux ; rien, en un mot, de ce qui annonce, comme chez nous, la décrépitude de l'espèce humaine. Aussi, *malgré* leurs fatigues et leurs privations (j'allais presque dire *à cause* de leurs fatigues et leurs privations), les voit-on vivre quatre-vingts, quatre-vingt-dix, cent et même cent dix ans, sans maux graves, sans infirmités. Ils meurent de viellesse, sans secousses, sans douleurs, passant de la vie à la mort comme s'ils passaient du jour à la nuit.

Kronstadt, où nous arrivâmes le soir, à onze heures, n'est pas la capitale de la Transylvanie, mais elle en est au moins la ville principale : principale par sa situation, son importance commerciale, ses relations et ses débouchés. On la considère comme le chef-lieu des *Burzenland*, c'est-à-dire la terre des tempêtes, à cause des bourrasques qui soufflent, une partie de l'année, autour de ses murs délabrés.

CHAPITRE XI.

Les Schnefegers. — Le passage de la Témesche. — Guiorgues Popobankiala. — Ses deux fils — La caravane. — Le départ. — La tour des suppliciés. — La douane frontière. — Stock. — Un nouveau concert — Le petit bûcheron. — Les Krappacks. — La première halte. — La Práhowa. — Les Práhowans. — Les rogogines. — Les kéroutzé.

Il y avait cinq jours que nous étions à Kronstadt, attendant, pour continuer notre route, le retour de cinq cents *Schnefegers* (déblayeurs de neige), que le gouverneur avait envoyés dans les Krappacks, pour ouvrir le passage de la Témesche. Aucun voiturier ne voulait se mettre en route, et d'ailleurs, c'eût été s'exposer inutilement par le temps qu'il faisait : la neige et le verglas ne cessaient de tomber depuis plus de quarante-huit heures ! Il fallait donc prendre philosophiquement son parti. Nous n'attendîmes heureusement pas longtemps. Vers la fin du cinquième jour, les schnefegers revinrent, annonçant que le passage était libre. Il n'y avait pas un instant à perdre, si l'on tenait à éviter un nouvel engorgement. Nous nous mîmes aussitôt en quête d'un voiturier, et eûmes le bonheur d'apprendre que cinq *kéroutzé* * allaient immédiatement se diriger sur Bucharest. Il ne s'agissait plus que de s'entendre avec l'un des patrons. En sa qualité de trucheman, M. G*** se chargea de ce soin. Il fit prix pour nous deux à vingt-cinq ducats. Quant à Stock, on voulait d'abord lui faire payer demi-place, comme les tourlourous et les enfants au champ de foire, mais sur notre observation qu'il irait les trois quarts de la route à pied, on consentit à le prendre gratis.

* Voitures de montagnes.

Notre guide se nommait Guiorgues Popobankiala. C'était un bon vieillard de quatre-vingt-quatre ans, dispos et plus vigoureux peut-être que beaucoup de jeunes gens de trente ans. Sa longue barbe, ses moustaches et les quelques cheveux qui pointaient encore sur sa tête, étaient blancs comme neige, et cependant, malgré ces témoignages de sénilité, pas une dent ne lui manquait, pas une ride ne plissait son front. Un sang chaud coulait encore dans ses veines, donnait de la souplesse à sa marche, de la vigueur à son bras, de l'énergie à sa voix. Nous ne tardâmes pas à apprécier ses rares qualités.

A l'heure dite, il nous amena deux sous-guides : c'étaient ses enfants. L'un, le plus jeune, avait cinquante-six ans; l'autre, l'aîné, en avait soixante-deux. Ils nous parurent dans la force de l'âge, mais ils ne ressemblaient en rien à leur père, et ils ne nous inspirèrent pas tout d'abord la même confiance. Une chevelure épaisse descendait jusqu'au milieu de leurs reins, une barbe rousse et inculte inondait leur large poitrine, et des moustaches drues envahissaient la moitié de leur visage. C'étaient deux hommes aux proportions herculéennes, à la voix rauque et puissante, au front brun, au regard sombre, aux bras musculeux. Ils avaient le cou, la poitrine et la moitié des bras nus ; les pieds entourés de lanières en forme de sandales, et la tête encapuchonnée d'un bonnet persan. Leur vêtement se composait d'une chemise écrue, d'un pantalon de bougran à longue laine, d'une peau de mouton grossièrement tannée, et d'une large ceinture en cuir de Russie piqué. Ils portaient à cette ceinture une bourse, un poignard à lame courte, une gaîne à lard, une boîte à paprica, des pistolets, une cuiller, une fourchette, un couteau, un tire-vis, une vrille, un marteau, une poche à clous, un sac à ficelle, un rouleau de cire, des fers à cheval, un ciseau à corne, des tenailles, du fil de fer, un bec-à-corbin, une pipe, du tabac, de l'amadou, un briquet, une pierre à fusil, une amulette, etc., sans que cette singulière panoplie parût le moins du monde les embarrasser.

Eh bien, qui le croirait? sous cette enveloppe

grossière, sous ces formes âpres et repoussantes sont cachés les plus braves gens du monde, polis, prévenants, dévoués, insensibles aux privations, aux souffrances, à toutes les misères de la vie.

Nous nous rendîmes sur la place publique. C'était là que l'on devait se réunir. La caravane s'y formait. Les guides et les kéroutzé se rangeaient déjà sur une file. A la voix des patrons, chaque homme disposa son équipage, en fit l'inspection, enharnacha ses chevaux, et agita bruyamment son fouet. Nous grimpâmes sur le kéroutza de Guiorgues, maudit véhicule que je ne saurais mieux comparer qu'à un camion criard, garni d'ailes d'osier de huit pouces de hauteur, et abrité par les cieux. Nous nous y casâmes tant bien que mal, repliant nos jambes à la turque, et plaçant nos malles en forme de dossier. Douze chevaux devaient nous trainer. On les amena deux par deux, et ils se rangèrent docilement à leurs places accoutumées, le long d'un cèdre brut faisant office de brancard.

Il est d'usage que les conducteurs de kéroutzé

se choisissent un chef; que ce chef, investi d'un pouvoir discrétionnaire, ait la haute main sur les autres et soit chargé de les diriger. On comprendra l'utilité de cette mesure, quand on saura que les convois, en hiver, sont toujours composés d'un personnel considérable, et que le nôtre, par exemple, comptait douze hommes et soixante-dix chevaux.

Le choix, comme toujours, tomba sur Guiorgues. C'était un hommage rendu non-seulement à son grand âge, mais encore à sa vieille expérience. Il fit l'appel de son monde, s'assura que tout était en ordre, que rien ne manquait à la caravane, qu'en un mot elle pouvait partir. Il enfourcha ensuite son porteur avec une agilité merveilleuse, donna un dernier coup d'œil à l'attelage, éleva son bras droit au-dessus de sa tête, et fit retentir le cri du départ.

Chose étonnante! il montait sans selle, sans étriers et sans bride, ou plutôt les objets chargés de représenter ces trois premières parties du harnais étaient si grossièrement faits qu'il eût été impossible de leur accorder un nom. Quant à l'équipage, il devait obéir au mouvement seul qu'à l'aide de ses genoux Guiorgues imprimait au cheval qui le portait. Au moindre écart, son long fouet allait rappeler à l'ordre les chevaux placés en tête, et du manche il ramenait dans la ligne ceux qui se trouvaient sous sa main.

En un clin d'œil tout avait disparu. Obéissant aux gestes animés du vieux guide, la caravane s'était élancée à sa suite comme un escadron précédé de son aigle. Il ne restait plus, sur la grande place de Kronstadt, qu'une trentaine de curieux accourus pour nous voir défiler.

A peine avions-nous eu le temps d'y songer, que déjà nous étions hors des murs de la ville, au milieu des champs. De tous côtés nous ne voyions que des monceaux de neige, et sur les arbres, et sur la terre, et dans l'espace, et dans les cieux. Jamais, peut-être, la nature n'avait été plus silencieuse et plus triste. A gauche, Kronstadt et la dentelure de ses maisonnettes, au-dessus desquelles s'élevait une fumée grise et épaisse; à droite, une tour carrée, la *Tour des suppliciés*. On apercevait encore à son sommet, accrochés à une perche horizontale, les restes hideux d'un pendu! Des nuées de corbeaux voltigeaient en croassant à l'entour! Enfin, devant nous, se déployait comme un vaste rideau de mousseline chiffonnée, la ligne onduleuse des Krappacks

Trois heures de marche nous menèrent au premier échelon de la frontière. Nous fûmes obligés de nous y arrêter pour satisfaire aux formalités d'usage, et ce n'était pas une petite affaire; Messieurs de Vienne sont d'une si insatiable exigence! Deux de nos kéroutzé portaient des colis ; c'était une grave question pour la douane! Les *bolettes* de ces colis paraphées, il fallait que leur contenu fût examiné, compulsé avec cette méticuleuse attention qui, comme nous avons déjà eu occasion de le dire, n'appartient qu'à la douane et à la police autrichiennes; qu'après la vérification des voitures, les marchandises fussent pesées, qu'on les aunât même, si, par une négligence quelconque, il venait à leur manquer un plomb.

Et ce n'est pas le tout! après les marchandises viennent les passe-ports, et après les passe-ports, les individus; car il n'est pas moins difficile de sortir de l'empire d'Autriche que d'y entrer.

Heureusement nous étions, sous le rapport du physique, comme sous celui du bagage, dans les conditions voulues pour ne pas éveiller de soupçons. Stock seul faillit nous susciter de graves embarras. Stock est mauvaise tête. L'un des préposés l'ayant un peu brusquement pris par le cou pour examiner l'inscription gravée sur son collier, il grogna; le préposé ne se l'étant pas tenu pour dit, le chien donna un coup de dent. Le sang parut et le blessé poussa un juron. De là, grande rumeur au bureau. Un politzéï et quatre hommes s'avancèrent, emmenèrent le coupable, et nous fûmes obligés d'aller témoigner pour lui. Nous expliquâmes qu'étant parfois d'une humeur morose, notre compagnon de voyage n'entendait nullement la plaisanterie, et devenait furieux lorsqu'on lui touchait la queue, l'oreille ou le cou. — Le chef du bureau nous donna gain de cause. Toutefois, nous ne voulions pas que le préposé pût avoir à se plaindre. Nous lui glissâmes dans la main trois zwantzigs.

Les formalités dont nous venons de parler exigeaient que nous restassions la demi-journée et la nuit entière au village. Nous en profitâmes pour le visiter.

La Témesche (c'est ainsi qu'il se nomme) doit son origine et son importance aux douanes. Ce ne fut d'abord qu'un poste militaire comme celui de la Tour-Rouge; ensuite, comme la Tour-Rouge, il devint un peu plus qu'un poste. On y compta bientôt trois maisons : celle des officiers, celle des soldats, celle de la cantine. Puis, successivement, cinq maisons, puis dix, puis quinze. Aujourd'hui il y en a trente-deux, toutes blanches et vertes, coquettes et parées comme les jeunes et jolies villageoises qui les habitent, et, par leur présence, rendent ce hameau l'un des plus délicieux de la Transylvanie.

La nuit était venue, la vivacité du froid nous obligea de rentrer à l'hôtel. A l'hôtel! Ai-je bien eu le courage d'appeler ainsi un misérable bouge relégué loin du centre, comme un lieu maudit, formé de paille et de boue, ouvert à tous les vents et à tous les voyageurs, à tous les animaux, quels qu'ils soient, et à tous les malheureux qui n'ont d'autre asile ? Au milieu de la pièce unique de ce taudis, était, en guise de cheminée, un trou profond d'un pied. Dans ce trou brûlait, en pétillant, un morceau de tourbe desséchée au soleil. Jamais plus insupportable odeur. Nous trouvâmes la place occupée déjà par une quinzaine de Valaques, au nombre desquels nos guides. Entassés les uns sur les autres, et roulés dans leurs peaux de mouton, ils dormaient fort paisiblement.

Nous étendîmes à terre nos deux pelisses : c'était le seul lit que nous dussions avoir. Nous nous accroupîmes dessus, ranimâmes le feu en y jetant quelques mottes de mousse pilée, et appelâmes ensuite le kellner, en lui demandant à souper. Depuis notre départ de Kronstadt, nous n'avions rien pris. Nous commencions à ressentir les atteintes d'une faim terrible : aussi, nous proposions-nous de faire honneur au morceau de lard que l'on allait vraisemblablement nous servir, car le lard est le mets le plus en faveur dans ce pays. Du lard, toujours du lard, cuit ou cru, rance ou frais; je ne sache pas qu'on lui fasse subir d'autre préparation. Le kellner, grand garçon de vingt-cinq ans, et taillé d'une pièce comme un bloc, se leva en grommelant : nous dérangions son sommeil! Néanmoins il se résigna, dans l'espoir d'une bonne aubaine, prit un couteau dont la lame était aussi noire que le manche, et alla, ainsi que nous l'avions prévu, nous couper une tranche de porc. Ce porc était accroché dans un coin, sous la toile d'une grosse araignée. Il me semble encore y être! Quels horribles lieux! Quelle faim il fallait avoir! — Cela fait, le kellner s'approcha et tendit la main. Nous lui donnâmes vingt *paras* [*] : c'était deux fois plus que nous ne lui devions. Sa monnaie comptée, il l'enferma dans un tout petit sac de cuir, et se recoucha tranquillement sur une *rogogine* [**].

---

[*] Environ trois sols.
[**] Natte de joncs.

J'essayerais en vain de dépeindre mon désappointement à la vue du repas rien moins que confortable et rien moins qu'appétissant, qui nous était réservé. C'était bien la peine, murmurai-je amèrement, de venir de si loin pour être réduit à trois onces de lard cru! Quoi qu'il en soit, mes plaintes durèrent peu. Nous avions encore quelques noix, elles nous tinrent lieu de pain. Tout disparut comme par enchantement. Nous songeâmes ensuite à passer la nuit le moins incommodément possible. Mais que cela était difficile!

Vers le matin, cependant, de deux à trois heures environ, le sommeil l'emportant sur le malaise, j'allais enfin fermer les yeux, lorsque je me sentis picoter les mains. Surpris, je me redressai : à la lueur d'une petite mèche plantée dans un bain de suif brut, j'aperçus une poule qui ramassait, de côté et d'autre, les bribes de notre souper. Je la chassai et me renfonçai dans ma pelisse; mais, au bout d'un instant, j'entendis le grognement de deux de ces intéressants quadrupèdes que nous étions réduits à manger. Ils étaient couchés au milieu de trois enfants. Le concert s'entamait trop bien pour ne pas continuer *crescendo*. Nous fûmes bientôt gratifiés du bêlement d'une chèvre et du braiment d'un âne étalé non loin de nous. Que ne nous étions-nous doutés qu'en mettant le pied la veille dans ce bouge infect, nous allions cohabiter avec une telle ménagerie ! Mais nous n'avions rien aperçu en y entrant.

Désormais il fallait renoncer au sommeil; et d'ailleurs, eussions-nous voulu dormir, cela nous eût été interdit par deux coqs. Sentant les approches du jour, ils se mirent à chanter d'une façon si aiguë, qu'il y avait de quoi leur tordre le cou.

A quatre heures, nos guides se levèrent pour aller faire boire leurs chevaux. Nous attendîmes, en ranimant le feu, qu'on vint nous appeler pour le départ.

Vingt minutes après, la voix de Popobankiala se fit entendre. Nous nous levâmes, revêtimes nos pelisses et allions sortir. Au même instant, la porte s'ouvre devant un enfant, qui entre en poussant des cris effrayants. Ce petit malheureux était couvert de neige. Il venait de ramasser du menu bois dans la montagne, et le froid l'avait cruellement saisi. Il se précipita sur le feu avec une imprudente avidité : on eût dit qu'il allait le dévorer. Agenouillé devant la flamme, il demeura silencieux.

Depuis deux minutes je l'examinais, tendu, immobile; ses cris s'étaient apaisés, ses dents ne claquaient plus, son corps n'éprouvait aucun frisson, il semblait enfin se remettre. Ce n'était qu'un faux symptôme. Tout à coup, je le vois de nouveau trembler, pâlir et s'affaisser sur lui-même, sans qu'un mot, sans qu'une plainte se soient échappés de ses lèvres. L'un des Valaques veut le relever, en le saisissant par la main..... la peau de cette main reste dans celle du Valaque. Alors, nous oublions nos misères pour ne penser qu'aux souffrances de cet infortuné. Nous l'étendons sur une rogogine, où, après l'avoir débarrassé de ses haillons, nous l'enveloppons dans une peau de mouton bien chauffée. Je prends une fiole de rakiou et lui en verse quelques gouttes entre les lèvres. Pauvre petit! Il était douteux que nous pussions le sauver; néanmoins, nous retardâmes notre départ, afin d'envoyer chercher le médecin de la Témesche. A son arrivée, celui-ci se fit expliquer de quoi il était question. Quand il le sut, il hocha la tête et refusa de voir le malade, disant que c'était inutile, qu'il devait être mort. Hélas! ce n'était que trop vrai, car, ayant aussitôt déroulé la peau de mouton, nous ne trouvâmes plus qu'un cadavre!

Une heureuse circonstance signala notre départ du village : ce fut l'arrivée d'un chariot chargé de vivres. Le chef du poste nous ayant permis d'y faire un choix, nous prîmes deux gourdes d'absinthe, une douzaine de pains ronds, noirs et fortement épicés de paprica, deux jambons crus, trois livres de *cachecaval* *, un

---

* Le cachecaval est un fromage de laits de chèvre, de vache et de mouton, mêlés ensemble, battus et coulés dans des sacs qui ont trois pieds de haut, deux de circonférence, et sont faits de peaux de cabrits tannées. Quand on le débite, on le coupe par rouelles avec son enveloppe qui lui est inhérente. Il se fabrique par grandes quantités, se conserve longtemps, se consomme particulièrement l'hiver, a un assez bon goût, et est d'un prix peu élevé.

oka de noix sèches et des pommes de rambour aussi grosses que des melons. Quant aux munitions, plomb, poudre, balles, etc., nous en avions emporté de Vienne une assez grande quantité pour aller jusqu'à Bucharest. M. G*** possédait un coutelas de chasse et deux pistolets d'arçon ; moi, j'avais acheté à Pesth une bonne lame, non de Tolède, mais de Raab, dont la trempe était excellente, et je tenais en réserve deux pistolets de Lepage qui n'avaient jamais raté. Les guides, outre leurs armes habituelles, s'étaient munis chacun d'une hache à petite tête et à long manche, et d'une grande pique qui leur servait à la fois de lance et de sonde.

Les barrières de la douane se levèrent enfin sur l'ordre du directeur. Nous franchîmes la redoutable grille du lazaret. Dès ce moment, nous étions en Valachie, sur la terre classique de la peste noire, et, bien que nous n'eussions encore fait qu'un pas, il nous eût été impossible de rentrer à la Témesche sans subir une quarantaine de huit jours. Entre la grille et nous il y avait désormais tout un monde. On ne pouvait nous toucher sans danger, accepter même notre argent sans le faire préalablement passer dans le vinaigre*. On nous poussa la grille sur le dos, comme on l'eût fait sur de malheureux parias, et nous nous éloignâmes pour gravir la montagne que l'on rencontre immédiatement.

Quelques mots maintenant sur les monts Krappacks.

Quoique leur nom se trouve, pour la première fois, dans Ptolémée, il est évident qu'il remonte à la géographie grecque la plus ancienne. Il a d'abord appartenu à une île (l'île de *Karpathos*), dont il est question dans les poëmes d'Homère. Aujourd'hui encore il subit en grec la même métathèse que dans les idiomes slavons : on écrit *Krapathos* au lieu de *Karpathos*. — Quelques historiens prétendent rattacher leur étymologie tout simplement au mot russe *chrebet*, c'est-à-

---

* Un inspecteur de la douane causait avec un nouvel arrivé. Oubliant que ce voyageur venait d'Orient, il mit la main dans sa tabatière ; mais tout à coup faisant réflexion, il se reconnut lui-même en flagrant délit et se constitua au lazaret pour huit jours.

dire montagne; d'autres au mot lithuanien *chrapien*, gravir, ou encore au mot polonais *chropawy*; d'autres enfin le feraient sortir des peuples *Chrobates* ou *Khorwates*. — Le plus petit nombre, revenant aux traductions grecques dans lesquelles il est question des monts Riphéens, veut que ce dernier nom soit un homonyme du mot *Karpathe*, s'appuyant sur ceci, que les Grecs, en parlant des monts Riphéens, entendaient désigner les montagnes de la Transylvanie. — Les indigènes les appellent *Szepesi*, *Krempack* et *Brès Sciadi*; les Hongrois *Tarc-zal*, les Allemands *der Munch*, et les Esclavons *Tartari*. Laissons donc à chacun sa manière de voir, et disons que les Bohêmes les désignant sous le nom de *Krapac*, et les Serviens sous celui de *Karpat*, nous avons cru devoir nous en tenir à ces noms.

Les Krappacks, qui forment une longue et large barrière entre l'Europe et l'Asie, et dont les cimes s'élèvent jusqu'à 7,000 pieds au-dessus du niveau de la mer, ont d'immenses ramifications avec les monts Sudètes, les monts Hercyniens et les monts Balkans. Leur physionomie est généralement pyramidale, et leurs sommets principaux, le Lousitz, le Krywan, les Strutti-Pensola, la Trata et le Leutsch renferment des parties de formation primitive et de grauwacke, parsemées de roches trachitiques et basaltiques d'un aspect vraiment imposant.

Ceci posé, reprenons :

Là, nous remontâmes sur le kéroutza, disposant avec soin nos armes. Ailleurs on nous eût pris pour des condottieri en campagne. Guiorgues ayant jugé utile de faire éclairer la marche, six hommes se détachèrent du convoi. Ils avaient mission de raser les buttes de glace qui couvraient la côte, de creuser le sol en échelons, afin de faciliter l'ascension des chevaux, de trancher les racines sorties de terre, d'enlever partout les broussailles, et de frayer un sentier quelconque au milieu des éboulements.

Au bout de vingt minutes, l'un d'eux revint dire que, quelle que fût l'opiniâtreté des travailleurs, les obstacles allaient toujours en augmentant vers les crêtes. On adjoignit trois hommes aux premiers. Malgré les tranchées des cinq cents schnefegers de Kronstadt, le froid était si actif, la neige si épaisse, et les infiltrations de la montagne si abondantes, que d'heure en heure de nouvelles buttes se formaient, s'élevant les unes sur les autres, et détruisant en quelques minutes ce que l'on avait si péniblement obtenu.

Il fut d'un commun accord décidé que les cinq kéroutzé ne monteraient que l'un après l'autre. La côte était tellement escarpée qu'il eût été impossible qu'un homme pût la gravir sans s'arrêter au moins dix fois, à plus forte raison des chevaux traînant de pesants fardeaux. Guiorgues passa le premier. On détela les soixante-dix chevaux du convoi, pour les ratteler, vingt-huit à notre kéroutza (ce qui n'était pas de trop), et quarante-deux à un autre, après quoi, à force de cris, de coups de fouet et de bâton, on parvint à les faire monter au sommet du mont. On usa de la même dynamique à l'égard de ceux qui restaient, et, quand ils furent arrivés au but, huit longues heures s'étaient écoulées

Nous dûmes nous arrêter là. Le jour tombait;

il eût été imprudent de se hasarder à descendre le versant de la montagne. Il y avait danger de culbuter dans un abîme, tandis qu'en attendant au lendemain, on avait toute la journée à soi pour arriver aux profonds ravins qui bordent le passage. On dressa donc une tente de campagne au milieu de quelques vieux sapins qui couronnaient encore le plateau. La neige écartée, on ramassa du bois mort et on improvisa un foyer, au centre duquel le feu petilla bientôt. Les kéroutzé furent abrités sous un épais taillis de mélèzes; les chevaux reçurent leur provende habituelle, de la paille de maïs; quant à nous, nous nous accroupîmes autour de la flamme résineuse du feu, soignant une immense marmite qui, pendue sur un triangle de bois, contenait la *mamouliga* * de notre souper.

* La mamouliga est une pâte faite avec de la farine de maïs, fleur et son, délayée dans une certaine quantité d'eau papricée. On la tourne, à l'aide d'un bâton, comme de la colle blanche, jusqu'à ce qu'elle ait acquis assez de compacité pour être partagée par fragments. A défaut du condiment nécessaire, nous la faisions bouillir dans de la neige. Cette pâte est fade et pesante. Elle est aux Valaques ce qu'est aux Espagnols leur *olla podrida*, et aux Italiens leur *polenta*.

Le souper achevé, un des Valaques proposa de faire sentinelle à tour de rôle avec ses camarades. Nous lui votâmes des remerciments. Nous rejoignîmes ensuite les voitures, sur lesquelles nous nous étendîmes, faisant de Stock un oreiller fort appréciable, et priant Dieu de ne pas nous envoyer trop de neige de la nuit.

Je ne sais si la fatigue influa sur nous, ou si la chaleur du foyer nous disposa au sommeil; le fait est que nous ne tardâmes pas à nous endormir. Nous fûmes réveillés par le *wer-da* (qui-vive) matinal des douaniers. Le jour commençait à blanchir, nous nous levâmes. Les guides enharnachaient déjà leurs chevaux.

Deux d'entre eux s'occupaient d'une besogne trop singulière et trop caractéristique pour que je néglige d'en parler. Assis sur un tronc de sapin, ils se frottaient les bras, les jambes, la barbe et les cheveux avec les restes de lard du souper. Comme je manifestais mon étonnement de cette toilette singulière, ils me dirent que c'était une mesure hygiénique généralement adoptée par eux. Ils donnaient ainsi de la force et de la souplesse à leurs membres. Ils ajoutèrent qu'avant de partir du pays ils trempaient leurs chemises dans une cuve de suif bouillant, et s'en couvraient le corps pour ne plus les quitter qu'au retour. C'était ce qui les préservait du froid.

Cette découverte m'expliqua l'état de malpropreté dans lequel croupissent ces braves montagnards. Trois mois sans changer de linge (car leurs voyages ne durent pas moins), et de quel linge! Il faut donc que cette seconde nature, l'habitude, soit chez eux bien puissante, me dis-je, pour que, l'été, ils puissent y tenir!

Nous roulâmes notre tente. Le versant de la montagne n'étant pas moins difficile que la montée, il fallut, comme la veille, tailler la neige et la glace en gradins, et, de distance en distance, enfoncer des pieux en biais dans les gerçures de la roche, afin, en ralentissant les équipages, d'assurer le succès de leur descente. On apercevait, au bas de la montagne, une rivière, peu profonde il est vrai, mais assez large pour entraver la marche du convoi. Malgré cela, à trois heures de l'après-midi, nous étions tous au bas de la côte, et avant qu'il fût nuit close, au delà de la Prâhowa (c'est le nom de la rivière).

Il nous fut impossible d'aller plus loin. Quoique nous ne fussions pas, en ligne droite, à plus d'une portée de fusil de la Témesche, nous avions mis vingt-quatre heures à exécuter le passage! Nous dressâmes une seconde fois nos batteries. L'endroit, d'ailleurs, était assez favorable, abrité de tous côtés par la montagne, et encombré de lianes vertes, d'arbousiers et de mélèzes sous le branchage desquels on pouvait aisément camper. A six cents pieds au-dessus de nous se détachaient, comme des points noirs sur le blanc mat des cieux, les guérites des sentinelles autrichiennes. Les sentinelles, l'arme au bras, se promenaient de long en large. A nos pieds fuyait la rivière, et partout à l'entour s'entassaient d'énormes rochers.

Comme la veille, chacun s'employa à ramasser le bois de chauffage nécessaire, mais il fallut renoncer à faire un foyer : la terre était tellement dure, que la hache s'émoussait dessus. On planta le triangle en l'exhaussant sur un trépied de chêne improvisé, et la marmite fut suspendue comme un battant de cloche. Les chevaux mangeaient dans une crypte.

Vers les neuf heures, nous fîmes nos dispositions de nuit. C'était à l'un des fils de Popobankiala de monter la garde, d'entretenir le feu, et de veiller à ce qu'aucun hôte incommode ne pût approcher. Nous étions au cœur de la montagne, et les précautions devenaient plus que jamais nécessaires. L'hiver, les loups voyagent par bandes nombreuses, au milieu des Krappacks, et ils sont d'autant plus dangereux qu'ils ne trouvent rien à manger.

A la pointe du jour, nous nous levâmes. Sans le froid piquant que, vers les deux heures, nous avions ressenti, ce qui nous avait réveillés et empêchés de refermer l'œil, la nuit eût été assez bonne. Ce froid provenait d'un givre épais qui couvrait nos manteaux, et enveloppait particulièrement nos pieds d'une couche si compacte, qu'elle avait résisté au voisinage du feu.

Au moment où nous allions nous remettre en route, croyant sentir quelque appétit se déclarer, nous voulûmes faire une petite visite à nos provisions. Que l'on juge de notre désappointement! Les pains et les pommes étaient gelés, et le jambon avait acquis la dureté d'une pierre! Force nous fut de jeter toutes les pommes, elles n'étaient plus mangeables; nous fîmes tant bien que mal dégeler le pain, nous prîmes un peu de cachecaval, et bûmes de la neige saturée d'absinthe.

Au bout de cinq jours, il ne nous restait plus rien. Les noix et le fromage avaient disparu; quant au jambon, il nous servait de tomahawck. A force de geler et de dégeler, le pain était devenu détestable, personne n'en voulait manger; on préférait, toute mauvaise qu'elle fût, la mamouliga. On le donna aux chevaux.

La matinée du sixième jour parut.

Jusque-là rien de bien merveilleux ni de bien fâcheux ne nous était arrivé. Les bêtes fauves nous avaient laissés cheminer paisiblement; les voleurs ne songeaient sans doute guère à nous inquiéter, et le ciel, daignant prendre en pitié nos misères, laissait parfois luire au-dessus de nous quelque petit rayon de soleil. A part les privations, le froid et la lenteur avec laquelle nous marchions, la position était supportable. Mais, à dater de ce moment, la médaille changea brusquement de face, et nous montra son revers affligeant. Que nous avions raison de ne pas jeter les hauts cris! Serait-ce qu'une voix intime nous avertissait?

Nous suivions un chemin taillé naturellement sur le flanc d'un mont qui, d'un côté, s'élevait à pic, et, de l'autre côté, était bordé de précipices sans fonds. Nous mimes pied à terre. La voie était si étroite et si rapide qu'elle paraissait perpendiculaire, et que, nouvel embarras, le ciel se couvrait de nuages épais comme du marbre.

C'est alors qu'il fallut faire preuve de courage, et surtout de tête et d'aplomb! alors qu'il fallut appeler à son aide son sang-froid, et déployer toute son énergie! L'atmosphère était plongée dans un silence morne, interrompu seulement par le vol bruyant d'un cap noir. La neige tombait en se moutonnant sur la terre, et la grande voix de la nature se reposait, plus effrayante peut-être dans son calme que dans ses fureurs!...... Les équipages, réduits à leurs propres forces, ne pouvaient maintenant avancer, car il ne s'agissait pas seulement de gravir, il fallait encore gravir en droite ligne, et là était le difficile. Au moindre écart les chevaux roulaient dans le fond des abîmes, nous entrainant avec eux!...... Nous jetâmes de côté ceux de nos vêtements qui nous gênaient le plus, et nous poussâmes à la roue, haletants de fatigue et de terreur, saisissant les moindres saillies, n'osant regarder à nos pieds, n'osant regarder au-dessus de nous; un vertige nous eût culbutés!...... Le succès nous récompensa. La caravane entière arriva saine et sauve au sommet du mont.

Il pouvait y avoir dix minutes que nous y étions campés, quand l'un des guides vint nous annoncer qu'il entendait au loin la sonnette des Prâhowans. — On nomme ainsi les Valaques qui transportent le sel gemme à dos de mulets, et qui, tous les ans, traversent les Krappacks, allant de Kronstadt à Bucharest et de Bucharest à Kronstadt. — Nous prêtâmes l'oreille, et ne tardâmes pas en effet à voir paraître six robustes montagnards. Ils nous demandèrent à partager les *douceurs* de notre halte. Nous le leur accordâmes volontiers. La neige tombait en telle abondance, que, pour conserver du feu, nous fûmes obligés de faire une tente avec les rogogines de nos kéroutzé. Les nouveaux venus nous aidèrent avec empressement.

Au bout d'une heure, ils se levèrent en nous remerciant de notre hospitalité. Ils voulaient, si cela leur était possible, faire encore une lieue avant de s'arrêter. Dès qu'ils furent partis, nous nous roulâmes dans nos pelisses, espérant qu'un peu de repos réparerait les fatigues de la journée. Vain espoir! vers le milieu de la nuit, nous fûmes réveillés en sursaut; une lourde masse nous était tombée sur le corps. Le feu s'éteignait en frémissant. Ne sachant à quoi attribuer cet incident, nous voulûmes nous lever, impossible! nous étions enterrés sous un éboulement!

C'était notre tente qui, cédant au poids de la neige, s'était affaissée sur nous. Appeler les guides et sortir de dessous ce linceul hyperboréen ne fut pas très-difficile, mais il fallut renoncer à fermer l'œil de la nuit. Nous n'avions plus de feu, et il n'y avait pas moyen, maintenant, d'en rallumer d'autre. Nous dûmes nous résoudre à attendre, en grelottant, les premières lueurs du jour.

Elles pointaient à peine que déjà nous avions hélé Popobankiala. Le bon vieillard dormait paisiblement au milieu de la neige, la tête appuyée sur un sapin renversé. Quand il voulut se lever, il ne le put. Il avait l'épaule gelée, ou du moins l'épaulière de sa peau de mouton était prise dans la glace, et si solidement qu'il fallut l'arracher avec force, ce qui ne put se faire sans qu'on n'en eût laissé un lambeau adhérent au sol.

En un instant, les rogogines furent replacées sur les kéroutzé, et Guiorgues donna le signal. Suivant le rapport des Prâhowans, les difficultés que nous avions eues à vaincre n'étaient rien comparativement à celles qui nous attendaient. En effet, s'il était bien vrai qu'ils eussent eu les plus grandes peines à se tirer d'affaire avec leurs mulets, que devrait-ce donc être pour nous avec nos équipages lourdement chargés ! Sans doute les obstacles allaient se multiplier à chaque pas. Nous ne tardâmes pas à l'éprouver.

CHAPITRE XII.

Une mer de neige. — La Strewa. — Les loups. — Un sacrifice. — Désespoir. — Le Zigan. — Une résurrection. — Mickincka. — L'ours sibérien. — Le cataclysme. — Le pont improvisé. — Le bandit. — Sa mort. — Catinnka. — Kimpina. — Un officier de la milice valaque dévoré vivant. — Le comte Potocki et son domestique. — Arrivée à Bucharest.

L'un des hommes avait été envoyé pour jalonner la route, autant, au moins, que cela lui serait possible. Au bout d'une heure, il revint triste et découragé. La neige avait enveloppé la terre à plusieurs pieds de hauteur, et partout elle formait un horizon sans bornes. Nous comptions sur trois lieues environ de terrain, non pas absolument plat, mais faiblement accidenté; nous ne devions avoir qu'une rivière (la Prâhowa) à traverser une dizaine de fois, et quelques précipices à tourner; il ne fallait que marcher avec précaution, et dépêcher en avant des éclaireurs, afin de ne pas s'engager imprudemment au milieu des ravins. Mais actuellement, comment s'y reconnaître, comment s'orienter? De tous côtés ce n'était qu'une mer de neige sans limites, dans les profondeurs de laquelle les mamelons, les broussailles, les rivières avaient disparu. Quelques arbres seuls élevaient çà et là leurs têtes chargées de givre au-dessus de cette nappe blanche, encore étaient-ils si éloignés les uns des autres, qu'on ne pouvait sans danger les prendre pour point de mire.

Popobankiala vint à nous, le visage consterné; il perdait la tête. Habitué à se guider sur le ciel, à suivre le mouvement des nuages, la marche du soleil, il se découvrit et leva les yeux.... mais que voir? quel point observer? Le ciel était terne comme une plaque de plomb, le soleil noyé dans d'épaisses vapeurs, et aucun son, si minime qu'il fût, ne bruissait dans l'air!

— Allons, Guiorgues, allons, mon ami, lui dis-je en lui frappant sur l'épaule, du courage, et ma foi, à la grâce de Dieu!

— A la grâce de Dieu! répéta sourdement le vieux chef.

Nous sautons à bas du kéroutza, résolus, M. G*** et moi, à marcher à l'arrière du convoi. Si l'équipage enfonce dans quelque ravin, nous a dit notre excellent guide, vous pourrez au moins éviter d'en faire autant, en obliquant à droite ou à gauche. — Et il s'est aussitôt remis en marche, sans songer que l'événement dont il veut nous préserver arrivant, il en sera lui l'un des premiers la victime. L'un de ses enfants précède la caravane en sondant le terrain avec sa pique; l'autre est chargé de tracer la ligne qu'il faut suivre, et les conducteurs doivent attentivement veiller à ce qu'aucun des chevaux ne vienne à faire un faux pas.

Ces précautions prises, nous marchons doucement et sans prononcer un mot.

A peine eûmes-nous fait un mille que nous entendîmes pousser un cri; nous regardâmes : c'était l'un de nos hommes qui venait de tomber dans un trou. Ses bras étendus en croix l'avaient heureusement retenu dans sa chute. Il était mouillé jusqu'à la ceinture. Un peu plus loin, nous fûmes obligés d'arrêter : la neige s'élevait à une hauteur telle qu'elle montait aux oreilles des chevaux; les pauvres bêtes ne pouvaient se frayer un passage au travers. On eut beau crier, jurer, ce fut en vain; ils n'avancèrent pas davantage. On les frappa, on leur déchira les flancs à coups de pique, ils se levèrent, debout, sur les pieds de derrière, mais ils retombèrent aussitôt sur eux-mêmes, en affaissant la neige sous leur corps. Une couche de glace emprisonnait le moyeu des roues et les empêchait de tourner.

La nuit, descendant sur ces entrefaites, vint accroître encore nos angoisses. Il nous restait à peine deux petites heures de jour, et nous n'avions pas fait le quart de notre étape habituelle. Que n'étions-nous au moins hors de cette maudite vallée! — L'un des hommes ouvrit un avis: c'était de gagner à pied les plus proches collines et d'y camper jusqu'à l'aube. — On rejeta l'avis, il était impraticable. — Un autre proposa de camper à l'endroit même où nous nous trouvions. — Même rejet : il ne fallait agir ainsi qu'en dernière ressource. — M. G*** et moi, nous parlâmes de dégager les roues à coups de hache, afin, s'il y avait lieu, de faire encore trois ou quatre cents pas; ce serait toujours autant de gagné, et peut-être pourrions-nous arriver avant la nuit close aux premiers rochers de la Strewa. — Notre avis prévalut. Chacun se mit à l'œuvre. Les moyeux, les jantes et les trains se trouvèrent bientôt libres, les guides reprirent leurs montures, les fouets voltigèrent, et le convoi s'élança d'un bond.

Nous ne devions pas marcher ainsi longtemps. La neige empâta bientôt le pied des chevaux. Ils glissaient à chaque pas, sans pouvoir se tenir sur leurs jambes. Les roues gelèrent.

Il fallut encore s'arrêter. En s'obstinant à aller plus loin, nous compromettions non-seulement nos attelages, qui étaient exténués, mais encore les kéroutzé.

De ma vie je n'oublierai l'affreuse nuit que nous passâmes ainsi, sans feu, sans abri. Car comment songer à faire du feu sur un tapis de huit ou dix pieds de neige, et d'ailleurs, où prendre du bois? Comment s'abriter au milieu de la plus vaste plaine que nous eussions encore rencontrée au cœur des montagnes? A l'exception de deux de nos hommes, personne n'eut envie, ce soir-là, de souper. L'inquiétude et le froid nous avaient ôté l'appétit. Les guides grimpèrent sur leurs kéroutzé, Guiorgues et ses enfants demeurèrent à cheval; M. G*** et moi, nous nous calfeutrâmes le mieux que nous pûmes dans nos pelisses, et nous attendîmes.... non le sommeil, mais le jour, après lequel nous soupirions ardemment.

Vers les deux heures du matin, la neige avait cessé de tomber. Le froid s'éleva avec une âpreté sans pareille. Combien alors je regrettai

ma petite chambre de Paris, mon lit de plume
et mon feu de houille! Je songeai à la Touraine
et à ses hivers si tièdes comparés à ceux des
Krappacks! Que n'aurais-je donné pour me
retrouver subitement au milieu de mes péna-
tes! A quoi, enfin, ne pensai-je pas pendant
ces longues heures de nuit dont le souvenir seul
me fait encore frissonner !

Depuis quelques instants, il me semblait entendre un bruissement lointain; c'était comme
le roulement du tonnerre au commencement
d'une tempête, ou le clapotement d'un ruisseau
tombant en cascades. C'est peut-être, me dis-je,
la Prâhowa qui passe non loin de là sous une
couche de glace. Et je retombai dans mes réflexions. Le bruit venant à augmenter, je soulevai ma pelisse et prêtai l'oreille. Stock, hissé
sur nos malles, s'agitait avec impatience; il semblait inquiet.

— Entendez-vous? dis-je à mon compagnon
de voyage, en lui frappant sur l'épaule.

— Parbleu, si j'entends! D'où diable vient ce
bourdonnement?

— Je l'ignore. Regardez donc Stock, comme il a l'air animé.

Popobankiala s'était dressé sur son cheval.

— *Domnoulé,* nous cria-t-il d'une voix forte, *guetitzevé, iaca lupi**.

Il n'avait pas achevé que deux énormes loups se précipitaient, en effet, sur nous. Il les avait vus venir. La hache au poing, il se jette rapidement au-devant d'eux, et les renverse sur la neige avant que nous ayons eu le temps de nous armer. Un troisième, qui survient presque aussitôt, éprouve le même sort; un quatrième, un cinquième, les suivent en hurlant. Ces loups n'étaient que l'avant-garde de la bande contre laquelle nous allions avoir à lutter. Un pistolet dans chaque main, nous les attendions. Ils ne tardèrent pas. Il y en avait un si grand nombre que nous ne pûmes bientôt les compter. On eût dit qu'ils se multipliaient sous nos coups. S'il en tombait un, il en surgissait deux autres à sa place, et cela avec une promptitude effrayante. Impossible alors de les ajuster.

* Messieurs, préparez-vous, voici les loups.

D'après notre plan de défense, M. G*** tirait pendant que je chargeais, et *vice versâ*, de manière que chaque loup recevait, à bout portant, une double décharge. De leur côté, les guides faisaient bonne contenance. Le vieux Guiorgues surtout se distinguait par son habileté : aucun de ses coups ne portait à faux.

Furieux de se voir ainsi repoussés, les loups se ruèrent sur les chevaux. Ces pauvres bêtes, qui, ailleurs, savent si bien se défendre, ne pouvaient ici, gênées par le harnais, éviter leurs cruelles atteintes. L'approche du jour les chassa. Leurs hurlements s'éteignirent dans les mornes de la solitude. Nous pûmes examiner le champ de bataille. Six d'entre eux seulement gisaient à nos pieds ; un septième était allé mourir à quelques pas de là, et de larges et nombreuses traînées de sang attestaient les blessures que nous avions dû faire à ceux qui s'étaient enfuis. Le loup des Krappacks a la vie excessivement dure, il ne nous parut donc pas étonnant que nous n'en eussions pas tué un plus grand nombre. Du reste, ce que nous désirions avant tout, c'était de les repousser, et nous y étions parvenus, en payant toutefois cet avantage un peu cher. L'un des guides avait le bras gauche profondément déchiré, plusieurs chevaux étaient couverts de morsures, et le plus intrépide coureur du fils aîné de Guiorgues avait le poitrail emporté. A en juger même par le sang qu'il perdait, il n'était pas présumable qu'il pût se relever, ou, s'il se relevait, qu'il allât bien loin : il fut donc résolu qu'on l'abandonnerait. Pauvre animal ! Il fallait au moins lui éviter d'être dévoré vivant ! Il fut dételé, traîné à l'écart, et l'un des guides, détournant les yeux, lui déchargea son pistolet dans l'oreille *.

---

* Nous lisons dans la *Gazette d'Augsbourg* du 9 février dernier (1842) :

Les nouvelles de Hongrie, de Transylvanie, de Valachie et de Servie, parlent du froid extraordinaire et des masses énormes de neige qui ont rendu les chemins impraticables. Des troupes de loups sont venues augmenter les maux de la saison. L'avant-dernier courrier de Bucharest a été attaqué par ces voraces animaux et n'a dû son salut qu'à son sang-froid. Le dernier courrier annonce que la heilwagen a été trouvée sur la route sans guide et sans chevaux. Les lettres et les marchandises étaient intactes ; mais, de deux hommes et de huit chevaux, on n'a retrouvé que des ossements.

Cette exécution faite (et certes elle nous impressionna plus vivement qu'on ne pense), nous nous remîmes, sans plus tarder, à la besogne. Les roues dégagées, on ferra les chevaux. C'est une opération qu'il faut souvent renouveler. Les guides avaient dépouillé les loups de leurs fourrures. La caravane se remit aussitôt en marche. Guiorgues enjoignit à ses hommes de redoubler de vigueur. Suivant lui, nous ne pouvions tarder à être attaqués de nouveau; le loup est ardent; il revient plusieurs fois de suite à la charge.

Il ne se trompait pas.

Nous touchions aux limites de la vallée. La neige diminuait sensiblement d'épaisseur, et le vent la balayait comme des vagues. Les conducteurs piquaient leurs montures, et bientôt nous allions entrer dans les gorges immenses que dominent les monts Piatra Taplino*. Tout à coup, nous entendons des hurlements à faire

---

* Ces monts vont lentement mourir dans le Danube pour se relever au delà, dans la Bulgarie, sous le nom puissant de Balkans.

trembler les plus intrépides. A en juger par leur énergie, ceux qui les poussent ne sont qu'à deux pas.

— *Domnoulé*, nous dit précipitamment le vieux chef, préparez vos armes ; nous sommes cernés !

Nous faisons encore un quart de mille sans que rien n'apparaisse ; seulement, à mesure que nous gagnons du terrain, les hurlements augmentent et s'approchent. Ce sont des éclats aigus, sifflants et pleins d'âcreté dont les échos décuplent la puissance, et dont rien ne saurait exprimer ici l'énergie fougueuse et sauvage.

— *Sté poutsintel**, s'écrie le guide de l'avant.

Et les cinq kéroutzé s'arrêtent spontanément. Guiorgues distribue son monde, recommande à celui-ci tel point, à celui-là tel autre, à tous la plus inébranlable fermeté. — « Si nous bronchons d'un instant, dit-il, nous sommes perdus ! Toi, Dimitri, prends tes pistolets ; Andronaki, tu te serviras de ta hache ; à vous tous, les

---

* Arrêtez-vous un peu.

guides de l'arrière, la pique! Dès que nous aviserons les loups, nous pousserons un cri formidable, et nous stimulerons les chevaux. Sur toute la ligne.... attention!»

Il n'a pas achevé, que huit loups débouchent ensemble d'un défilé et fondent rapidement sur nous. Parmi eux il y a trois ou quatre louveteaux. On les reconnaît à leur petite taille. Ils ne sont pas moins acharnés que les autres. Les plus gros sont de la force d'un âne ordinaire, osseux, efflanqués, couverts d'un poil long, fauve, sale. De leurs yeux jaillissent de sanglants éclairs, et d'entre leurs dents s'échappe une langue altérée. Ils ont bientôt franchi la distance qui les sépare de nos kéroutzé. De tous côtés ils arrivent.

J'avoue qu'à ce moment nous éprouvâmes un irrépressible effroi. Stock, lui-même, malgré son courage, battit en retraite en serrant la queue. Il vint se blottir entre nous. Le froid nous avait tellement engourdi les pieds, les mains et le visage que nous ne nous les sentions plus.

— *Mergé courentt* *! cria Guiorgues.

Et soudain les équipages s'élancent en même temps. On eût dit d'une file de waggons. Les chevaux retrouvent leur impétuosité merveilleuse et nous enlèvent, tantôt gravissant des coteaux à pic, tantôt roulant dans des fondrières. Rien ne les arrête, ni ravins, ni mamelons, ni rochers, ni arbrisseaux, ni glace, ni neige, rien ! Ils n'obéissent qu'à leur ardeur instinctive qui, nous le craignons, devra bientôt tomber impuissante. Plus ils sentent les loups, plus ils s'animent, plus ils se livrent à leur fougue. Leurs flancs échauffés tressaillent, leurs oreilles s'effacent, leur crinière se dresse, et leur bouche étreint le mors de fer en lançant au loin des flocons d'écume.

Alors on dirait qu'une vélocité jalouse a passé dans les bonds effrénés dont ils dévorent l'espace ; que leur vie tout entière est attachée à chacun de leurs pas, et chacun de leurs pas à ceux qui les suivent. En un instant ce n'est plus

---

* Marchez rapidement.

qu'une course brûlante, infernale, au milieu de laquelle se confondent les cris sans cesse renaissants des guides, les hurlements terribles des loups, le bruit tonnant de la mousqueterie, les hennissements chaleureux des chevaux, et le roulement criard des cinq équipages. Autour de nous, devant, derrière, partout.... partout nous n'apercevons que des loups, sautant, culbutant, se relevant, nous couvrant d'une bave épaisse et sanglante. Plus nous tirons, plus leur nombre augmente, plus le danger s'accroit, car tout en se défendant, il faut encore se maintenir sur le kéroutza.

Cramponnés d'une main à nos malles, de l'autre nous tirons. Un loup s'est arrêté sur la voiture, la patte engagée au milieu des cordes. Ne pouvant mordre, il fait de vigoureux efforts pour se dégager. Je le saisis contractivement par la tête, et lui plonge mon pistolet dans la gueule. Ainsi frappé, il se redresse, se tend, se roidit, allonge deux énormes griffes et tombe en me dépouillant le bras.

Ce que nous redoutions le plus encore, ce

n'était pas seulement la rage de ces loups, c'était la chute de nos chevaux, la culbute très-présumable de nos équipages. Il fallait qu'une main providentielle eût veillé jusque-là sur nous. Nous ne pouvions, jusqu'à la fin, éviter ce malheur. Le convoi traversait l'un des nombreux rayons glacés de la Prâhowa. Soudain un craquement affreux se fait entendre, la glace se rompt, les chevaux enfoncent, et nous culbutons les uns sur les autres.....

Ce qui devait nous perdre nous sauva.

Plusieurs loups furent écrasés sous les équipages; d'autres nous avaient suivis dans le fond de l'eau; quant à ceux qui étaient restés en arrière, ils reculèrent en bondissant comme des chacals effrayés.

Cependant l'un des kéroutzé (le seul des cinq) s'était arrêté à temps. Les guides qui le dirigeaient étaient deux jeunes gens aussi alertes qu'intrépides. Ils sautent lestement à terre, saisissent leurs haches à long manche, et viennent assommer les loups dans l'eau.

En un instant nous fûmes délivrés. Ce succès

obtenu, nous songeâmes à en tirer le meilleur parti possible. La rivière n'était pas profonde, mais, au moment où nous y étions tombés, chacun de nous se trouvait dans un état d'agitation qui pouvait avoir de graves conséquences. Nous secouâmes les glaçons qui, des pieds à la tête, nous couvraient, et exprimâmes l'eau dont nos vêtements étaient imbibés. Nos chevaux se relevèrent. Par un heureux hasard, aucun d'eux n'était grièvement blessé ; l'eau avait amorti la chute. Il ne s'agissait plus maintenant que de sortir du lit de la rivière. Les rives étaient escarpées ; la glace qui les bordait avait dix pouces d'épaisseur : nous mîmes trois grandes heures à les battre en brèche. Le passage fait, nous attelâmes, comme d'habitude, la moitié des chevaux à chacun des équipages, et vers le soir, un peu avant la nuit close, nous étions hors de ce mauvais pas.

Cet événement acheva de m'abattre. Le courage m'abandonnait. Déjà plusieurs fois je m'étais plaint de la longueur du trajet, des difficultés inouïes que nous rencontrions à chaque pas, des souffrances sans cesse renaissantes qu'il nous fallait supporter. M. G***, plus aguerri que moi, m'avait soutenu jusqu'alors en m'assurant toujours qu'avant peu nous serions au port.

— Guiorgues, demandai-je au vieux chef, ne sommes-nous pas bientôt à Kimpina? Et dans ma voix il y avait de la terreur, et sur mon visage une effrayante anxiété. — Vous me fîtes mal en ce moment, me dit plus tard M. G***; vous ressembliez à un condamné à mort, qui demande l'heure de son supplice.

— A Kimpina!... Nous serons bien heureux, répondit naïvement le vieillard, sans comprendre les signes qu'on lui adressait, nous serons bien heureux si nous allons, demain soir, coucher à Mickincka.

— A Mickincka, balbutiai-je, est-ce hors de la montagne?

— Pas précisément.

— Qu'avons-nous donc fait de chemin?

— Vingt lieues environ.

— Et il nous en reste à faire?....

— A peu près autant.

Ce fut mon coup de grâce. Je tombai à terre, épuisé, presque mort. A moitié chemin! lorsque je croyais entrevoir Bucharest au milieu des brumes qui vacillaient sur la crête ardue des collines; lorsqu'il me semblait entendre le tintement sonore de cent cloches, le bruissement vague d'une grande ville, et le cri aigu des marchands de sorbets!

Il était tard quand je revins à moi, quand j'ouvris les yeux. J'étais dans un trou creusé en terre, comme le nid profond d'un mulot. Une épaisse atmosphère de fumée inondait ce trou. Les guides m'entouraient, et M. G***, inquiet, essayait de m'introduire entre les lèvres de l'absinthe. En me voyant reprendre connaissance, Guiorgues se laissa aller à sa joie : il m'avait cru expiré. On me débarrassa de mes vêtements : ils étaient gelés; on les eût cassés comme du verre. On jeta sur mes épaules une peau de brebis noire, et l'on me coucha près du feu.

Nous étions dans l'habitation d'un *Zigan* (Bohémien) forgeron. Huit ziganittos, noirs et crasseux comme des négrillons, deux femmes, la mère et la fille, l'une assez belle, l'autre décrépite, roulaient pêle-mêle au milieu de la plus hideuse pauvreté. Nos guides se groupèrent autour de la forge, et soupèrent; les zigannes et les enfants s'endormirent; le forgeron continua sa besogne en chantant d'une voix rude comme si nous n'eussions pas été là; quant à moi, je ne pus, non plus que M. G***, me résoudre à manger. Stock seul tint bravement compagnie aux Valaques.

Le lendemain soir, ainsi que me l'avait annoncé Guiorgues, nous arrivions à Mickincka. C'est un misérable village, dont les chétives cabanes sont occupées par de pauvres hères qui vivent du produit de la chasse qu'ils font à l'ours brun. A peine fûmes-nous entrés dans l'une de ces huttes, qu'il fallut recommencer pour moi ce que l'on avait fait la veille. On me déshabilla. M. G*** avait conservé toutes ses facultés intellectuelles et physiques. Il me fit placer à la bouche d'un four. J'étais paralysé de tous mes membres, et recoquillé comme une marmotte endormie. Depuis tantôt vingt-quatre heures je n'avais rien pris, et je refusais encore ce que l'on me présentait. Je ne me sentais d'autre besoin que celui de dormir.

Je passai la nuit en cet état, sans remuer, sans proférer un seul mot, plongé dans la plus morne torpeur. A l'aube du jour, M. G*** vint à moi. Je n'avais pas changé de posture, les mains tendues vers le four, la tête inclinée, les genoux enfoncés dans le ventre, les yeux grands ouverts : la plus affreuse prostration !

— Eh bien! me dit-il à l'oreille, partons-nous?

Je ne bougeai pas; je n'avais rien entendu, j'étais anéanti.

— C'est un homme mort! murmura tout bas l'un des guides.

— Mort! répéta Guiorgues en tressaillant!... Oh! que non. A moi, Pétroff!

Pétroff et lui me prennent sous les aisselles, me soulèvent tout d'une pièce, mes genoux formant l'angle, ma tête inclinée toujours et mes mains tendues convulsivement. Ils me roulent plusieurs fois à terre, et cherchent à me détendre les membres. A la première tentative, les os craquent ; la synovie s'est complétement coagulée dans les articulations. Si on persiste...., on va me briser. Guiorgues fait un signe de tête à son aide. Celui-ci s'élance vers un quartier de porc accroché au-dessus du four, en détache un morceau, revient à moi, et m'en frotte vigoureusement le corps. Il prend ensuite un bouchon de maïs, avec lequel il recommence l'opération. Le malheureux n'eût pas plus consciencieusement étrillé son cheval.

Le remède réussit. Le corps s'échauffa, le sang reprit sa libre circulation, mes bras et mes jambes se détendirent peu à peu, ma tête se releva, mes yeux perdirent leur effrayante fixité... j'étais sauvé! Il était temps! Une heure ou deux de plus, et c'était fait de moi ; il n'y eût plus eu de ressource. Les principes vitaux étaient arrêtés, les battements du cœur et les fonctions pulmonaires complétement intervertis, et une roideur cadavérique existait déjà dans toutes les parties du corps.

J'ai su plus tard que les Valaques avaient souvent recours à ce mode réactif, et qu'il manquait rarement son effet.

— Vous pouvez vous vanter de l'avoir échappé belle, me dit M. G*** en m'aidant à remonter sur le kéroutza. Allons donc, du courage, nous arriverons! Ne nous causez donc plus de semblables frayeurs. Que diable! il faut savoir braver les mauvais jours.

A partir de Mickincka, la scène devint plus grandiose et moins affligeante. Le soleil, qui, pour nous, était depuis longtemps un mythe, se leva resplendissant sur la neige. Une sorte d'espoir me rentra dans le cœur. Que j'avais besoin de ce réconfortant! M. G*** m'engagea à faire une promenade à pied. Nous sautâmes à terre, je ne dirai pas avec gaieté, mais avec une certaine tranquillité d'esprit.

Nous avions fait une demi-lieue, et nous allions gravir un sentier étroit que borde un torrent fougueux, lorsque nous aperçûmes les monts Brasilisi, les plus hauts et les plus ardus des Krappacks. Des murailles de rochers s'élevaient majestueusement à droite, à gauche et devant nous, et leurs crêtes dépouillées festonnaient capricieusement à l'horizon. Aucun arbuste, aucune plante n'annonçait la séve d'ordinaire si puissante de la nature au sein de ces montagnes. L'aigle noir seul ou le vautour gris franchissaient à tire-d'aile l'immense bassin au fond duquel nous étions comme perdus. Que l'on se représente une énorme cuve de sept à huit cents pieds de profondeur!... Des sapins, des mélèzes, de grands chênes couchés les uns sur les autres, des pierres micacées, des buttes de sable, des mulons de gravier obstruaient le passage. Je demandai à Guiorgues la cause de ce bouleversement. Il me répondit que cela provenait des inondations. Dans un mois d'ici, ajouta-t-il, tout sera submergé; la Prâhowa, l'Olto et la Jalonitza, gonflées par la fonte des neiges, auront transformé ces lieux en un vaste lac.

Nous arrivons devant une petite rivière : c'était encore la Prâhowa, toujours la Prâhowa, allant, venant, tournant, revenant sur elle-même, enfin barrant *quatre-vingt-quatre fois* les Krappacks dans l'espace de quarante-deux lieues! Nous la franchissons. Au delà se trouve une colline ourlée, sur le côté gauche, par des précipices. Le plateau de cette colline était couvert d'arbres gigantesques, au pied desquels, si l'on en jugeait par les débris de charbon qui pointaient au milieu de la neige, et par les taches noires gravées sur leurs troncs, les pâtres avaient dû faire de grands feux aux approches de l'hiver. Nous nous arrêtâmes un instant en cet endroit. Un trou, béant à soixante pieds environ au-dessous de nous, et façonné comme un entonnoir, avait attiré notre attention. De son orifice jaillissait une pluie de cailloux, suivis d'épais tourbillons de fumée grise. Je pensais que ce pouvait être une veine bitumineuse, une mine en ébullition. M. G*** soutenait le contraire. Suivant lui, cette cavité était plutôt le repaire de quelque bête fauve. Nous résolûmes de vérifier le fait.

Je me laissai glisser sur la roche. Elle était tellement escarpée qu'une pierre eût roulé, sans s'arrêter, jusqu'au fond, et que la neige même pouvait à peine s'y maintenir. Derrière moi s'engagea non moins imprudemment M. G***, oubliant tous les deux, lui qu'il était sans ses armes, et moi, que l'événement de la veille m'avait enlevé le peu de forces qui me restaient. D'une main je m'accrochais aux broussailles, de l'autre, je tenais l'un de mes pistolets. Je parvins ainsi jusqu'à une vingtaine de pieds du trou. Là, je m'arrêtai, il m'eût été impossible de descendre plus bas; la roche devenait perpendiculaire.

—Allons, me dit M. G***, tirez!...

J'étendis le bras dans la direction voulue, le coup partit en ricochant sur la roche. Soudain (que l'on juge de notre émotion!) nous vîmes apparaître un ours. Il ressemblait à un buffle. Il poussa un formidable grognement. Nous ne nous amusâmes pas longtemps à l'examiner, et bien nous en prit, car nous avions à peine regagné le plateau, nous disposant à remonter sur le kéroutza, que nous le vîmes s'avancer assez lestement vers nous. Deux oursins l'accompagnaient en *ronronnant* comme des chats. Ils pouvaient être de la grosseur d'un boule-dogue.

Voyant cette fois qu'il n'aurait affaire qu'à un ennemi plus ou moins redoutable, Stock releva fièrement ce qui lui restait d'oreille et montra les dents. M. G*** s'était déjà emparé de sa vieille lame, et moi de mon second pistolet. Pendant ce temps, l'ours avait gagné du terrain; il n'était plus qu'à une distance de quarante ou quarante-cinq pas; je me disposais à faire feu....

— Arrêtez! cria vivement Guiorgues; vous avez commis une grande imprudence, n'allez pas recommencer. Le danger.....

—Quel danger? Ne vaut-il pas mieux prévenir l'animal que...

— Ah! *Domnoulé*, on voit bien que vous n'y avez point réfléchi, ou que vous n'en soupçonnez pas la gravité. L'ours de ces monts a le cuir dur, si dur qu'une balle glisse souvent sur ses flancs sans y laisser de trace, et l'ours qui vient là se distingue, sous ce rapport, particulièrement des autres..... il est de la famille dite des Sibériens !

— Que m'importe ! répliquai-je d'un ton quelque peu bravache.

— Par saint Dimitri, gardez-vous de le tirer ! Si vous faites long feu ou si vous le manquez, je ne réponds plus de vous ! Et tenez, d'ailleurs, voyez, le voilà qui s'arrête; si vous le laissez tranquille, il ne fera pas un mouvement de plus.

En effet, l'ours était allé à demi-portée de fusil se poster sur un tertre, et, de là, nous suivait fort bénévolement du regard. Le kéroutza marchait toujours au petit pas.

Guiorgues nous déclara sérieusement qu'il devait y avoir d'autres ours dans les environs. Si nous avions manqué celui-ci, lui ne nous eût pas manqués; et si nous l'avions blessé, les autres seraient accourus à ses cris, et alors..... notre affaire eût été jugée.

— Je connais ces sortes d'animaux, ajouta le vieux guide, ce n'est pas la première fois que je les rencontre. Je n'ai jamais été attaqué par eux; mais aussi, je n'ai jamais cherché moi-même à les irriter.

M. G*** lui ayant demandé quelle était leur nourriture habituelle.

— Plus prévoyants que le loup, dit-il, ils ramassent l'été des fruits, des feuilles vertes, des racines, et, si l'hiver se prolonge au delà de l'ordinaire, ils lèchent leur patte droite, cela leur suffit.

— C'est égal, dis-je au vieux chef, je regrette cette bête-là. Quelle belle fourrure elle avait! Que j'aurais désiré me l'approprier!

— Ah! vous n'êtes pas le seul qui ayez eu ce désir, sans avoir pu le réaliser. Tenez, maintenant que nous avons un peu d'avance, je vais vous montrer comme l'ours de Sibérie est obéissant.

Ce disant, Guiorgues agita en l'air le manche de sa hache. L'ours se leva, debout, les pattes reployées, puis, poussant un nouveau grognement, il s'en retourna gravement, suivi de ses oursins.

Nous n'avions pas encore passé une journée aussi agréable; mais, comme toujours, nous devions payer cette jouissance par de nouvelles infortunes. La nuit semblait devoir s'écouler veuve de tout fâcheux incident. N'eût été l'âpreté du froid, aucune plainte ne nous serait sans doute échappée. A trois heures, le ciel se marbra, la lune, qui s'était un instant montrée, disparut soudain sous les nuages, le vent tomba, et la neige descendit en petites palmettes de duvet. Jamais elle n'avait été si intense; c'était à n'y pas voir à deux pas. On ne pouvait cependant toujours s'arrêter. Nous demeurâmes une bonne partie de la journée, immobiles dans nos pelisses. Une fois, je me hasardai à lever la tête. Je cherchai mon compagnon de voyage... il avait disparu. A sa place gisait une grosse pelote de neige dans le ventre de laquelle il était enseveli comme autrefois Jonas dans celui de la baleine. Je m'examinai moi-même, et alors, l'insouciance et la gaieté française reprenant le dessus, je ne pus m'empêcher de rire en voyant l'ouverture qu'avec ma tête j'avais faite au singulier burnous, qui, de toutes parts, m'enveloppait. Éveillé à son tour, M. G*** se décida aussi à paraître.

Il fit comme le ver à soie, creva son cocon blanc (qu'on me passe la vulgarité de l'expression en faveur de sa justesse), et allongea vers moi deux longues moustaches hérissées. A chaque poil pendait un glaçon. De ma vie je n'avais vu une physionomie plus hétéroclite; il y avait de quoi faire sortir un quaker de son flegme.

Mais ce n'était là que le côté plaisant des choses. Que de souffrances en regard de ces éclairs de gaieté! Si, par exemple, nous ouvrions un instant la bouche, notre haleine se figeait immédiatement sur nos joues en forme d'écailles, et nous causait d'intolérables cuissons. Nos mains, gonflées et violacées comme celles d'un lépreux, nous devenaient plutôt nuisibles qu'utiles, et nos lèvres étaient gercées jusqu'au sang!.....

Vers les deux heures de l'après-midi, Guiorgues nous pria de descendre. Nous étions barrés par un précipice dont les abîmes, remplis de plantes desséchées, de lichens, d'herbes marines, de neige à moitié fondue et d'eau noire, étaient si profonds, qu'en les regardant on éprouvait des vertiges. Je m'informai auprès de l'un des guides s'ils avaient l'habitude de passer en cet endroit. Il me répondit affirmativement; mais jamais ils n'y avaient, ajouta-t-il, rencontré rien de semblable; il fallait que ce précipice se fût creusé depuis peu de temps; lors de leur dernier voyage, il n'existait pas.

En effet, un cataclysme seul avait partagé le rocher, et cet événement ne remontait pas à plus de deux ou trois jours, si l'on en jugeait par les parties terreuses encore inhérentes aux parois. Ce point éclairci, nous n'en étions pas plus avancés. Il fallait doubler le précipice, et cela me semblait impossible. Le tourner n'eût pas été plus facile; il s'étendait à perte de vue. Je demandai à Guiorgues, s'il voyait quelque moyen de passer outre. Il hocha négativement la tête; le précipice pouvait avoir dix-huit pieds de largeur !

— Ne pourrions-nous, lui dis-je, jeter un pont dessus?

Il se prit à rire.

— Essayons toujours.

— A quoi bon ?
— Encore une fois, essayons.
— La nuit approche à grands pas.
— Ce n'est pas une raison.

Une maisonnette au toit fumant se dessinait devant nous, à une portée de fusil tout au plus; n'était-il pas cruel de se voir arrêté, alors que nous y touchions de si près? Fallait-il qu'au moment d'atteindre le but, tout un monde vînt nous en repousser?

Notre parti fut bientôt pris.

Nous quittons nos pelisses, puis, armés chacun d'une hache, nous allons frapper de hauts sapins plantés à quelques pas de là. Jamais bûcherons rompus à ce rude exercice ne déployèrent plus d'ardeur. Guiorgues seul semble douter de l'utilité de nos efforts, et pourtant, comme aucune peine ne lui coûte, il ne veut pas rester inactif. Il s'est contenté de nous dire, d'un air impassible :

— *Vetzi kounoichti entzéleptchoura vorbelor mélé*[*].

[*] Vous reconnaîtrez la sagesse de ce que je vous ai dit.

En peu d'instants nous avons débarrassé les arbres de la neige qui les entoure à plusieurs pieds de hauteur, et douze haches tombent d'aplomb sur leurs troncs moussus. De mémoire d'homme, peut-être, l'immense forêt de Pocinar, dont nous attaquons ainsi les élèves, n'a retenti de pareils coups. Bientôt nos travaux obtiennent un demi-succès. Ebranlés dans leur base, huit sapins, d'une élévation prodigieuse, crient, penchent, éclatent... un coup encore, et nous les voyons, ces géants de la montagne, rouler bruyamment à terre. Sans perdre une seconde, nous façonnons, tant bien que mal, deux rouleaux. Ils sont destinés à faire glisser nos arbres au bord de l'abime. A peine s'il nous reste assez de jour pour achever notre folle entreprise, et cependant nous ne perdons pas tout espoir. En cinq minutes nous exécutons ce qu'ailleurs nous n'eussions pas fait en vingt : les instants sont si précieux!

Le plus difficile était de lancer notre pont. Ce fut peut-être en cela que nous réussimes le mieux. Soulevés à l'aide de cordages, les sapins se relèvent et retombent aussitôt; mais nous ne nous rebutons pas. Ce que nous n'avons pu obtenir par nous-mêmes, nos chevaux l'obtiendront. En effet, tirés par eux, les arbres se lèvent de nouveau sur leur base, et vont cette fois s'étendre transversalement d'une épaule d'un rocher sur l'autre. Notre pont était fait.

— Allons, Guiorgues, s'écria victorieusement M. G*** en remontant sur le kéroutza, en route !

— *Nou vroï, Domnoulé,* lui répondit le vieux chef.

— Comment! tu ne veux pas? Qu'est-ce que cela signifie? As-tu peur?

— Peur ! répéta-t-il d'une voie dédaigneuse.

— Sans doute, puisque, pouvant d'un élan nous sauver d'une nuit dangereuse, tu refuses d'avancer. Allons, voyons, partons-nous?

Nous prêchions en vain. Assis sur l'un des sapins, il nous regardait en silence, et semblait nous dire en souriant de pitié : — Vous êtes des fous; faites comme moi, résolvez-vous à passer la nuit sur ce plateau.

— Mais, repris-je, interprétant sa pensée,

aujourd'hui ou demain, ne faut-il pas traverser?

— Vous avez raison, répondit Guiorgues, mais demain il fera jour et nous pourrons consolider notre pont. A quoi bon s'exposer pour quelques heures de patience!

Il eût été, en effet, plus prudent de suivre cet avis; mais ce toit que nous apercevions à l'autre bord, mais cette fumée, dont les spirales montaient voluptueusement vers les cieux, tout cela avait tant d'attraits?

—Si vous y tenez trop, nous dit assez rondement l'un des guides, passez, demain nous irons vous rejoindre. Nous n'avons pas à songer seulement à notre vie, nous; nous sommes chargés de marchandises, et nous devons, avant d'en risquer la perte, y regarder au moins à deux fois.

L'observation était péremptoire; il fallait dès lors opter pour ou contre. Réflexion faite, le pied, sur ces arbres ronds, pouvait fort bien nous manquer, et alors nous étions perdus; tandis qu'au contraire, en patientant encore un peu, en attendant le jour, il était à peu près certain que nous éviterions tout grave accident.

Nous allions céder. Le retour inattendu de plusieurs guides nous fit changer de résolution. Ils s'étaient, sans que nous nous en fussions aperçus, éloignés, et revenaient chargés de broussailles, de mousse et de copeaux. Ils combinèrent leurs provisions avec de la neige, et en chargèrent les sapins.

Ainsi garni, le pont était franchissable, il n'y avait donc plus maintenant d'objection à faire. Guiorgues ne voulut pas que nous crussions qu'il n'agissait que par esprit de contradiction. Sans dire un seul mot, il se leva, sauta sur son cheval, et fit rapidement tournoyer son fouet. Nous le croyions lancé, et déjà nous applaudissions, quand tout à coup nous le vîmes s'arrêter, ramener son porteur à lui, saisir l'un de ses pistolets, puis nous entendîmes une détonation terrible suivie d'un cri aigu et plaintif. — Tout cela s'était fait en moins de temps que je n'en mets ici à l'écrire. — Qu'avait-il vu? sur quoi avait-il tiré? Sur un loup, un ours, ou sur un chacal? Telles étaient les questions que nous nous faisions.

Nous regardâmes dans la direction où le coup avait dû porter. Un homme, frappé au sein droit, se tordait sur la neige et l'inondait de sang. Tout en se débattant, le malheureux avait roulé dans le ravin et du ravin vers le précipice, au-dessus duquel il se trouvait miraculeusement accroché à la racine d'un vieil arbre.

Alors nous assistâmes au spectacle le plus incroyable et le plus saisissant qui se fût jamais offert à nos yeux. J'avoue, pour ma part, que je n'en perdrai jamais l'effrayant souvenir. Cet homme, c'était un bandit. Il nous guettait au passage. Malgré l'épouvantable position dans laquelle il se trouvait, il avait encore l'audace de crier à ses complices, que l'obscurité toujours croissante ne nous avait pas permis d'apercevoir :

— *Fuge, fuge, totzi sint armatzi* *.

Puis, avec une impudence sans égale, il supplia Guiorgues de le sauver.

— Te sauver! répondit le vieux guide en s'élançant vers lui la rage dans les yeux, te sauver!

---

* Fuyez, fuyez, ils sont tous armés.

Mais tu oublies donc, misérable, ce que tu nous as fait souffrir, à moi et aux miens? Mais tu ne me reconnais donc pas, ou plutôt tu ne veux donc pas me reconnaître, dis?

Il avait saisi sa hache, il allait le frapper : il s'arrêta en grommelant d'une voix sourde :

— Tu n'as pas assez souffert!

Et il se mit à genoux pour le contempler plus à l'aise; il semblait heureux de son supplice; une joie nerveuse se lisait sur son visage, si calme d'ordinaire et si affectueux.

Quel étrange et mystérieux incident! Qui s'y serait jamais attendu! Et nous étions là, pâles comme lui, le regardant avec une indicible frayeur, n'osant ni avancer ni reculer. Une sorte de paralysie nous enchaînait à notre place; mille pensées confuses se pressaient tumultueusement dans notre tête sans que nous pussions en saisir une et nous y arrêter. Nous fûmes plusieurs minutes avant de nous remettre de notre saisissement.

Cependant les forces du blessé s'épuisaient, il

se redressa, se recueillit un instant, et s'adressant de nouveau à Guiorgues :

— Je t'en conjure, lui dit-il d'une voix tellement déchirante qu'une révolution soudaine, on le voyait, s'était opérée en lui, par le souvenir de ta mère, par Dieu, par tout ce que tu as de plus cher au monde..... donne-moi la main, ne me laisse pas ainsi périr, et tout ce que tu voudras me demander, tout ! je te l'accorderai.

Que l'on juge de notre émotion ! Guiorgues seul demeura insensible. Cela nous confondait. Du manche de sa hache il grattait le peu de terre qui retenait la racine au bout de laquelle le bandit pendait comme une grappe. Plus elle penchait, plus il semblait satisfait. On eût dit qu'il avait calculé l'instant où elle devait se détacher. Si elle ne rompait pas à sa guise, il la trancherait. C'était son plan, à lui, sa vengeance, et rien ne l'en eût pu détourner.

Mais tout le monde ne pensait pas de même. Le premier moment de stupéfaction passé, la réflexion était venue. Non-seulement nous perdions un temps précieux, mais encore il nous paraissait trop froidement cruel de prolonger ainsi l'agonie d'un homme, quelque coupable qu'il fût. L'un des guides, qui partageait notre avis, s'approcha de Guiorgues et lui dit d'un air assez impérieux :

— *Joupouiné,* n'allez-vous pas bientôt en finir? Le temps presse, et......

— On voit bien, répliqua l'inexorable vieillard en lui lançant un coup d'œil sévère, on voit bien qu'il ne t'a rien fait à toi, le *dracoulo!*

Et, se retournant vers sa victime, il lui cria d'une voix creuse :

— Meurs donc, misérable!

D'un revers de sa hache il avait tranché la racine...... Le cadavre disparut dans le gouffre!

. . . . . Ce drame joué, il importait de n'en pas recommencer un autre. Peut-être n'avions-nous plus de pareilles rencontres à redouter, mais il nous restait toujours un affreux précipice à franchir, et la difficulté première s'était accrue de nouvelles difficultés. Il faisait maintenant tellement noir que nous ne savions plus où poser le pied sur notre pont tremblotant. Était-il assez large pour que nous pussions le traverser au milieu d'une obscurité semblable? Au lieu de l'aborder en droite ligne, n'allions-nous pas le prendre en biais?

—Il faut adopter un parti quelconque, dis-je à M. G***; nous ne pouvons rester ainsi toute la nuit. Mettons-nous à genoux et traînons-nous le plus doucement possible. Si les guides ne veulent pas nous suivre, nous les retrouverons demain.

Les mauvais exemples sont contagieux. Trois quarts d'heure s'étaient à peine écoulés que nous étions tous réunis, guides et voyageurs, autour du meilleur foyer de la traversée. Aucun malheur n'était arrivé. Trois chevaux s'étaient excorié les jambes en glissant à l'extrémité du pont, mais il n'y avait rien eu de fracturé.

Plus tranquilles alors et plus à l'aise pour causer, nous demandâmes à Guiorgues des explications. Ses fils semblaient au courant; ils lui pressaient tendrement les mains, tout en cherchant à le calmer. Peut-être n'avions-nous pas le droit de provoquer ses aveux? Il vint, sans hésiter, au-devant de nos désirs. Il nous apprit que le scélérat dont il avait fait justice était un Rascien, la désolation des *tchârans* (paysans) à cinquante lieues à l'entour.

— Il était donc bien coupable envers vous personnellement, lui dis-je, pour que (ce qui n'entre certes pas dans vos habitudes) vous l'ayez ainsi torturé?

— Vous allez en juger, répondit le vieux chef en nous regardant avec des yeux qui respiraient la colère. Un jour, il y a de cela environ un an, j'étais au lit, souffrant d'une blessure au pied. Tout à coup, un homme paraît devant moi, me lie les mains et les jambes, me prend le peu d'argent que j'avais, égorge ma fille, mon seul soutien, mon enfant chéri, puis, l'infâme, en se retirant, il met le feu partout. Cet homme, *Domnoulé*, c'était lui!... Dès ce jour, j'avais tout perdu, tout! Ma hutte brûla, ma fille était morte... Je fus obligé, moi, à quatre-vingt-trois ans, de reprendre mon ancien métier, de me joindre à mes deux enfants, qui gagnent eux-mêmes à peine de quoi se soutenir. C'est un peu dur pour mes vieux bras, mais il faut bien vivre!... conducteur de kéroutza!...

Une grosse larme perlait dans ses yeux.

Il y eut un moment de silence.

— Voilà, reprit Guiorgues, voilà ce que m'a fait cet homme, ce bandit, celui qui, il n'y a qu'un instant encore, vous mettait en joue. Oui, *Domnoulé*, il vous mettait en joue, et deux minutes plus tard... vous ne passiez pas le pont, car il était adroit, le misérable, et rarement il manquait son coup. Croyez-vous maintenant que j'aie été trop dur envers lui? Croyez-vous qu'il n'ait pas bien mérité son sort?...

— Mais êtes-vous bien sûr, hasardai-je, que cet homme soit celui qui..... l'obscurité.....

— Oh! *Domnoulé*, lorsque ce soir je l'ài aperçu, caché au milieu des broussailles... oh! mon cœur a battu d'une trop rude force pour qu'il me fût possible de m'y tromper : c'était bien lui! Et d'ailleurs, il portait une de ces physionomies, voyez-vous, qu'on peut ne rencontrer qu'une fois, mais dont on se souvient toute la vie.

— Et comment le nommiez-vous?

— *Catinnka* *.

Le lendemain, à l'aube du jour, nous nous levâmes, disposés à repartir. Nous savions qu'avant trois fois vingt-quatre heures nous serions à Bucharest; cela nous avait rendus joyeux et dispos. Au moment où j'endossais ma pelisse, j'aperçus un homme, l'un des guides, qui, agenouillé, le visage collé contre terre, semblait plongé dans la plus profonde absorption. Je m'approchai : c'était Guiorgues.

Le pauvre vieillard (je le sus peu après), avait passé la nuit dans la même posture, demandant pardon à Dieu d'avoir mis à mort son semblable, et sanglotant de repentir. Il eût craint de ne pas arriver chez lui sain et sauf s'il ne se fût mortifié par une nuit d'insomnie et de prières.

Au cri des guides, il se leva.

. . . . . . Le soir même nous couchâmes à Kimpina; Kimpina, la ville de nos désirs;

---

* En français Catherine. Ses complices furent pris et pendus trois mois après à Bender.

Kimpina, vedette de la métropole. Nous la saluâmes comme une oasis dans le désert.

Tout était en rumeur dans la vaste cour du caravansérail au milieu duquel nous fûmes introduits. On allait, on venait, on s'entretenait à voix basse, à voix haute, à mi-voix. C'était, chez les uns, une curiosité instinctive, chez les autres un intérêt véritable. Voici de quoi il était question : — La surveille, un jeune officier de la milice valaque, dont la famille habitait Kimpina, était parti de Bucharest en traîneau. Un domestique le suivait. Il avait à peine fait cinq lieues, imprudemment endormi, lorsqu'il fut brusquement (suivant le domestique) attaqué par deux ours énormes. Effrayés, les chevaux prirent le mors aux dents. Voulant franchir un torrent, leurs pieds glissèrent sur les moraines et ils s'abattirent. L'officier, qui n'avait pas un seul instant perdu la tête, se releva avec promptitude. Ne pouvant fuir, il s'arma d'un petit poignard à lame double, fraîchement aiguisé. Quant au domestique, ses armes n'étaient pas chargées. Jugeant (toujours suivant lui), qu'il ne serait d'aucun secours à son maître, qu'essayer de le défendre, ce serait se faire inutilement dévorer, il dégagea l'un des chevaux (l'autre avait la cuisse cassée), sauta dessus, et, loin d'imiter le valet de chambre du comte Potocki, il revint à franc étrier sur ses pas *. Il était temps, ajoutait-il, que lui-même il rejoignît Bucharest, car, depuis plus d'une heure, une bande de loups acharnés le poursuivaient. Sur l'ordre de l'Aga, des *Dorobans* (soldats de la milice) partirent immédiatement ventre à terre. Arrivés sur les lieux, ils ne trouvèrent qu'un

---

* Dans l'hiver de l'année 1776, le comte et la comtesse Potocki voyageaient de Vienne à Cracovie. Les loups, qui, comme on l'a pu voir, sont nombreux dans les Krappacks, et qui sont d'autant plus ardents et voraces que le froid est plus intense, poursuivaient en troupe l'équipage, entre les villes d'Oswick et Zator, cette dernière distante seulement de quelques lieues de Cracovie. De deux domestiques qui accompagnaient le comte, l'un était parti en avant pour commander les chevaux de poste; l'autre, que le comte aimait particulièrement, à cause de sa fidélité, voyant que les loups se rapprochaient de plus en plus, demanda à son maître la permission de leur abandonner son cheval sur lequel ils assouviraient leur faim, ce qui donnerait le temps de gagner Zator. Le comte y consentit; le domestique monta derrière le carrosse et laissa le cheval qui fut aussitôt dévoré par les loups. Les voyageurs poursuivaient leur route avec

manteau tranché en mille pièces, et çà et là sur la neige des plaques de sang gelé! La carcasse du cheval gisait dans le torrent!...

A cette nouvelle on en ajoutait une autre. Douze voituriers, chargés de *Leipsikaneries* (marchandises de Leipsick) et partis de Jassy, avaient perdu leur route par suite de la grande quantité de neige qui était tombée depuis cinq jours. Ils s'engagèrent dans une plaine basse dont ils ignoraient l'étendue, et vinrent échouer au milieu de marais vaseux et profonds. Deux d'entre eux, plus persévérants ou plus robustes

toute la célérité possible, espérant arriver à temps à la ville de laquelle ils étaient peu distants. Mais les chevaux étaient exténués, et les loups, devenus plus féroces après s'être déjà gorgés de sang, avaient presque rejoint la voiture. — Dans une telle extrémité, le domestique s'écria : « Il ne vous reste plus qu'une planche de salut ! J'irai au-devant des loups, si vous me promettez de soigner comme un père ma femme et mes enfants. Je dois périr, mais tandis que les loups me dévoreront, vous vous sauverez! » Le comte hésita, mais enfin, comme il n'y avait plus aucun espoir de salut, il consentit et promit solennellement que, si ce fidèle serviteur devenait victime de son dévouement, il prendrait un soin constant de sa famille. Le domestique descendit immédiatement, marcha au-devant des loups, et fut incontinent dévoré comme l'avait été le cheval. Le comte gagna les portes de Zator et fut sauvé. (*Extrait d'un journal russe.*)

que les autres, parvinrent, après des efforts inouïs, à rompre la glace qui les enfermait, et à fendre les murs de neige qui se dressaient devant eux. Arrivés à Bucharest, ils racontèrent leur désastre. On fit aussitôt partir des secours, mais, quelle que fût leur diligence, ils ne purent arriver sur les lieux que cinq jours après l'événement. Il était trop tard. De toute la caravane, composée de trente-deux personnes, on ne retrouva que des ossements épars, affreuses attestations de la voracité des bêtes fauves; et sur quatre-vingts chevaux formant l'attelage des douze voituriers, huit seulement respiraient encore, mais dans un état de mutilation tel qu'il fallut les achever sur place!...... Les marchandises seules furent déterrées et sauvées.

Combien, en face de si horribles malheurs, nous nous estimâmes heureux d'en être quittes à si bon marché! que ne devions-nous pas éprouver dans une aussi longue et aussi dangereuse traversée!.....

Kimpina est un lieu où l'on change habituellement d'équipage. Ce n'est plus alors un massif et lourd kéroutza destiné seulement au laborieux passage des Krappacks; c'est un léger traîneau qui glisse comme le patin sur la glace, ou comme le waggon sur ses rails. Sa forme est identiquement semblable à celle de ces chevaux de bois sur le dos desquels grimpent les enfants pour se balancer de l'avant à l'arrière et de l'arrière à l'avant. Une bande de fer d'un pouce d'épaisseur double l'hémicycle de ses ailes, et des clous carrés sans tête en consolident les parties. Son timon, formé d'un jeune chêne que le frottement a bientôt poli comme l'ivoire, est traversé, dans toute sa longueur, par une demi-douzaine de manches de houx, qui, placés à distance égale, comme ceux d'un bâton de perroquet, servent à l'attelage de huit chevaux.

Nos guides vinrent, suivant l'usage, nous faire leurs adieux. Ils allaient maintenant se disperser, ceux-ci vers le nord, ceux-là vers le sud, tous pour rejoindre leurs villages, et rapporter au logis le petit pécule qu'ils ont si légitimement gagné. Surpris de ne pas trouver au milieu d'eux Guiorgues, nous en demandions la cause à l'un de ses enfants, quand nous le vîmes lui-même paraître accompagné d'un Valaque. Sachant, nous dit-il, que nous serions fort empêchés de trouver un moyen de transport, il s'était enquis pour nous d'une occasion favorable. Il nous amenait l'un de ses amis, qui, partant à l'instant même pour Bucharest, consentait à nous accorder deux places sur son traîneau. Un concours d'heureuses circonstances nous favorisait. Nous remerciâmes vivement notre brave et digne guide, augmentâmes de dix ducats la somme que nous lui devions, après quoi il prit congé de nous en se retournant à plusieurs reprises pour nous saluer, la main sur le cœur.

. . . .

On a bientôt franchi la distance qui sépare Kimpina de Bucharest. Aussi serait-il difficile d'esquisser la physionomie du pays au milieu duquel on passe; la rapidité du traîneau ne vous en laisse pas le temps. Des landes immenses, des marais, des makis, des futaies, du sein desquels s'échappent des troupeaux de lièvres, de lapins et chevreuils, des nuées de perdrix et et de faisans, des râles de genêts, des bécassines, des vanneaux, des courlis, tels sont, à peu près, les seuls objets que vous puissiez saisir au coup d'œil.

FIN DU SECOND VOLUME.

TABLE DES MATIÈRES.

CHAPITRE PREMIER.

Ottfried. — Les guides. — Ce que valent cinq minutes — Saint-Michel. — Le prince Eugène. — Thorwaldsen — La margravine Adélaïde et saint Caïétan. — Aloïs Senefelder — La nouvelle chapelle. — L'ancienne résidence — Gustave-Adolphe. — La gymnastique et la dynamique du digne prince Christophe. — Jost Kurowski. — La Pâque et les Juifs   1

CHAPITRE II.

Le Théâtre-National. — Les Munichoises. — La Thérésienweise. — Sésostris et le roi Louis — Les tireurs bavarois — Schlegel. — Saint-Louis. — Le nouveau palais — Le poète-roi — Les agréments de la couronne — Regrets, dédains, philosophie d'un grand monarque ici-bas. — Portraits du roi Louis et de la reine Thérèse. — Le suisse et Napoléon.   45

CHAPITRE III.

Le monument du roi Maximilien-Joseph Ier. — Les Bavarois morts en Russie en 1812. — Les arcades du jardin de la cour. — La Glyptothèque et la Pinacothèque. — Munich renversé. — La terre faisant une pirouette sur elle-même. — De la bibliothèque royale à Munich et de la bibliothèque royale à Paris — Le docteur Fulvius Fleischmann.   77

CHAPITRE IV.

Le marchand de sangsues. — M. Ch*** D***. — Parsdorf. — Hohenlinden — Le Xénophon français. — Haag et Mühldorf.

— Le municipe romain. — Alt-OEtting et la chapelle du Mariahilfberg — Les maladies taxées — Le rhume opiniâtre — Liburnin et Bertrade — Le duc Odilon. — Les deux jumeaux. — Walram et Théodulphe. — Retina. — Le doigt de Dieu. 99

CHAPITRE V.

Le lit de mousse. — Les politzéi — Le Pfarrgericht. — L'interrogatoire. — Le verdict. — Braunaw. — L'Autriche et les Autrichiens. — Une heureuse surprise. — L'avicule perlière. — Reid. — Le colonel Montbrun et le général Beaumont. — Linz. — Le Schloss. — Le gouverneur Heberstorf. — Le supplice. — Conrad Wolner. — Keppler et Archimède. 131

CHAPITRE VI.

L'Anisia des Romains. — Le carambolage. — Le mezzo-termine. — Le château de la baronne Chichita. — Strengberg. — Oudinot, Murat, Colbert, Lauriston. — L'hôtellerie. — La Kelleresse. — L'abbaye de Mœlck. — Le mur du Diable. — Le carcere duro de Richard Cœur-de-Lion. — Léopold d'Autriche et le maître de chapelle Blondel. 177

CHAPITRE VII.

Une éclipse. — Saint-Pölten. — M. de Roquelaure jugeant Vienne — Origine de cette ville — Saint Severin — Soliman Ier. — Jean de Zapol. — Un proverbe turc. — Charles-Quint — Le grand vizir Cara Moustapha. — Siége de Vienne. — Jean Sobieski. — Léopold Ier. — Le croc du comte Jean de Daun. — L'étendard de Mahomet. — Kemper et le trésor. 225

CHAPITRE VIII.

L'Aigle noir. — La carte de sûreté. — Saint-Étienne. — Le mendiant et le bloc de granit — Jean Capistran et Jean Cuspinianus Speissbammer. — La comtesse de Palfi — Le Wirtschaf.— M. de H***. — L'inconnu — M. G*** — Le quiproquo. — Mme B*** H***. — La mission intime. — La beïlwagen — Départ pour la Hongrie.   259

CHAPITRE IX.

Bude et Pesth. — Le courrier de famille. — M. Déra. — Le Danube. — Étymologie du mot hussard. — Le régiment du prince Esterhazy. — Un cheval de 50,000 francs. — Les voituriers à Pesth — Le Schlavaque.—Monsieur, votre nez gèle! —Stock. — La wehrgeld ou rançon du meurtre. — Dougoz. — La Konak. — Le locandier. —Slo-Velik.   281

CHAPITRE X.

Tomornik — Venus robusta, magnifica Venus.— Les progrès de la civilisation en Hongrie. — La Renaissance du baptême. — Le pope de Betskeretz. — Le ménestrier Michalaki. — La Ora et la Serbeaska — Le Joupouiné et le rakiou. — Temeswar. — Les bains à vapeur.— La Transylvanie.— Les rotten-boroughs.— Esquisses.— Kronstadt à la course.   311

CHAPITRE XI.

Les Schnefegers. — Le passage de la Témesche. —Guiorgues Popobankiala.— Ses deux fils — La caravane. — Le départ. — La tour des suppliciés — La douane frontière. — Stock — Un nouveau concert — Le petit bûcheron. — Les Krappacks — La première halte. — La Pråhowa. — Les Pråhowans.— Les rogogines — Les kéroutzé.   337

CHAPITRE XII.

Une mer de neige. — La Strewa — Les loups — Un sacrifice. —Désespoir —Le Zigan.—Une résurrection.—Mickineka —L'ours sibérien.—Le cataclysme.—Le pont improvisé.— Le bandit.—Sa mort — Katinuka.— Kimpina.—Un officier de la milice valaque dévoré vivant —Le comte Potocki et son domestique.—Arrivée à Bucharest. 369

FIN DE LA TABLE DES MATIÈRES.

www.ingramcontent.com/pod-product-compliance
Lightning Source LLC
Chambersburg PA
CBHW061722300426

44115CB00009B/1084